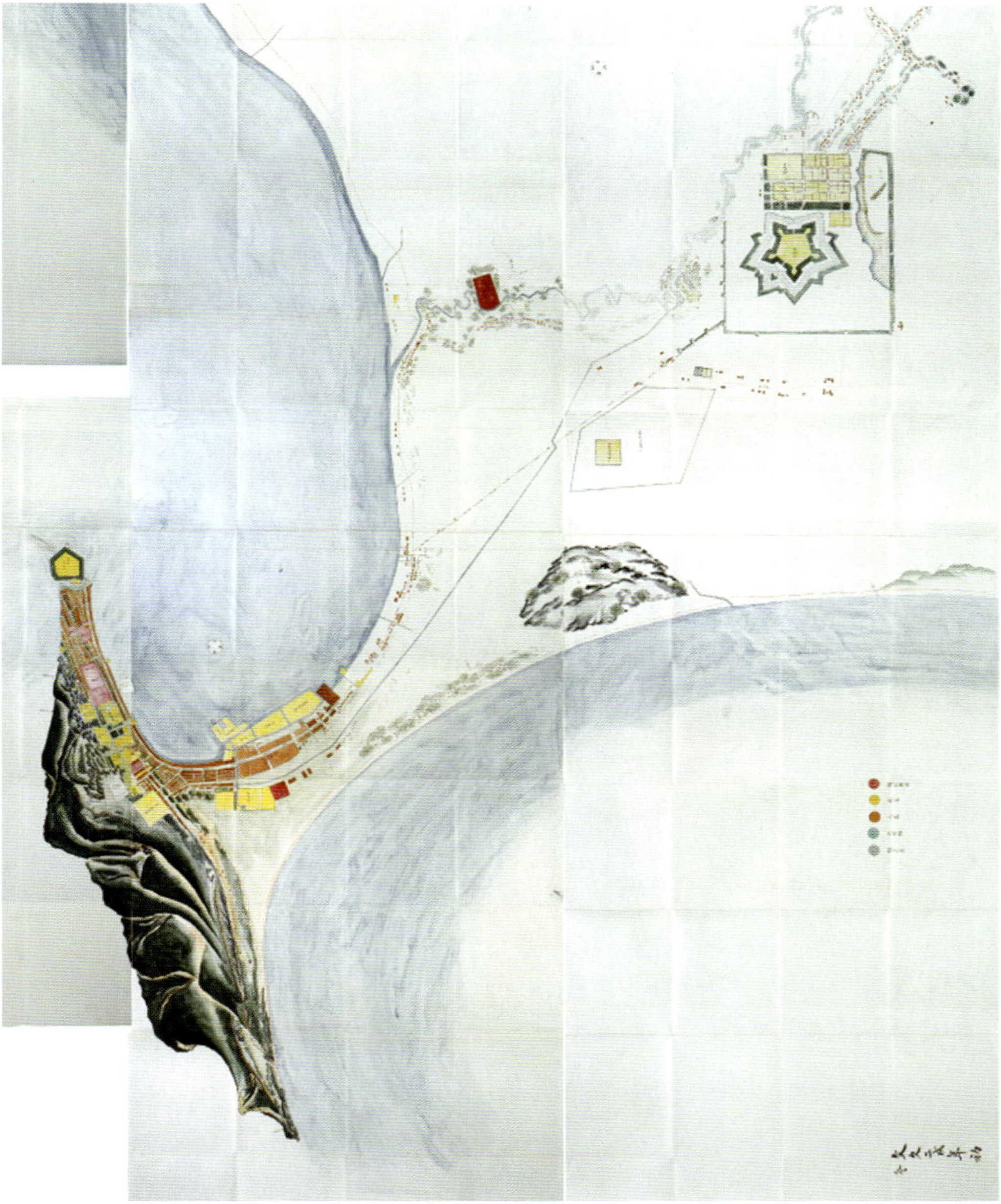

図 3-2 「箱館亀田／一円切絵図（天・地・人の全 3 舗）」（函館市中央図書館所蔵）の主要部

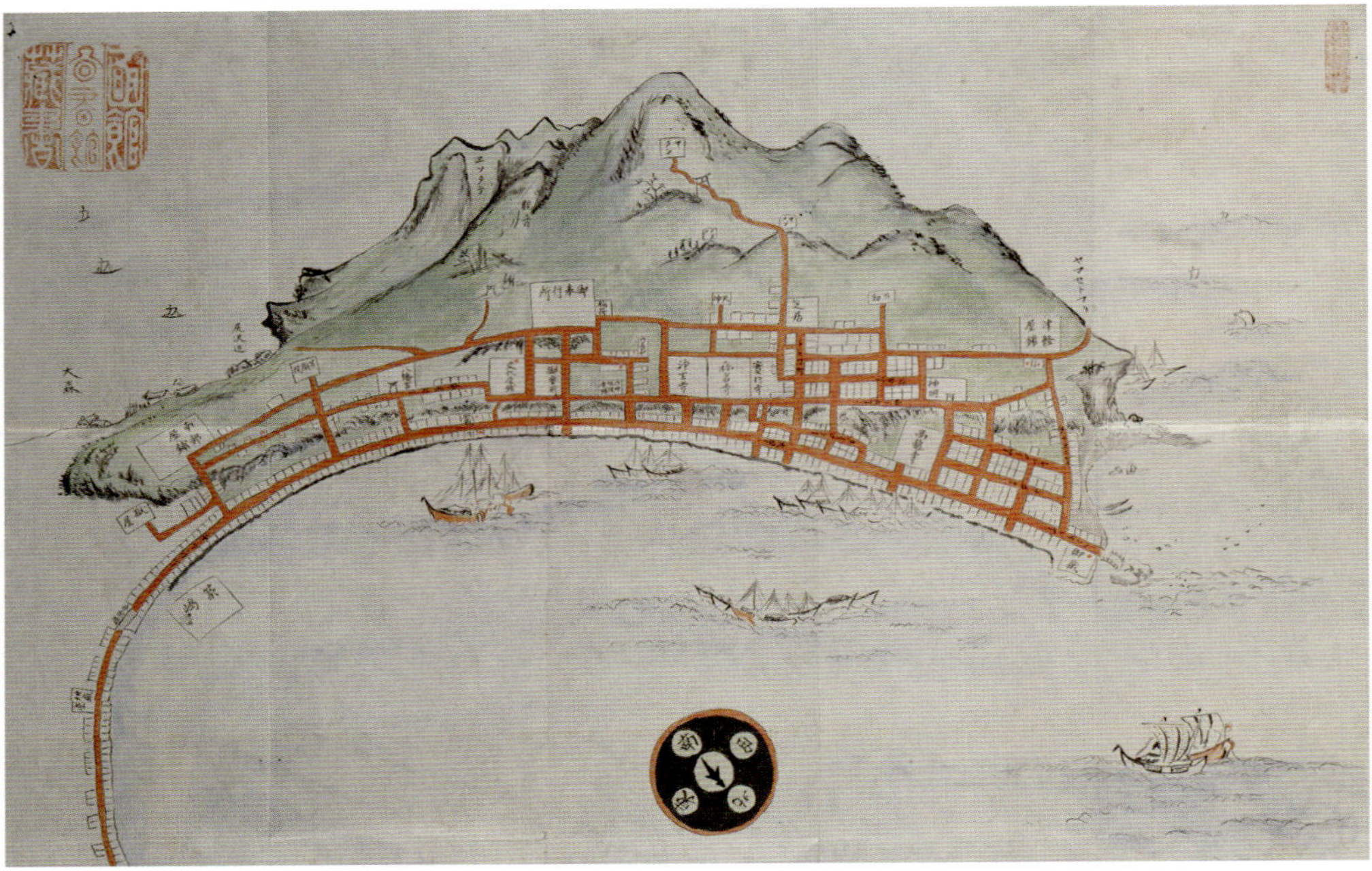

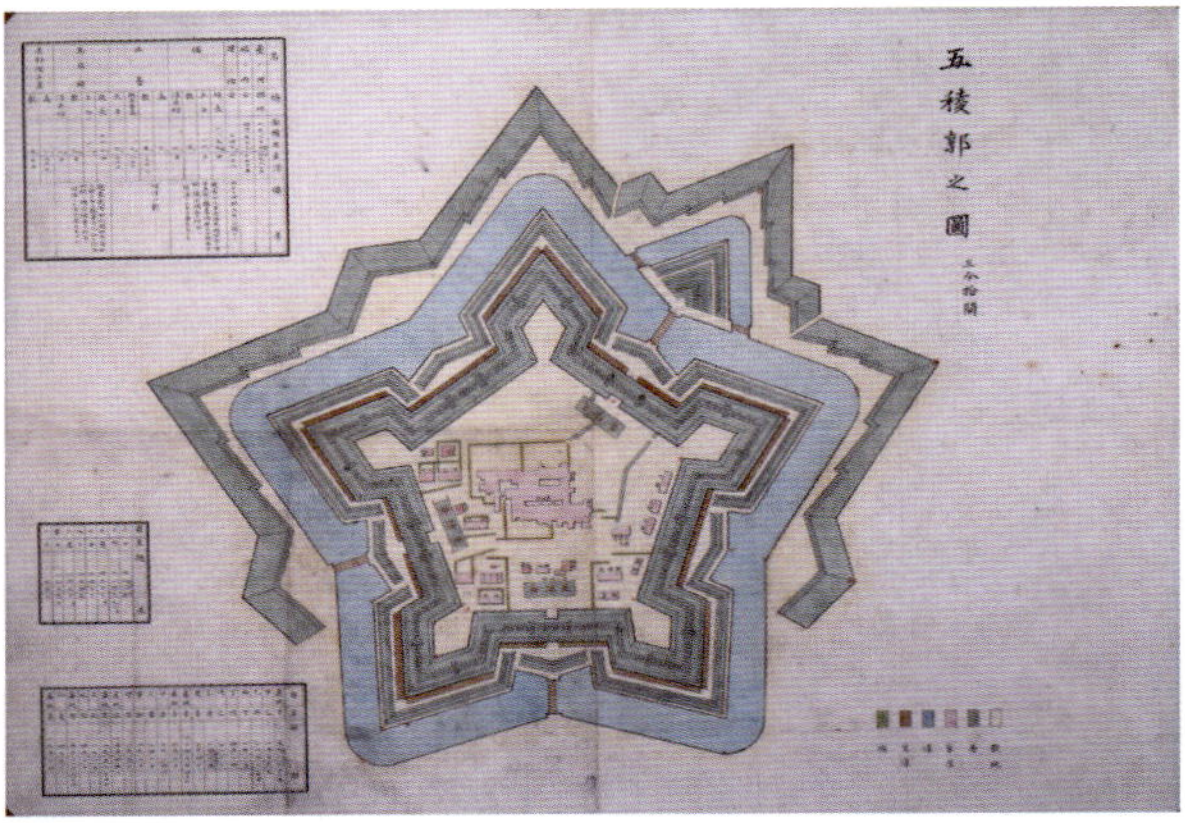

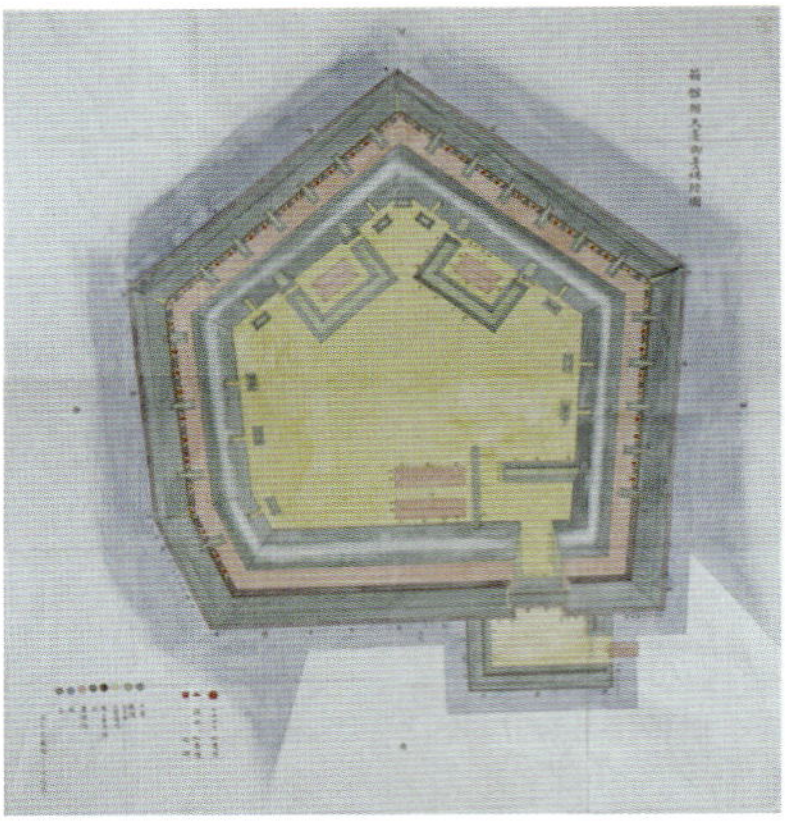

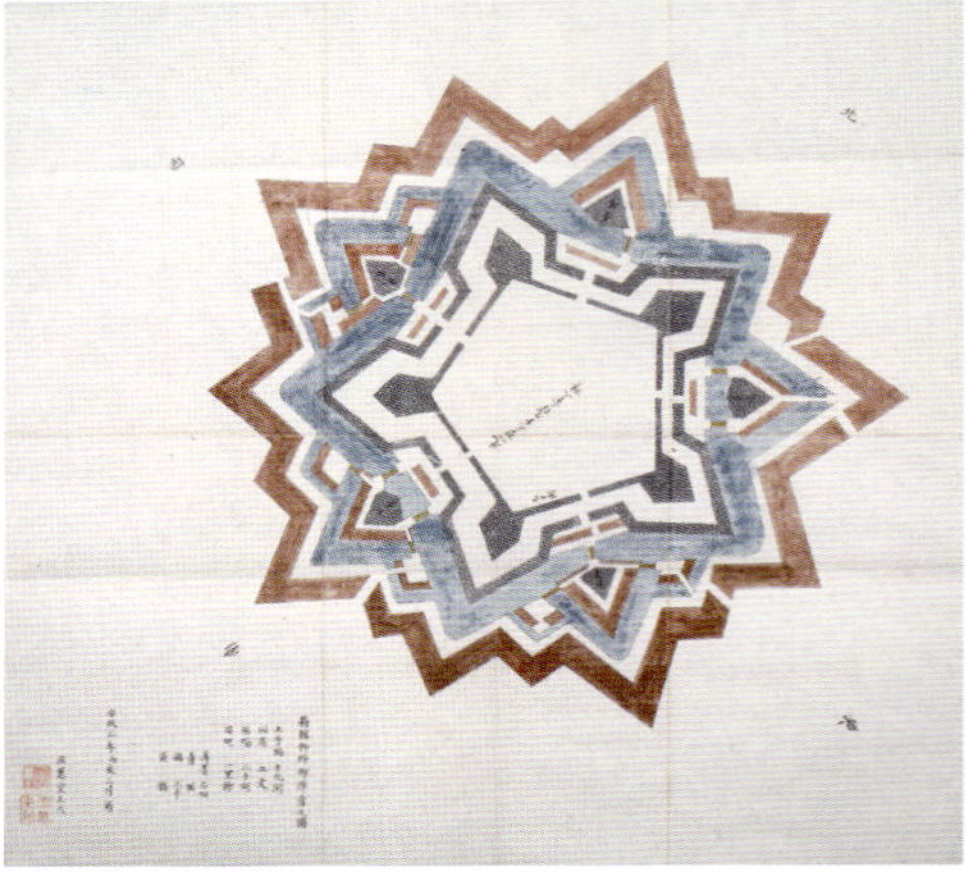

図 1-1 **「松前箱館」**（函館市中央図書館所蔵）**の主要部**〈上〉

図 2-1 **「箱館弁天崎御台場図」**（函館市中央図書館所蔵）〈中右〉

図 2-3 **「五稜郭之図　三分拾間」**（市立函館博物館所蔵）〈中左〉

図 2-2 **「箱館柳野御陣営之図」**（市立函館博物館所蔵）〈下右〉

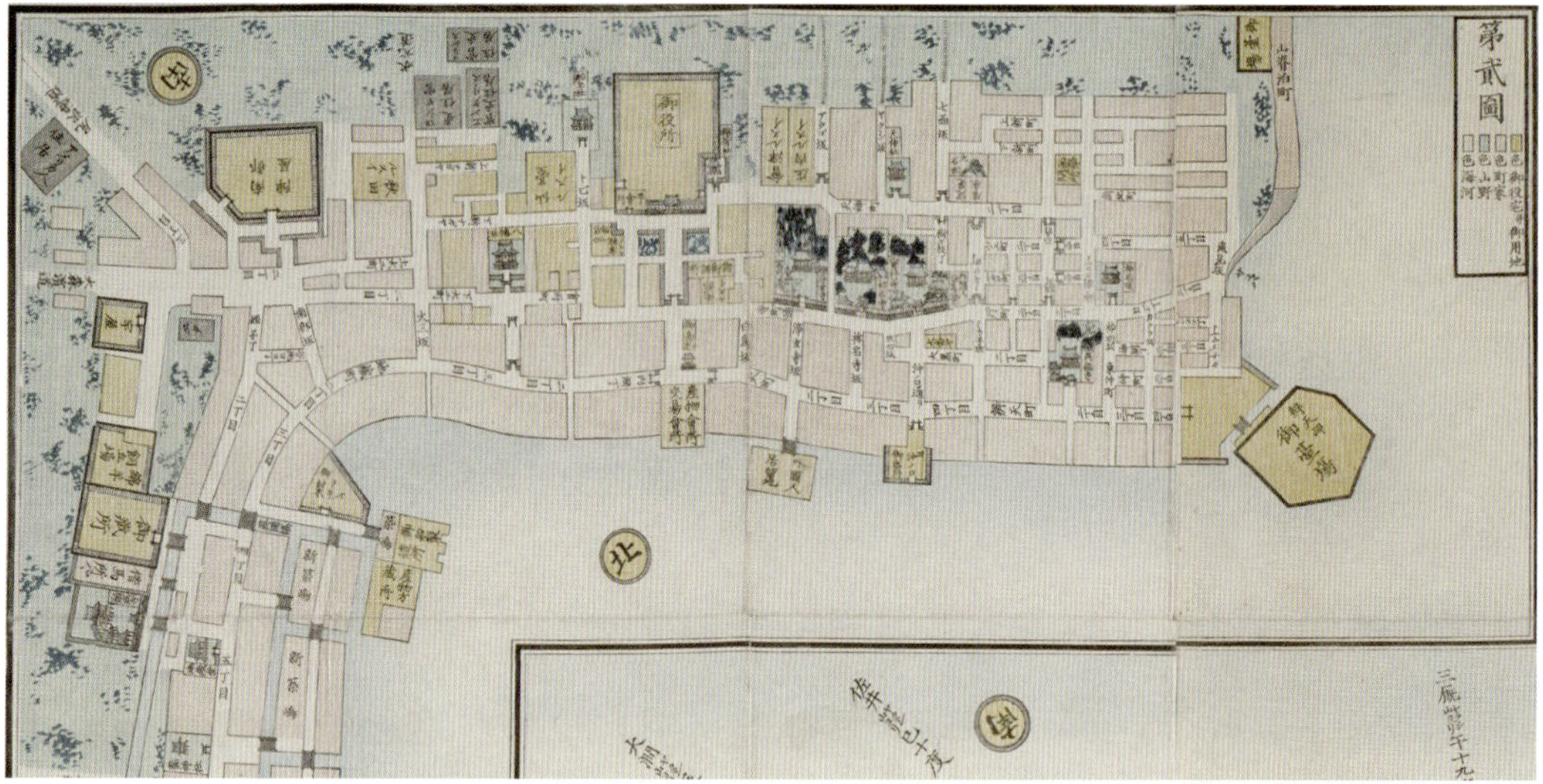

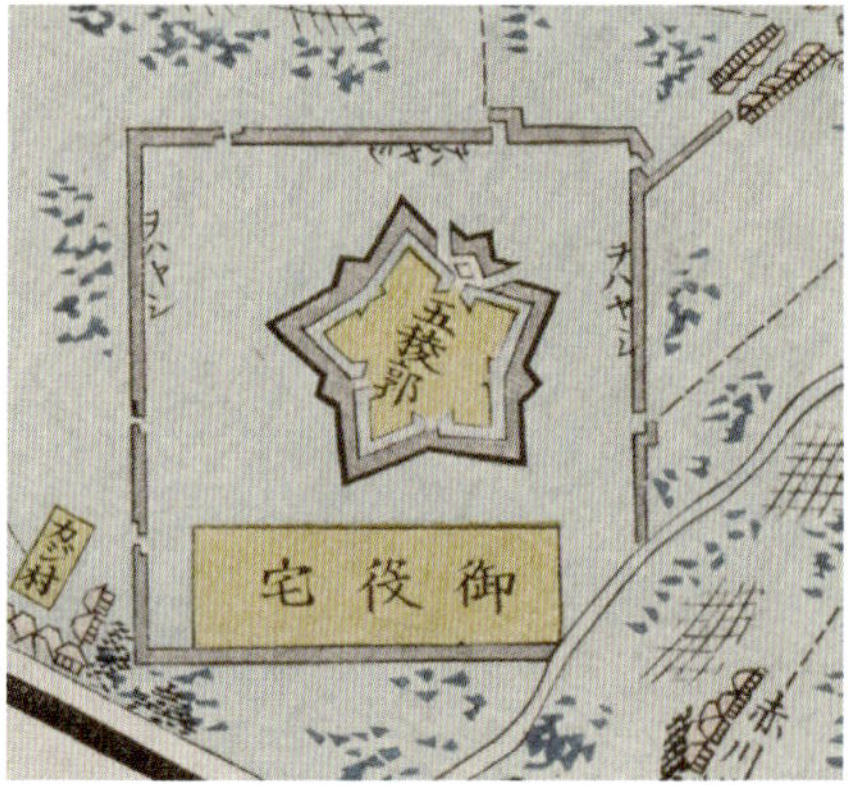

図 3-1B 「官許 箱館全図」（函館市中央図書館所蔵）の第壱図の一部（上が南である）〈上右〉

図 3-1A 「官許 箱館全図」（函館市中央図書館所蔵）の第弐図の主要部〈上左〉

図 8-1 「文化二年七月羅処和人収容中の択捉島沙那会所警備所」（函館市中央図書館所蔵の「前幕領時代択捉国後其他警備建家図」全5枚のうち）〈下左〉

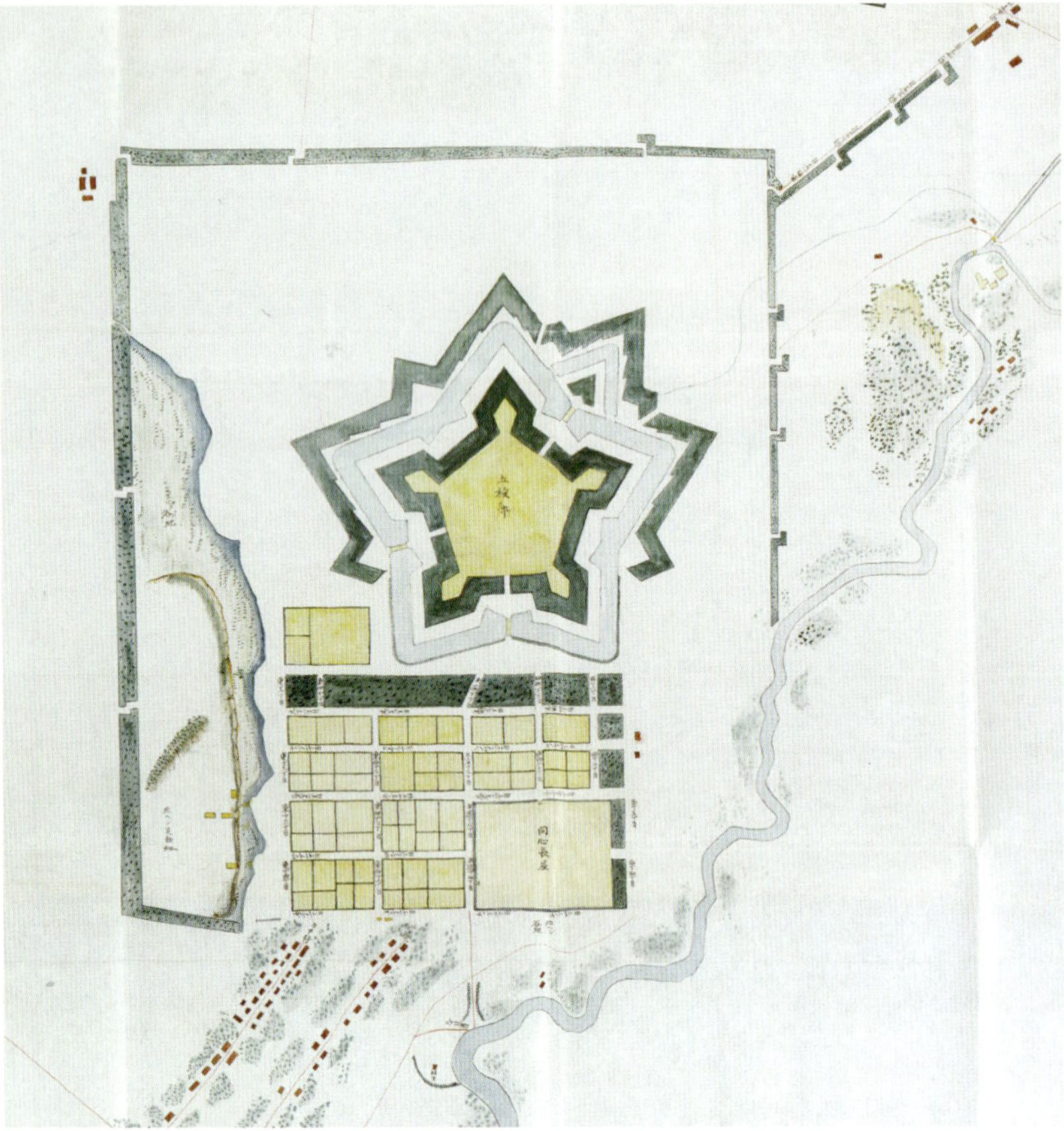

図 3-3 「箱館亀田／一円切絵図」（函館市中央図書館所蔵）の「人」舗の一部
（上が南である）

図 7-3 1999 年 7 月撮影の NTT-ME カラー空中写真（函館地区 8-1763）にみる亀田役所跡地一帯

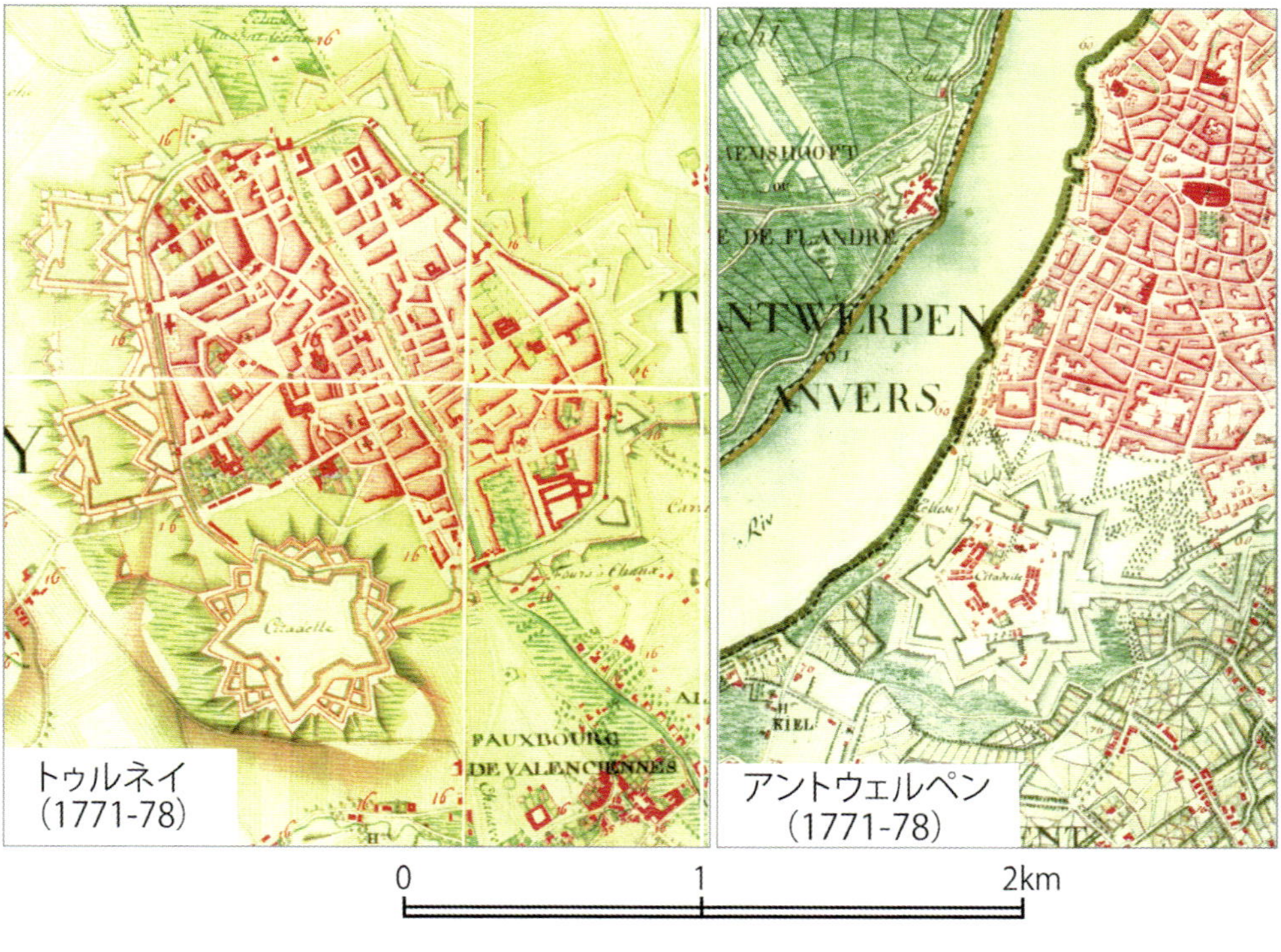

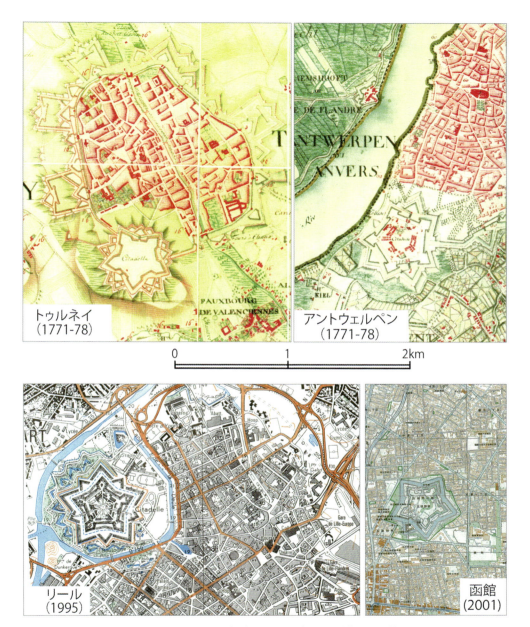

図 4-1　西ヨーロッパ 3 都市のシタデルと五稜郭との比較

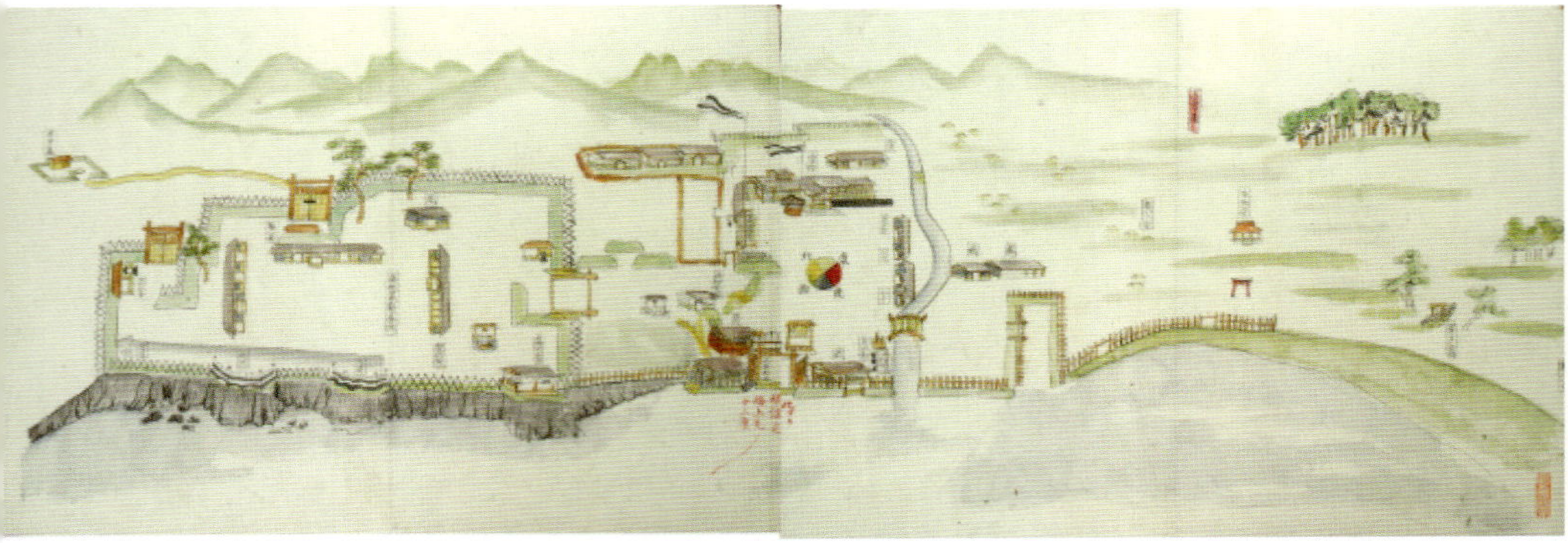

図 8-3　楢山隆福『東蝦夷地与里国後へ陸地道中絵図』（函館市中央図書館所蔵）上巻の「久奈尻」図幅

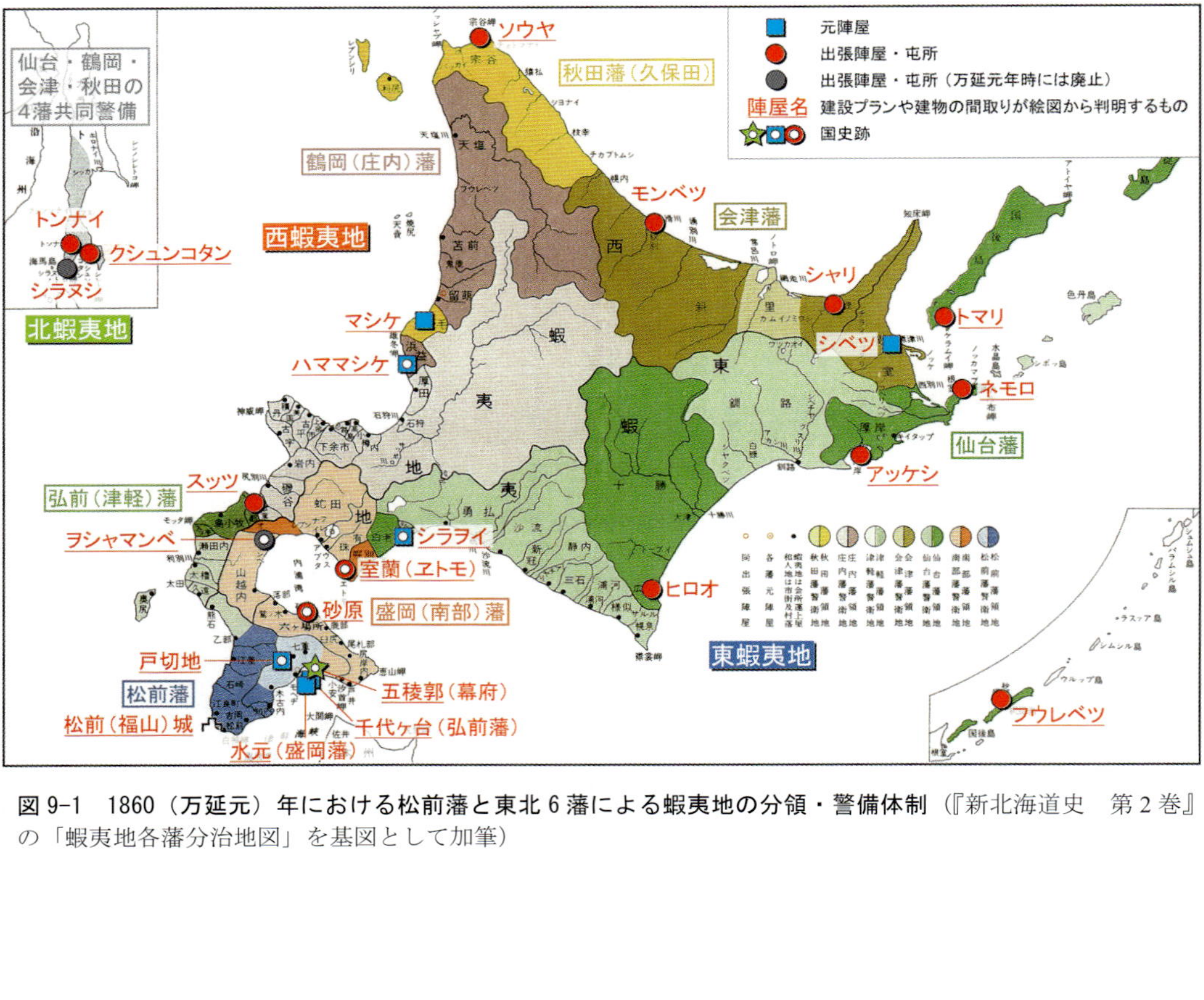

図 9-1　1860（万延元）年における松前藩と東北 6 藩による蝦夷地の分領・警備体制（『新北海道史　第 2 巻』の「蝦夷地各藩分治地図」を基図として加筆）

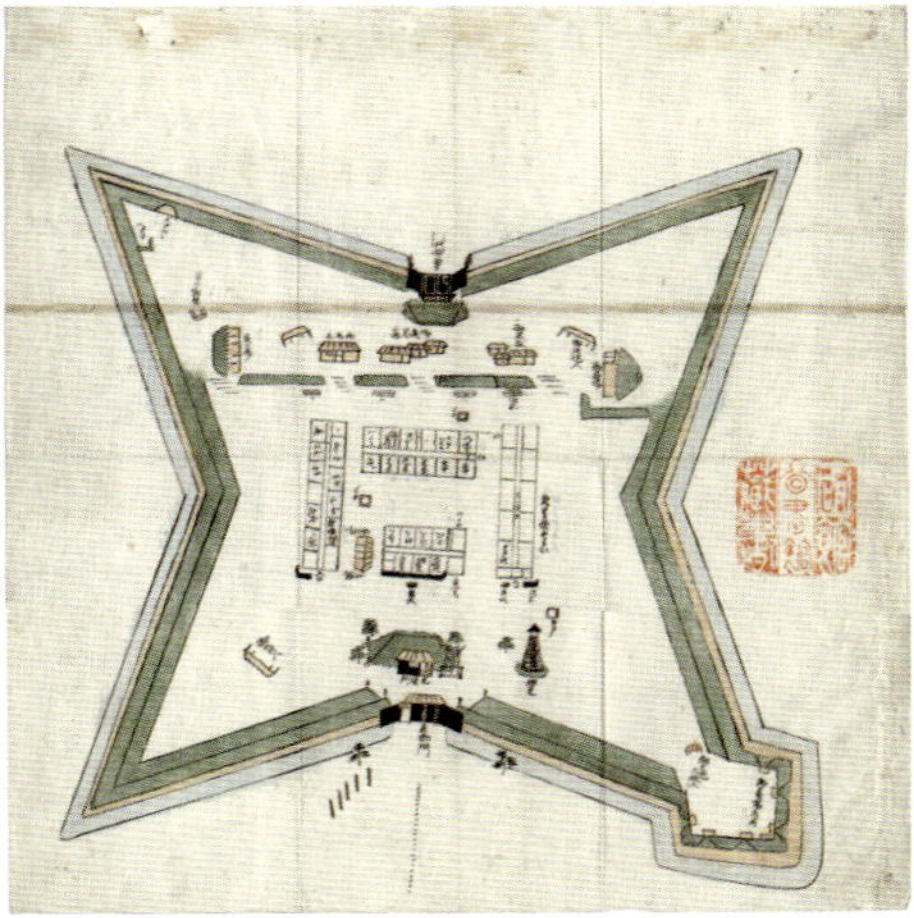

図 10-2 「アナタヒラ松前陣家絵図面」（函館市中央図書館所蔵）2 枚のうちの 1 枚に描かれた戸切地陣屋

図 10-5　1976 年 9 月撮影のカラー空中写真（CHO-76-20　C7A-2）にみる戸切地陣屋の跡地一帯

図 10-1　函館平野における第二次幕領期の「陣屋」等の跡地（20 万分の 1 地勢図「函館」（平成 18 年編集）および 2 万 5 千分の 1 地形図「函館」（平成 29 年発行），「七飯」（平成 28 年発行），「五稜郭」（平成 29 年発行）を利用して作成．右上・中上・左上・左下の割図の縮尺は右上に同じ）
①戸切地陣屋の囲郭（橙色）と勤番屋敷を含む敷地（黄緑色），②箱館水元陣屋の比定地（桃色），③千代ヶ台陣屋の囲郭［土居］の比定地（桃色），④四稜郭（橙色）

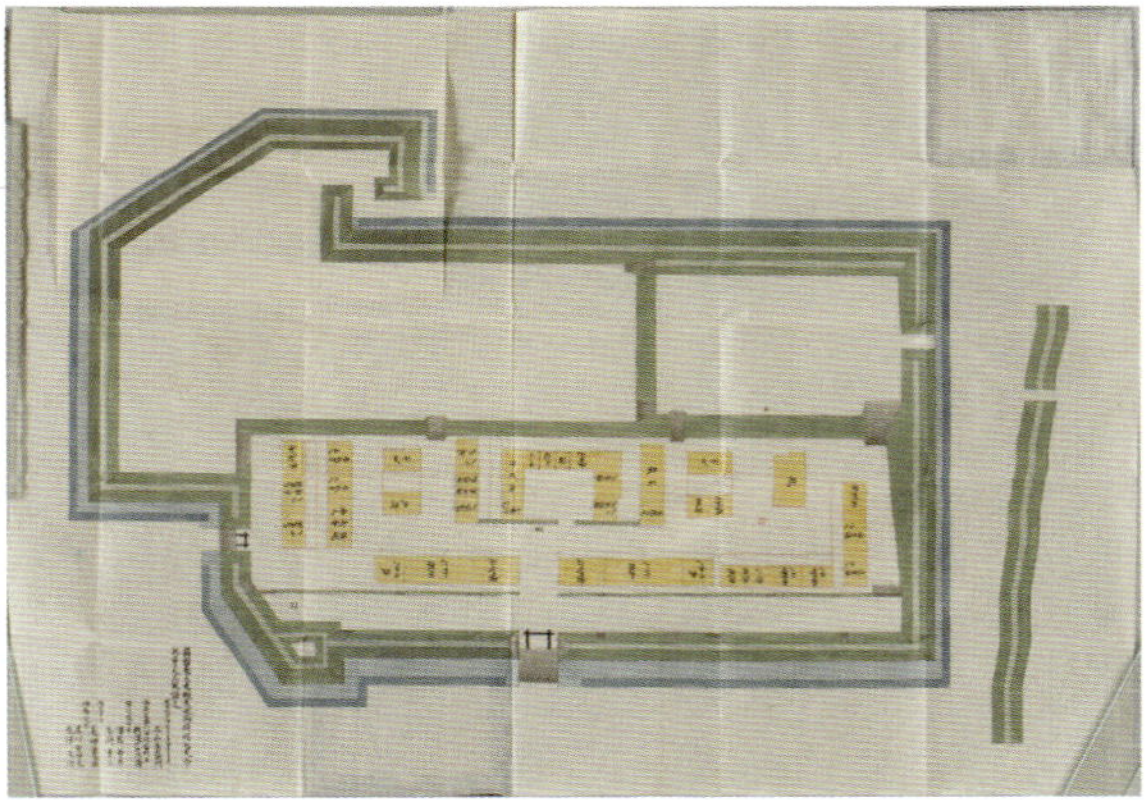

図 10-9 「箱館水元御陣屋縮図　坤ノ一」（もりおか歴史文化館所蔵）

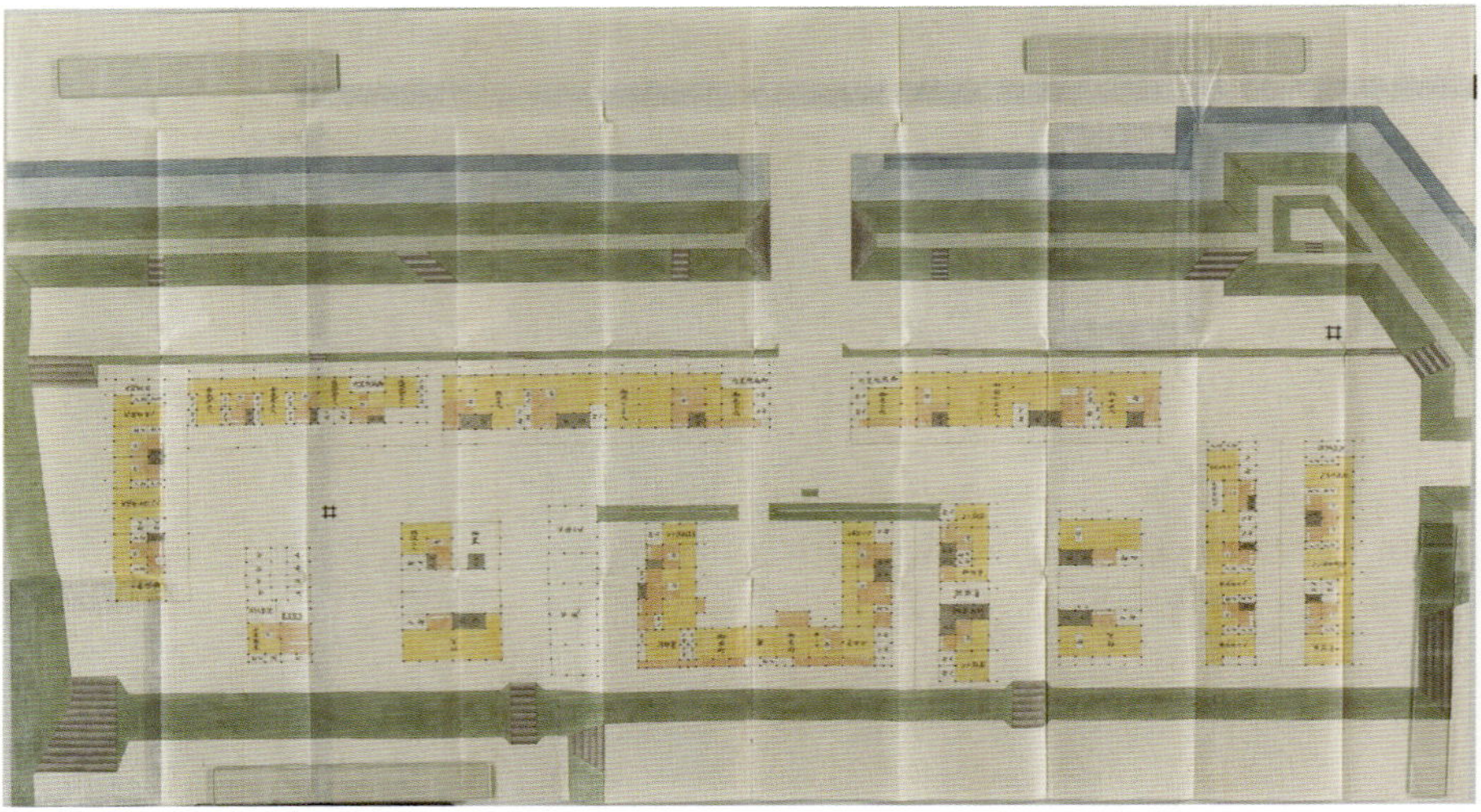

図 10-10 「箱館表水元御陣屋建図縮図　坤ノ一ノ二」(もりおか歴史文化館所蔵) の主要部

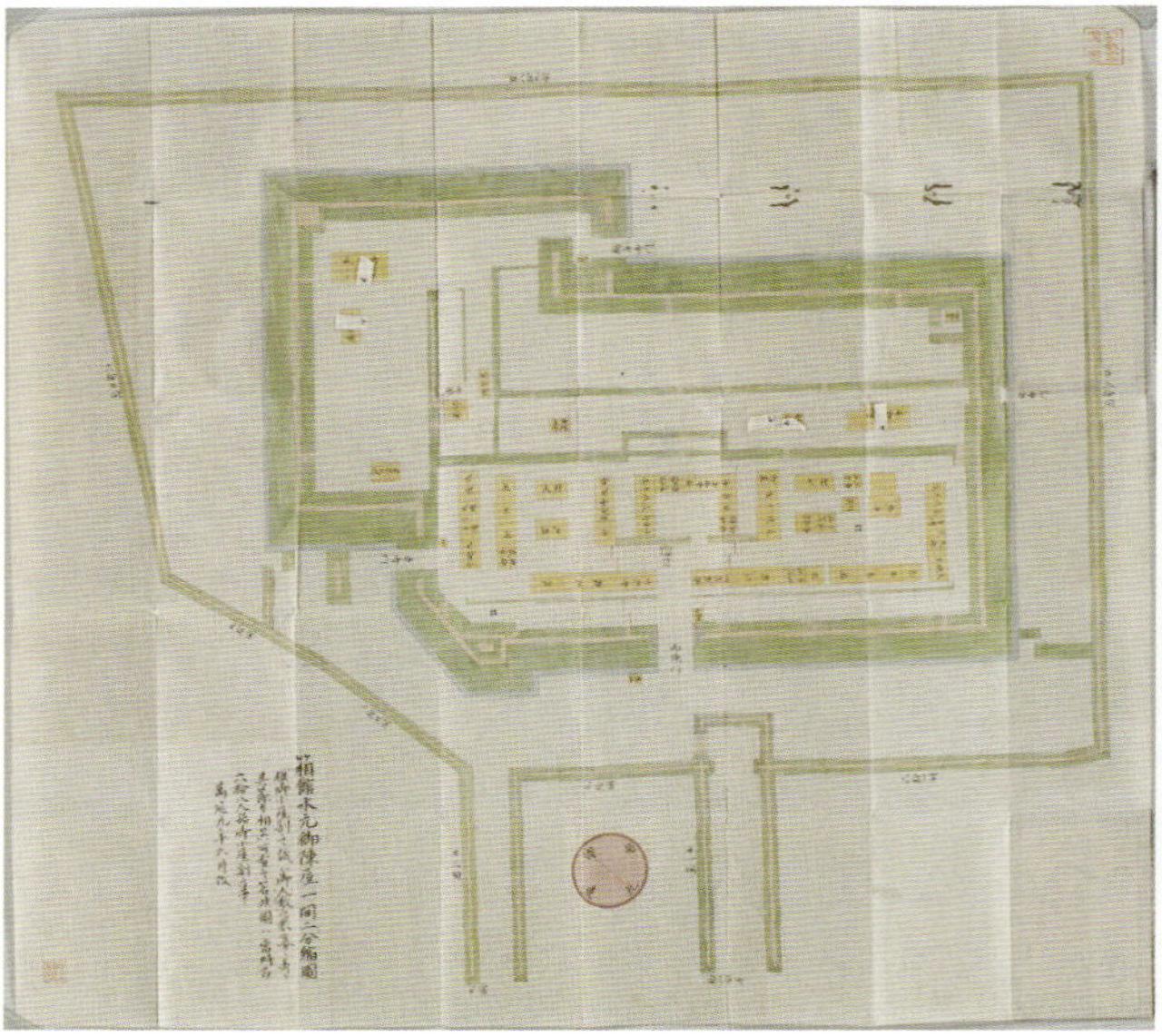

図 10-12 「箱館水元御陣屋一間二分縮図」(もりおか歴史文化館所蔵)

図 10-13　箱館水元の盛岡藩元陣屋の 3 次元復原図 (平井松午, 2014) (現在の地名を ( ) 書きで原図に追加)

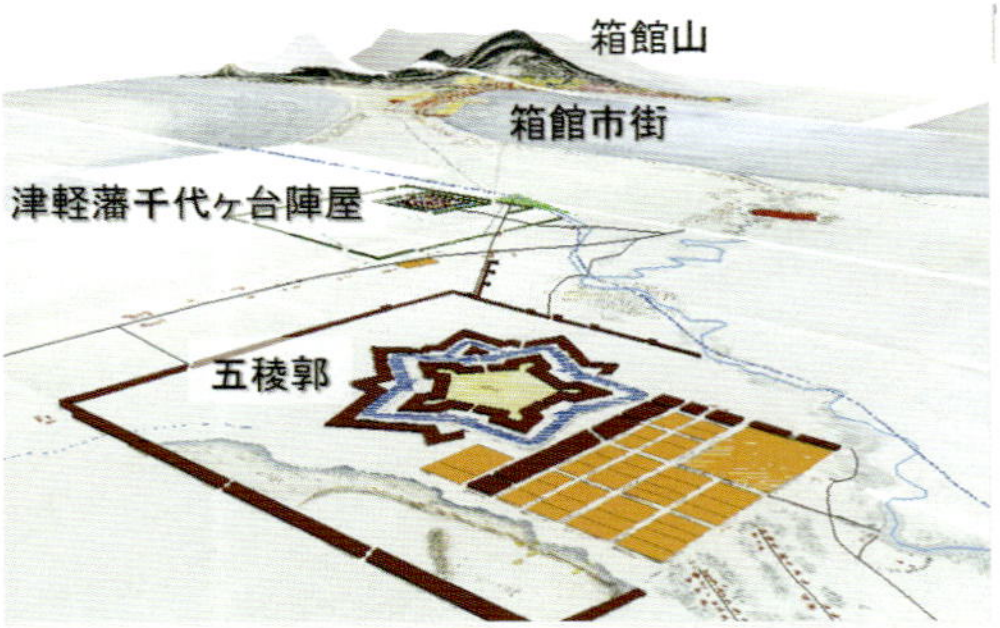

図 10-21　亀田役所外郭の北東上空から箱館市街地方向を鳥瞰した 3 次元復原図（平井松午，2014）

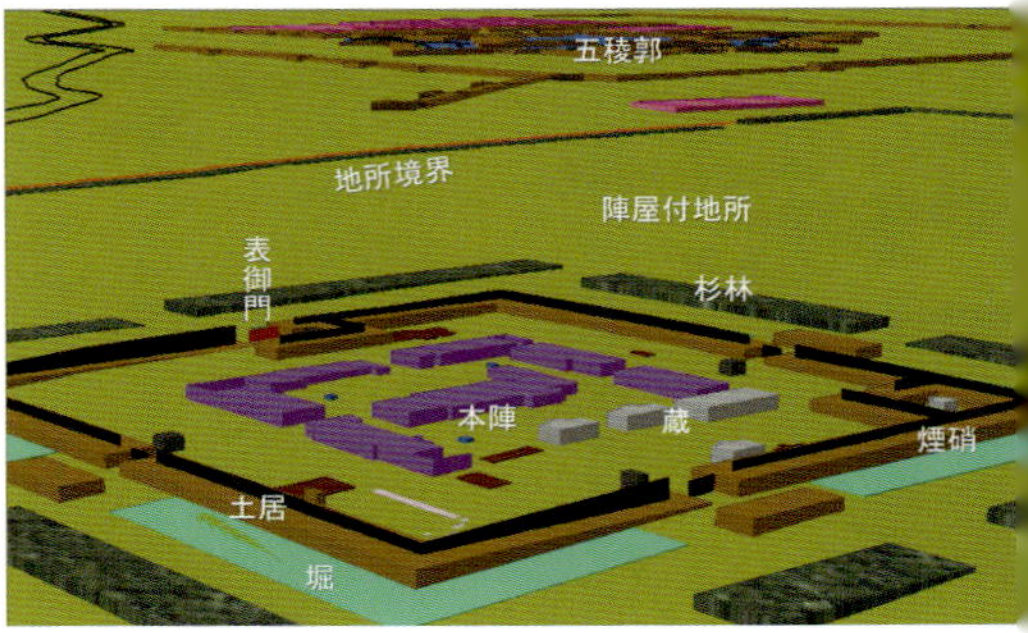

図 10-20　千代ヶ台の弘前藩元陣屋の 3 次元復原図（平井松午，2014）

図 11-1「ヱトモ之図　御持場見分之砌此図ヲ以伺書ニ添差上」（もりおか歴史文化館所蔵）
朱書きの付箋の位置に著者が①～⑧の番号を記入．但し，⑧の位置の付箋は剥落したと推定される．

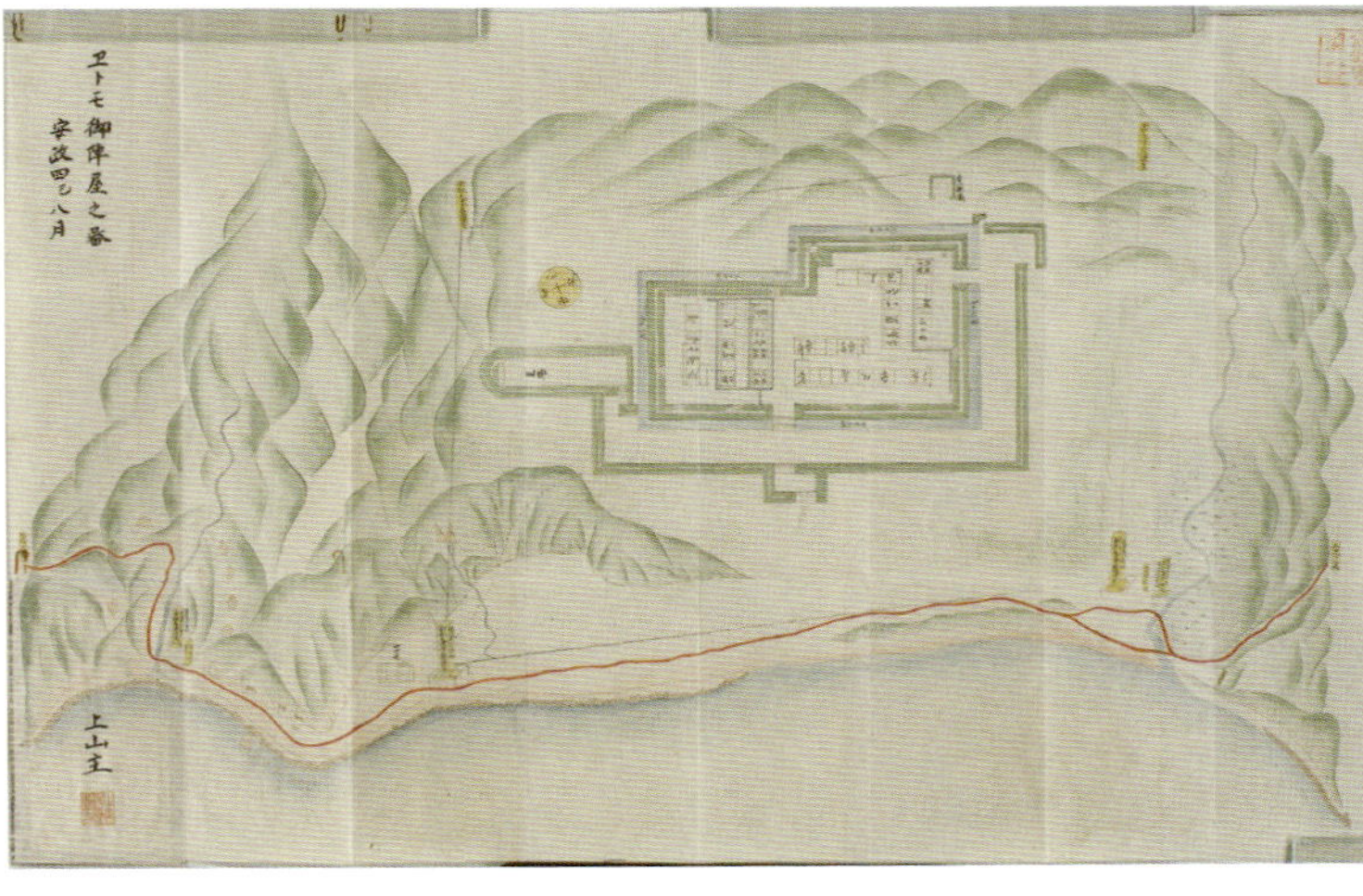

図 11-2「ヱトモ御陣屋之図」（もりおか歴史文化館所蔵）

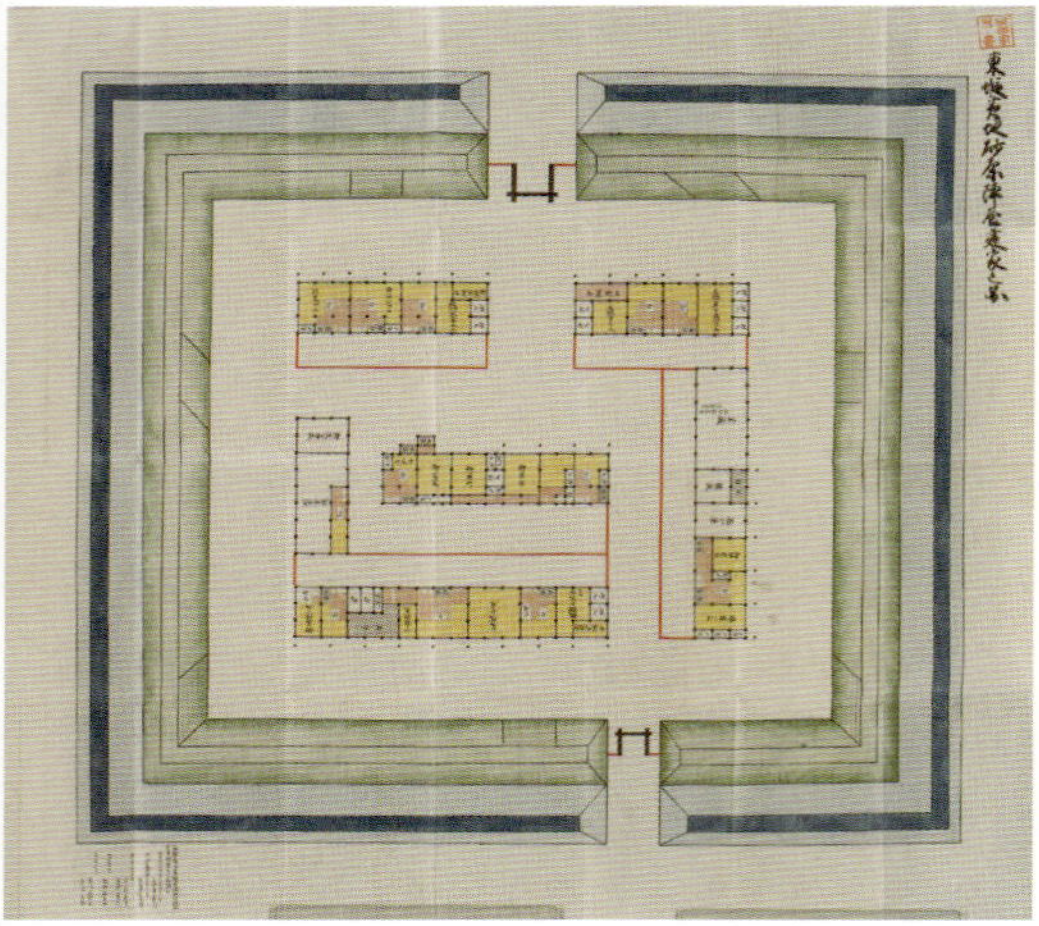

図 11-12 「東蝦夷地砂原陣屋建家之図」（もりおか歴史文化館所蔵）

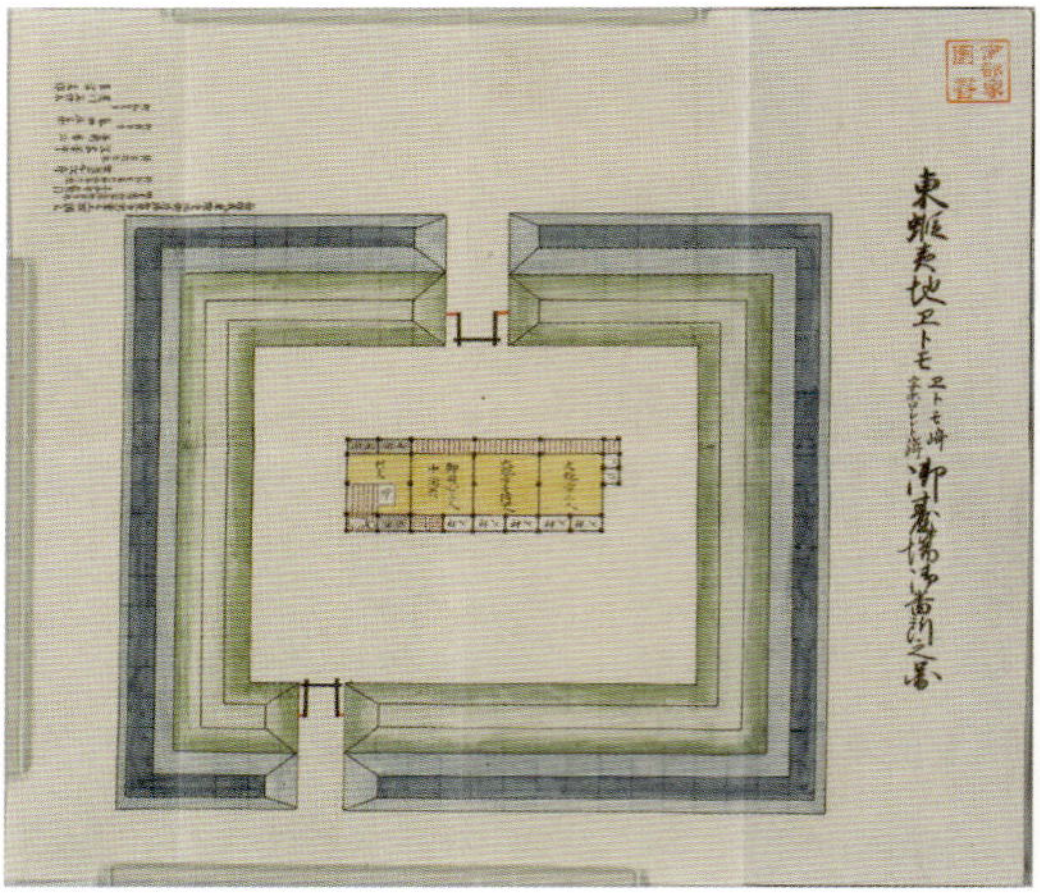

図 11-3 「東蝦夷地ヱトモ　ヱトモ崎　字ホロシレトル崎　御台場御番所之図」（もりおか歴史文化館所蔵）

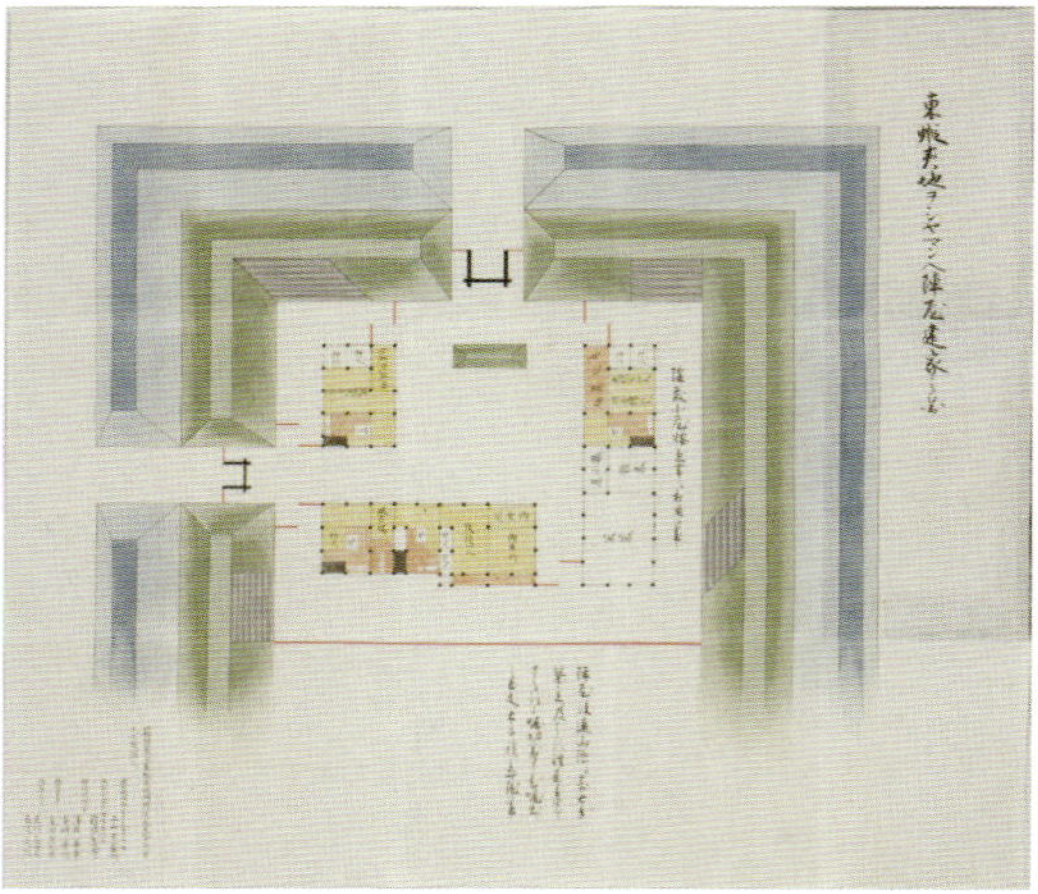

図 11-17 「東蝦夷地ヲシヤマンヘ陣屋建家之図」（もりおか歴史文化館所蔵）

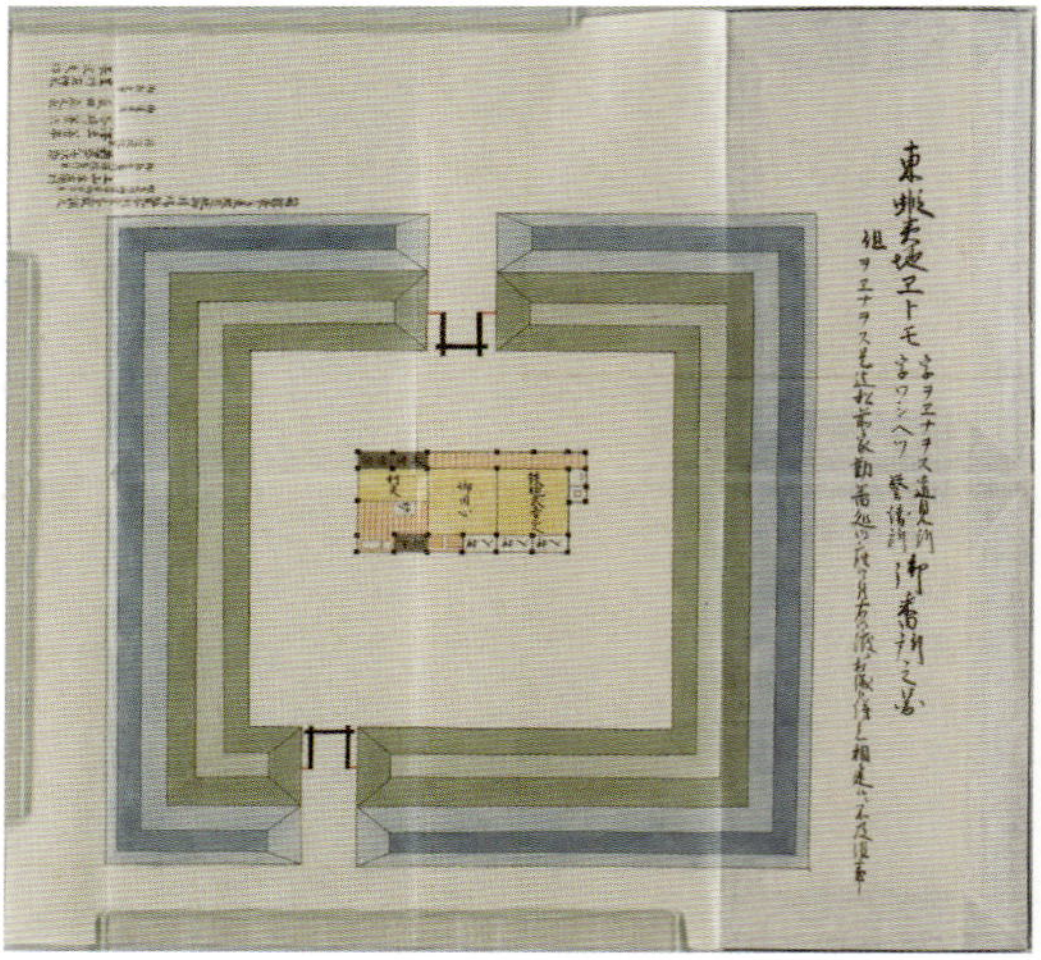

図 11-4 「東蝦夷地ヱトモ　字ヲヱナヲス遠見所　字ワシヘツ警衛所　御番所之図」（もりおか歴史文化館所蔵）

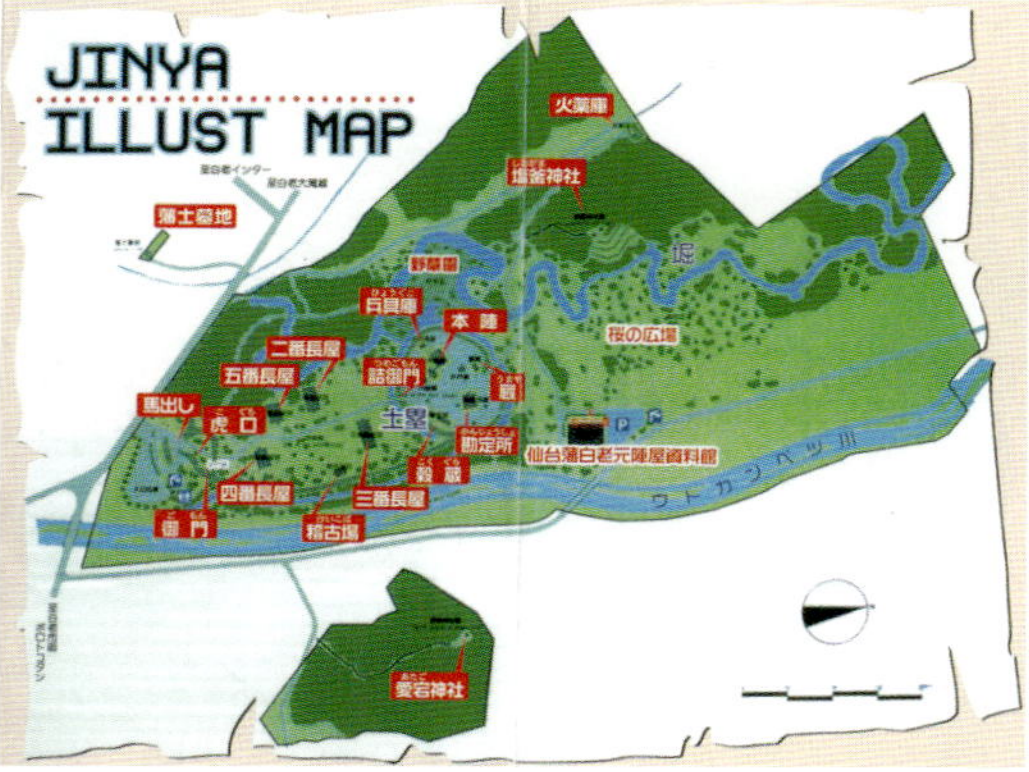

図 12-4 「JINYA ILLUST MAP」（仙台藩白老元陣屋資料館の 2006 年作成パンフレットより）

図 11-14　1976 年 10 月撮影のカラー空中写真（C　HO-76-17　C16-B-7）にみる砂原屯所の跡地一帯（赤色の⬭印が囲郭の跡地）

図 11-7　1976 年 10 月撮影のカラー空中写真（C　HO-76-15　C14-7）にみる室蘭出張陣屋の跡地一帯
樹木に囲まれた中央の空地（赤色の⬭印）が囲郭の跡地．

図 11-19　1976 年 9 月撮影のカラー空中写真（C　HO-76-12　C11-15）にみるヲシャマンベ屯所の跡地一帯（赤色の⬭印が屯所跡地）

図 12-3 「仙台藩蝦夷地白老御陣屋図」（函館市中央図書館所蔵）の主要部（右が南）

図 12-1 『仙台藩東蝦夷地経営図』（函館市中央図書館所蔵）の「シラヲイ」図幅の主要部

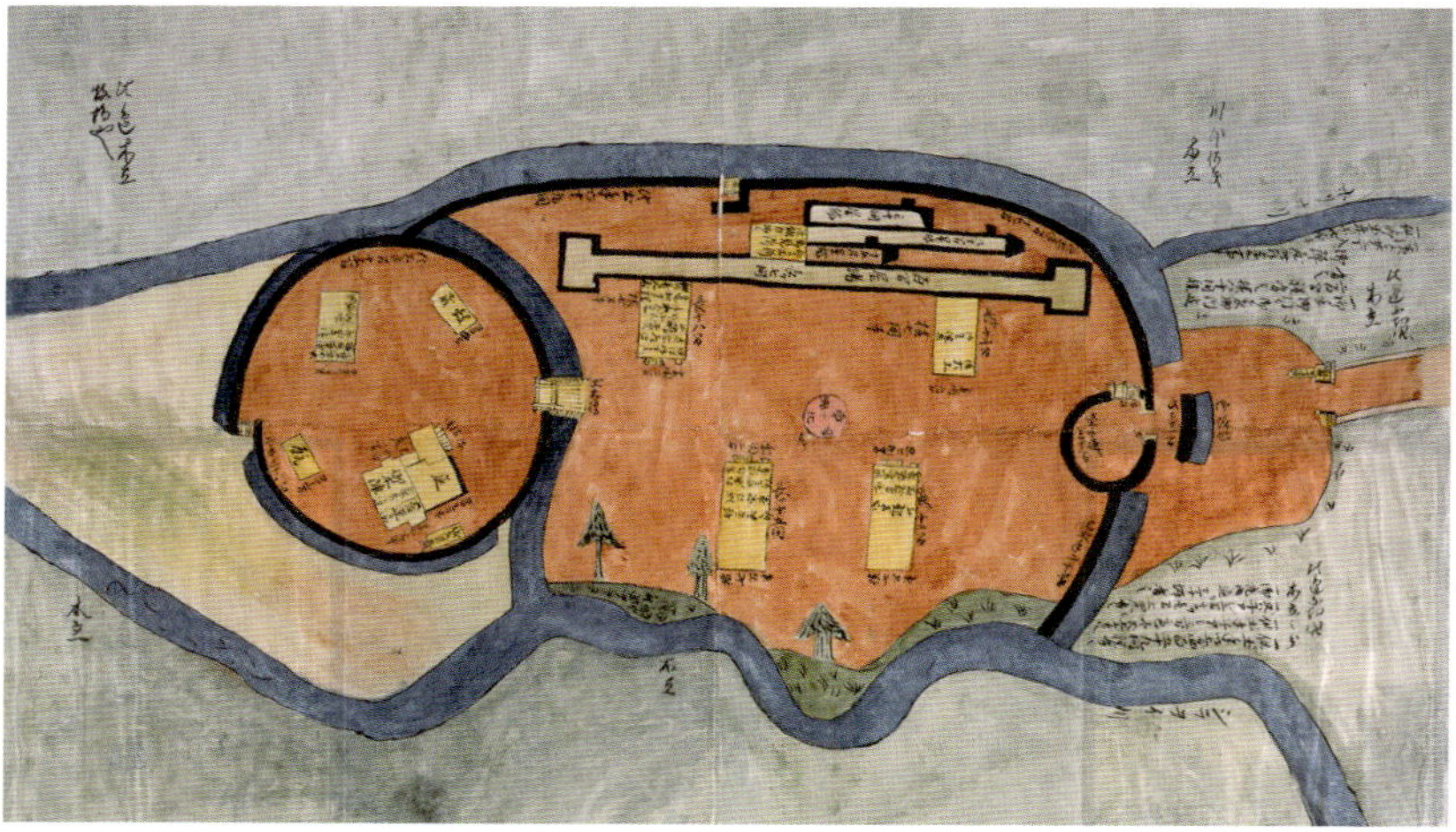

図 12-2 「仙台藩白老御陣屋詳細図」（函館市中央図書館所蔵）の主要部（右が南）

図 12-10 楢山隆福『東蝦夷地与里国後へ陸地道中絵図』（函館市中央図書館所蔵）上巻の「厚気志」図幅

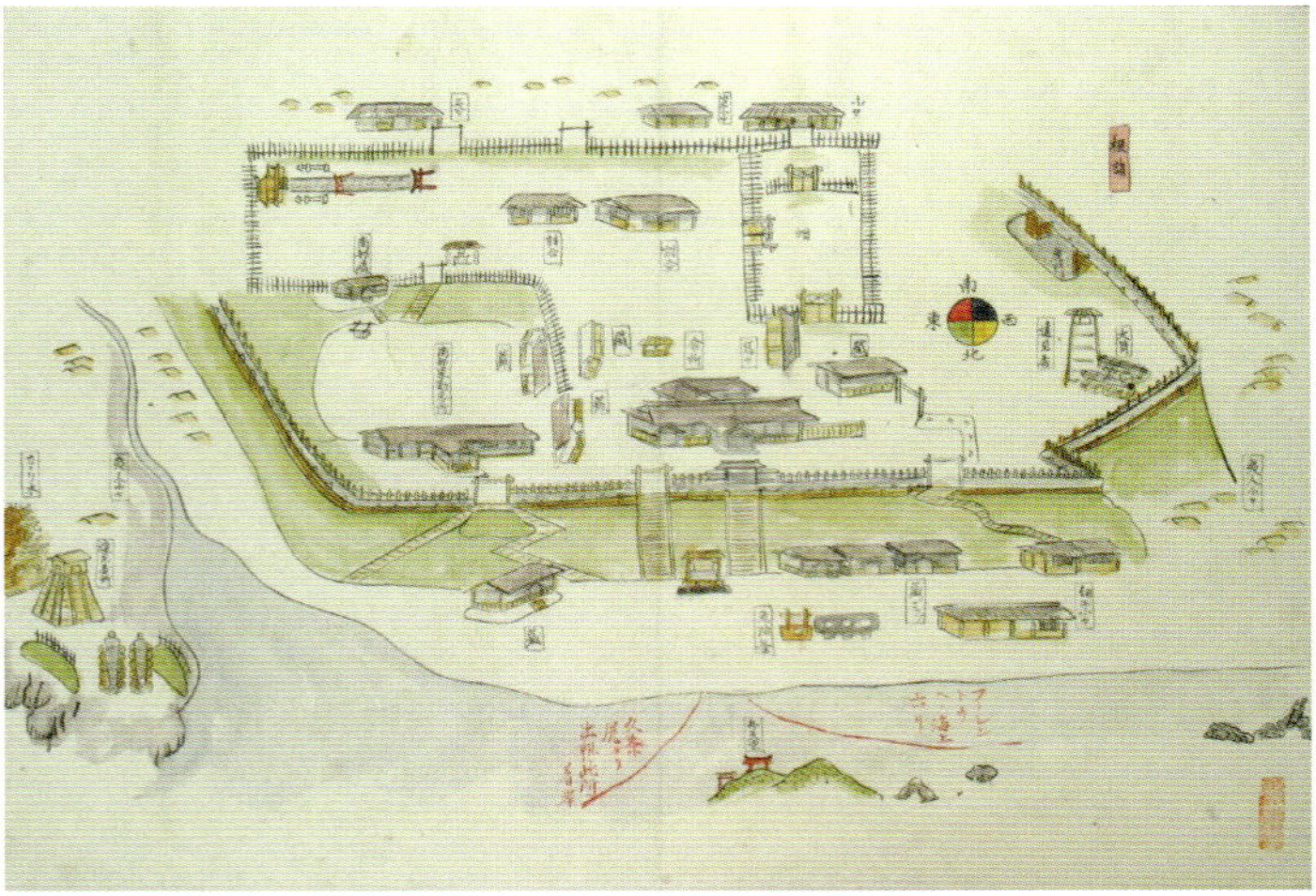

図 12-14　楢山隆福『東蝦夷地与里国後へ陸地道中絵図』（函館市中央図書館所蔵）上巻の「根諸」図幅

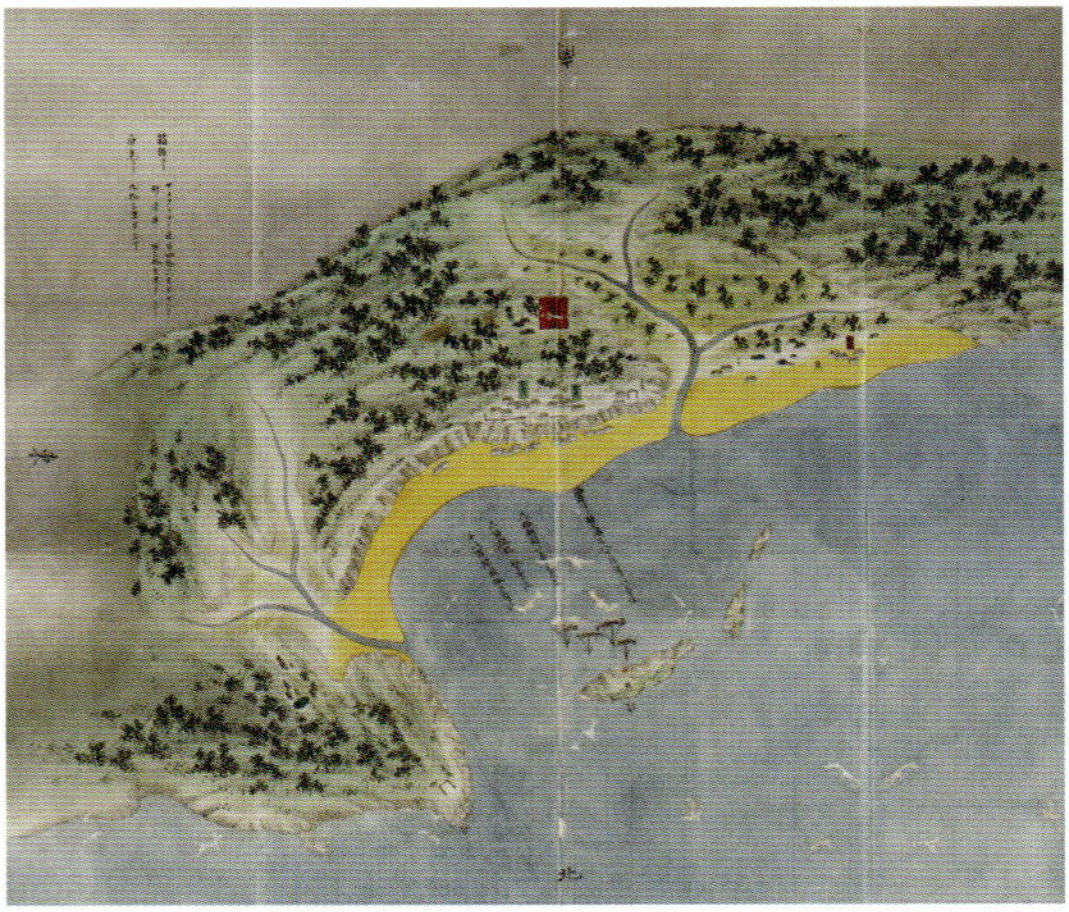

図 12-15　『仙台藩東蝦夷地経営図』（函館市中央図書館所蔵）の「子モロ」図幅の主要部

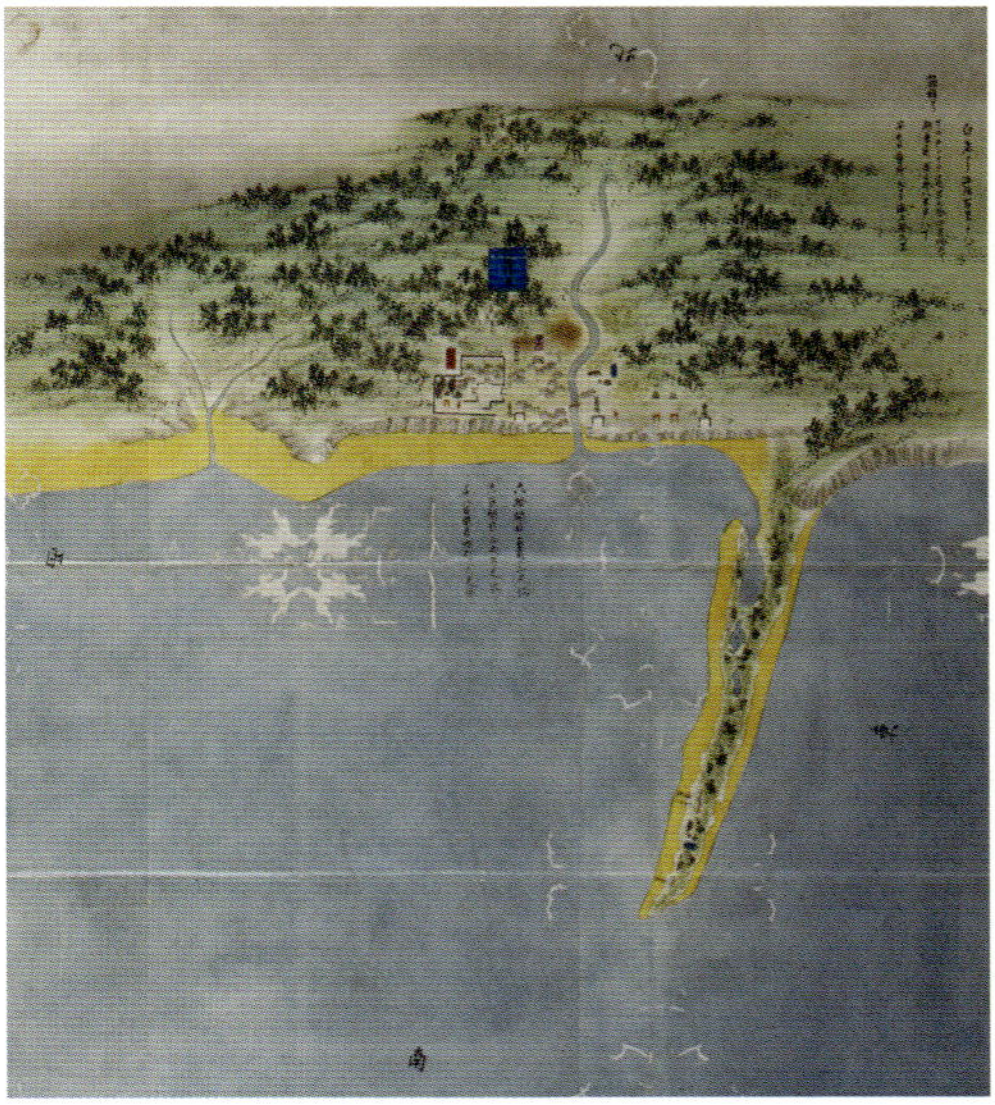

図 12-19　『仙台藩東蝦夷地経営図』（函館市中央図書館所蔵）の「クナシリノ内トマリ」図幅

図 13-7　ハママシケ元陣屋の跡地一帯の空中写真
（『史跡荘内藩ハママシケ陣屋跡』の写真１より）

図 13-10 「マシケ御陣屋御任地面境内略図」（秋田県公文書館所蔵）

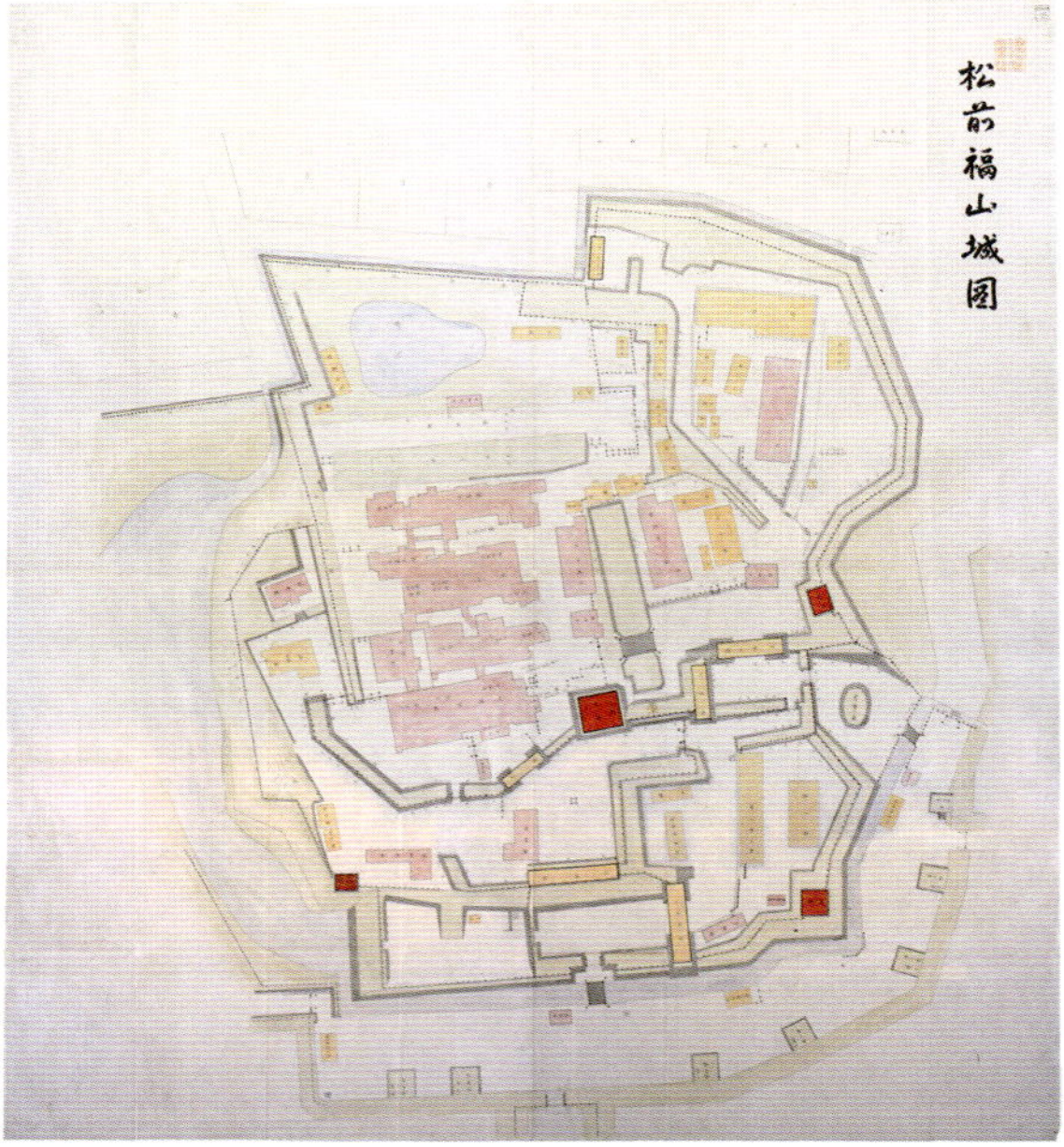

図 14-3 「松前福山城図」（函館市中央図書館所蔵）

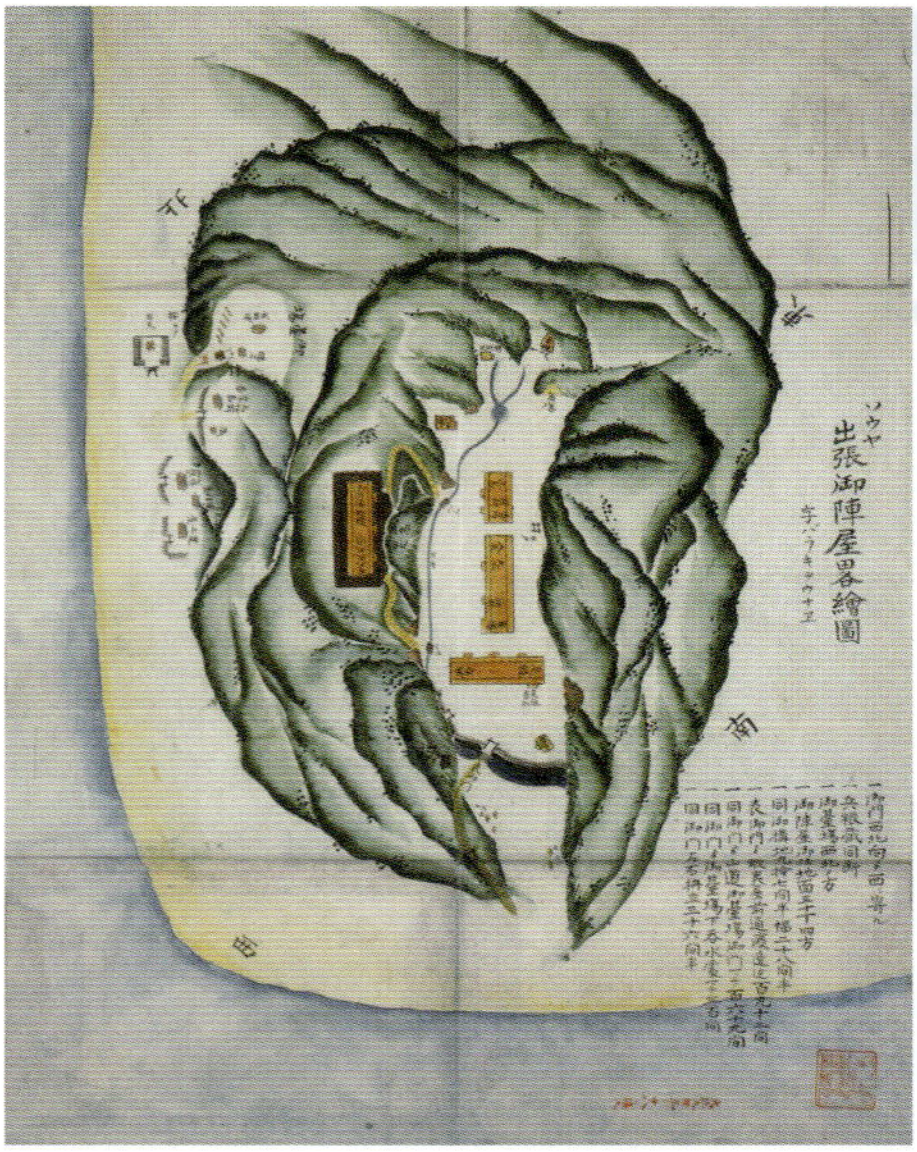

図 13-15 「ソウヤ出張御陣屋略絵図」（秋田県公文書館所蔵）

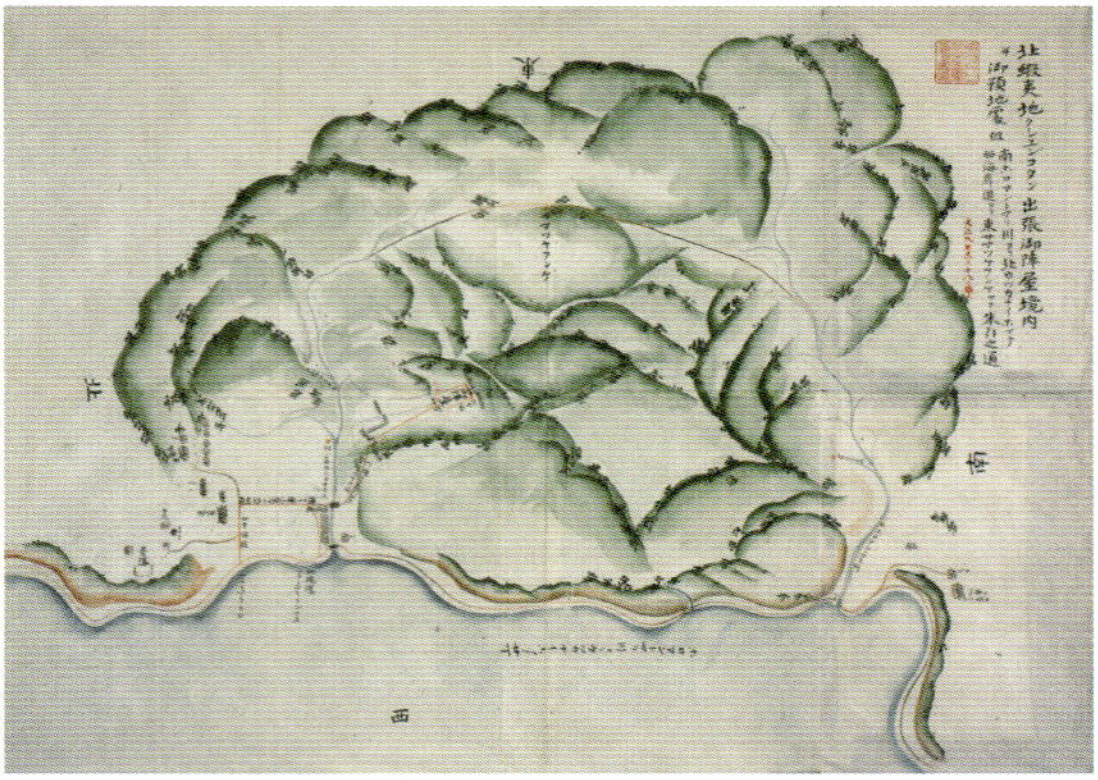

図 13-21 「北蝦夷地クシュンコタン出張御陣屋境内并御預地処絵図」（秋田県公文書館所蔵）

図 14-8 1976 年 8 月撮影のカラー空中写真（C HO-76-21 C19-4）にみる松前城下町の一帯

図 14-1　「松前屏風」（松前町教育委員会所蔵）の主要部

図 14-4　「安政四巳年松前城下図式」（弘前市立博物館所蔵）

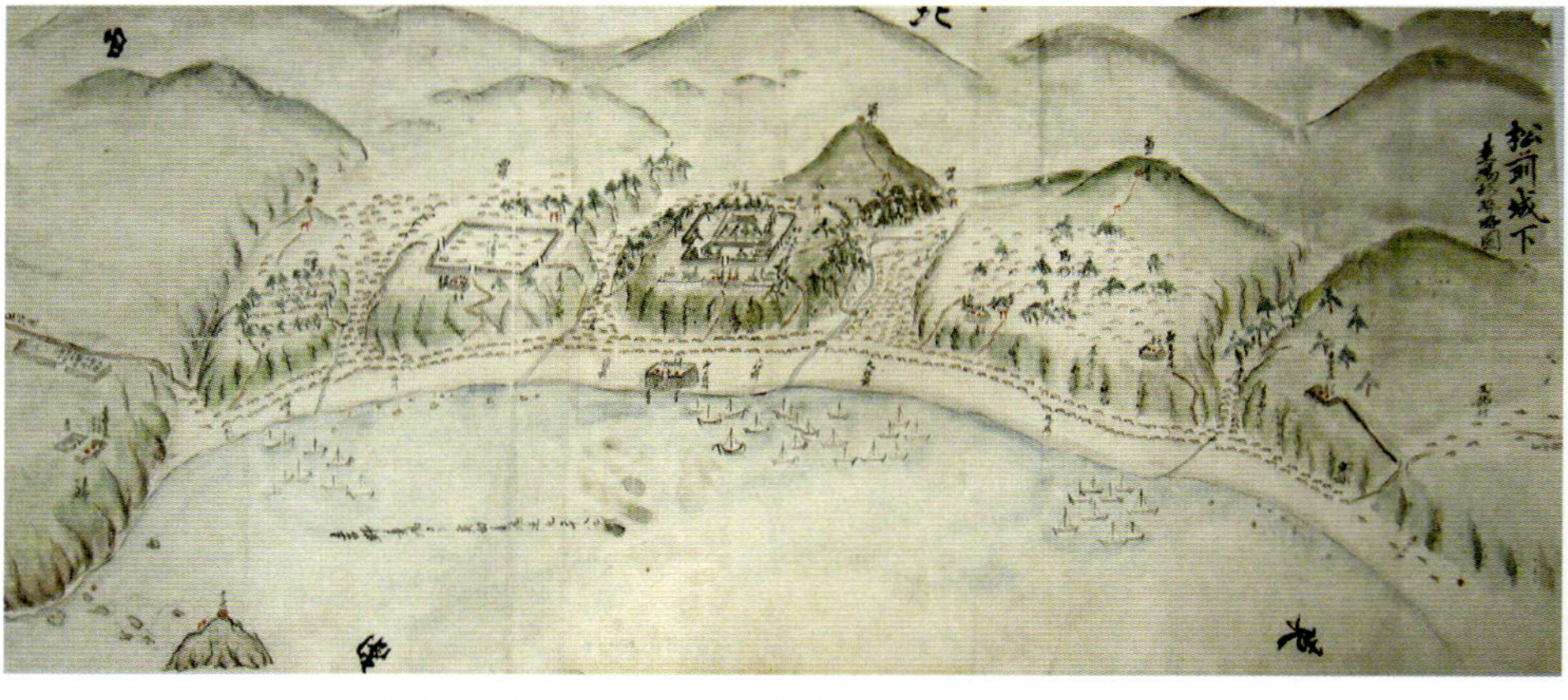

図 14-5　「松前城下台場形勢略図」（新渡戸記念館所蔵）

絵図にみる幕末の北辺防備

五稜郭と城郭・陣屋・台場

戸祭由美夫 著

古今書院

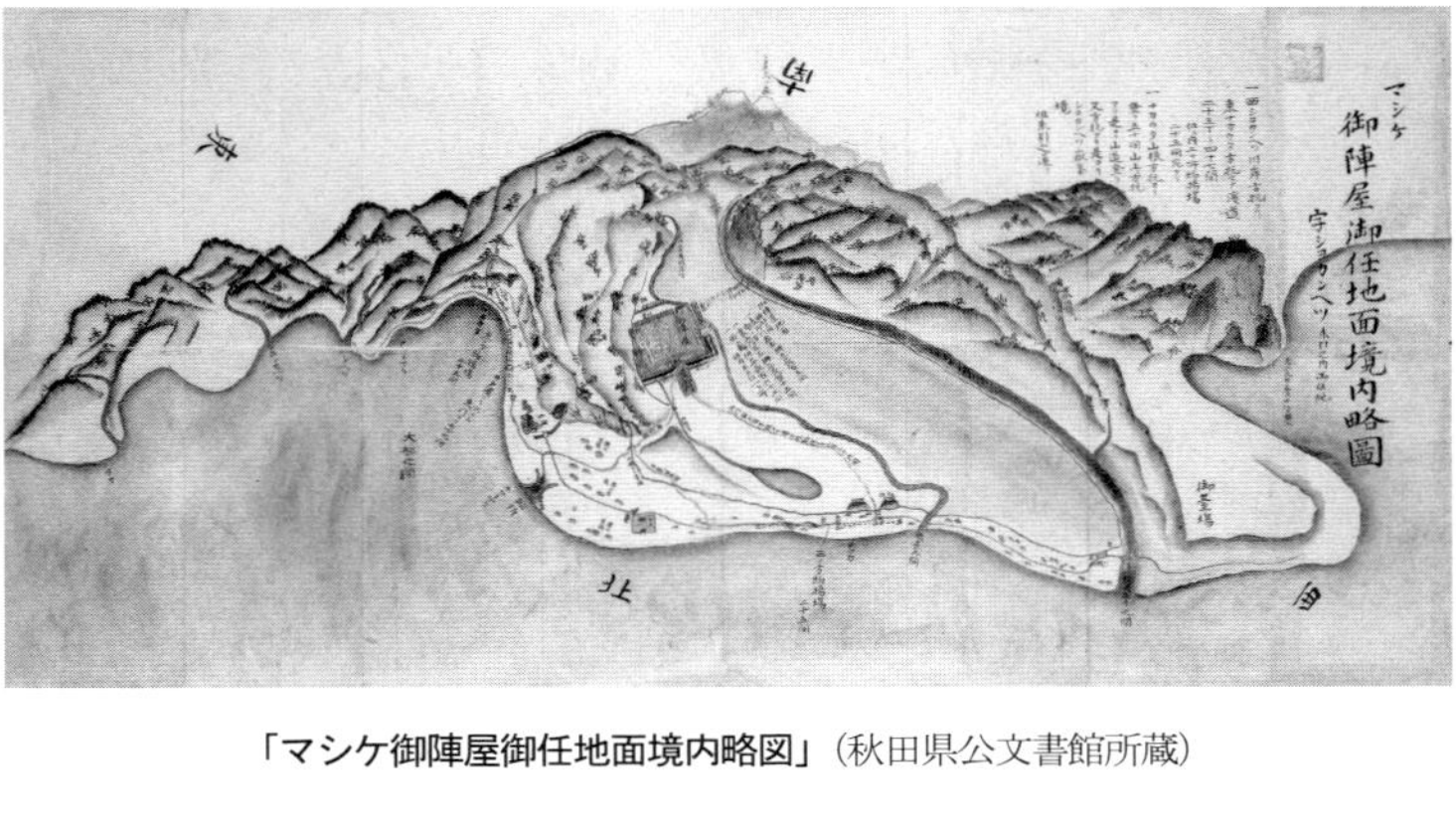

「マシケ御陣屋御任地面境内略図」（秋田県公文書館所蔵）

Japanese Military Architectures around the Coast of Yezo Province in the Nineteenth Century

Tomatsuri Yumio

ISBN978-4-7722-2024-8

Published by Kokon Shoin Publishers Ltd.
2-10 Kanda-Surugadai, Chiyoda-ku, Tokyo 101-0062, JAPAN
Fax: +81-3-3233-0303
http://www.kokon.co.jp/

 First published 2018.
Printed in Japan.

序　本書の意図

近世の日本のなかで、本州・四国・九州の各地には、江戸幕府に正式に「城」と認められた城郭が多数あり、外部からの攻撃に備える堅固な防備施設を備えるとともに、その大半は大名の居城として支配地の政治・経済・文化の中心をなす城下町の核となっていた。さらに、江戸幕府に正式に「城主（格）」と認められていない大名や直参旗本の「陣屋」、あるいは天領の代官ないし大名の家臣の防備機能を備えた囲郭―呼称はさまざま―が各地に多数存在していた。

しかし蝦夷地では、防備施設ないし囲郭の性格・形状や分布の様相は大いに異なっていた。すなわち、先住民たるアイヌの人々による「チャシ」が蝦夷地の各地に分布していた一方、本州から渡来した和人と称される人々による「館」が渡島半島の南部に設けられていた。江戸幕府から蝦夷地支配を認められた松前［蠣崎］氏の居館たる福山［松前］館はその代表的なものである。

ところが、帝政ロシアの極東への進出や欧米列強の開国要求に対応するため、江戸幕府は18世紀末以降2度にわたって蝦夷地を直接支配・管理し、箱館に奉行所を設けるとともに、弘前藩・盛岡藩をはじめとする東北地方6藩に蝦夷地の「警固」・「警衛」・「防守」（以下、原則として警備と記す）を命じ、蝦夷地の沿岸各地に陣屋・見張番所・台場などの施設が相次いで建設・維持された。さらに、従来の福山館を正式の城郭たる松前城に改めさせた。かくして、蝦夷地における囲郭・防備施設は質・量ともに増え、その分布も従来と大いに異なることとなった。

幕末の蝦夷地におけるこのような囲郭・防備施設に関しては、すでに（a）北海道の地方史誌類や（b）全国の囲郭を網羅的に紹介した図書で解説・紹介されてきた。その代表的なものとして、（a）では『北海道史』『新撰北海道史』『新北海道史』『函館市史』などが、（b）では『日本城郭大系』『国別城郭・陣屋・要害台場事典』や原剛（1988）などが、それぞれ挙げられる。しかし、（a）にあっては、当該地域史の中で史料に重点を置いた記載に多くの頁が割かれており、幕領下の蝦夷地における各種施設の分布図も作成されているものの、（b）の図書類も含めて、囲郭・防備施設の特徴の解明に焦点を当てたものとしては、「北海道の文化」20号〈特集「陣屋」〉が挙げられるにすぎない。一方、（c）幕府の箱館奉行所（五稜郭）に関しては、それが近世の城郭としては極めて特異な西洋式の星形囲郭をなすことから、白山友正（1966）・田原良信（2008）・「季刊大林」46号〈特集「函館」〉をはじめ、各分野からの研究ないし報告書が刊行されている。

そのような中で著者は、城下町・陣屋町の調査を進める過程でこの五稜郭の特異性に大いに興味を抱いて、その特徴を歴史地理学の手法で多面的に解明すべく、長年にわたって著者単独で（戸祭由美夫：2000、2002、2006など）、あるいは複数の地理学関連の研究者と共同で（戸祭由美夫：2009、2014）、多面的に調査・研究を進めてきた。

そこで本書では、そのような従来の成果の積み重ねを踏まえつつ、五稜郭はもちろん、近世蝦夷地研究であまり顧みられなかった幕領下の沿岸防備施設たる陣屋・台場などに関して、その全般的特徴を読者が視覚的にも把握・理解できるように、次の2点に重点を置いて、論を進めていくことにした。

第一に、北海道・東北地方各地に所蔵されている近世蝦夷地の陣屋・囲郭などの施設を描いた絵図―本書では杉本史子ほか（2011）に倣って、中近世における空間表現の総称として絵図という用語を用いる―のなかで、著者が調査・閲覧・撮影しえた絵図をできるだけ多く取り上げる。

第二に、絵図で取り上げた施設の跡地が現在までどのような変容を遂げてきたかについて、既存の空中写真や地形図、あるいは著者撮影の現地写真、および跡地の変容過程を示す著者作製の主題図など、多様な資料を提示する。

このような歴史地理学的な手法によって、文字史料中心の歴史学的な手法とは大きく異なる観点から―もちろん、文字史料も絵図資料の補強として用いるものの―、東北諸藩から派遣された人々が、多大な労苦と犠牲を払いながら、蝦夷地防備施設の建設・維持に献身してきた実態を明らかにしたい。さらに、当時の蝦夷地防備施設の近代以降の跡地の変容をたどることで、その歴史的な価値と文化遺産としての保存の必要性についても、跡地の住民の方々のみならず、本書の読者各位に理解していただけるように念願する次第である。

本書は、以上述べたような意図のもとに、古今書院の月刊誌『地理』60巻4月号～61巻11月号に「五稜郭に魅せられて―絵図にみる幕末の北辺防備」と題して13回にわたって掲載した連載の内容に、新たな情報や知見を加えて大幅な加筆・修訂を施し、さらに松前城に関する記述を新たに追加して、大きく第1部「箱館奉行所―五稜郭とその外郭防備施設」（第1章～第7章）と第2部「蝦夷地沿岸の防備施設―城郭・陣屋・台場など」（第8章～第14章）という2部・14章の構成とし、それに序と結びを加えて、『絵図にみる幕末の北辺防備―五稜郭と城郭・陣屋・台場―』というタイトルとした。

なお以下本書では、海保嶺夫（１９８２）に倣って、江戸幕府による蝦夷地の直接支配・管理の2時期のうち、１７９９（寛政11）～１８２１（文政４）年を第一次幕領期、１８５４（嘉永７）～１８６８（慶応４）年を第二次幕領期と呼ぶことにする。また、近世の藩名の表記については、原則として『国史大辞典』に依拠した。

〔文献〕

・『北海道史』全6冊のうち、近世の蝦夷地に関しては第1巻・附録地図（ともに１９１８）。
・『新撰北海道史』全7巻のうち、近世の蝦夷地に関しては第2巻［通説１］（１９３７）。
・『新北海道史』全９巻のうち、近世の蝦夷地に関しては第2巻［通説１］（１９７０）。
・『函館市史』全11冊のうち、通説編第1巻（１９８０）、通説編第2巻（１９９０）、通説編第3巻（２００７）、通説編第4巻（２０１２）、別巻亀田市編（１９７８）、年表編（２００７）。
・『日本城郭大系』全20巻（新人物往来社）のうちの第1巻（北海道・沖縄）（１９８０）。
・『国別城郭・陣屋・要害台場事典』（西ケ谷恭弘編、東京堂出版、２００２）。
・原剛（１９８８）『幕末海防史の研究』名著出版。
・「北海道の文化」20号〈特集「陣屋」〉（北海道文化財協会、１９７１）。
・白山友正（１９６６）『箱館五稜郭築城史』函館商工会議所。
・田原良信（２００８）『五稜郭（日本の遺跡27）』同成社。
・「季刊大林」46号〈特集「函館」〉（大林組、１９９９）。
・戸祭由美夫（２０００）「幕末に建設された北海道の囲郭―五稜郭の囲郭プランのもつ意義の探求―」足利健亮先生追悼論文集編纂委員会編『地図と歴史空間』大明堂。
・戸祭由美夫（２００２）「箱館奉行所方形囲郭に関する近代以降の跡地利用」歴史地理学44-1。
・TOMATSURI Y. (2006) The Meeting of Western and Oriental Cultures：Military Architecture in the 19th Century, Southwestern Hokkaido, Japan. 地誌研年報（広島大学総合地誌研究資料センター）15。
・戸祭由美夫［研究代表者］（２００９）『北海道・東北各地所蔵の幕末蝦夷地陣屋・囲郭に関する絵地図の調査・研究』（平成17～20年度科学研究費補助金報告書）。
・戸祭由美夫［研究代表者］（２０１４）『文化遺産としての幕末蝦夷地陣屋・囲郭の景観復原―ＧＩＳ・３次元画像ソフトの活用』（平成22～25年度科学研究費補助金報告書）。

・杉本史子ほか（２０１１）『絵図学入門』東京大学出版会。
・戸祭由美夫（２０１５～16）「五稜郭に魅せられて―絵図にみる幕末の北辺防備」地理60－４～61－11。
・海保嶺夫編（１９８２）『北海道の研究４（近世篇Ⅱ）』清文堂。
・『国史大辞典』全15巻・17冊（国史大辞典編集委員会、吉川弘文館、１９７９～97）。

※原則として、当該の章で初出の文献に限り挙げることにした。また、道県市町村ないしその部局が編集・編纂・発行者となっている地方史誌については、この文献リストには挙げず、当該個所の本文ないし注で記した。

目次

序　本書の意図 ― i
図表一覧 ― xi

第1部　箱館奉行所―五稜郭とその外郭防備施設 ― 1

第1章　幕末の箱館―五稜郭誕生前史 ― 2
港町・箱館の発展　2／第一次幕領期の箱館　2／第二次幕領期の到来と箱館　3

第2章　五稜郭の誕生 ― 6
西洋式築城法による箱館奉行所の新設　6／武田斐三郎による亀田役所（五稜郭）の設計プラン　7／完工した五稜郭の特徴　9

第3章　亀田役所の二重囲郭 13
亀田役所を描いた4種の絵図の比較　13／五稜郭の外に役宅と土塁があった！　14／五稜郭［内郭］と外郭の二重囲郭　17

第4章　亀田役所の特徴 21
西ヨーロッパの囲郭の分類　21／五角形をなす西ヨーロッパの要塞―シタデルとフォート　22／亀田役所外郭の特徴　25／亀田役所外郭の類似例　26／遠国奉行所としての亀田役所の特異性　27

第5章　亀田役所跡地の現代にいたる変容（上） 32
明治維新における亀田役所　32／五稜郭跡地の場合　33／役人用宅地の跡地の場合　33

第6章　亀田役所跡地の現代にいたる変容（中） 42
第二次世界大戦前までの概況　42／外郭土塁跡地の南西部一帯における地割と土地利用の変化　43／第二次世界大戦終了直後の亀田役所跡地の状況　49

第7章　亀田役所跡地の現代にいたる変容（下） 57
外郭土塁跡地の場合（20世紀後半の概況）　57／外郭土塁跡地東部の変容　57／亀田役所跡地の現状　60

第2部　蝦夷地沿岸の防備施設―城郭・陣屋・台場など――69

第8章　第一次幕領期における蝦夷地防備施設――70
第一次幕領期における蝦夷地警備の概要　70／第一次幕領期前半のエトロフ〈択捉〉島シャナ〈沙那〉の事例　71／第一次幕領期後半のクナシリ〈国後〉島トマリ〈泊〉の事例　73／第一次幕領期後半における南樺太の警備　82

第9章　第二次幕領期における蝦夷地警備体制の概要――91
第二次幕領期における各藩の蝦夷地警備担当地域とその拠点　91／第二次幕領期における蝦夷地陣屋などの概要　93

第10章　第二次幕領期における函館平野の「陣屋」――97
戸切地の松前藩元陣屋　97／箱館水元の盛岡藩元陣屋　100／千代ヶ台の弘前藩元陣屋　106

第11章　第二次幕領期における噴火湾岸の盛岡藩の「陣屋」と関連防備施設――116
室蘭（ヱトモ）の盛岡藩出張陣屋とその関連防備施設　116／砂原〈サワラ〉の盛岡藩屯所とその関連防備施設　123／ヲシヤマンベ〈長万部〉の盛岡藩屯所　127

第12章　第二次幕領期における太平洋岸の仙台藩の「陣屋」――135
シラヲイ〈白老〉の仙台藩元陣屋　135／ヒロオ〈広尾〉屯所　139／アツケシ〈厚岸〉の出張陣屋　141／ネモロ〈根室〉の出張陣屋　145／南千島の出張陣屋　148
第13章　第二次幕領期における日本海側の「陣屋」――157
スッツ〈寿都〉の弘前藩出張陣屋　157／ハママシケ〈浜益毛〉の鶴岡藩元陣屋　160／マシケ〈増毛〉の秋田藩元陣屋　163／ソウヤ〈宗谷〉の秋田藩出張陣屋　168／会津藩の「陣屋」　173／南樺太の「陣屋」　176
第14章　第二次幕領期における松前城の建設――188
松前城前史（福山館）の時期　188／松前城の建設　189／幕末の松前城下町とその防備施設　192／明治維新後の松前城の変容　194
結び――201
あとがき――211

図表一覧

・図番号上の＊は口絵にも掲載。
・図タイトル下の番号は、所蔵機関を記す。

[1]函館市中央図書館
[2]市立函館博物館
[3]根室市歴史と自然の資料館
[4]松前町教育委員会
[5]仙台藩白老元陣屋資料館
[6]弘前市立弘前図書館
[7]弘前市立博物館
[8]新渡戸記念館
[9]もりおか歴史文化館
[10]宮城県図書館
[11]秋田県公文書館
[12]国文学研究資料館

＊図1－1　「松前箱館」の主要部[1]
＊図2－1　「箱館弁天崎御台場図」[1]
＊図2－2　「箱館柳野御陣営之図」[2]
＊図2－3　「五稜郭之図　三分拾間」[2]
＊図3－1A　「官許　箱館全図」の第弐図の主要部[1]
＊図3－1B　「官許　箱館全図」の第壱図の一部[1]
＊図3－2　「箱館亀田／一円切絵図（天・地・人の全3舗）」[1]
＊図3－3　「箱館亀田／一円切絵図」の「人」舗の一部[1]
図3－4　「五稜郭同心屋敷地幷ニ鍛冶村地図」の主要部[1]
＊図4－1　西ヨーロッパ3都市のシタデルと五稜郭との比較
図4－2　パリ市南郊の五角形のフォート（跡）と五稜郭との比較
図4－3　亀田役所の外郭土塁の出入口の形状2種（AタイプとBタイプ）
図5－1　1862年作製の「箱館亀田／一円切絵図」の「人」舗の役人用宅地の部分[1]
図5－2　1899／1900年調整の土地連絡実測図の役人用宅地の跡地
図5－3　1931年の字名・地番改正に基づく役人用宅地の跡地
図6－1　1862年作製の「箱館亀田／一円切絵図」の「人」舗にみる亀田役所の外郭土塁の西側部分および南西突出部[1]
図6－2　1899年調整の土地連絡実測図にみる外郭土塁跡地の西側部分および南西突出部とその西方の地割・地目
図6－3　1925年調査の土地境界査定図にみる外郭

土塁跡地の西側部分および南西突出部とその西方の地割
図６-４　１９３２年印刷の「函館市地番図」にみる外郭土塁跡地の西側部分および南西突出部とその周辺
図６-５　函館第二土地区画整理組合の事業対象地区に関する「現形及整理予定図」のうち、外郭土塁跡地の西側部分および南西突出部を抜粋して簡略化
図６-６　１９４８年５月21日撮影の米軍モノクロ空中写真（M1071-A　146）にみる亀田役所跡地一帯
図６-７　１９５１年修正測量の２万５千分の１地形図「五稜郭」図幅における亀田役所跡地一帯
図６-８　１９４４年10月26日撮影の日本陸軍モノクロ空中写真（91-2J-51　99）にみる亀田役所跡地一帯
図７-１　外郭土塁跡地の北東端と東側北半部の国有保安林が売却・分筆されて戸建住宅となっていった状況
図７-２　１９９６年修正の１万分１地形図「函館」図幅にみる亀田役所跡地一帯
＊図７-３　１９９９年７月撮影のＮＴＴ-ＭＥカラー空中写真（函館地区８-１７６３）にみる亀田役所跡地一帯
図７-４　１９９８年12月に函館市役所が作成した「函館市地番図」（縮尺千分の１）にみる役人用宅地西縁の土塁跡地の南半部付近の状況
図７-５　外郭土塁跡地の東側南半部で南北方向にのびる国有保安林［林小班３１５１-イ］の北端（図７-２のＥ地点）（１９９４年４月撮影）
図７-６　外郭土塁跡地の南東端で東西方向にのびる国有保安林［林小班３１５１-ハ］の西端（図７-２のＩ地点）（１９９４年４月撮影）
図７-７　市立函館高校グランドの東側と南側に帯状に残る国有保安林（１９９４年４月撮影）
図７-８　役人用宅地西縁の土塁跡地のうち、現在も樹林がのこる南半部の３ヶ所（１９９４年４月撮影）
＊図８-１　「文化二年七月羅処和人収容中の択捉島沙那会所警備所」（「前幕領時代択捉国後其他警備建家図」全５枚のうち）[1]
図８-２　「文化五年仙台藩蝦夷地警固絵図」[10]
＊図８-３　楢山隆福『東蝦夷地与里国後へ陸地道中絵図』上巻の「久奈尻」図幅[1]
図８-４a　「国後島泊之図」の主要部[1]
図８-４b　「国後島泊之図」の中央部[1]
図８-５a　「クナシリ島トマリ会所之図」[5]
図８-５b　「クナシリ島トマリ会所之図」の左下部[5]
図８-６　「クナシリ仙台陣屋之図」の主要部[5]
図８-７　田村観瀾『文化五年会津藩唐太出陣絵巻』の中から抜粋[1]
Ａ「沙汀縄営」　Ｂ「依山筑営」　Ｃ「宮中戌衛」
Ｄ「海岸放銃」　Ｅ「山下閲兵」　Ｆ「雲辺飛烽」

表9-1　1855（安政2）年の幕命による5藩の警備分担地域と元陣屋・出張陣屋の地名
＊図9-1　1860（万延元）年における松前藩と東北6藩による蝦夷地の分領・警備体制
表9-2　第二次幕領期に建設された「陣屋」の地形的立地条件
図9-2　第二次幕領期に建設された「陣屋」の囲郭――その形態と規模
＊図10-1　函館平野における第二次幕領期の「陣屋」等の跡地
＊図10-2　「アナタヒラ松前陣家絵図面」2枚のうちの1枚に描かれた戸切地陣屋[1]
図10-3　『北海道史跡名勝天然記念物調査報告書』（1924）中の「松前陣屋阯」の項（河野常吉執筆）の「松前陣屋阯図」
図10-4　国史跡として保存・整備された戸切地陣屋の跡地（2010年7月撮影）
＊図10-5　1976年9月撮影のカラー空中写真（C　H0-76-20　C7A-2）にみる戸切地陣屋の跡地一帯
図10-6　「箱館御屋敷御構図」[9]
図10-7　「箱館字水元曠野之内元陣屋地之図」[9]
図10-8　「箱館御陣屋引請地所絵図面　但一間二分積」[9]
＊図10-9　「箱館水元御陣屋縮図　坤ノ一」[9]
＊図10-10　「箱館表水元御陣屋建図　縮図坤ノ一ノ二」の主要部[9]
図10-11　「箱館表之図一」の部分[9]
＊図10-12　「箱館水元御陣屋一間二分縮図」[9]
＊図10-13　箱館水元の盛岡藩元陣屋の3次元復原図（平井松午、2014）
図10-14　「千代ヶ台　台取建見込之図」[6]
図10-15　「千代ヶ台御陣屋構之図」[6]
図10-16　「松前箱館御陣屋之図／弘前表ニ而御覧之図」[6]
図10-17　「松前箱館千代ヶ台ニ御陣屋造営之図」[6]
図10-18　「千代台御陣屋杉植付図」の主要部[6]
図10-19　「箱館亀田／一円切絵図」の「人」舗の一部[1]
＊図10-20　千代ヶ台の弘前藩元陣屋の3次元復原図（平井松午、2014）
＊図10-21　亀田役所外郭の北東上空から箱館市街地方向を鳥瞰した3次元復原図（平井松午、2014）
＊図11-1　「ヱトモ之図　御持場見分之砌此図ヲ以伺書ニ添差上」[9]
＊図11-2　「ヱトモ御陣屋之図」[9]
＊図11-3　「東蝦夷地ヱトモ　ヱトモ崎　字ホロシレトル崎　御台場御番所之図」[9]

＊図11−4　「東蝦夷地ヱトモ　字ヲヱナヲス遠見所　字ワシヘツ警衛所　御番所之図」[9]
図11−5　「ヱトモ御台場図」[9]
図11−6　室蘭出張陣屋関係の国史跡の位置
＊図11−7　1976年10月撮影のカラー空中写真（C　HO−76−15　C14−7）にみる室蘭出張陣屋の跡地一帯
図11−8A　室蘭出張陣屋の跡地（1998年9月撮影）
図11−8B　室蘭ホルシレトル（勤）番所の跡地（1998年9月撮影）
図11−8C　室蘭ホルシレトル台場の跡地（1998年9月撮影）
図11−9　室蘭出張陣屋の3次元復元図（増井正哉ほか、2009）
（A）南東上空より陣屋全景
（B）南西土塁上部より陣屋の主要部
図11−10　「東蝦夷地砂原絵図」の主要部[9]
図11−11a　「砂原御陣屋分間図　但シ一間一分積」[9]
図11−11b　「砂原御陣屋分間図　但シ一間一分積」の中央部[9]
＊図11−12　「東蝦夷地砂原陣屋建家之図」[9]
図11−13　現代の地図にみる砂原屯所の跡地一帯
＊図11−14　1976年10月撮影のカラー空中写真（C　HO−76−17　C16−B−7）にみる砂原屯所の跡地一帯
図11−15　砂原屯所の跡地（2010年7月撮影）
図11−16　「ヲシヤマンベ絵図面」の主要部[9]
＊図11−17　「東蝦夷地ヲシヤマンヘ陣屋建家之図」[9]
図11−18　『蝦夷地雑地図』の11葉のうち、末尾のタイトルなしの図（仮名：ヲシヤマンベ境界図）の部分[9]
＊図11−19　1976年9月撮影のカラー空中写真（C　HO−76−12　C11−15）にみるヲシヤマンベ屯所の跡地一帯
図11−20　ヲシヤマンベ屯所跡地の1984年の発掘調査図（三浦孝一（1985）の第3図）
図11−21　2万5千分の1地形図「長万部」図幅（平成16年更新）にみるヲシヤマンベ屯所の跡地一帯
図11−22A　ヲシヤマンベ屯所跡地への南登り口（1997年6月撮影）
図11−22B　ヲシヤマンベ屯所の跡地（2010年7月撮影）
＊図12−1　『仙台藩東蝦夷地経営図』の「シラヲイ」図幅[1]
＊図12−2　「仙台藩白老御陣屋詳細図」[1]
＊図12−3　「仙台藩蝦夷地白老御陣屋図」[1]
＊図12−4　「JINYA　ILLUST　MAP」（仙台藩白老元陣屋資料館の2006年作成パンフレットより）
図12−5　2万5千分の1地形図「白老」図幅（平成12年修正測量）にみるシラヲイ元陣屋の跡地一帯
図12−6　史跡公園となったシラヲイ元陣屋の跡地

（１９９８年９月撮影）
図12-７　２万５千分の１地形図「広尾」図幅（平成19年更新）にみるヒロオ屯所の跡地一帯
図12-８　広尾町郷土研究会による１９７０年のヒロオ屯所跡地の測量結果（原図表示を一部改変）
図12-９　ヒロオ屯所跡地の土塁残存部分（当初の土塁の南西突出部）（２００３年６月撮影）
＊図12-10　楢山隆福『東蝦夷地与里国後へ陸地道中絵図』上巻の「厚気志」図幅[1]
図12-11　目賀田守蔭『延叙歴検真図』中帙３の「仙台領アツケシ」図幅[1]
図12-12　２万５千分の１地形図「厚岸」図幅（平成12年修正測量）にみるアッケシ出張陣屋の跡地一帯
図12-13A　厚岸町有明町３に建つ「史跡　厚岸仙台藩陣屋跡」の標柱（２００３年７月撮影）
図12-13B　仙台藩アッケシ出張陣屋の跡地一帯（２００３年７月撮影）
＊図12-14　楢山隆福『東蝦夷地与里国後へ陸地道中絵図』上巻の「根諸」図幅[1]
＊図12-15『仙台藩東蝦夷地経営図』の「子モロ」図幅[1]
図12-16「子モロ陣屋地所図・台場位置入」の主要部[3]
図12-17「東蝦夷地子モロ仙台仮陣屋ノ図」[3]
図12-18　２万５千分の１地形図「根室北部」・「根室南部」図幅（ともに平成10年修正測量）にみるネモロ出張陣屋の跡地一帯
＊図12-19『仙台藩東蝦夷地経営図』の「クナシリノ内トマリ」図幅[1]
図13-１「松前寿都御家御陣屋図」[1]
図13-２『北海道史』付録の「津軽陣屋土塁実測図（大正５年10月実測）」（『寿都町文化財調査報告書Ⅱ』から転載）
図13-３　１９４８年４月撮影の米軍モノクロ空中写真（Ｒ２４８-１００）にみるスッツ出張陣屋の跡地一帯
図13-４　２万５千分１地形図「寿都」図幅（平成13年修正測量）にみるスッツ出張陣屋の跡地一帯
図13-５　国道２２９号線から寿都町総合文化センター（ウィズコム）の全容を南西方向に望む（２００７年７月撮影）
図13-６　ハママシケ元陣屋の建物配置（想定）図（『史跡荘内藩ハママシケ陣屋跡』の図16による）
＊図13-７　ハママシケ元陣屋の跡地一帯の空中写真（『史跡荘内藩ハママシケ陣屋跡』の写真１より）
図13-８　２万５千分の１地形図「浜益」図幅（平成20年更新）にみるハママシケ元陣屋の跡地一帯
図13-９　ハママシケ元陣屋の跡地（１９９８年９月撮影）
＊図13-10「マシケ御陣屋御任地面境内略図」[11]
図13-11「マシケ元御陣屋地割絵図」[11]

図13-12　秋田藩マシケ元陣屋の現地比定図（増毛町総合交流促進施設「元陣屋」の展示資料による）
図13-13　マシケ元陣屋とその関連防備施設の跡地と説明板（A・B1・B2・D1・D2は２００２年７月撮影、Cは２０１１年７月撮影）
A　元陣屋跡地の中央部に建てられた増毛町総合交流促進施設「元陣屋」外観
B　第一次幕領期の「津軽勤番越年陣屋」の跡地・（［B1］・［B2］）
C　第一台場跡の標柱
D　第二台場跡・（［D1］・［D2］）
図13-14　２万５千分の１地形図「増毛」図幅（平成13年修正測量）にみるマシケ元陣屋の跡地一帯
＊図13-15　「ソウヤ出張御陣屋略絵図」[11]
図13-16　「ソウヤ出張御陳屋絵図」[11]
図13-17　「ソウヤ御固所リヤコタン勤番居小屋図式」[12]
図13-18　「蝦夷地ソウヤ地理并リヤコタン御陣屋ソウヤ古御陣屋之図」[12]
図13-19　ソウヤ出張陣屋跡地の標柱（２０１１年７月撮影）
図13-20　２万５千分の１地形図「富磯」図幅（平成18年更新）にみる秋田藩ソウヤ出張陣屋の跡地一帯
＊図13-21　「北蝦夷地クシュンコタン出張御陣屋境内并御預地処絵図」[11]
図13-22　「北蝦夷地クシュンコタン出張御陣屋絵図」[11]
＊図14-1　「松前屏風」の主要部[4]
図14-2　秦檍丸「松前箱館江差奥地図」の「御城下」（松前）の主要部[1]
＊図14-3　「松前福山城図」[1]
＊図14-4　「安政四巳年松前城下図式」[7]
＊図14-5　「松前城下台場形勢略図」[8]
図14-6　松前城跡の二ノ丸より見た国指定重要文化財の本丸御門（左）と再建された三層天守［松前城資料館］（１９９４年８月撮影）
図14-7　２万５千分の１地形図「松前」図幅にみる松前城下町の一帯（A：昭和48年測量・B：昭和55年改測、昭和62年部分修正測量（鉄道））
＊図14-8　１９７６年８月撮影のカラー空中写真（C　HO-76-21　C19-4）にみる松前城下町の一帯

第1部　箱館奉行所——五稜郭とその外郭防備施設

第1章　幕末の箱館―五稜郭誕生前史

港町・箱館の発展

箱館（明治維新後に漢字表記を函館と変更）は、渡島半島の南端中央部やや東寄りの函館港奥に位置し、函館山（標高332メートル）が砂州で渡島半島と結ばれて陸繋島《りくけいとう》をなすことから、天然の良港としての自然条件を備えている。そのため、江戸時代後期には、福山［松前］や江差と並んで、半島南部における和人の集住する主要な港となった。和人居住地の東部を管轄する松前藩の亀田奉行の番所（役所を指す）も、1741（寛保元）年に亀田から箱館山の北東麓（現在の基坂《もといざか》の西側、函館市弥生町2番地）に移され、それ以降の箱館は松前藩亀田奉行番所が所在する港町として発展した。

第一次幕領期の箱館

第一次幕領期になると、1802（享和2）年に江戸幕府の蝦夷地奉行（同年、箱館奉行と改称）が新置された。その翌年には、かつての松前藩亀田奉行番所の南の山麓（現在の元町公園一帯）に奉行所（総構面積3千坪余、建坪630坪余）が新築され、さらに1804（文化元）年にはその北東に奉行交代屋敷（総敷地770坪余、建坪218坪余）も設けられて、奉行以下の支配体制と役宅が整備されていった。

1807（文化4）年に蝦夷地全域が幕府直轄となり、それに伴って松前氏居館のあった福山に箱館奉行所が

図 1-1　「松前箱館」（函館市中央図書館所蔵）**の主要部**

移転して、役職名も松前奉行と変更された。しかし、東蝦夷地[1]支配の拠点たる箱館には奉行所ナンバー２の吟味役が常駐し、箱館の町場の両端には蝦夷地警衛を受けもつ盛岡・弘前２藩の勤番屋敷が置かれていた。

図1-1は「松前箱館」（函館市中央図書館所蔵）[2]の主要部で、函館山麓の「御奉行所」から函館湾岸に直下する道（現在の基坂）の南東側（図の右）に「御会所」と「交代屋舗《やしき》」が、北西側（図の左）に「御吟味屋舗」や「御長や」が描かれている。さらに図の右方には「浄玄寺」ほか2寺が並んでいるが、かつての松前藩亀田奉行番所はこの浄玄寺の西隣に位置していた。図の右端（函館山の東麓）に弘前藩の「津軽屋舗」が、左端（函館山の北麓）に盛岡藩の「南部屋舗」が描かれており、「南部屋舗」前方の函館湾岸に突出する「築島」は、１８０３（享和３）年着工で翌年竣工の人工埋立島である。[3]

第二次幕領期の到来と箱館

その後、ロシアとの軍事的緊張時期には、幕府の松前奉行の指示の下で、東北地方の諸藩が箱館経由で蝦夷地各地へ出兵したが（第8章を参照）、その緊張緩和にともなって、1821（文政4）年には蝦夷地が松前藩に返還され、箱館には同藩の箱館奉行をはじめとする勤番役人が配された（第一次幕領期の終了）。

しかし、アメリカ東インド艦隊（司令官M・C・ペリー）の来航により、日米和親条約が1854（嘉永7）年に締結されて翌年からの箱館開港が決まり、イギリス・オランダ・ロシアにも同様に箱館開港が約された。そして、箱館における欧米人の遊歩区域も5里四方となった。これにともなって、箱館とその周辺が幕府の直轄となり、幕府の箱館奉行が再置された（第二次幕領期の開始）。さらに翌年には、松前氏の居城のある福山とその周辺を除く蝦夷地全域が幕府直轄地となって箱館奉行の支配下に組み込まれた(4)。

［注］

（1）東蝦夷地とは当時、現在の北海道の南東部、すなわち本島の太平洋岸地域と千島の地を指す。それに対して西蝦夷地とは現在の北海道の北西部、すなわち本島の日本海岸およびオホーツク海岸の地域を指し、樺太の地は、間宮林蔵による探検を踏まえて、1809（文化6）年以降、北蝦夷地と呼ばれることになった。

（2）この絵図は作製年・作者とも記されていない写本・折図であるが、箱館を描いた他の多くの絵図と記載内容を比較しみると、この時期の作製と推定される。なお、函館市中央図書館には、函館はもとより、北海道に関する近世絵図や近代以降の地図類が長年にわたって収集されており、吉村博道（1988）はその主要な収集図類を収録している。さらに近年では、同館所蔵資料のネット検索用画像データベース「デジタル資料館」が公開されている。

（3）なお、1807年11月に秦檍丸（はた あわきまる）が作製した「松前箱館江差奥図」（函館市中央図書館所蔵）のうち、箱館を鳥瞰図風に描いた絵図は、図1-1の「松前箱館」よりも簡略ながらも、「ヤクシ山」北麓の「御役宅」の北西に「ギンミ役御役宅」が、南東には「会所」と「向陣屋」が見える。この「向陣屋」とは奉行交代屋敷を指すと考えられる。なお、「松前箱館江差奥地図」のうち、松前（「御城下」）の部分は図14-2として掲載。

（４）松前氏は第一次幕領期以前には一万石格で、１８０７〜１８２１年には陸奥国伊達郡梁川（やながわ）９千石に転封されたが、１８４９（嘉永２）年には城主格大名となって福山に築城が認められ（第14章を参照）、１８５５（安政２）年の城地周辺以外の上知にあたっては、梁川ほかに３万石を給されるなど、前回の転封に比して優遇された。

［文献］

・吉村博道撮影・発行（１９８８）『市立函館図書館蔵　函館の古地図と絵図』。

第2章　五稜郭の誕生

西洋式築城法による箱館奉行所の新設

第二次幕領期となって新たに赴任した箱館奉行は当初、従来の松前藩の奉行所役宅を増改築する予定であった。しかし、その場所が欧米人遊歩区域内にあるので警備上不適当として、箱館北方の亀田に奉行所を新築するよう幕閣に上申して承認された。しかも、同時に建設の弁天岬台場と同様、西洋式築城法による設計・施工を採用することになった。

この一見唐突に思える西洋式の採用であるが、幕府は予てからオランダを通じて西洋の実学に関する情報を入手していた。とくに、軍事技術書を多数購入するのみならず、１８１１（文化８）年からは天文方に蛮書和解御用の担当部門が設けられ、オランダ書の邦訳も行われていた。(1) そのような西洋の近代的軍事技術情報の蓄積の上に、江戸湾奥では西洋式の方形台場プランに基づく品川台場群が１８５４（嘉永７・安政元）年に続々と竣工し、(2) この箱館でも同様に西洋式の囲郭プランをもつ奉行所や函館湾口の台場が建設されることになったといえる。

この西洋式築城法によって亀田に新設されることになった奉行所（以下、函館山麓で箱館の町屋に接する位置に設けられていた奉行所と区別するため亀田役所と記す）(3) や台場の設計と建設管理者として、伊予大洲出身の武田斐三郎《あやさぶろう》が任じられた。(4) 彼は蘭学を修め、軍事関係の知識や対外実務経験などもあったことから、１８５６年に箱館奉行の下に設けられた諸術調所の教授役となっていた。

そして同年には弁天岬台場がまず着工され、1863年に完成をみた。[5] その位置は、箱館市街地を貫通する街路の北西端で、暗礁を利用して海中に突出するように設けられた。[6] 1862年の「箱館弁天崎御台場図」（函館市中央図書館所蔵、図2-1）はその建設プランを示しており、五角形の南西隅が少し欠けた変形六角形をしていた。亀田役所も1857（安政4）に着工されて、1864（元治元）年には一応の完成をみた。

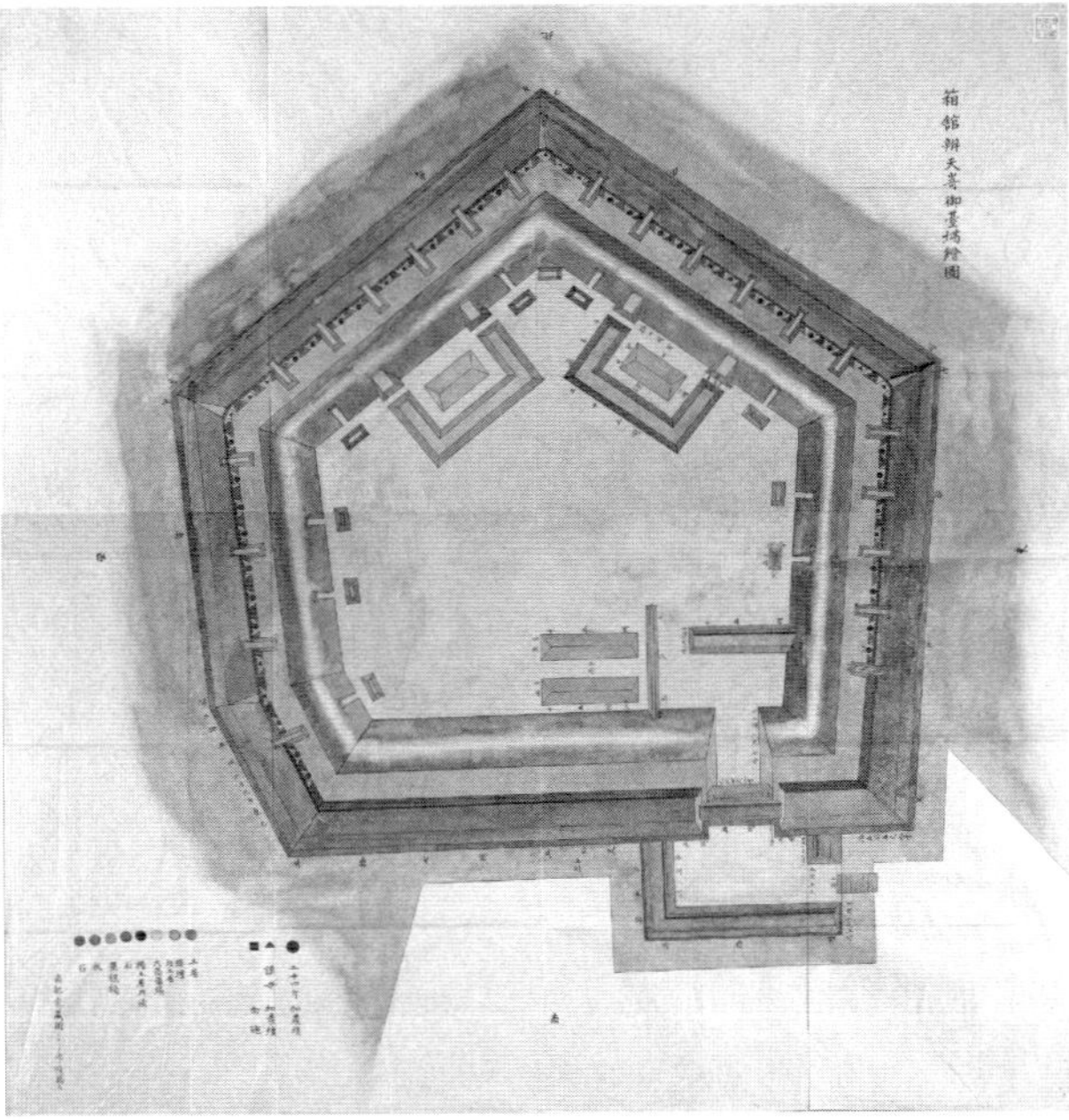

図2-1　「箱館弁天崎御台場図」（函館市中央図書館所蔵）

武田斐三郎による亀田役所（五稜郭）の設計プラン

さて、武田斐三郎が亀田役所の設計にあたって採用した西洋式築城法とは、具体的にどのようなプランであったのであろうか。幕末の日本にオランダ書を通して知られていた代表的な西洋式築城法は、フランスのヴォーバン式とオランダのクーホールン式で、[7] 蘭学者の武田はすでにオランダ語の築城技術書の読解を通じて知識を習得していたと推測される。[8] しかし、1857年に藩命で箱館滞在中の土佐高知藩士が武田から聞いたところによると、その前年に箱館に来航したフランス軍艦の乗組み士官の助言・指導を得て、ヴォーバン式をもとに武田が改変を加えて設計プランが作製されたらしい（白井友正、１９６６）。その築城プランを示す絵図は現在複数残されており、１８５６年の「箱館柳野御陣営之図」（市立函館博物館所蔵、図２-２）は代表的なものである。(9)

この図２-２によれば、一辺が各90間の正五角形（面積１万３９３２坪）を、堅固な石垣で防御された５つの稜堡《りょうほ》［bastion］が取り囲み、各稜堡間の外側に四角形の「台場」が各5、さらに東・南・西の3方には「台場」の両側に小規模な防塁もある。そして、それら５つの稜堡、５つの「台場」、６つの防塁のまわりに、幅30間の堀がめぐっている。その堀の外側には、大小20の突起をもつ斜堤［glacis］が茶色で描かれている。これぞまさしく、建設計画に「五稜郭」と記された亀田役所であり、西洋式築城法の整った形状をもつ囲郭といえる。なお、この絵図で「台場」と記された防御施設は西洋式築城法の半月堡《はんげつほ》に相当する。(10)

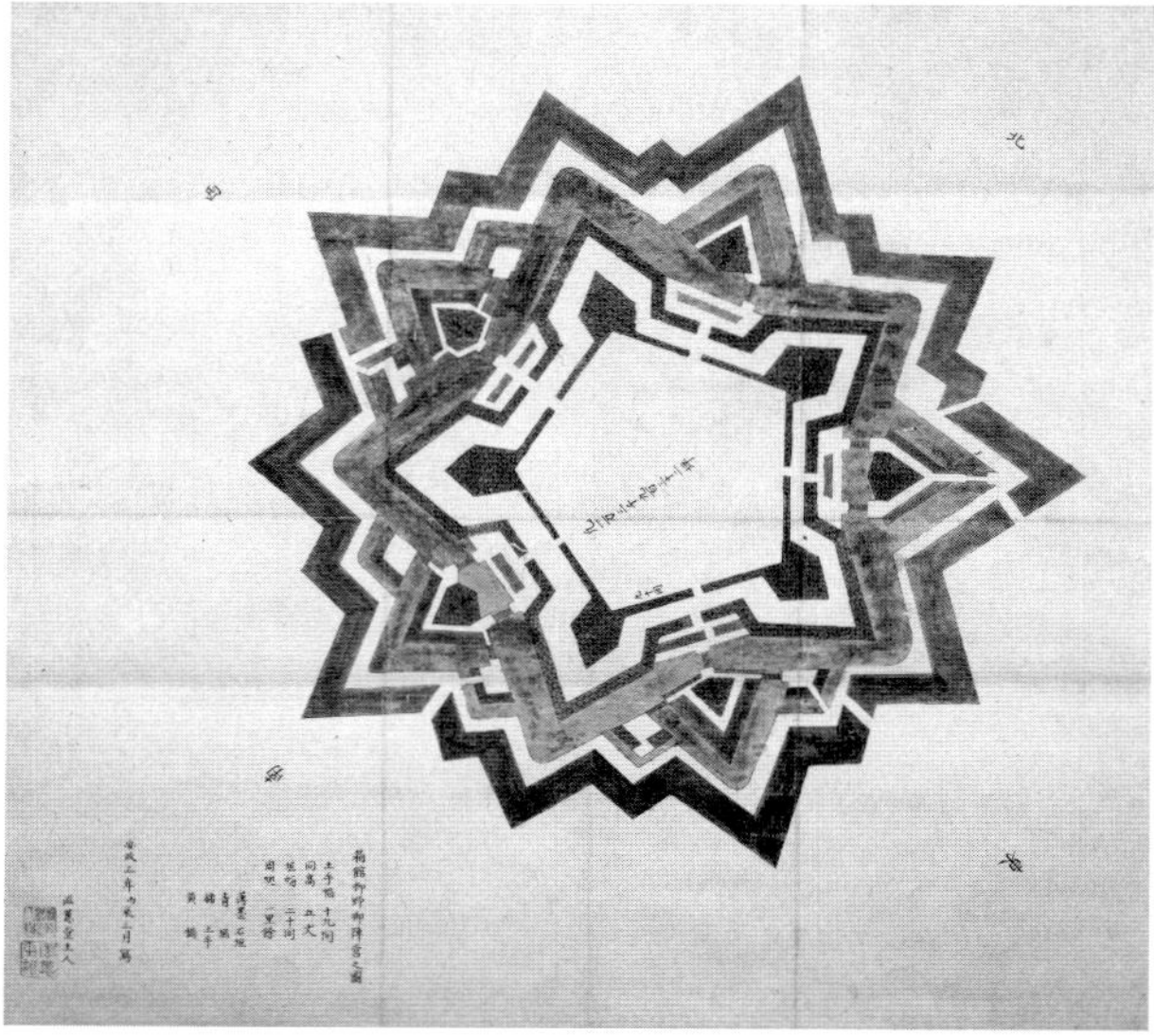

図 2-2 「箱館柳野御陣営之図」（市立函館博物館所蔵）

ところで、この亀田役所は１８５７年5月に土地測量が行われ、同年7月に工事が着工されたものの、建設経費の不足などの理由で、図２-２に見る当初プランの完工に至らないまま、１８６４年に奉行がこの亀田役所「五稜郭」内の役宅で政務を執ることになり、一応の竣工をみた。図２-３はその竣工当時の情況を示す「五稜郭之図　三分拾間」（市立函館博物館所蔵）である。(11)

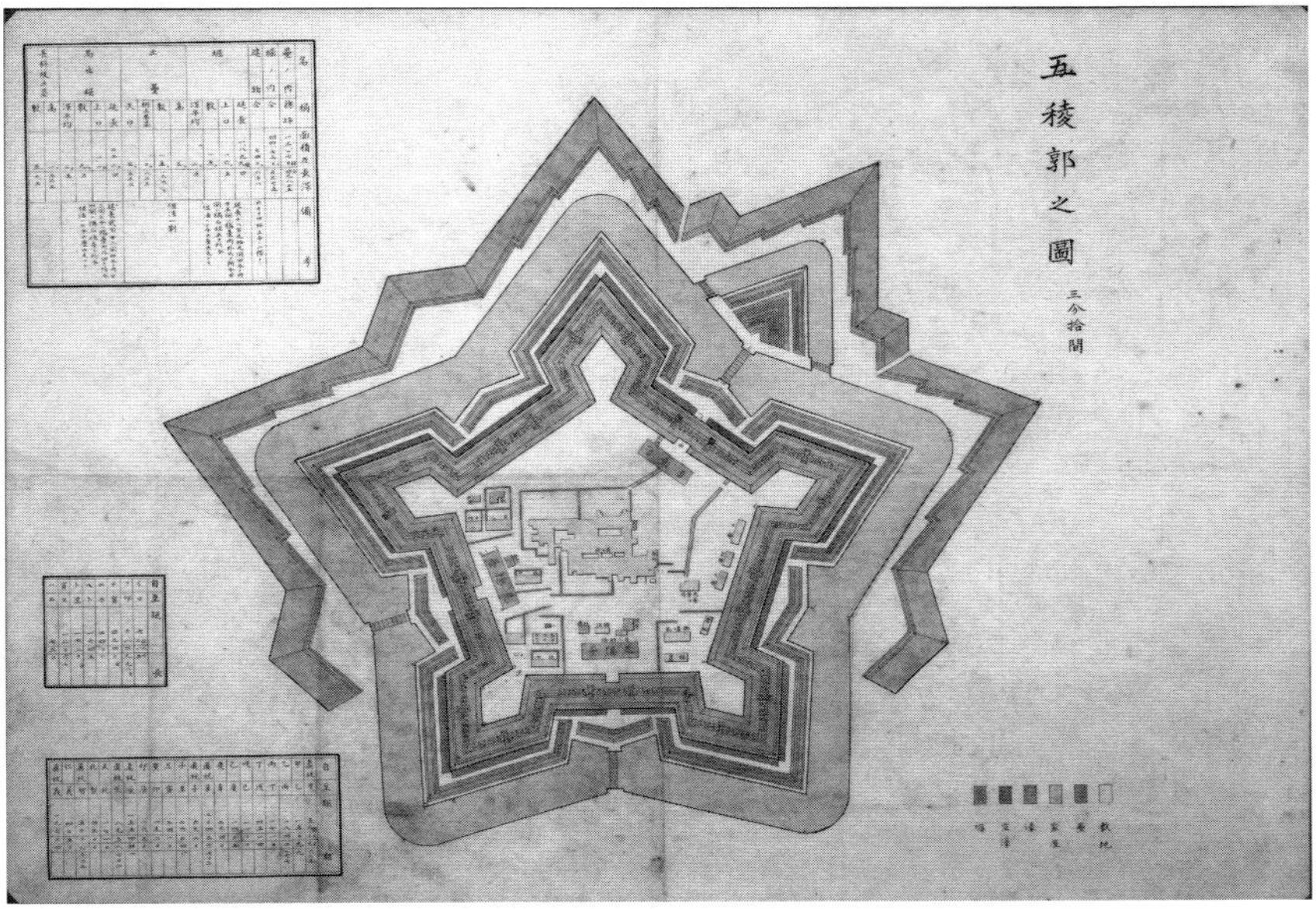

図 2-3 「五稜郭之図　三分拾間」（市立函館博物館所蔵）
なお，図の右上が南である．

完工した五稜郭の特徴

この図2-3に描かれた五稜郭を図2-2の当初プランと比べると、斜堤の一部（北〜西）が省かれており、半月堡（図2-2の「台場」）が南側の一つのみで、その両側に当初プランで予定されていた小規模な防塁もすべて省かれている。そのため、中核をなす5つの稜堡を取り巻く堀の形状も簡素化され、堀の内外を結ぶ橋も減っている。一方、稜堡は空堀を設けて二重の塁をめぐらし、塁をくぐった内側にさらに「見隠塁《みかくしるい》」なる防御施設が3ヶ所設けられた[12]。日本式の城郭プランになぞらえれば、半月堡は馬出《うまだし》虎口《こぐち》、見隠塁は一文字土居［蔀土居《しとみどい》］に該当する。このような厳重な防御施設に守られた内部には、その中央に奉行所庁舎が広い面積を占め、周辺に各種の関連建物が設けられた。

では、この亀田役所の五稜郭はどのように評価すべきだろうか。プランが基本的にはヴォーバン式に依っており、不十分ながら外周に斜堤も築かれているものの、典型的なヴォーバン式とは言いがたい。その要因として、経費不足も大きいが、五稜郭の地形的立地条件も重要である。すなわち、背後（北）の丘陵から流下する亀田川などが形成する扇状地と前方（南）の低位海岸段丘との凹地に五稜郭が建設されたため（平川一臣・澤柿教伸、２０１４）、稜堡をめぐる堀に水が十分に満たされた状態となった。このように水堀が防御に大きな役割をもつのは、低湿地のオランダで考案されたクーホールン式の特徴であり、主として丘陵地で採用されたヴォーバン式では空堀の場合が多い[13]。

つまり、竣工した五稜郭は、５つの稜堡を備えた五角形の形状をもち、ヴォーバン式とクーホールン式を組み合わせた西洋式築城法を基本としつつ、細部の防御施設においては日本式築城法をも取り入れた囲郭といえよう。なお、防御の点で重要な意味をもつ堀の水は、冬季に結氷することから、上質の天然氷として明治初期より採氷業者によって切り出され、京浜地方を中心に「函館氷」の名で販売された。

［注］

（１）天文方内の蛮書和解御用の担当部門は１８５６（安政３）年に天文方から独立して蕃書調所となり、洋書翻訳のほかに、入学生に対する洋学教育も行われ、さらに１８６３（文久３）年には開成所と改称されて明治維新政府に移管された。なお、幕府が所蔵していた書物は現在、国立公文書館が管理しており、そのなかでオランダ語の原書は『内閣文庫洋書分類目録　佛書編』の Dutch Books（２８１～２８６頁）に計62冊（同一書の重複を含む）が列挙されていて、軍事・医学関係を主とする応用科学分野とオランダ語関係の語学分野が多い。また、『内閣文庫國書分類目録（下）』の「武芸・武術（２）兵法」の中に、オランダ語で出版された軍事関連書の邦訳本が多数見出せる。

（２）品川台場群は当初の予定では、海上に11、陸上に１の合計12の台場からなるはずであったが、結局竣工したのは海上の第一～第三、第五、第六の各台場と陸上の御殿山下台場であった。この品川台場群に関しては、佐藤正夫（１９９７）、浅川道夫（２００９）、品川区立品川歴史館（２０１１）などが詳しく、幕末の日本の海岸防備に関

しては原 剛（１９８８）が全般的に網羅している。また、これら品川台場群の建設指揮にあたった幕府伊豆韮山代官の江川英龍に関しては、仲田正之（１９５９）、橋本敬之（２０１４）などがある。

（３）幕末の箱館奉行が政務をとる奉行所は、新旧とも正式には「箱館御役所」と呼ばれたが、建設中のみ「亀田御役所」などと呼ばれた。この亀田役所を通例は五稜郭と記されるが、後述するように五稜郭は同役所の内郭を指すので、本書では読者の誤解を招かないよう厳密に使い分けることにした。

（４）武田斐三郎（１８２７～１８８０）については、白山友正（１９７１）が詳しい。

（５）海上警備のために奉行から新設・改築が申し立てられた湾内の台場のうちで、とりあえず幕府は弁天岬台場と築島台場の新設を認めたが、結局、築島台場は建設されなかった。なお、その五角形プランの建設予定図として１８６０年の「箱館築島御台場絵図面」（函館市中央図書館所蔵）がある。

（６）弁天岬台場の名称は、その北西にあった弁天社に由来する。

（７）ヴォーバン式とはフランスの軍人 Sébastin Vauban 元帥（１６３３～１７０７）が考案した築城法であり、クーホールン式とはオランダの築城家 Menno Coehoorn 男爵（１６４１～１７０４）が考案した築城法であって、ともに第1～第3の3方式があった。

（８）例えば、国立公文書館の内閣文庫（本章の注（1）を参照）には、J.G.W.Merkes 著の１８２５年および１８３７年の築城法に関するオランダ語の本や、１８４６年刊行のケルキウェイキ著書を１８５９年に伊藤 慎が邦訳した『築城全書』が残されており、後者の巻3に「ファウバン」と「クーホールン」の各3種の築城法が詳しく記されているのみならず、同書付図の『築城全図』にも図解されている。

（９）図2-2として掲載の市立函館博物館所蔵のもの以外に、函館市中央図書館にも同じ名称・内容の絵図２葉が所蔵されている。また同様の築城プランを示す図面として「五稜郭初年度設計図」（市立函館博物館所蔵）や「比度函館江築候御台場之図」・「箱館城図」（ともに函館市中央図書館所蔵）がある。なお、田原良信（２００８）では、この図がフランス人士官から箱館奉行に渡されたものの写しである可能性を示唆しているが、著者は武田による設計プランであると考えている。

（10）半月堡をフランス語ではdemi-lune、オランダ語ではravelinと呼ぶ。
（11）ほぼ同じ内容の「五稜郭目論見図」が、函館市中央図書館所蔵の「五稜郭創置年月取調書」に収められている。
（12）当初のプランでは、「見隠塁」に相当する施設は、稜堡間の石垣の外側に5ヶ所予定されていた。
（13）今村伸哉（１９９９）が、オランダ式築城とフランス式築城の特徴を端的に記している。

［文献］

・佐藤正夫（１９９７）『品川台場史考―幕末から現代まで―』理工学社。
・浅川道夫（２００９）『お台場　品川台場の設計・構造・機能』錦正社。
・品川区立品川歴史館（２０１１）『品川御台場―幕末期江戸湾防備の拠点―』平成23年度特別展。
・仲田正之（１９５９）『江川坦庵』〈人物叢書１８６〉吉川弘文館。
・橋本敬之（２０１４）『幕末の知られざる巨人　江川英龍』角川ＳＳＣ新書。
・白山友正（１９７１）『武田斐三郎伝』北海道経済史研究所叢書46。
・白山友正（１９６６）『箱館五稜郭築城史―五稜郭フランス式築城論並に築城考証年表』函館商工会議所。
・平川一臣・澤柿教伸（２０１４）「幕末蝦夷地陣屋の立地環境―その地形学的検討―」平成22～25年度科学研究費補助金報告書（研究代表・戸祭由美夫）に所収。
・今村伸哉（１９９９）「五稜郭築城とそのルーツ」季刊大林46〈特集「函館」〉。

第3章　亀田役所の二重囲郭

亀田役所を描いた4種の絵図の比較

幕末に箱館市街地の北郊に新営された亀田役所に関して、第2章で「箱館柳野御陣営之図」(図2-2)と「五稜郭之図　三分拾間」(図2-3)の2種の絵図を紹介した。前者は亀田役所着工前年(1856年)における五稜郭の当初プランであり、後者はその竣工当時(1864年)の状況を示すと考えられる。そこで、さらにこれらとは別種の、亀田役所建設中に刊行ないし作製された2種の絵図をみてみよう。

1860(万延元)年に箱館の旭岸堂より刊行された木版折図の「官許　箱館全図」(山崎雄著)は3つの割図からなり、第壱図は箱館一帯を3万6千分の1の縮尺で描いた平面図、第弐図はそのうちで箱館市街地を拡大した平面図、第参図は箱館港を北方上空より南向きに鳥瞰した図で、当該図刊行の概要を記した説明文(「凡例」)が付されている。そのなかで第弐図(図3-1A)には、奉行所が箱館市街地に接した従来の位置に「御役所」として描かれ、第壱図(図3-1B)には、箱館市街地北郊の「カジ村」付近に「五稜郭」が描かれている。この「五稜郭」は5つの稜堡と1つの半月堡からなっていて、さらにそれらを囲む堀のまわりに斜堤らしきものが明瞭な輪郭線で描かれている。斜堤が堀の全周に描かれている点では当初プランをなお残しているものの、半月堡が「五稜郭」南南西の正面1ヶ所のみになっているなど、図2-3と近似していて、亀田役所建設途中の状況を示すといえる。

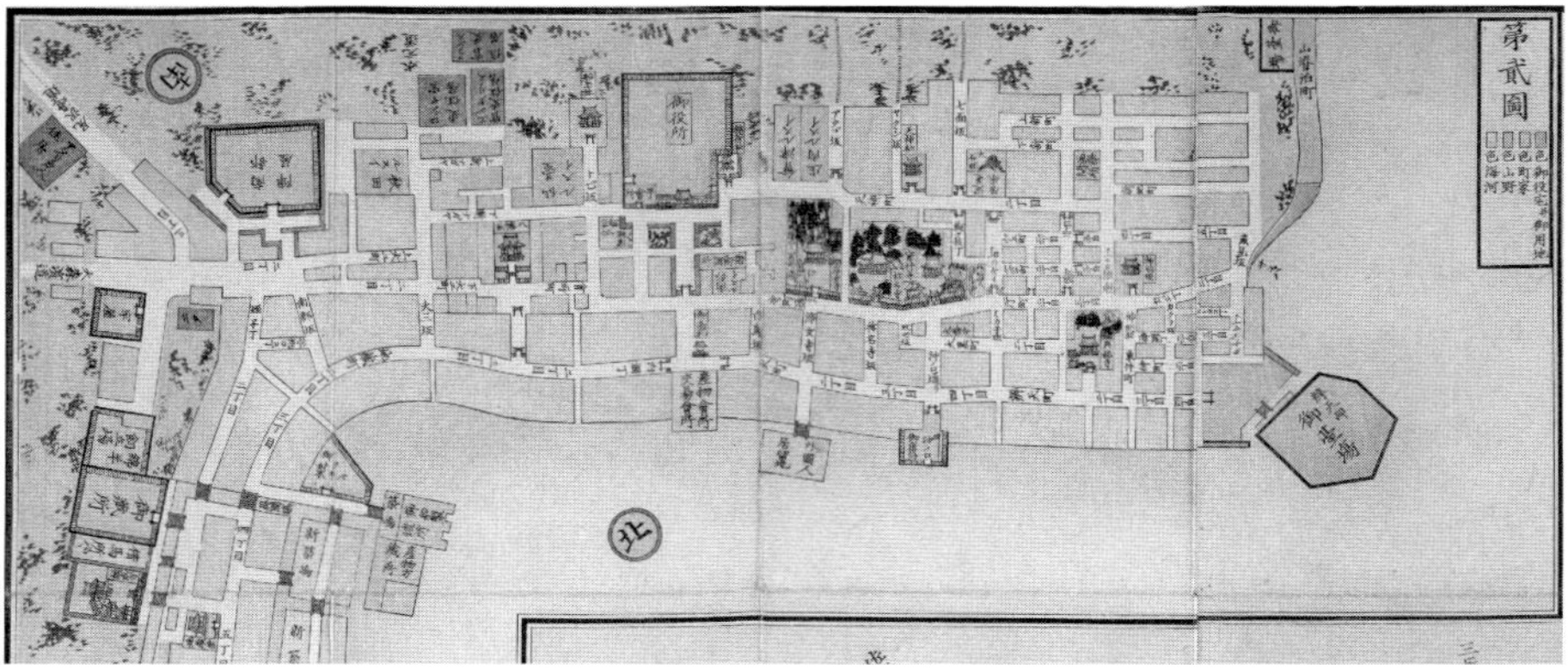

図 3-1A 「官許 箱館全図」（函館市中央図書館所蔵）**の第弐図の主要部**

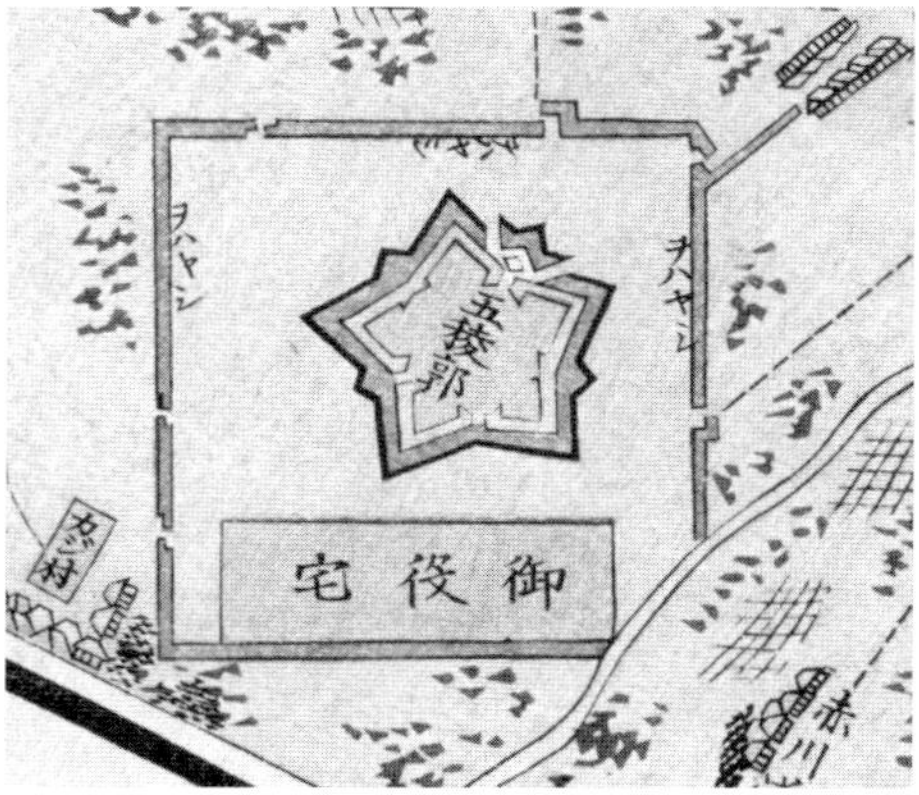

図 3-1B 「官許 箱館全図」（函館市中央図書館所蔵）**の第壱図の一部**（上が南である）

次に、１８６２（文久２）年作製の大形手描き折図「箱館亀田／一円切絵図」（函館市中央図書館所蔵、図３−２）を見てみると、「天」「地」「人」の３舗からなるこの絵図の「天」の舗に、「御役所」が箱館市街地に接する従来の位置に描かれている。「五稜郭」は「人」の舗に図２−３とまったく同じ形状で描かれており（図３−３を参照）、亀田役所がすでに一応の竣工状況にあったことを窺わせる。

五稜郭の外に役宅と土塁があった！

ところで、図３−１Bおよび図３−３には、極めて注目すべきものが描かれている。

まずは、図３−１Bの「五稜郭」の北を見てみると、東西に長い方形の「御役宅」が広い敷地を占めており、この「御役宅」と「五稜郭」の２施設の外周に、「ヲハヤシ」との注記を付された細長い囲壁が広大なス

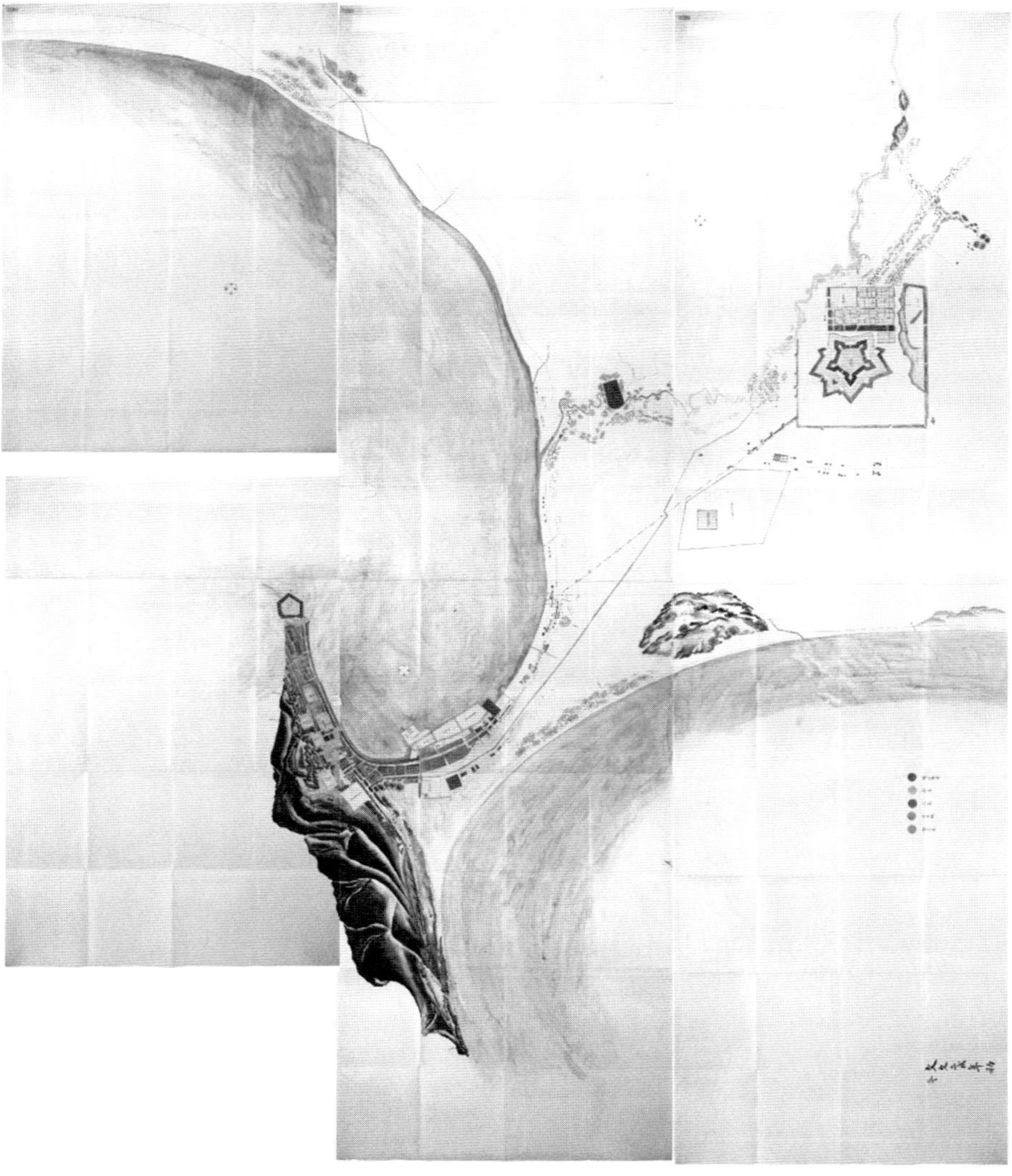

図 3-2 「箱館亀田／一円切絵図（天・地・人の全3舗）」（函館市中央図書館所蔵）
「天」「地」「人」の3舗を各2分割して撮影し，計6カットをつなぎ合わせた．この図版では，左から右へ「天」「地」「人」の各舗がつながる．これら3舗は上下・左右とも同じ大きさであるが，「天」の撮影に際して事物が全く描かれていない海面部分の一部を除外したため，この図版では除外部分が空白となっている．この絵図では，四方位盤が各舗に1つずつ記され，凡例（5種類）と年紀（文久2年初冬）は「人」に記されている．なお，部分図を図3-3，図5-1，図6-1，図10-19として掲載．

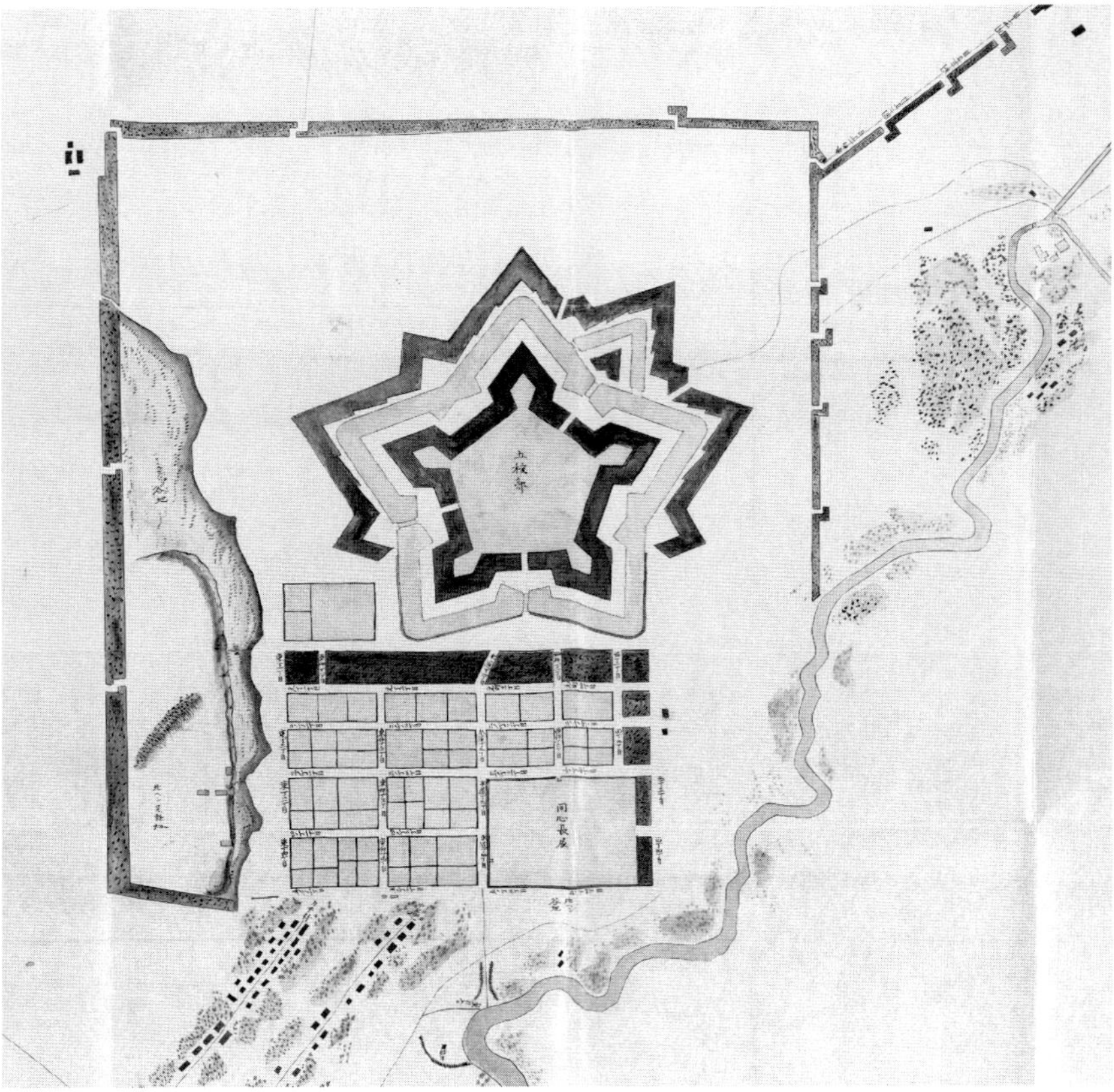

図 3-3 「箱館亀田／一円切絵図」（函館市中央図書館所蔵）**の「人」舗の一部**
（上が南である）

ペースを囲繞している。

次に図３-３を見てみると、図３-1Bの「御役宅」の位置に、かなり広い長方形の「同心長屋」のほか、12の方形の宅地ブロックが整然と並び、宅地ブロックを区切る東西・南北方向の通り名も明記されている。それら各宅地ブロックは、さらに１～８の種々の広さの宅地に分割されている。なお、薄黄色で着色されたこれら宅地全体の西縁と南縁には、緑色の帯状地が取り囲んでいる。

一方、五稜郭から少し離れた周辺部に、長大な帯状地が３ヶ所でほぼ直角に折れ曲がりながら直進している。この薄緑色の帯状地は、図３-1Bで五稜郭と「御役宅」を囲繞していた細長い囲壁に相応すると考えられるが、図３-1Bと異なって、宅地全体の北側に帯状地は全くなく、西側でも蛇行する亀田川がその代わりをしているかのように見える[1]。

このように、２種の絵図に示された２つの事物、つまり、①五稜郭の北の広い面積を占める宅地と、②五稜郭周辺部を取り巻く長大な帯状の囲壁こそ、「御役所」をその内に含む五稜郭の外に、別途「取建」られた建造物であった。すなわち①の宅地は、文書に「地役住居」ないし「支配向御役宅」と記された奉行所役人の住居用地（以下、役人用宅地と呼ぶ）であり[2]、②の囲壁は、文書に「御役所四方土塁」として「築地柵門等」を設けて「苗木植付」した「風囲土塁」に相当すると考えられる。この推定は、「箱館亀田／一円切絵図」の凡例（５種類）のなかで、緑色に対して「土塁林」と表示されていることとも符合するし、図３-1Bで囲壁に付された注記（「ヲハヤシ」）とも整合する。したがって、細長い直線状の囲壁は実は植林された土塁であり、五稜郭の北の役人用宅地の南縁と西縁にある緑色の帯状地も、同じく植林された土塁と推定される[3]。そして、２種の絵図に描かれた五稜郭の形状から、①・②の建造物の「取建」が計画段階から実施段階に移行する過程で、図３-1Bから図３-3にみるようになったと推定される[4]。

五稜郭［内郭］と外郭の二重囲郭

以上のような亀田役所新設の状況をもとに、著者は以下、五稜郭を亀田役所の内郭と呼び、五稜郭の東北方～東方～南方～西方の半ばを取り巻く帯状の土塁を亀田役所の外郭と呼ぶことにしたい。つまり、亀田役所は内郭と外郭、およびその間のスペースからなり、役人用宅地はそのスペースの北部を占めていた。また、そのスペースの東部は、図３-３にみるように、「谷地」によってそれ以西の広大な平坦地と地形的に区分されていた[5]。そし

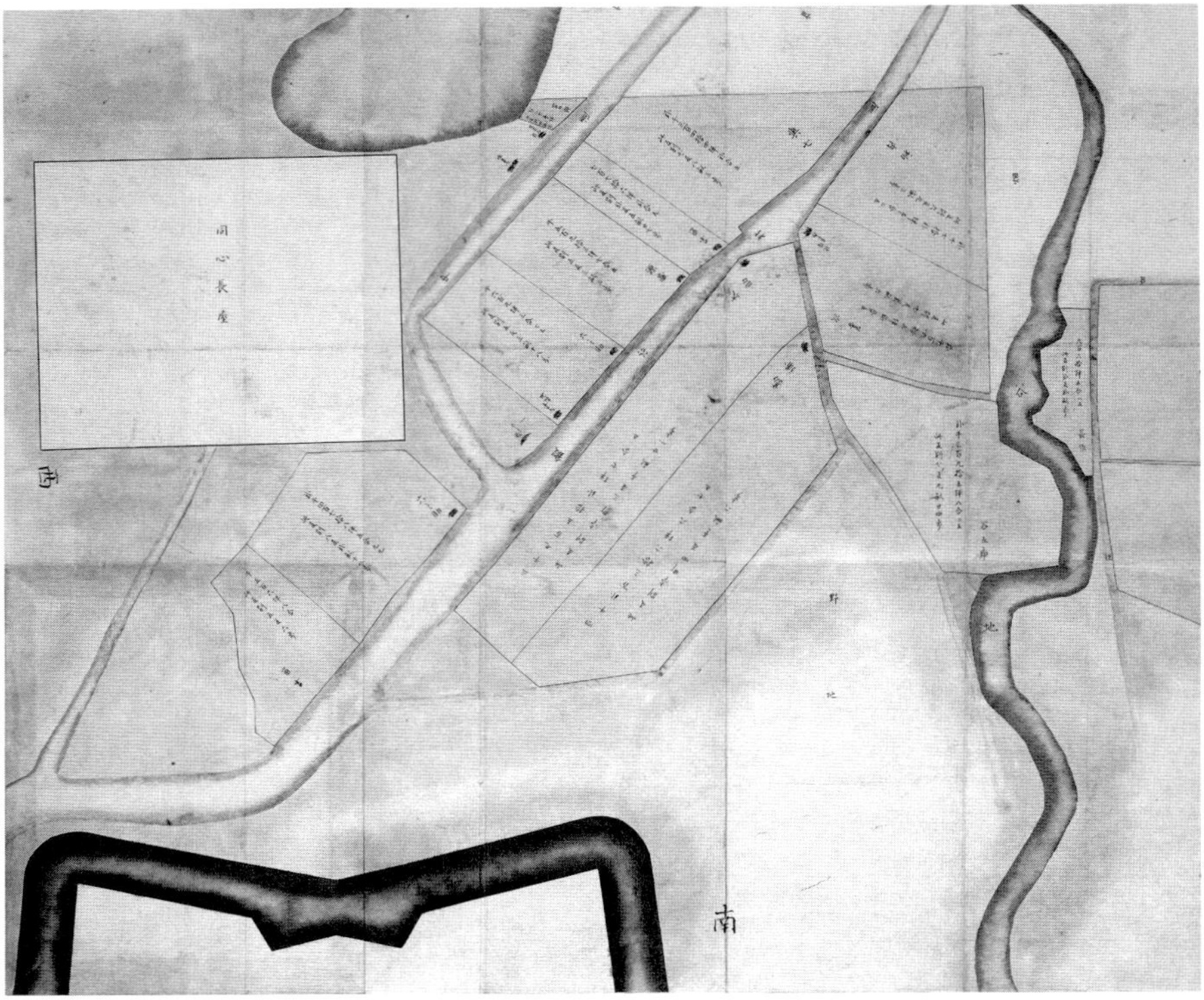

図 3-4 「五稜郭同心屋敷地幷ニ鍛冶村地図」（函館市中央図書館所蔵）**の主要部**

て、外郭の北限は、その「谷地」東の「北ヘン足軽畑」まで土塁が築かれるものの、それ以西の亀田川に至る間は土塁が築かれず、役人用宅地の北を東から西に向かってのびる「五ノ丁一丁目」～「五ノ丁四丁目」の通りが、当初予定の土塁の位置に相当するといえよう。

ところで、図3-3をみると、役人用宅地の北端から、その宅地割と異なる北東方向に、ほぼ並行する2筋の路村がのびている。このような道路・土地利用の明瞭な差異は、五稜郭の周濠の北西端にかつて通じていた鍛冶村の路村の一部が、亀田役所外郭内の役人用宅地に転用されたために生じた。当地に関する函館裁判所庶務局の書類綴「明治二巳年七月　沽券地御用留」の中の3枚の図面[6]には、かかる住居用地の確保と地割の変化が簡略に示されており、年紀不明の「五稜郭同心屋敷地并ニ鍛冶村地図」（函館市中央図書館所蔵）には、宅地に転用される以前の地筆の形状・反別・所有者（ないし耕作者）名および家屋位置も明記されていて興味深い（図3-4を参照）。

［注］

（1）図3-1Bでも、囲壁の北西端のみは欠けており、南西方向に流れる亀田川が囲郭の代わりをしている。

（2）奉行所には、奉行の下に、支配組頭・調役・調役下役（後に定役）・調役下役出役（後に定役出役）・同心組頭・同心など、多種に細分された役職が設けられていた。そして、まず同心長屋が建てられ、次いで定役・定役出役用の役宅30軒、さらに彼らより上位の役職者用の役宅が建てられたらしい。「箱館亀田／一円切絵図」で同心長屋以外の宅地が多様な広さをもつのも、役職者の地位に応じて区画されたためであろう。なお、亀田役所の役宅は、幕府の他の遠国奉行所に比べて、面積などで優遇された。

（3）「箱館亀田／一円切絵図」において、五稜郭の周辺を取り巻く長大な帯状地と役人用宅地の縁辺の帯状地とでは、緑色の着色に濃淡の差があるものの、濃紺色の斑点が密に付されていることでは一致している。この斑点によって土塁に植林されていることを示そうとしたのであろうと推測される。

（4）函館市中央図書館には、「箱館五稜郭周辺絵図」と名付けられた、橋本玉蘭齊（はしもと ぎょくらんさい）による手描き絵図が所蔵されている。その絵図は年紀・縮尺とも不明であるが、「五稜郭」の北に長方形の「御役所」があり、それら全体を囲む囲壁は樹林に被覆されている。一方、箱館市街地に隣接する従来の奉行所の位置は「御蔵所」となっており、奉行所が亀田役所へ正式に移転した後の状況を示すと考えられる。

そもそも、亀田役所の建設プランやその詳細な建設実態は軍事的秘密事項であったはずにもかかわらず、縮尺を明示した木版画が官許の名で刊行されたり、より詳細な内容の手描き図が建設完工までに作製されており、その情報経路や作製目的について、今後の解明を期待したい。

（5）「箱館亀田／一円切絵図」に描かれた「谷地（やち）」の形状は、近代に測量・作製された地形図と比較しても、驚くほど正確に表現されている。

（6）この文書の表紙には「箱館裁判所　庶務局」と表示されているが、表紙左上の貼紙には課名の箇所に「函館府」と記されている。当該の図面3枚はすべて墨1色で描かれ、(一) かつての同心長屋の東西・南北の長さ、(二) 元来の鍛冶村道に新たな宅地ブロックと街路のプランを重ね書きしたもの、(三) 宅地ブロックと街路、が各図面の主たる内容である。なお、この文書は北海道立文書館の所蔵で、田原良信氏のご厚意でコピーを入手した。記して謝意を表します。

第4章　亀田役所の特徴

西ヨーロッパの囲郭の分類

第3章で亀田役所が内郭と外郭の二重の囲郭を有していたという事実を指摘し、そのうちの内郭すなわち五稜郭については第2章で、5つの稜堡を備えた五角形の形状をもち、フランスのヴォーバン式とオランダのクーホールン式を組み合わせた西洋式築城法を基本としつつ、細部の防御施設には日本式築城法をも取り入れた囲郭であることを指摘した。

ところで、五稜郭の設計の基本となった西洋式築城法を施された西ヨーロッパの囲郭に関しては、次のように分類できる。

［A］軍事施設・軍人居住区以外の一般市民居住区が、囲郭《いかく》の内部で大きな面積を占めている囲郭都市ないし囲郭集落。

［A1］以前からの都市ないし集落の外周に、それ自体の防備ないしその周辺一帯の軍事的必要性から囲郭が施されたもの。(1)

［A2］当該地点のもつ軍事的必要性から、まったく新たに建設するか、従来の集落を大改造してできたもので、放射状・同心円状・直交状の計画的な街路プランをもつ。(2)

［B］囲郭の内部には一般市民の居住区がなく、要塞と呼ばれる。

［B1］囲郭都市を防衛するための補完的軍事施設として、他の要塞とも連繋しつつ、当該囲郭都市とは離れた地点に建設される小規模要塞（フォート）[3]。

［B2］軍事的にも極めて重要な囲郭都市に付設された大規模な要塞（シタデル）。

五角形をなす西ヨーロッパの要塞—シタデルとフォート

以上の分類を念頭にして、五稜郭がいずれに属すかを検討すると、その内部は奉行役宅と奉行の日常的勤務に奉仕する役職者用建物および倉庫のみで占められており[4]、外郭までの空間も役人用宅地以外に宅地はなく、分類Bの典型的な要塞といえる。

では、西ヨーロッパにおける要塞のうちで、［B1］フォートと［B2］シタデルのいずれが、形態や規模の点で五稜郭のモデルたりうるであろうか。

著者は、ベルギーのアントウェルペン、オランダのトゥルネイ、フランスのリール[5]の各囲郭都市に付設されたシタデルがまず念頭に浮かんだ。アントウェルペンの場合は、都市囲郭の南端に16世紀後半にシタデルが建設されたが、19世紀後半にはその軍事的機能を失い、20世紀に解体された。トゥルネイの場合、17世紀後半に建設されたが、19世紀後半に廃棄が命じられて、跡地は陸軍病院となっている。リールの場合、都市の西端に建設されて、現在も当時と同じ形態のままに、フランス陸軍の基地として使用されている。ここで注目すべきは、トゥルネイとリールにあっては、都市囲郭の強化とシタデル新設がフランス陸軍のヴォーバン元帥によってなされている点である[6]。図4-1は、現在消滅しているアントウェルペンとトゥルネイでは18世紀後半の地形図［Cabinet 図］[7]を用い、リールと五稜郭では現代の地形図を用いて、3都市のシタデルと五稜郭を同一縮尺で示した。

一方、フォートはシタデルに比べてあまりにも多く、形態や規模が西ヨーロッパでもきわめて多様であり、五

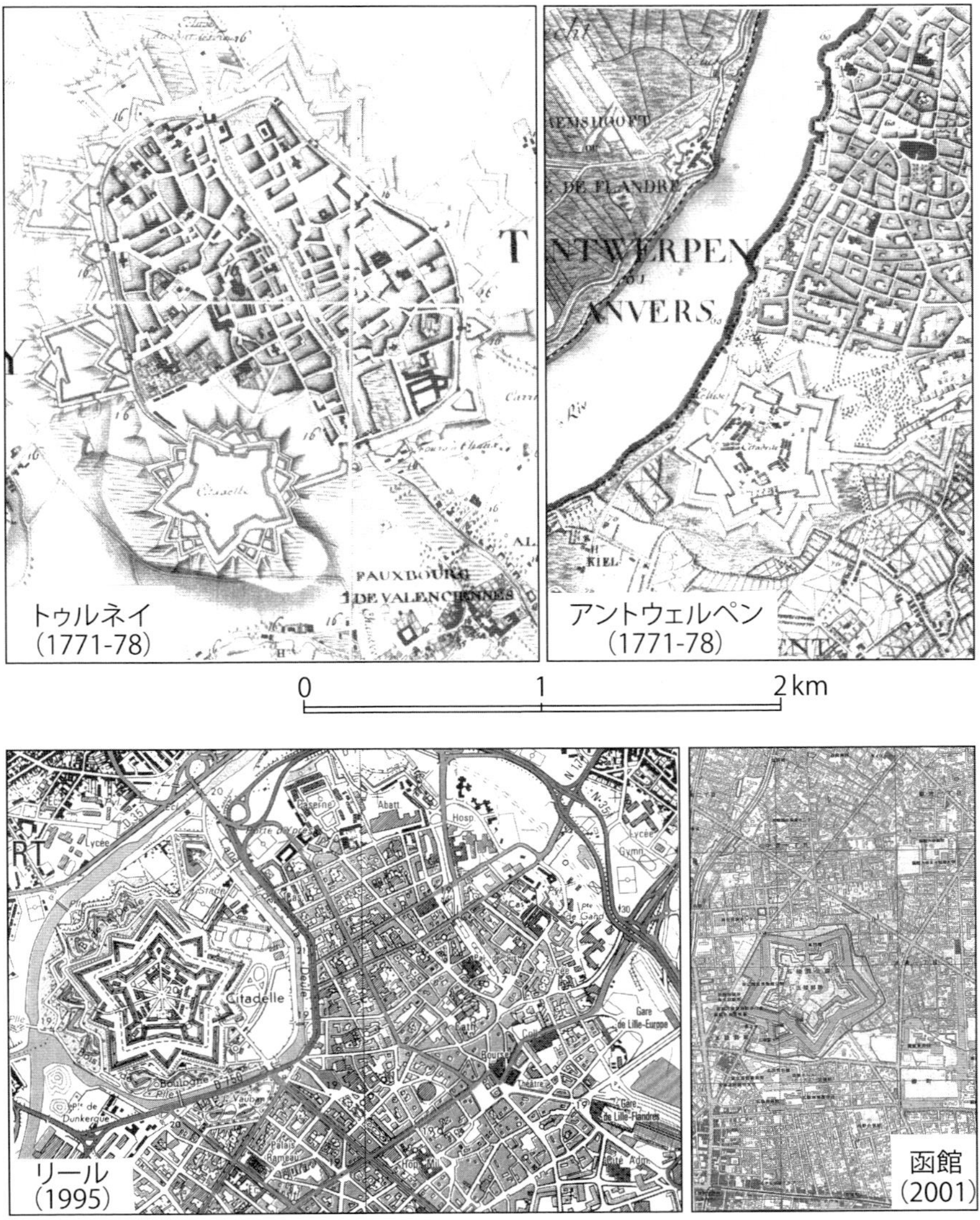

図 4-1　西ヨーロッパ 3 都市のシタデルと五稜郭との比較

トゥルネイとアントウェルペンとは Carte de la Cabinet des Pay-bas Austrichiens から，リールはフランス国土地理院の 25000 分の 1 地形図 Lille/Roubaix/Tourcoing 図幅（1995）から，函館（五稜郭）は日本の国土地理院 10000 分の 1 地形図「函館」図幅（平成 13 年修正）から，それぞれ必要部分を切り取って編集した．

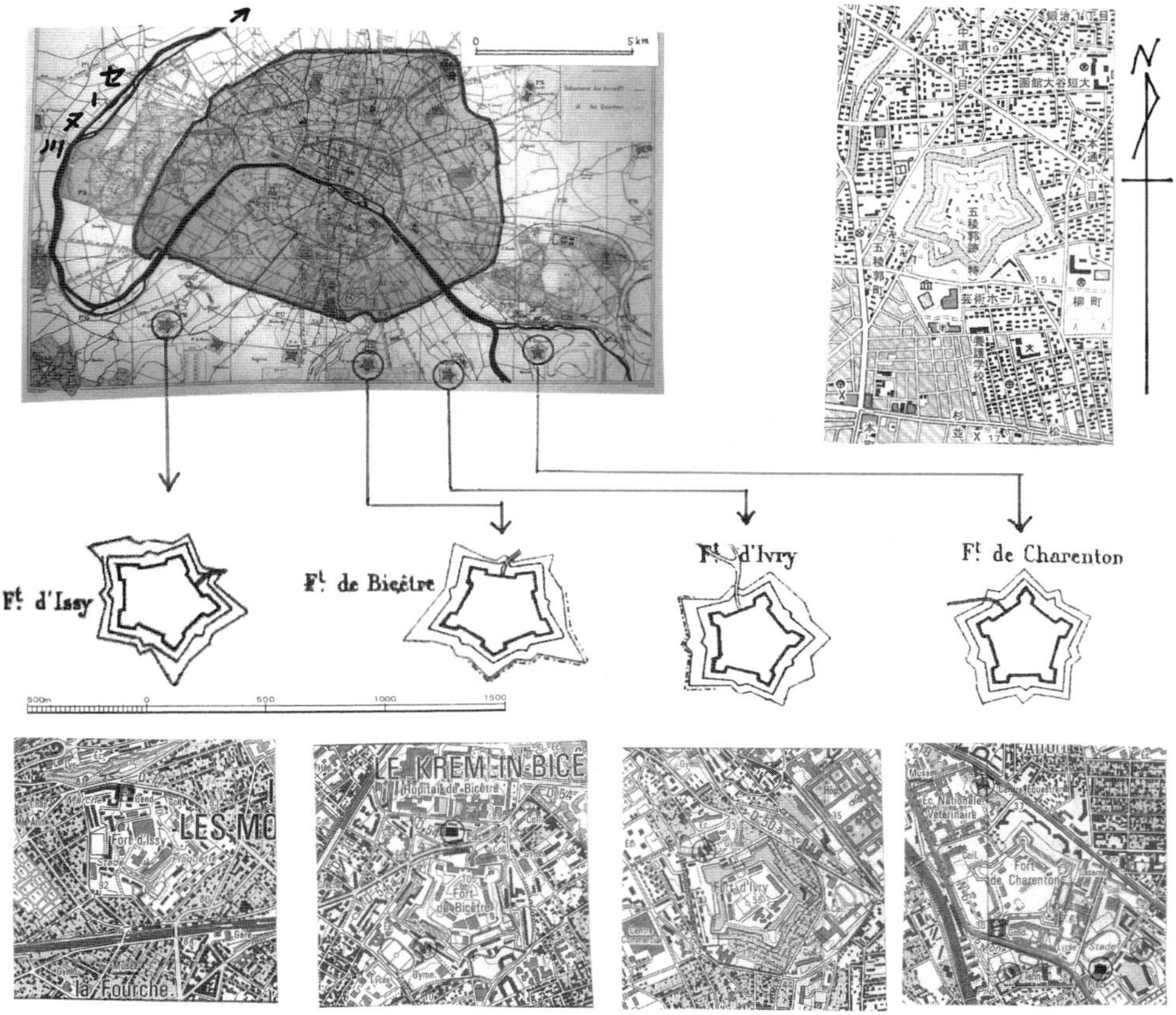

図 4-2　パリ市南郊の五角形のフォート（跡）と五稜郭との比較

左上段は,『革命期 19 世紀パリ市街地図集成』(柏書房) に収録の「行政区分図」のなかの全体図「周辺部併合以降パリ都市図－ 1859 年 6 月 16 日の法律に基づく 20 区－」を基図として，パリの境界［都市囲壁（跡)］，パリ市南郊のフォート，河川［セーヌ川］をそれぞれ強調し，縮尺を付加した．中段は，当該図の五角形のフォート 4 ヶ所の部分を切り取って示した．右上段は，日本の国土地理院の 25000 分の 1 地形図「函館」図幅（平成 22 年更新）から五稜郭周辺部を，下段は，フランス国土地理院の 25000 分の 1 地形図 Paris（2314OT）図幅（1998 年）から上記 4 ヶ所のフォートの周辺部を，それぞれ切り取って示した．なお，右上段・中段・下段の縮尺は統一して中段と下段の間に示し，方位は左上段も含めて図右上端に統一して示した．

稜郭と同じ形態・規模の代表的な事例として特定のフォートを挙げることは困難である。白山友正（１９６６）によれば、五稜郭建設にあたってフランスの首都パリを取り巻く稜堡［堡塁］群がモデルとなったとしているものの、具体的なフォート名称や図は挙げていない。[8] そこで、パリ市街地の複製古地図集で検討してみたところ、第二帝政下におけるオスマンのパリ大改造期に作成された古地図に、当時のパリ市街地郊外にフォート９ヶ所が描かれており、そのなかに五角形のフォートも見られる。[9] しかもこれらのフォートは、現在も公園として残っていることが現代の地形図から知られる。図４‐２は当該の古地図に見える五角形のフォート４ヶ所について、当時と現在の状況を示すとともに、比較のために五稜郭の現状も示した。

では、図４‐１のシタデルと図４‐２のフォートのいずれが五稜郭のモデルとなったのであろうか。いまここで、計画当初の五稜郭が稜堡５ヶ所のほかに半月堡５ヶ所をも有し、その外側の堀や斜堤で複雑・厳重な防御施設をなしていたことを想起すると、図４‐２に挙げた五角形のフォートよりも図４‐１に挙げた３都市のシタデルのほうが近似するように見える。[10]

亀田役所外郭の特徴

では、亀田役所の外郭にはどのような特徴が挙げられるであろうか。第３章で「箱館亀田／一円切絵図」（図３‐３を参照）などをもとに指摘した事実から、以下の４点を挙げたい。

第一に、外郭のうち、東・南・西の三方は植林された土塁（以下、外郭土塁と記す）が直線状に囲んでおり、役人用宅地の北端をなす通りが北の外縁となっている。そして、その外郭土塁の東側と西側の距離、および外郭土塁の南側と役人用宅地の北端の通りとの距離はともに約１・１キロメートルで、内郭を含む総面積は約１平方キロメートル（百町歩）もある。

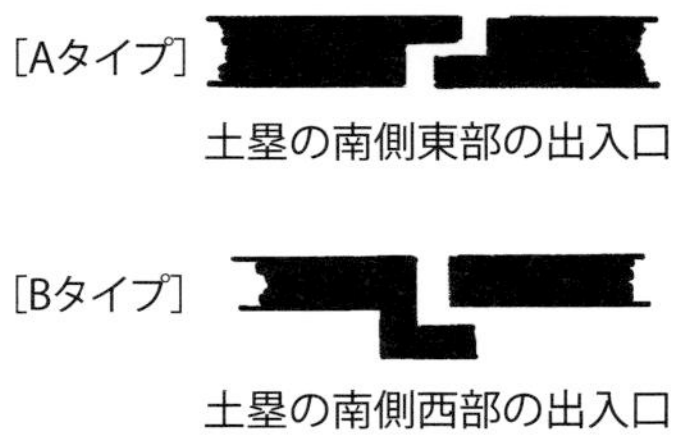

図4-3　亀田役所の外郭土塁の出入口の形状2種（AタイプとBタイプ）

第二に、外郭と内郭の間の広大なスペースには、整然と区画された役人用宅地が計画的に配置され、その役人用宅地全体の西縁と南縁にも植林された土塁が設けられている。

第三に、外郭と内郭の間には、役人用宅地を除いてもなお広いスペースが残されており、大部分は空き地らしいが、下級役人用の畑作地もあった。

第四に、外郭土塁の出入口の形状に注目すると、東側の2ヶ所と南東端および南側東部の各1ヶ所では、土塁を鉤状に切って通路を屈曲させている（図4-3のAタイプ）のに対して、西側の4ヶ所と南側西部の1ヶ所では、出入口を隠すように外側に鉤状の土塁を付加している(図4-3のBタイプ)。Aタイプは外からの直進を妨げる最も簡便な防備形で、Bタイプはそれよりは工夫を加えた、日本式築城法における外枡型虎口の一種に該当しよう。[11] そして後者の形状の出入口は、外郭南西隅から箱館市街地へ直進する道に沿って設けられた土塁でも見られる。

亀田役所外郭の類似例

以上のような外郭の特徴の類似例を、まずは箱館（亀田）奉行と同じく、徳川幕府によって設けられた遠国奉行の奉行所に求めてみたい。

箱館を含めて17を数える遠国奉行は、①京都・大坂・駿府の各町奉行、②対外折衝や外国船監視や対外折衝を主たる任務とする長崎・下田・浦賀・箱館・羽田・新潟・神奈川・兵庫の各奉行、[12] ③上記以外の多様な設置目的に対応する伏見・佐渡・奈良・堺・山田・日光の各奉行に、大きく3分類できる。

これら17の遠国奉行所についてみると、箱館の属する②の分類の奉行所のみならず、他のいずれの奉行所も、奉行役宅をはじめとする業務用建物の設けられている敷地が、土塁や堀によって囲繞・防備されていた。そして多くの場合、その敷地の形状は方形ないしその変形であった。また、与力・同心などの奉行所役人の宅地も、その多寡は奉行所によって異なっていたものの、奉行所の周囲に配されていた。[13]しかし、亀田役所の外郭のように、全体を取り囲むような防備施設—それが亀田役所のように方形をなすか否かにかかわらず—が設けられていた例は見られない。[14]

さらに、亀田役所の内郭をなす五稜郭が、西ヨーロッパの要塞を範として設計・建設されたことから、西ヨーロッパの要塞に亀田役所の外郭と類似の例を探しても、シタデル自体が重要な囲郭都市に付設されたものなので、奉行所の外縁に広いスペースをもつ外郭をさらに設けることはありえず、小規模要塞であるフォートの場合も、その外縁に広いスペースを囲い込んだ外郭を設けた例はないようである。したがって、外郭に関する限り、西洋式築城法の影響は見いだせないといえよう。

遠国奉行所としての亀田役所の特異性

幕末に蝦夷地の箱館に新設された亀田役所に関して、上述のような特徴をまとめると、内郭と外郭の二重の囲郭からなり、内郭は西洋式築城法を基本として5ヶ所の稜堡からなる五稜郭で、植林され直線状の土塁からなる外郭の内部には整然とした役人用宅地を含む広大なスペースがあって、総面積は1平方キロメートル（百町歩）を超える規模を有する。内郭の実際の建設にあたっては日本式の伝統的な築城法も取り入れられたであろうが、外郭の建設にあたっては西洋式・日本式のいずれの築城法を取り入れたのか不明であり、設計・監理にあたった武田斐三郎の独創による可能性が高いといってよかろう。なお、内郭たる五稜郭が計画段階では全方位防御を目指していたのに、最終的には南南西の正面出入り口のみに半月堡が築かれ、また外郭土塁や役人用宅地の西縁・

南縁の土塁の位置からも、函館湾方面からの防御を重視して建設されたと考えるべきであろう。

　このような特徴をもつ亀田役所は、他の遠国奉行の奉行所に比べて、形態の点で極めて特異であるばかりでなく、[15]役人用宅地を含む計画性の点でも、さらには他と隔絶した広さを有するといった規模の点でも、[16]まさしく例外的な奉行所と言わざるを得ない。

　ただ、亀田役所建設と時を同じくして第二次幕領期に蝦夷地の各地で東北諸藩が建設した陣屋にも目を向けると、松前藩の戸切地《へきりち》陣屋、弘前藩の千代ヶ台《ちよがだい》陣屋、仙台藩のシラヲイ〈白老〉陣屋などで、亀田役所の内郭ないし外郭と類似の特徴を見出すことができる。この点については、第2部で改めて詳しく紹介していきたい。

　なお、亀田役所は幕末に建設されたとはいえ、江戸幕府の重要な建設物と同様に、建物を守る鬼門の方角（東北方）に徳川家康を祭る東照宮が建設されたことを申し添えておきたい。[17]

［注］

（1）西ヨーロッパでは、中世後期から近世末まで、都市や多くの集落には囲郭が施されており、それらがこのA1のタイプに該当する。そして、都市の発展とともに、囲郭が強化されたり、旧囲郭が破壊されて、その外縁に新規の囲郭が建設される例も多い。さらに近代には、都市の旧市街地を繞る外周道路の用地として、かつての囲郭が転用される例もよく見られる（戸祭由美夫、１９９７、１９９８Ａ、１９９８Ｂ）。

（2）オランダでは、ルネサンスの理想都市に範をとった七角形の計画的要塞都市が独立戦争時にクーヴォルデン Coevorden で建設された（戸祭由美夫、１９９７）。ベルギーでは、ハプスブルク家領ネーデルラントとフランスの国境争いに際して、計画的要塞都市がマリアンブール Mariembourg やフィリップヴィル Philippeville で建設された（戸祭由美夫、１９９８Ｂ）。なお、西ヨーロッパの近世の理想都市に関しては中嶋和郎（１９９６）に詳しい。

（3）フォートはフランス語もオランダ語も fort。シタデルはフランス語が citadelle でオランダ語は citadel。

（４）奉行役宅［奉行所庁舎］のほか、付属建物が25棟あり、そのうち住居は給人長屋、徒中番大部屋、用人長屋、手付長屋、（門番所）である。

（５）アントウェルペン Antwerpen は、ベルギー北部の同名の州の州都で、スヘルデ川河口近くの右岸に古くからの市街地がある。英語名はアントワープ。トウルネイ Tournai はベルギー南西部の古都で、エスコー川河口に位置する。リール Lille はフランス北端のノール［旧名フランドル］県の県都で、リール都市圏の中核都市をなす。綴字・発音とも近似のベルギー・アントウェルペン州のリール Lier と混同されやすいので注意。

（６）フランスやベルギーの都市囲郭のうちで、主としてヴォーバン元帥によって建設・拡充された囲郭を対象として、その立体模型を保存・展示する博物館がパリのアンヴァリッド［廃兵院］にあり、アントウェルペン以下３都市のシタデルを含む都市囲郭の模型も収められている。なお、同館収蔵の立体模型のうちで、ベルギーの12例に関する詳しい解説付の図集として、① *Plans en Relief de Villes Belges.* Pro Civitate, Bruxelles（１９６５年）を、フランス領ネーデルラントの６例に関する解説書（一部カラー）として② *Plans en Relief-Villes fortes de anciens Pays-Bas Français an eighteen 18s.* Musée de Beaux-arts Lille, Lille（１９８９年）を挙げておく。なお、築城家ヴォーバン元帥については第2章の注（７）を参照。

（７）ハプスブルク家領ネーデルラントを中心として、現在のベルギー一帯が対象となる全２７５葉の地形図。オーストラリア軍人のJ・フェラリス Ferraris 伯爵（１７２６～１８１４年）の下で１７７１～１７７８年に測量・作製された。ベルギー最初の本格的地形図で、地形はぼかし式で表現されている。全面カラー着色が施され、凡例の数は56に及ぶ。縮尺は、当時の尺度で13・３トワーズを1リーニュ（1万１５２０分の１）に縮めてある。

（８）白山正彦（１９６６）は、アントウェルペンほかのシタデルやルネサンスの理想都市との近縁にも言及しており、滑川明彦（１９８９、１９９０）は、白山の論を敷衍して、パリ郊外のフォートを具体的に挙げる一方、リールのシタデルを五稜郭のモデルの最有力候補としている。

（９）福井憲彦監修（１９９５）に収録の「行政区分図 Atlas administrative（１８６８年刊行）」のなかに、１８６０年施行のパリ周辺部併合前後のパリ行政区分（行政区の数は併合前が12で、併合後は20）を示す全体図２種がある。２

種とも、行政区の範囲を記すために用いられた基図は同じで、五角形の形態が明示されているフォート４ヶ所（Fort d'Issy, Fort de Bicétre, Fort d' Ivry, Fort de Charenton）のほか、四角形のフォート２ヶ所や複合形のフォート２ヶ所、および五角形の一部のみが図枠内のフォート１ヶ所（Fort du Mont Valerien）が見られる。

(10) ただし、これらパリ市街地郊外のフォートについては、詳細な形態や内部施設に関する情報を収集していないので、早急な結論は控えたい。

(11) 日本の中近世城郭における多様な出入り口に関しては、土平 博氏より資料の提供を受けた。記して謝意を表します。

(12) 近世初めから継続的にその任務にあたった長崎奉行、17世紀前期から断続的に設けられた下田奉行、18世紀前期から継続する浦賀奉行、18世紀中期からの新潟奉行、幕末の開港に対応して設けられた兵庫奉行や神奈川奉行など、その設置期間・時期はさまざまであった。

(13) 各奉行所の形態・規模・立地条件やそれに所属する役人の宅地などに関しては、『国別城郭・陣屋・要害台場事典』や『江戸幕府大事典』のほか、奉行所の置かれた現在の地方自治体が編集・発行した府県史・市史などを参考にした。しかし、具体的に不明な奉行所もあり、今後のさらなる解明を期待したい。

(14) かつて TOMATSURI Y.（2006）において、亀田役所の外郭が日本式であるとの推論を表明したが、その論拠とした方形の囲郭（土塁・堀）をもつ奈良奉行所はあくまで亀田役所の内郭に相当するものであって、論拠としては不適切であり、その推論を今回撤回しておきたい。

(15) 例えば、形態上の特異性としては、西洋式稜堡からなる内郭［五稜郭］がまず挙げられる。このような西洋式稜堡からなる日本の城郭としては、信濃国東部（佐久市田口）の龍岡城、上総国東北部（山武市松尾）の松尾城、函館平野の四稜郭（函館市陣川町）と松前藩戸切地陣屋（北斗市上磯町野崎）の計４ヶ所しかなく、ともに幕末・明治維新期に集中している。これら４ヶ所のうちで、龍岡城と松尾城はともに幕末の徳川幕府の幕閣経験者による築城であり、また、龍岡城は五稜郭と近似する整った五角形をなすが、松尾城と四稜郭とは扁形した形態を有し、戸切地陣屋の稜堡は１ヶ所のみである。なお、戸切地陣屋については第10章でとりあげる。

（16）例えば、対外折衝を担当した長崎奉行所の場合、『長崎市史　地誌編　名勝旧蹟部』（１９３７）によれば、出島の対岸の丘の上に位置する西御役所（旧来の奉行所）の総面積が１６７９坪で、山腹に位置する新たな役所［立山御役所］の総面積が３２７８坪である。それに比して、亀田役所の場合、五稜郭の半月堡を含む面積が12ヘクタール余［３・８万坪］であり、外郭の総面積は前述のように約30万坪ある。つまり、長崎奉行所２ヶ所を合計しても、亀田役所の内郭はその数倍の面積で、外郭にいたっては桁違いに広大な面積を有するといえよう。

（17）当地の東照宮は、亀田役所から約２キロメートル離れた上山に建設され、地名も神山と改称された。１８６９（明治２）年に社殿が焼失し、函館山東麓に仮社殿再建の後、１８７９（明治12）年に函館市街地の蓬莱（町）に再興され、さらに１９９２（平成４）年に当初の神山に近い函館市陣川町に移され、北海道東照宮と呼ばれている。

［文献］

・戸祭由美夫（１９９７）「オランダの囲郭都市プランとその変容に関する予察（前篇）」人間文化研究科年報（奈良女子大学大学院）12。
・戸祭由美夫（１９９８Ａ）「オランダの囲郭都市プランとその変容に関する予察（後篇）」人間文化研究科年報（奈良女子大学大学院）13。
・戸祭由美夫（１９９８Ｂ）「ベルギーの囲郭都市プランとその変容に関する予察」地誌研年報（広島大学総合地誌研究資料センター）７。
・中嶋和郎（１９９６）『ルネサンス理想都市』講談社選書メチエ77。
・福井憲彦監修（１９９５）『革命期19世紀パリ市街地図集成』柏書房。
・滑川明彦（１９８９）「五稜郭とフランス」研究紀要（日本大学人文科学研究所）38。
・滑川明彦（１９９０）「竜岡城とフランス」研究紀要（日本大学人文科学研究所）39。
・『江戸幕府大事典』（大石学編、吉川弘文館、２００９）。

第5章　亀田役所跡地の現代にいたる変容（上）

明治維新における亀田役所

幕末の開港地・箱館および蝦夷地全域の警備を担って、箱館市街地北郊の亀田に新たな箱館奉行所として亀田役所が建設された。しかし、一応の完成をみたわずか14年後の１８６８（慶応４／明治元）年には、江戸幕府から明治維新政府への政権交代によって、亀田役所は幕府の箱館奉行から新政府の箱館府（箱館裁判所から改称）の府知事に、職務全般とあわせて引き渡された。ところが同年末には、榎本武楊の率いる旧幕府軍によって、函館平野とその周辺地域は占領された。この旧幕府軍は、既存の五稜郭・弁天岬台場・弘前藩千代ヶ台陣屋を軍事拠点として活用するのみならず、五稜郭北方の丘陵端（現在の函館市陣川町）に西洋式小規模要塞［フォート］の四稜郭をも新設して、新政府軍に対抗したものの[1]、翌１８６９（明治２）年５月には降伏した。この箱館戦争後、箱館（以下、函館と記す）は北海道（同年８月に蝦夷地より呼称変更）南部の開発・振興政策の拠点として現代にいたっている[2]。

以下、この第５章から第７章までの３つの章において、近現代における函館の発展の中で、亀田役所の跡地がどのような変容をとげてきたかに関して、地割と土地利用の変化から明らかにしたい[3]。

五稜郭跡地の場合

まずは、亀田役所の内郭にあたる五稜郭についてみると[4]、箱館戦争でも旧幕府軍の本営が置かれて新政府軍による攻撃の的となったことから、戦争終結後はいち早く兵部省（のちに陸軍省）の所管となった。そして、稜堡の石垣や周濠はそのまま残されたものの、五稜郭内の旧奉行所庁舎などの建物は解体されて郭外へ移されたため、郭内の広いスペースは陸軍の練兵場として利用されたにすぎなかったらしい[5]。

このように、軍用地ながらも広い空地として郭内が残されていた五稜郭は、１９１４（大正３）年に函館区の公園となり、一般に開放されることになった。その後も、植樹のほかは公園内での人為的改変がなされなかったことで、１９２２年に国史跡に指定されるとともに、所管が陸軍省から内務省に移り、１９２９（昭和４）年には文部省の所管となった。第二次世界大戦後の１９５２（昭和27）年には、道内唯一の特別史跡に指定された。郭内は以降も史跡保護の下で現状改変はほとんどなされず[6]、建物跡などの発掘調査の成果を踏まえて[7]、２０１０（平成22）年には五稜郭跡復元整備事業として奉行所庁舎の復元工事が完了し、公開された。

以上のように、五稜郭の跡地は、土地利用こそ変わったものの、その形態に変化はなかった[8]。しかし、このような例は、函館市の都市化が旧市街地の北へむかって進展する中では例外的といえ[9]、五稜郭周囲の外郭に取り囲まれた広大なスペースは、近現代の間に地割・土地利用の両面で大きな変化をとげた。以下、地区ごとにその変化を紹介してみよう。

役人用宅地の跡地の場合

五稜郭の北には役人用宅地が整然と区画され、第３章で記したように、「箱館亀田／一円切絵図」には50戸分の同心長屋と12の宅地ブロックに56戸分の宅地が描かれていた（図3-3を参照）。

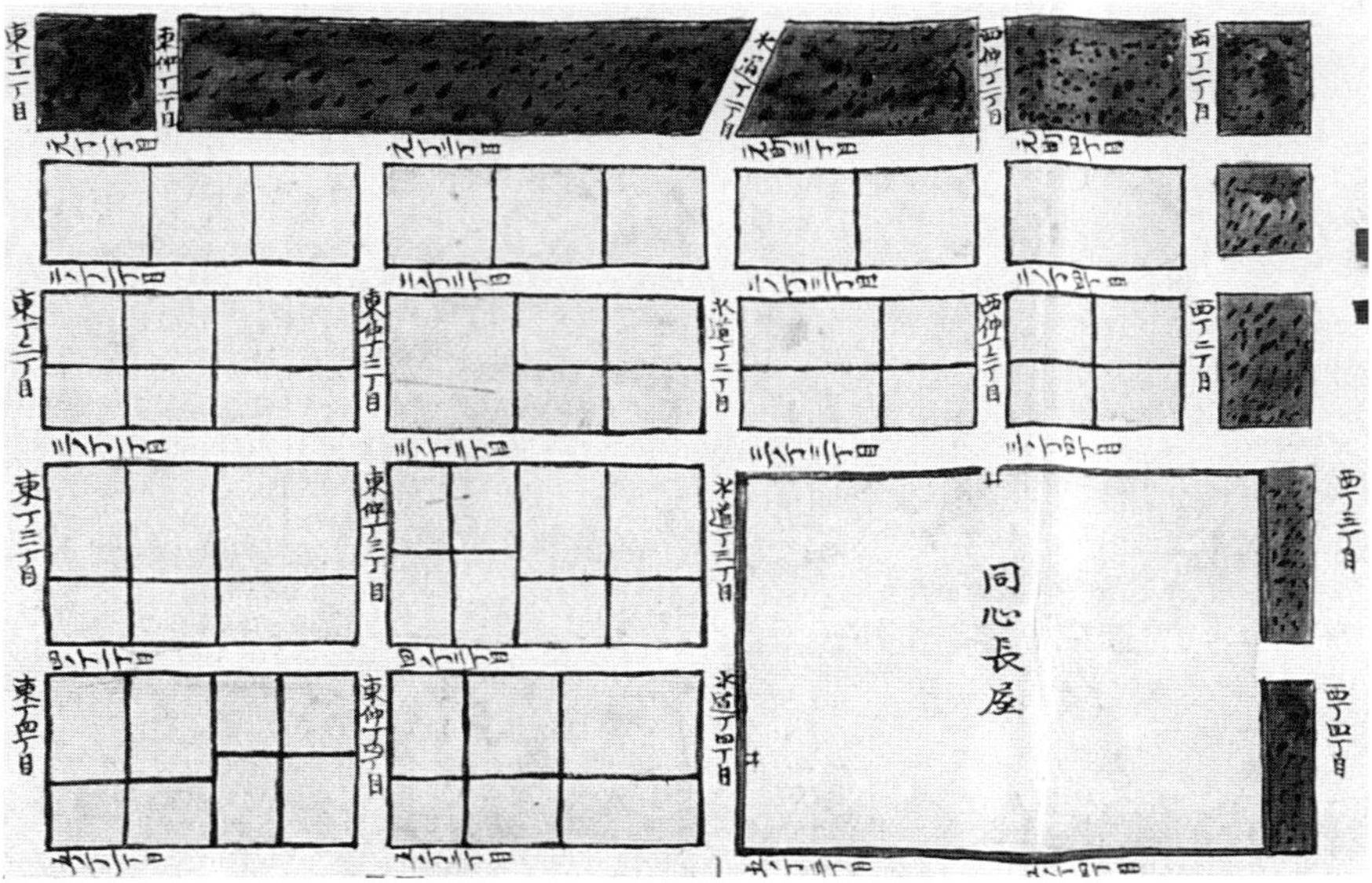

図 5-1　1862 年作製の「箱館亀田／一円切絵図」（函館市中央図書館所蔵）**の「人」舗の役人用宅地の部分**（上が南）

この役人用宅地の跡地に関しては、第3章の末尾で紹介した函館裁判所庶務局の書類綴「明治二巳年七月　沽券地御用留」の中の文書から、明治維新直後の以下のような状況が読み取れる。

すなわち、当地は箱館戦争で旧幕府軍に焼き払われて空き地となったことから、土地のかつての所有・耕作者であった鍛冶村の村役人一同と、箱館守備担当の函衛隊の隊長[10]（秦 計鬼三）の二者から、畑作地として借用・耕作したい旨の願書が提出された。そして結局、「亀田御役所跡地所　拾八ヶ所惣坪数三万千八百二坪」が「函衛隊兵士一同」に貸し出されることに決まり、同隊長より庶務局宛に請書が提出されている。

その後、この役人用宅地の跡地がどうなったかを知る手掛かりとしては、日本各地で作成された地籍図（一名、公図）[11]に相当する道内特有の地図を利用することにしたい。その最初のものは、1896（明治29）年に北海道庁が拓殖事業の一環として開始した土地連絡調査によって作製された図である。[12]そこ

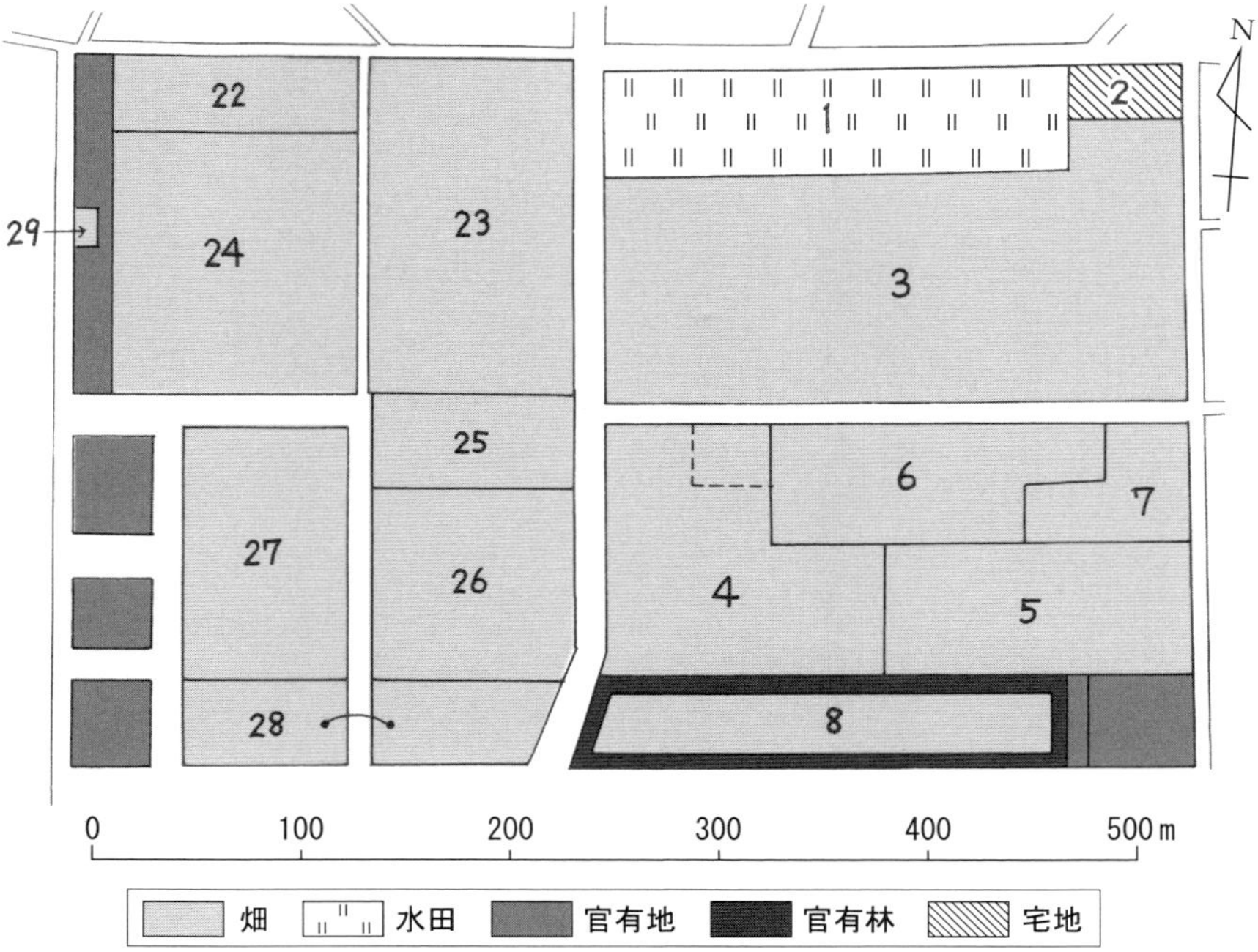

図5-2　1899／1900年調整の土地連絡実測図の役人用宅地の跡地

で、役人用宅地の跡地について、土地連絡調査による実測原図（以下、土地連絡実測図と記す）[13]を前記の幕末作製の「箱館亀田／一円切絵図」と比較すると、次のような事実が指摘できる（図5-1と図5-2を参照）。

①役人用宅地の南縁と西縁にあった帯状の土塁についてみると、西縁はほぼそのままの形状で字六軒屋番外地として陸軍省用地とされている。一方、南縁は、東から陸軍省用地、8番畑、28番畑と並んでいて、このうち8番は官有林に囲繞され、28番は西仲町一丁目の通りで二分されている。

②同心長屋のあった区域は22番・23番・24番に三分され、いずれも地目は畑となっている。各地番は長方形であるものの、その形状・面積は異なっており、23番と22番・24番を区切る細道は、かつて同心長屋の南端中央の木戸口から長屋内を北向した道を踏襲したのであろう。[14]しかし、長屋を構成した50

戸を３つの地番にどのように振り分けたかは不明である。

③同心よりも上位の役職者用の宅地ブロック12、計56戸分は、北東隅の２番だけが宅地で、北端の１番は田、残る３番～７番と25番～27番は畑となっている。各地番の形状・面積とも多様ではあるが、いずれも元の宅地界を利用して区画されているらしい。例えば２番は、元の２戸分の宅地からなっていると推定できる。また元の通りも、西仲丁二丁目、水道丁二～四丁目、三ノ丁一丁目および三ノ丁三丁目～四丁目が地番界の道として利用されている[15]。なお、東西に細長い１番の地目が田であるのは、その北方を南西流する亀田川からの取水が容易なためであろう。

以上のような①～③の事実から、明治維新に際して亀田役所は平和裡に箱館奉行から明治政府の代表者に移譲されたものの、旧幕府軍の占拠と箱館戦争を経て、役人用宅地の大半は畑に変わり、帯状の土塁部分は五稜郭とともに陸軍省用地となったといえる。その後、途々に畑が分筆されて、畑所有者の住居用地が宅地として登録されていったことが、土地連絡実測図の追記から知られる。

１９３１（昭和６）年に字名・地番改正が大規模に実施されると、役人用宅地の跡地は図５-３のようになった[16]。図５-２と比較すると、全面的な地番の改変とあわせ、次のような変化が指摘できる。

①かつての帯状の土塁部分のうちで、西縁は番外地から個々に地番（22番・29番・30番・35・36番）の付された山林・雑種地となったが、実際の土地利用は幕末と同じ状態であったと推測される。なお28番（旧29番）は元来、同心長屋の西端中央につながる空地だったので、土地連絡実測図作製時にすでに畑として登録されていた。一方、土塁部分の南縁は、東半のうちの陸軍省用地が畑（25番・26番）となったものの、23番（旧８番）の畑とそれを囲繞する国有林（24番）の形状・用途は変わっていない。一方、西半は旧28番が12筆に細分され、うち６筆が宅地に変わった。

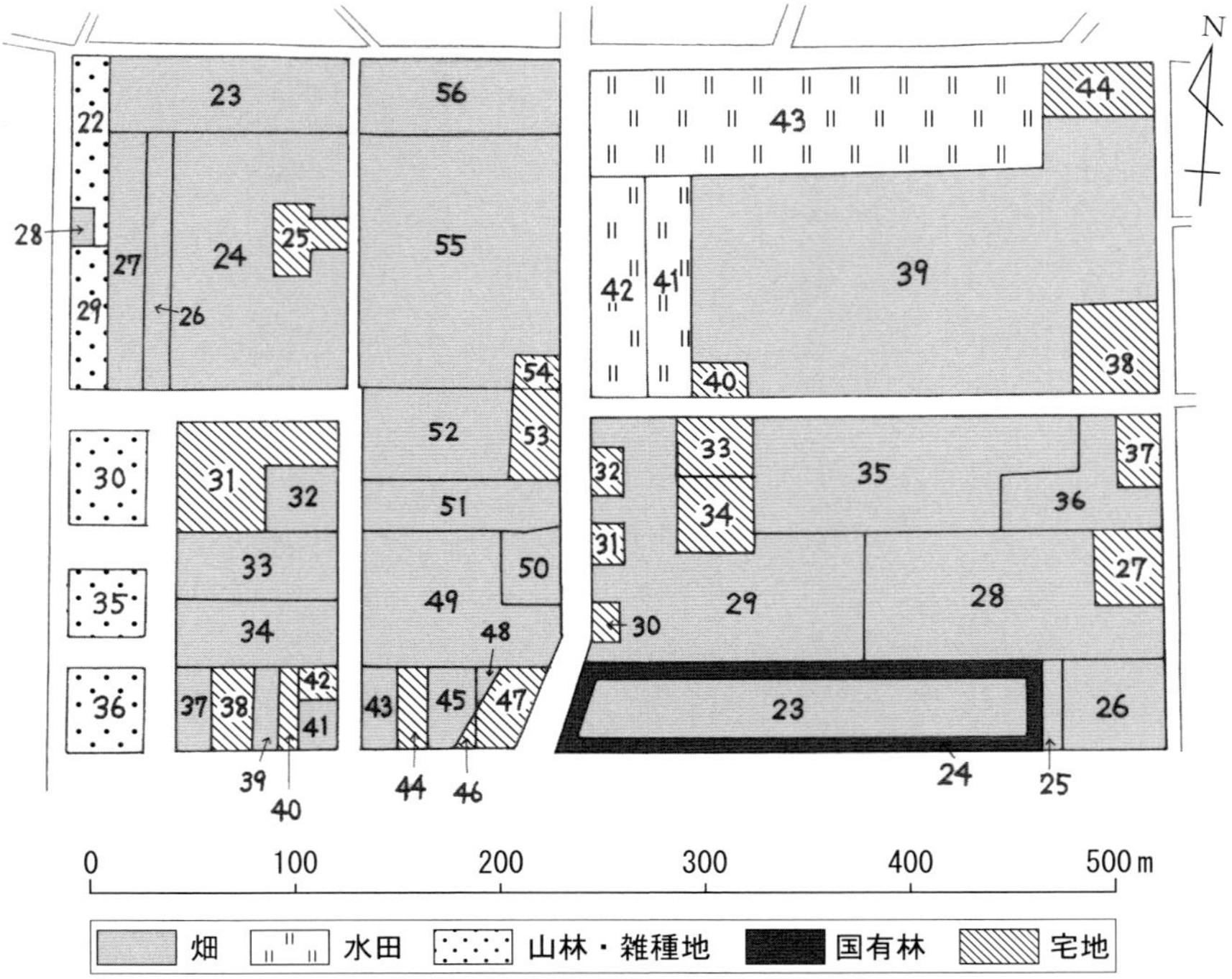

図 5-3　1931 年の字名・地番改正に基づく役人用宅地の跡地

②かつて同心長屋のあった区域では、旧24番・旧23番の畑から25番・54番の２筆がそれぞれ分筆されて宅地となった。さらに、旧24番の場合、南北に細長い畑２筆（26番・27番）が分筆された。

③以上の区域を除く役人用宅地の跡地は、土地連絡実測図作製当時すでに宅地ないし田であった北東端を除いて分筆が進行し、宅地が11筆も増加した。のみならず、旧３番の西端部（41番・42番）は畑から田に地目変更した。これは、43番（旧１番）の場合と同様に、北方の亀田川からの引水が容易であったためと推測される。

以上のように、明治後期から大正期を経て昭和初期にいたる間に、全体として畑から分筆によって宅地が増加し、函館市街地に近い部分で宅地化が進んだといえるが、各地番の面積・形状は多様であった。

さて、この役人用宅地の跡地は、１９０２

（明治35）年4月に鍛冶村が亀田村ほか4村と合併して二級町村[17]の亀田村が生まれると、南北を貫通する道を境として、東側は大字鍛冶村字新畑に、西側は大字亀田村字鍛冶村通に分かれた。[18]さらに1931（昭和6）年3月に亀田村では大字が廃されて、139あった字も統合され、東側が字本通に、西側が字中通に分かれた。

その後も、函館市とその周辺の都市化にともなう宅地の面的拡大が徐々に進行し、亀田役所跡地も大きく変容していった。次の第6章では、第二次世界大戦直後までのその状況について、主として外郭の跡地とその付近一帯の変容に焦点をあてて、詳しく記すことにしたい。

［注］

（1）弁天岬台場については第2章を、千代ヶ台陣屋については第10章を、それぞれ参照。

（2）明治期における北海道統治組織はたびたび変更されたが、開拓使函館出張所、開拓使函館支庁、函館県、函館区の役所は、全て同じく函館山麓の旧箱館奉行所跡地（現在の函館市元町）に置かれた。なお、地方自治体としては、1899（明治32）年の北海道区制に基づいて、札幌区・小樽区と同時に函館区が生まれ、1922（大正11）年には道内の札幌、旭川、小樽、釧路、室蘭とともに市制が施行されて函館市となって、今日にいたっている。その間に周辺の市町村を合併しているが、その合併した地域や年月については、必要な場合に限って記すにとどめる。

（3）戸祭由美夫（2002）において、各種の地図や地形図・空中写真を用いて、亀田役所跡地一帯の全般的変容を明らかにしたので、本書では主として跡地内の地区別にその変容を紹介する。なお『函館市史』では、通説編の第2巻・第3巻・第4巻と別巻の亀田市編が本書で扱う時代・地域をカバーしているが、地割や土地利用の変化に関してはほとんどふれられていない。また、写真で函館市内各地の変貌を紹介した出版物としては、北海道新聞社編（2001、2010）を挙げておく。

（4）明治維新以降における五稜郭の所管の沿革については、田原良信（2008）に簡潔にまとめられている。

（5）亀田村大字鍛冶村の南西端、五稜郭の東に「調練場」なる字が1931（昭和6）年まで存在していたが、陸軍練兵場との関連は不明。なお、この字の字界は「渡島国亀田郡鍛冶村土地連絡実測原図」（1899年調整）や「函館市及近郊平面図：函館の部」（1926年函館市都市計画課調整）などに明示されており、また1915年の陸地測量部測図の地形図にも、「調練場」の地名が五稜郭の東に記されている。

（6）1954（昭和29）年に函館で北洋漁業再開記念北海道大博覧会が開催され、郭内もその第2会場となった。その際の建築物で唯一撤去されなかった物産館には、翌年より市立函館博物館五稜郭分館として五稜郭関係の資料が展示されていたが、奉行所庁舎復元工事の完成に伴って、博物館分館としての役割は復元庁舎に移った。

（7）その発掘調査の成果は、函館市教育委員会から1985（昭和60）年以降、逐一刊行されている。

（8）五稜郭のように星形の城郭が現在も明瞭に残っている世界各地の都市の中から、9ケ国10都市を選んで、第1回世界星形城郭サミットが1997（平成9）年夏に函館市で開催された。このサミットはカナダのハリファックスとの共催であったが、参加10都市の選択基準は明確とは言いがたい。ちなみにInternational Star-shaped Citadel Cities Summitというのが英語表記である。

（9）1899年に函館区が地方自治体として出発するにあたって、当時の市街地の北に接する亀田村のうちの19字の全部ないし一部を合併した。この合併によって、亀田役所跡地のうち、五稜郭を含む南半部が函館区に入った（本章の注（2）を参照）。

（10）函衛隊は、函館府の新兵隊と在住隊とが1869年8月5日に合併して誕生した。

（11）明治以降の日本各地の地割・地目については、地租徴収のために作製された、いわゆる地籍図ないし公図と総称される公的地図が基本資料である。しかし、その成立・内容・形式は各地によって一様ではなく、桑原公徳（1976、1998）や佐藤甚次郎（1986、1996）などに、具体例に即した詳しい記述がなされている。

（12）明治以降の北海道特有の土地処分とそれに関わる地図類については、旭川土地家屋調査士会の山谷正幸（1995）に詳しい記述・解説がなされており、旭川管内を中心とした道内の関係地図リストなど、詳細なデータも収載されている。

(13) 図5-2は、「渡島国亀田郡亀田村土地連絡実測原図」全59枚(1899年7~8月、縮尺2000分の1ないし1000分の1)および「渡島国亀田郡鍛冶村土地連絡実測原図」全83枚(1900年8月、縮尺1200分の1)のうちで、本章が対象とする地区の部分、すなわち前者の42号「字鍛冶村通」(縮尺1000分の1)と後者の2号「字新畑」とから編集・作図した。これら2村の土地連絡実測図には、事業手(実測担当者の意味であろう)として常盤常足なる人物が明記されている。図中には字名・地番・地番界や地番ごとの地目・地籍・辺長が2色(黒・朱)で記入されている。

(14) 函館裁判所庶務局の書類綴「明治二巳年七月　沽券地御用留」中の図面の一枚に(第3章の注(5)を参照)、同心長屋の3方(南端中央、東端北寄り、西端中央)に木戸口が各1ヶ所描かれている。しかし、同心長屋内の道については描かれていない。

(15) この通りの北方に樋門を設けて、亀田川から五稜郭内の飲用水を取水。その際、木製の導水路がこの通りの地中を流れていたため、それに因んで「水道丁」という名がつけられたと思われる。

(16) 北海道渡島支庁(現在、渡島総合振興局)に保管されていた土地連絡調査の原図には、作製当時に函館区に編入されていなかった範囲については、編入後の分筆などの変更が黒色で記入されているのみならず、1931年の改正による新たな字名・地番・地番界や地番ごとの地目・地積も青色で追記されている。この役人用宅地の跡地もその範囲に該当するので、土地連絡調査の原図に青色で追記された内容に依拠して、著者がこの図5-3を作成した。

(17) 二級町村とは、市制・町村制の適用外とされた北海道において、1897(明治30)年制定・1899年施行の北海道二級町村制に基づいて生まれた地方自治体で、北海道庁の強い保護・監督の下にあった。なお、この制度は2度の全面改正を経て、1943(昭和18)年に廃止された。

(18) その後29年間続いたこのような大字・字の名称・範囲は、例えば「函館詳図」(1929年、小島大盛堂発行)に明示されている。

［文献］

・北海道新聞社編（２００１）『函館　街並み今・昔』（文は木下順一）北海道新聞社。
・北海道新聞社編（２０１０）『はこだて写真帳』北海道新聞社。
・桑原公徳（１９７６）『地籍図（日本の歴史地理８）』学生社。
・桑原公徳（１９９８）『歴史地理学と地籍図』ナカニシヤ出版。
・佐藤甚次郎（１９８６）『明治期作成の地籍図』古今書院。
・佐藤甚次郎（１９９６）『公図―読図の基礎』古今書院。
・山谷正幸（１９９５）『北海道の土地処分と地図について（１・２）』私家版。

第6章　亀田役所跡地の現代にいたる変容（中）

第二次世界大戦前までの概況

亀田役所の外郭をなす植栽付きの土塁（以下、外郭土塁と記す）は、昭和前期まで帯状の樹林地（国有林）としてほぼそのまま残っていたことが、第5章で紹介した土地連絡実測図[1]や「函館市大字亀田村土地境界査定図」（以下、本章で土地境界査定図と略記する）[2]をはじめとする各種の地図類[3]から明らかである。

一方、外郭と内郭の間の広大なスペースも、昭和前期まで畑ないし草地として残されており、殊に函館市街地から遠い東部での土地利用の変化、とりわけ宅地化はほとんど認められなかった。逆に、函館市街地に比較的近い南西部では、市街地中心部と五稜郭南西入口を結ぶ五稜郭通り沿いに、徐々に宅地化が進んでいった。また南部では、庁立函館商業学校が１９２１（大正10）年に本町校舎の焼失を機として五稜郭の南に拡張移転し（五稜ヶ丘校舎、大字亀田村字五稜郭通26の３）、１９４３（昭和18）年には函館市立中学校が五稜郭の南東（函館市柳町の通称、青雲台）に新設された。このように、南部での土地利用の顕著な変化は、公立学校の移転・新設による点に特徴があるといえよう[4]。

以上、第二次世界大戦前までにおける外郭土塁の跡地および外郭・内郭間のスペースに関して、その変容の概況を述べた。次に、外郭土塁の跡地が初めて大規模に消失した南西部の事例を紹介しよう。

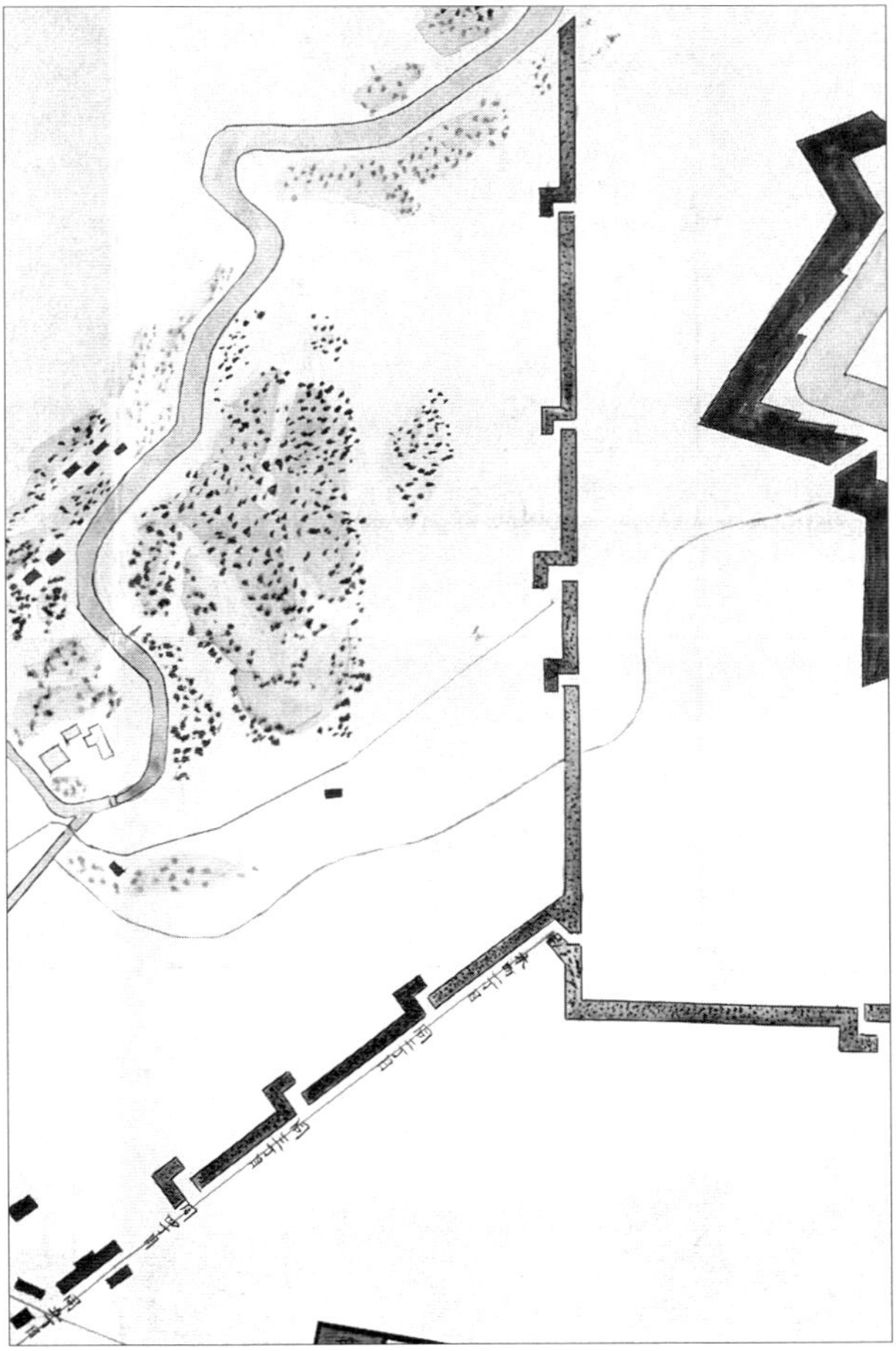

図 6-1　1862 年作製の「箱館亀田／一円切絵図」（函館市中央図書館所蔵）**の「人」舗にみる亀田役所の外郭土塁の西側部分および南西突出部**

図の上が北，右上方に五稜郭の斜堤と周濠の一部が見える．

外郭土塁跡地の南西部一帯における地割と土地利用の変化

亀田役所の外郭土塁のうち、五稜郭西方の部分は、亀田川河岸に始まって約７００メートル南に向かい、南西隅に達していた。そしてさらに、その南西隅の少し北から南西方へ約３００メートル、市街地中心部に向かう道路の北側沿いに土塁が伸びていた（図６-１を参照）。以下、前者を外郭土塁の西側部分、後者を外郭土塁の南西突出部と呼ぶことにする。そして西側部分に４ヶ所、南西突出部には３ヶ所、直線状の外郭土塁の出入口を隠すように鉤状に突起した土塁（以下、鉤状土塁と記す）が付加されていた（第３章と第４章を参照）。

近代になって、その外郭土塁跡地の西側部分と南西突出部の変化を追うと、土地連絡実測図（図６－２）では、西側部分が幅４間の道路に沿う「陸軍省用地」、南西突出部は幅５間の「五稜郭道」に沿う「並木敷地」とそれぞれ記されており、いずれも実質的に官有地として残されていたと推定される[5]。

また鉤状土塁の跡地についてみると、西側部分では北から１番目の跡地は地割に残されていないが、北から２番目と４番目の跡地は、それぞれ７間×８間ないし８間×15間の方形の土地として残っている。北から３番目の跡地は幕末と同じ形状で、上記の幅４間の道路から南西方にのびる幅６間の「鍛冶村道」の鉤状の出入口としてなお機能している。いずれも地番のない「陸軍省用地」であった[6]。

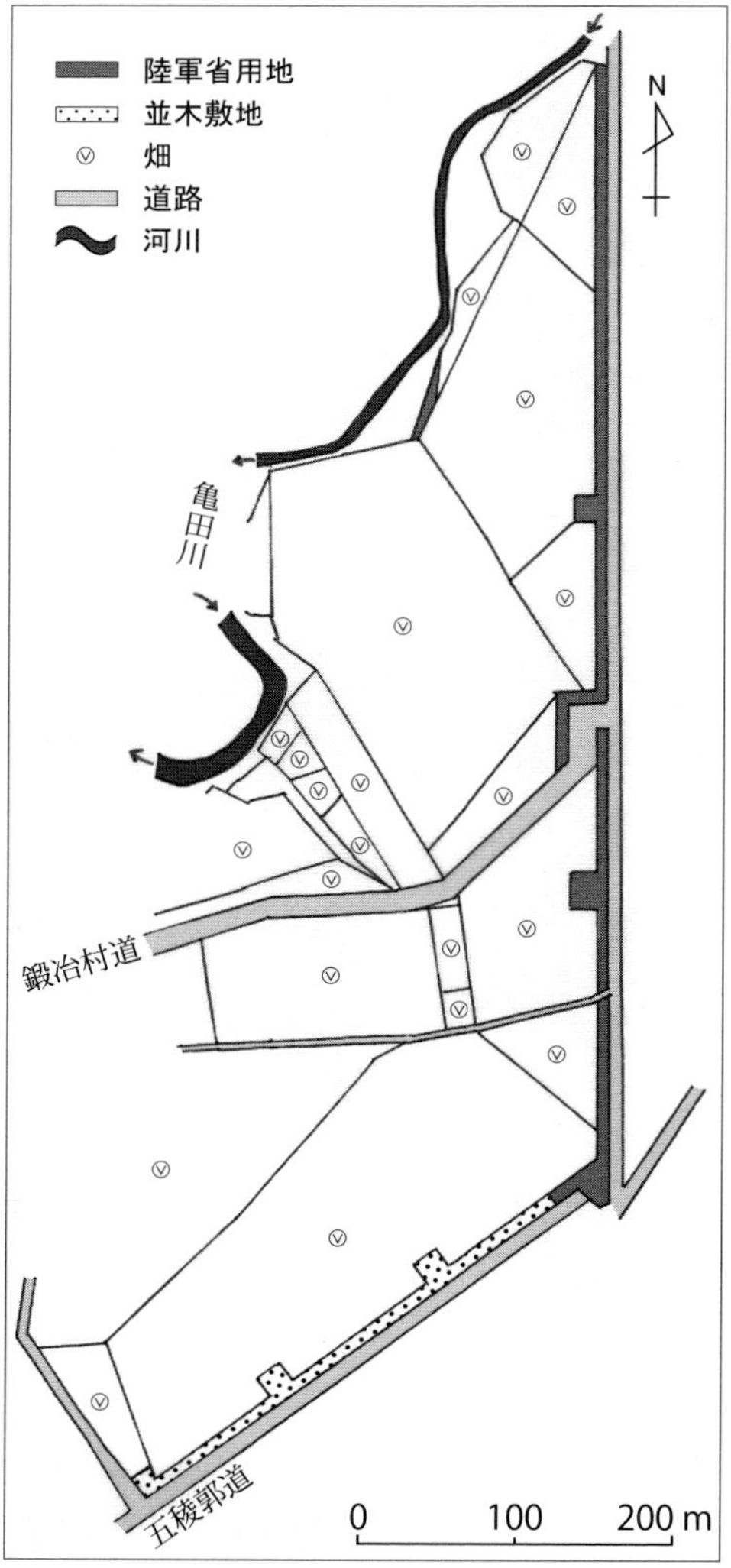

図 6-2　1899 年調整の土地連絡実測図にみる外郭土塁跡地の西側部分および南西突出部とその西方の地割・地目

一方、南西突出部では、東から1番目と2番目の鉤状土塁の跡地はいずれも8・5間×7間の方形の土地として残っている。東から3番目の跡地は形が縮小している。いずれも「並木敷地」であったと推測される(7)。

そして、これら外郭土塁跡地で官有地となった細長い直線状の地条や鉤状突起の背後、すなわち亀田役所跡地の西方の土地の地目は、この時期においてもなおすべて畑であった。

土地連絡実測図にみる以上のような状況から約30年後、土地境界査定図ではどのような変化が見られたであろうか（図6−3を参照）。

まず外郭土塁跡地の西側部分では、かつての「陸軍省用地」が分割されて畑となり、北端から南端まで字鍛冶村通の37−5、37−4、37−3、37−2、37−1、36−3、36−2、36−1、35−2、35−1と順に地番が付された。その

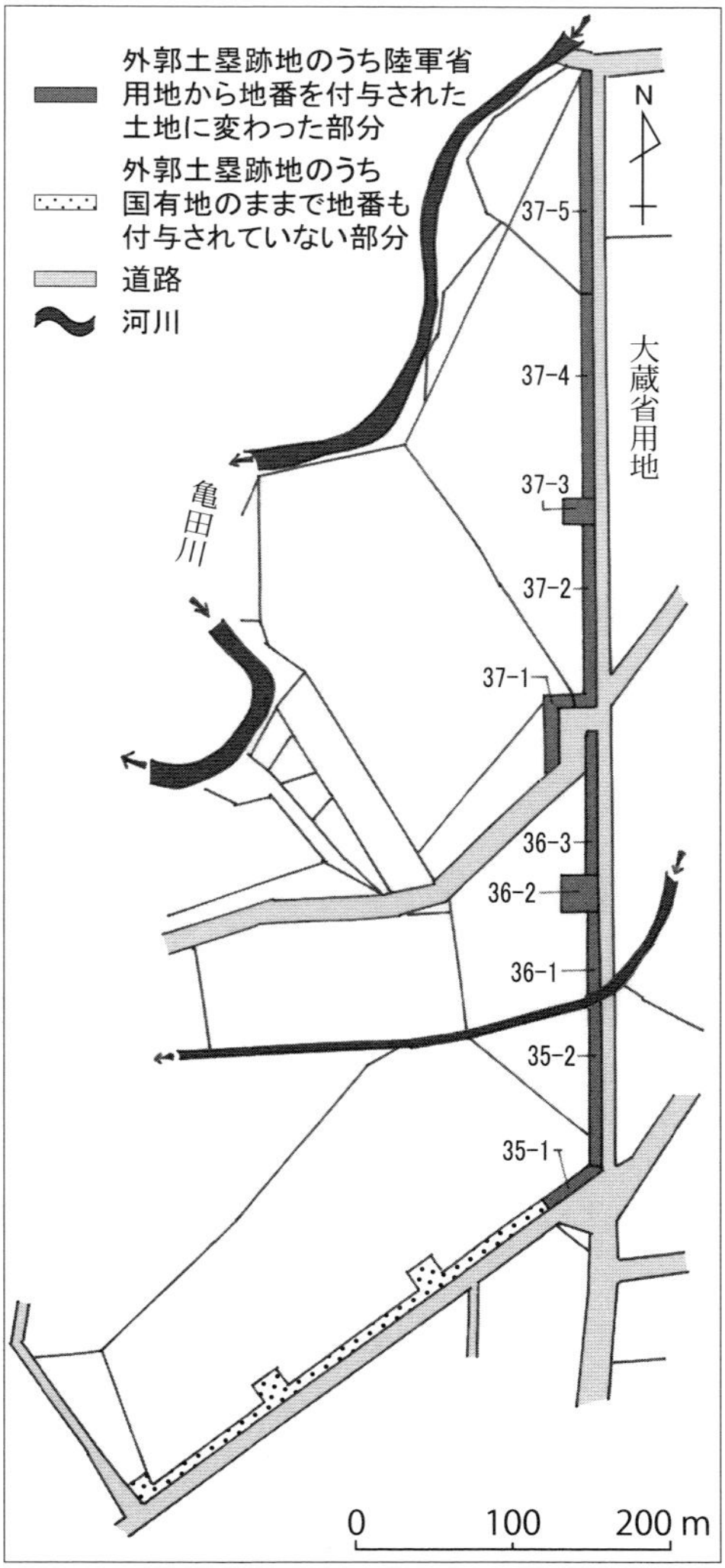

図6-3　1925年調査の土地境界査定図にみる外郭土塁跡地の西側部分および南西突出部とその西方の地割

地番界については本章の注（12）を参照.

なかで、37−1は幕末と同じ形状を残す鉤状土塁の跡地であり、37−3と36−2はかつての鉤状土塁の跡地が方形の土地に変化した個所である。また、それらの鉤状土塁の跡地を除く南北方向に細長い直線上の地割（37−5〜35−2）がいずれも東西幅3・5間であることから、[8] この部分のかつての外郭土塁の幅が推定できる。

一方、南西突出部は、かつての鉤状土塁3ヶ所も含めて一括して国有地のままで、地番も付与されていない。[9] なお、この部分での細長い直線状の外郭土塁跡地の幅は、土地境界査定図によれば、上記の西側部分よりも若干広かったようである。[10]

なお、外郭土塁跡地の西側部分と南西突出部の接続部分は三角形に突出していたが、土地境界査定図の作製までに変則的な十字路の用地となったことを指摘しておきたい。[11]

以上のように、土地境界査定図作製までの間、外郭土塁跡地に関して言えば、その西側部分が官有地から一般用地（畑）に変化したものの、形状の点では大きく変化していない。また、外郭土塁の隣接地でも、東方では一部が官有地から一般用地（畑）へ、西方では畑から宅地が分筆されたりしたものの、[12] 地割・地目の両面での大きな変化は未だ顕著になっていない。

その後、１９３１（昭和６）年に地名・地番が改正され、外郭土塁の西側部分では、その東西ともに、街路区画の整備とそれにともなう宅地開発が進んだ。同年末の状況を示す函館市都市計画課編「函館市地番図」（１９３２年印刷、縮尺５千分の１）（図６−４）[13] によれば、土地境界査定図作製時に残っていた外郭土塁跡地のうち、西側の北半部（五稜郭町の１３２、同町１３９−１）と南西突出部（本町１０９、梁川町１１７−１）は従来と同じ直線状の地割として残っているが、西側の南半部は道路の拡幅によって消滅してしまった。

また、鉤状土塁跡地のうち、土地境界査定図でなお幕末と同じ鉤状をしていた部分は、形が崩れて縮小し（五稜郭町１３９−１の南端と同町１８３−４）、道路の屈曲だけがそのまま残ることになった。さらに、土地境界査定図で方形の土地として描かれていた４ヶ所の場合、１ヶ所は消滅し、２ヶ所はほぼそのままの形状で残った（五稜郭町１３８−１、本町１１０）。残る１ヶ所は、形こそ方形のままだが、人為的な町界の線引きで２つの地番に分割された（本町１１３と梁川町１１８）。ただ、西側の最北の鉤状土塁跡地は、前述のように土地連絡実測図・土地境界査定図ともにその形状が描かれていなかったが、この「函館市地番図」で五稜郭町１３３の方形の宅地として描かれている。土地境界査定図では形状未記入であった字村内川原１−２の宅地に相当する可能性が高い(14)。

しかし、この外郭土塁跡地の南西部を含む函館市北部の急速な都市化に対処するため、

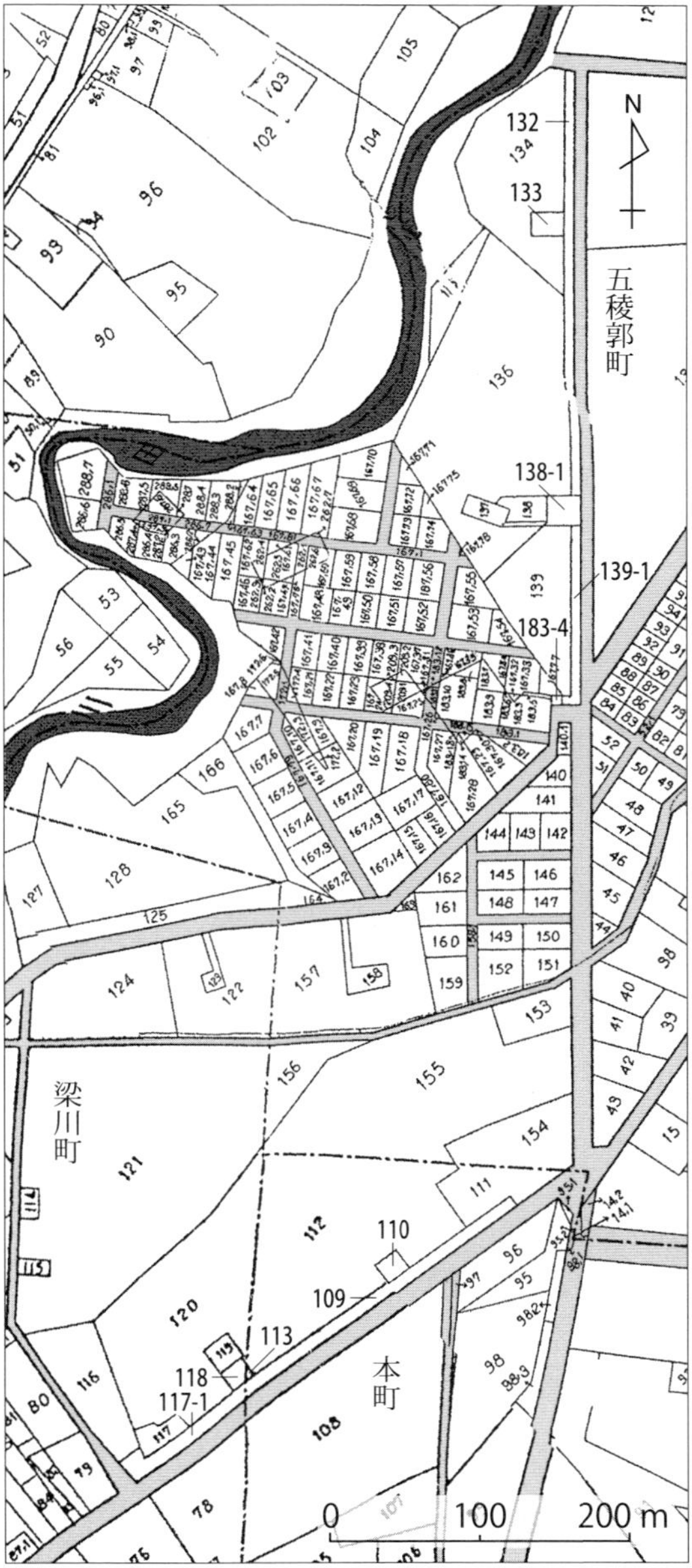

図 6-4　1932 年印刷の「函館市地番図」にみる外郭土塁跡地の西側部分および南西突出部とその周辺（なお，「函館市地番図」をコピーする際，図の右上でずれが生じた）

１９３７（昭和12）年に大規模な土地区画整理事業が着手されることとなった。[15] 組合施行による函館第二土地区画整理と呼ばれたこの事業は、第二次世界大戦による一時中断などで１９５０（昭和25）年をもって未完のまま終了した。そしてこの事業により、外郭土塁跡地の西側部分は、以前の南北方向の道路が西側に大きく拡幅されたため、長い直線状の部分は一挙に道路敷地となり、鉤状土塁跡地３ヶ所も北端の五稜郭町１３３の一部を残して道路敷地となって、ともにかつての形状は窺えなくなってしまった。また南西突出部も道路が両側に拡幅されたため、直線状の部分はほぼすべて道路敷地となってしまったが、方形の鉤状土塁跡地３ヶ所は、本町１１０の一部が道路敷地となったのを除いて残った[16]（図６-５を参照）。

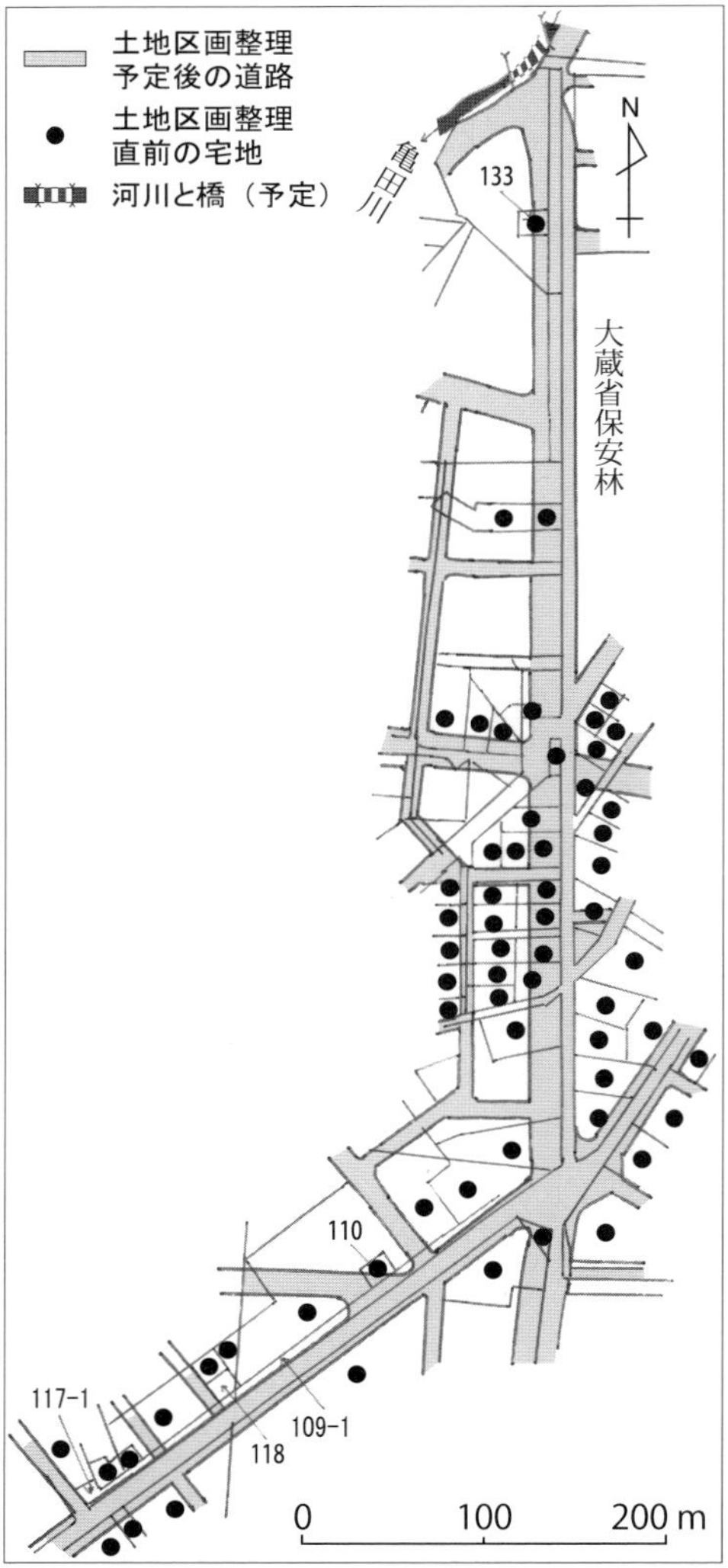

図 6-5　函館第二土地区画整理組合の事業対象地区に関する「現形及整理予定図」のうち，外郭土塁跡地の西側部分および南西突出部を抜粋して簡略化
なお，本章の注（16）を参照．

第二次世界大戦終了直後の亀田役所跡地の状況

以上、亀田役所跡地のなかで、第5章では五稜郭と北部の役人用宅地について、この第6章では外郭南西部とその周辺について、土地連絡実測図ほかの地図資料を使って、地割・土地利用の両面から具体的に説明してきた。

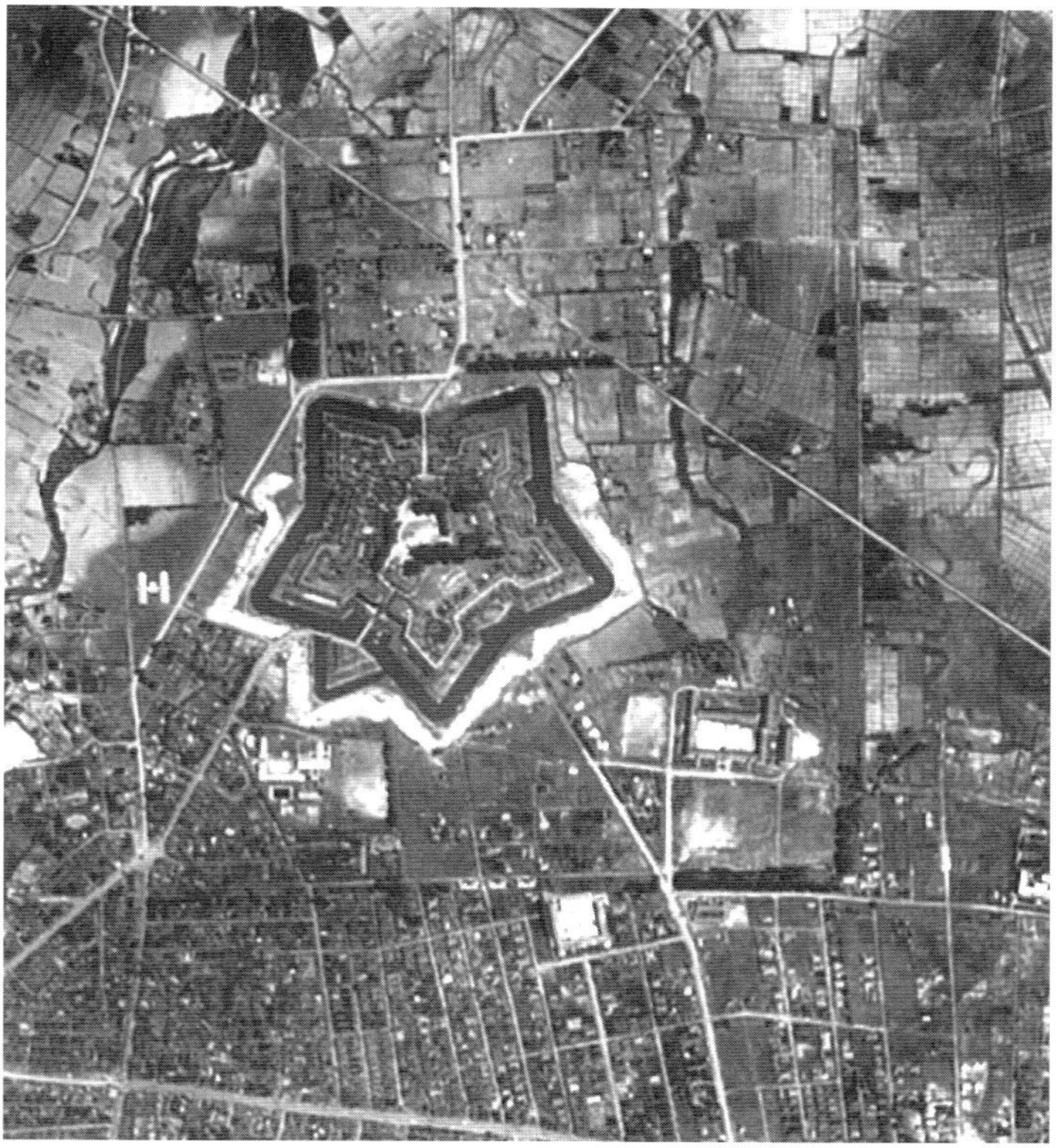

図6-6　1948年5月21日撮影の米軍モノクロ空中写真（M1071-A　146）にみる亀田役所跡地一帯
図の左下端に五稜郭公園前の電停交差点が見える.

そこで本章の締めくくりとして、1948（昭和23）年5月21日に進駐米軍が撮影したモノクロ空中写真（図6-6）[17]から読み取れる当時の状況を、この米軍空中写真を利用した1951（昭和26）年修正測量の2万5千分の1地形図「五稜郭」図幅（図6-7）[18]、および1944（昭和19）年秋に日本陸軍が撮影したモノクロ空中写真（図6-8）[19]を参照しつつ、第二次世界大戦終了直後の亀田役所跡地の状況を紹介すると、①～⑨のようにまとめられる。なお、函館市も

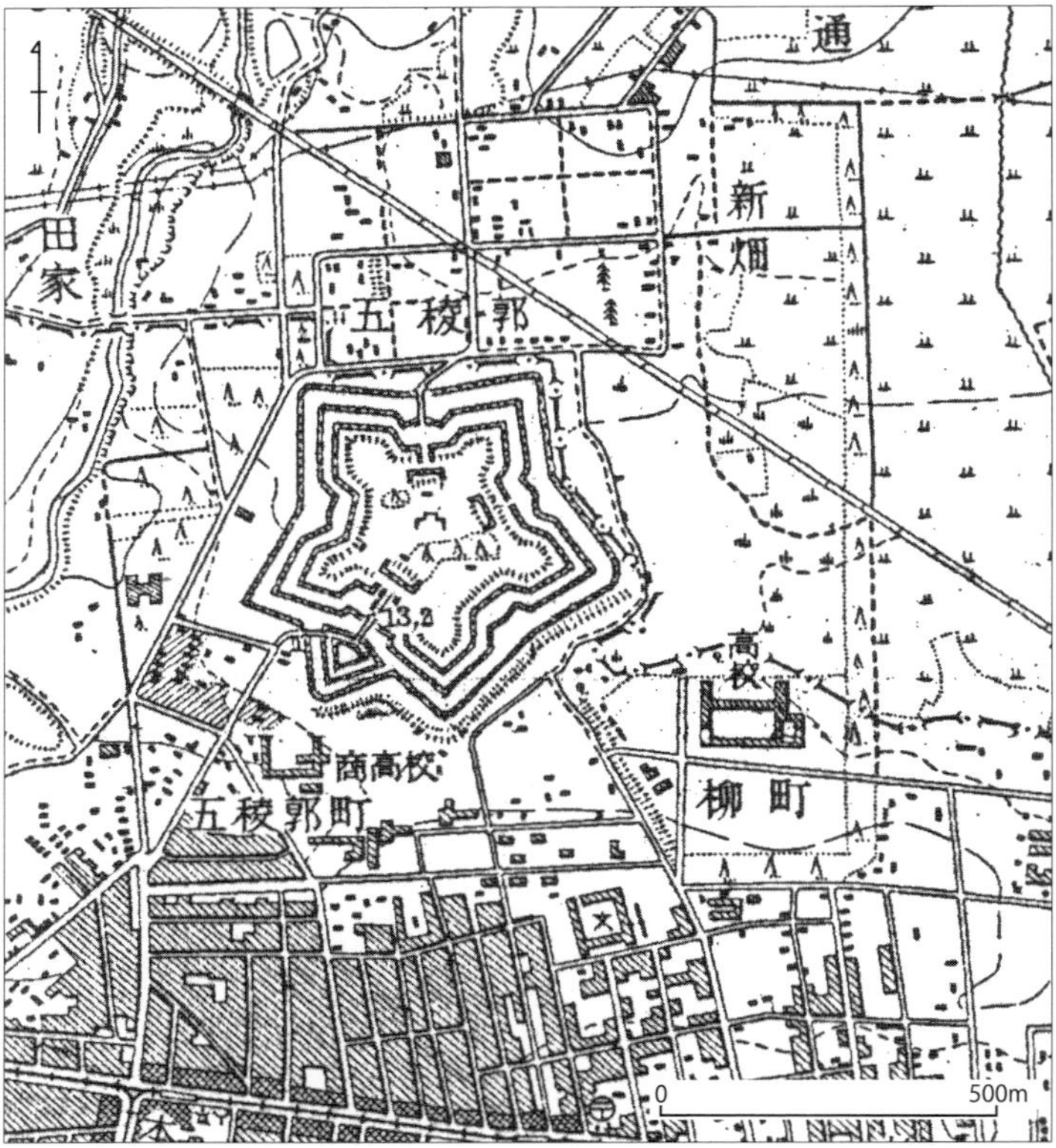

図 6-7　1951 年修正測量の 2 万 5 千分の 1 地形図「五稜郭」図幅における亀田役所跡地一帯（図の範囲は図 6-6 と同じ）

戦争末期に米軍の爆撃を受けたが、亀田役所跡地は幸いにして爆撃を免れたようである。

①五稜郭は、第5章で記したように、稜堡・周濠などもかつての形をそのままとどめている。ただ、周濠を取り巻くかつての斜堤の部分は、日本陸軍撮影の空中写真と異なり、米軍撮影の空中写真ではほぼ全面的に白く塗りつぶしたように写っているが、その理由は不明。

②五稜郭北方の役人用宅地の跡地は、１９３１年の状況（図５−３を参照）と比較すると、北半部の広い面積の地筆が畦畔で分割されているように見える。[20]

③役人用宅地をめぐる土塁の跡地のうち、西縁南半の３筆は従来通りに樹林に覆われているが、西縁北半の２筆については空中写真では判読困難で、地形図に樹林の記号はない。また、南縁の畑を取り巻く部分（図５−３

図6-8　1944年10月26日撮影の日本陸軍モノクロ空中写真（91-2J-5199）にみる亀田役所跡地一帯（図の範囲は図6-6と同じ）

の国有林）は、南側のみ、空中写真で樹林が明瞭に写っている。

④この役人用宅地の跡地のみならず、亀田役所跡地全体を貫いて、北北西～南南東方向の白い直線が空中写真に写っている。これは国鉄戸井線で、渡島半島南東端に設けられた戸井要塞[21]と函館を結ぶ軍事用の新線として1937年に建設が開始されたが、1943年に建設中止となり、そのまま放置されて敗戦を迎えた[22]。そして役人用宅地の跡地内の亀田村字本通に新駅［東五稜郭駅］も計画されたが、その駅用地が新線沿いの南西側に細長い空き地として空中写真に写っている。

⑤外郭土塁跡地の南西部一帯では、宅地開発が進んでいる様子がよくわかる。しかし、図6-5に示した土地区画整理事業による道路拡張は、外郭土塁跡地の南西突出部では完了しているのに対して、西側部分では着工

中であることが読み取れる。なお地形図では、五稜郭の西には針葉樹林が広がっており、ほとんど樹林の見られない米軍の空中写真とも大きく異なるばかりか、日本陸軍の空中写真よりもさらに樹林地の範囲が広い。それが、何に依拠したのかは不明である。

⑥五稜郭の南方では、前述のように、公立の中等教育2校[23]が広い敷地を占めている。しかし、その2校の間の広いスペースでも、宅地開発に伴う新たな道路の建設と家屋の増加が徐々に進んでいることが読み取れる。

⑦亀田役所跡地の南限にあたる外郭土塁跡地の南側部分では、亀田役所跡地の南に広がる既存の宅地と亀田役所跡地内の宅地とが近接することになった。そのために、外郭土塁跡地を覆う樹林が断続的に続いているにもかかわらず、その状態を空中写真から読み取るのに注意が要る。

⑧役人用宅地の東を南方にのびる谷からその東方の外郭土塁に至るスペースは、地割の点では著しい分割もされずに戦後を迎えたようである。しかし土地利用の点では、土地連絡実測図[24]でほとんどが畑であった北半部が地形図では水田に転換する一方、かつての陸軍用地の南半部は荒地と化している。

⑨外郭土塁跡地の北東端～東側～南東端についてみると、米軍の空中写真では、跡地の直線上の形状が隣接する土地の地割との明瞭な相違を見せている。しかし、樹林として残っているのは南東端のみで、北東端～東側北半にも樹林が残っている日本陸軍の空中写真と大きく異なる。樹林のこのような減少は、冬季の燃料不足を補うために地元民などによって樹林の伐採がなされたためらしい[25]。なお地形図では、土塁跡地のこの部分が連続する帯状の針葉樹林地として描かれていて、2種の空中写真のいずれとも異なる[26]。

［注］

（1）渡島国亀田郡の土地連絡実測図のなかで本章が対象とする範囲は、1899（明治32）年調査の亀田村では37号「字鍛冶村通」、38号「字鍛冶村通・字村内川東」、41号「字五稜郭通・字鍛冶村通」（以上、縮尺１０００分の１）と39号「字鍛冶村通」、40号「字五稜郭」、57号「字十文字・字五稜郭」（以上、縮尺２０００分の１）、翌１９００年調査の鍛冶村では1号「字御堀端・字調練場」、2号「字新畑」、３号「字五升芋畑」、４号「字屋敷付」（以上、縮尺１２００分の１）である。ちなみに五稜郭の跡地は亀田村の40号に描かれている。なお、亀田村と鍛冶村の土地連絡実測図に関しては、第5章の注（13）を参照。

（２）この土地境界査定図（全51枚、縮尺１２００分の１）は１９２５（大正14）年10月調査、１９２７（昭和２）年３月査閲と記されており、１８９９年に函館区に編入された亀田村の南半部が地割・地目の点でその後どのように変化したかを示す貴重な資料である。その中で本章で対象とする範囲は、８号・９号・15号・16号・17号・23号・24号・25号の計８葉である。著者は作製当初の上記８葉のコピーのほかに、その後の変化を追記した１９７８（昭和53）年再製・１９９７（平成９）年一部閉鎖のコピー３葉（９号・17号・25号）も入手できた。なお、山谷正幸（１９９５）によれば、土地境界査定調査も北海道における広義の土地連絡調査（１８９６〈明治29〉年～１９６６〈昭和41〉年）に含められるとする。

（３）例えば、吉村博道（１９８８）にも多種多様な地図類が収められている。

（４）外郭の南方では、市街地中心部と湯川温泉を結ぶ湯川通沿いに宅地化が進行し、新規の分譲宅地区画が昭和初期の土地境界査定図に描かれているが、その宅地区画もかつての外郭土塁たる直線上の国有林で止まっていた。

（５）外郭土塁のうち、五稜郭の北東隅～東側～南側と続く部分は、土地連絡実測図ではその跡地はすべて「保存林」と表示されており、西側部分や南西突出部での表示と異なるが、土地境界査定図では「国有林」と表示されており、実質的には同じく官有地として残されていたといえる。なお、鹿野忠平「改正函館港全図」（１８９９、小島大盛堂）では、外郭土塁跡地の西側部分は「松林」と記され、南側部分は「松杉林」と記されている。南西突出部は樹木が列をなすように描かれているが、樹種の記載はない。

（６）実は、公図に該当するこの土地連絡実測図にあっても、地割界をはじめとして誤記もあるようで、１９０９（明治42）年11月に函館商工事務所から発行の「最新調査 函館実用明細新図」（以下、「明細新図」と略す）や１９２４（大正13）年8月に函館市街図刷新会から発行の「最新 函館市街明細地図」（以下、「明細地図」と略す）を参照して、明らかな誤りと認められる部分は改めた。これら市販図は土地連絡実測図を基図としているらしく、表紙に函館要塞司令部許可と明記している。なお、函館の要塞司令部は１９００（明治33）年４月に、呉ほか５ヶ所と同時に設置された。

（７）土地連絡実測図では、１番目と２番目の鉤状土塁跡地の地目は宅地で、42と43の地番が記されている。しかし、これらは本章の注（６）に記した誤記に該当し、その南に接する直線上の土塁跡地と同じく「並木敷地」の一部であったと推測される。また３番目の鉤状土塁跡地は、土地連絡実測図では所属が示されていない。なお、亀田役所の外郭をなす直線状の土塁に付加された計８ヶ所の鉤状土塁のうち、外郭南限をなす東西方向の直線状土塁に付加された１ヶ所は、約10間四方の土地として土地連絡実測図に描かれており、「保存林」として残る直線状の外郭土塁跡地と一体をなす。

（８）明細新図でも、同じ東西幅（３間３尺）が記されている。

（９）明細新図では一括して所属も地番も記されておらず、明細地図では一括して「並木敷地」と記され、地番は記されていない。

（10）しかし、明細新図や明細地図では、西側部分と同じ幅と記されている。

（11）明細地図でも、外郭土塁跡地のこの接続部分は三角形に突出した形をとっていることから、この付近一帯での道路拡張は大正末期になされたと推測される。

（12）土地境界査定図には、分筆に伴う地番・地目の変更は記されているが、地番変更に伴う新たな地番界は記されていない。ちなみに図6-3の範囲では、畑から宅地の分筆が7例、畑から畑の分筆が2例、畑から林の分筆が3例である。

（13）図郭外の右上に、津軽要塞司令部による査閲済・許可済の旨、明記されている。なお、津軽海峡の防備拡大に伴って、１９２７年４月に函館要塞司令部は津軽要塞司令部に改称された。

（14）土地連絡実測図の字村内川原１の土地が、土地境界査定図では地番界こそ記されていないものの、1-1の畑と1-2の宅地に分筆されている。

（15）この事業の対象区域は函館市の中島町・梁川町・本町・五稜郭町の約７６０ヘクタールで、事業概要は函館市都市建設部区画整理課（１９９８）に要約されている。

（16）この事業対象地区に関する現形（１９３６〈昭和11〉年）と整理予定（１９５０年）を示した「現形及整理予定図」（縮尺１２００分の１）では、直線状の外郭土塁跡地がわずかに幅２メートル程度残っているように描かれている（１０９-１と１１７-１とも地目は原野）。図６-５では、その部分が見やすいように強調して図化した。なお、方形の鉤状土塁跡地（１１８）の地目は原野である。

（17）亀田役所跡地の全域が写っているのは、撮影コース番号Ｍ１０７１-Ａの１４５と１４６（図６-６）の２枚である。

（18）「大正４年測量　昭和26修正測量」（昭和28年８月初刷）のこの地形図では、「修正は〔中略〕…下記の米国陸軍空中写真を併用した」として、本章の注（17）のコース番号が挙げられている。

（19）亀田役所跡地の全域が写っているのは、撮影コース番号91-2J-51の99（10月26日撮影、図６-８）と91-3B-78の１６３（11月３日撮影）の２枚である。ただし、米軍撮影のものよりも解像度が落ちる。なお、５万分の１地形図「五稜郭」図幅の「昭和20年部分修正測図（空中写真測図）」（昭和21年１月初刷）は、この日本陸軍撮影の空中写真を利用したと推測されるが（その旨の記載はない）、前記の２万５千分の１地形図に比べて縮尺が小さいので、土地利用の検討には適さない。

（20）ただし、地番分割もなされたのかどうかは未確認。

（21）函館要塞地帯の拡張により、１９２４（大正13）年８月から建設工事が着手され、１９３３（昭和８）年には汐首岬第１砲台が、その７年後には同第２砲台が完成された。それら砲台跡は今も残っている。

（22）戸井線は、函館本線の五稜郭駅より分岐して、戸井駅までの29キロメートルの間に８駅が予定された。未成線のまま最終的には廃線となったこの戸井線に関しては、宮脇俊三編著（１９９６）、堀淳一（１９９９）、森口誠之（２００２）、本久公洋（２０１１）などにその現地踏査レポートが収載されている。

（23）戦後の教育改革によって、１９５０年に２校とも組織・校名が変更された。五稜郭の南南西に校地を有する庁立函館商業学校は北海道函館商業高等学校となり、五稜郭の南東の函館市立中学校は市立函館高等学校を経て北海道函館東高等学校となった。

(24) 当該地区の土地連絡実測図は、鍛冶村の1号・3号・4号(本章の注(1)を参照)にあたり、1900年作製当時の字名・地番・地目・地積などはもとより、1931年の改正による新たに字名・地番も追記されている。しかし、旧地番が新地番に変更される際の合筆・分筆の地番界が図に記されておらず、登記簿上でも地番界の変化をたどることは困難である。

(25) 外郭土塁跡地のことを知る関係者からの聞き取りによる。ただし、伐採の始まったのが戦中なのか、あるいは戦後いつまで伐採が続いたのかは不明。

(26) 2万5千分の1地形図「五稜郭」図幅の中で、図6-7に示した版より一つ前の「大正4年測量 昭和23年資料修正(行政区画)」と記された版(以下、旧版と呼ぶ)があり、図6-7の5年前の昭和23年5月(初刷)に発行されている。それには、外郭土塁跡地の帯状の樹林地が東側の一部では描かれておらず、日本陸軍の空中写真と極めて近似する。他方、外郭土塁跡地の南側には東西方向に帯状の針葉樹林地が描かれている。したがって、この旧版の地形図の描画を図6-7でそのまま踏襲したのでもないことは明瞭である。なお当然ながら、この旧版には戸井線は描かれていない。そもそも、測図作業にあたって、微細な土地利用の取捨選択は一様ではなく、当該地形図に外郭土塁跡地の針葉樹林地が描かれていないことをもって、測図当時は全くなかったと即断することはできない。

[文献]

・函館市都市建設部区画整理課(1998)『函館市の区画整理事業』。
・宮脇俊三編著(1996)『鉄道廃線を歩くⅡ』日本交通公社出版事業局(JTBキャンブックス)。
・堀 淳一(1999)『続 北海道鉄道跡を紀行する』北海道新聞社。
・森口誠之(2002)『鉄道未成線を歩く(国鉄編)』日本交通公社出版事業局。
・本久公洋(2011)『北海道の鉄道廃線跡』北海道新聞社。

第7章　亀田役所跡地の現代にいたる変容（下）

外郭土塁跡地の場合（20世紀後半の概況）

第6章の後半で、第二次世界大戦直後の亀田役所跡地の状況について、進駐米軍が撮影したモノクロ空中写真を主たる資料とし、その空中写真を用いたとされる地形図や、戦中に日本陸軍が撮影したモノクロ空中写真とも対比しつつ、その概況を紹介した。

その後、函館市における都市化の一層の進展により、外郭土塁の跡地のうちで、帯状の樹林地（ないし樹林の伐採による草地・荒地）として残っていた北東端〜東側〜南東端〜南側の部分も、徐々に宅地に転換したり、道路の拡幅で消えていった。また、外郭と内郭の間の広大なスペースも、水田・畑・草地・荒地から、何度かにわたる新規の分譲住宅地造成によって宅地化され、北部の役人用宅地の跡地も含めて、地割の細分化と道路造成が進んだ。そのような20世紀後半の変容のなかで、外郭土塁跡地の北東端〜東側〜南東端（以下、一括する場合には外郭土塁跡地東部と呼ぶことにする）の帯状の部分に焦点をあてて、その20世紀末までの変容を紹介したい。

外郭土塁跡地東部の変容

外郭土塁跡地東部は、明治の土地連絡実測図で国有の保存林と明記され、[1] 大正を経て昭和の戦争末期まで、外郭土塁跡地を貫通する道路・鉄道用地を除いて、その状態が続いた。[2] ちなみに、幕末の「箱館亀田／一円切絵図」

に明示された簡便な鉤状通路３ヶ所(図4-3のAタイプ)の跡のうちで、南東端の１ヶ所は北海道有林用地となったが[3]、他の東側の２ヶ所はその南北に接する外郭土塁跡地に吸収されて連続する樹林地を形成していた[4]。

この外郭土塁跡地東部の国有林—五稜郭保安林と当局は呼ぶ—の北半部は、都市化の波の中で一般の用地として売却され、宅地として分筆・分譲されていった。その過程は以下の通りである（図7-1を参照）。まず北東端が１９５９（昭和34）年１月に個人に売却され、原野として登記された。その約１万平方メートルの帯状地は、３年後の１９６２年６月に順次分筆・売却されていった（以下、この部分を第１次売却地区と呼ぶことにする）。次に、本通小学校の西の１千平方メートル余の帯状地が１９７３年３月に亀田市に売却され、同年12月に亀田市を合併した函館市によって２年後の１９７５年９月以降に分筆の上、宅地分譲された（以下、この部分を第２次売却地区と呼ぶことにする）。その次には、第２次売却地区の北に続く３千平方メートル余の帯状地が１９７６年３月に函館市へ売却され、その翌年の１９７７年５月以降に分筆の上、宅地分譲が開始された（以下、この部分を第３次売却地区と呼ぶことにする）。さらに、第１次売却地区と第３次売却地区にはさまれた帯状地４千平方メートル弱が１９７７年２月に函館市へ売却され、その２年後に分筆の上、宅地として分譲が進められた（以下、この部分を第４次売却地区と呼ぶことにする）。

このようにして外郭土塁跡地東部の国有林［五稜郭保安林］が次々と売却され、新たに多数の戸建分譲宅地が誕生した。しかし、道路の新設・拡幅のために一部の用地が転用されたので、図7-1の基図とした「函館市地番図」（１９９８年12月、函館市役所作成。縮尺千分の１）から読み取れるその分譲宅地の実数は、第１次～第４次の売却地区で各々26、３、12、９である。

五稜郭保安林の売却は、上記のような宅地分譲用のほか、第２次売却地区と旧戸井線用地までの間の帯状地４千平方メートル強が１９７９年３月に日本鉄道建設公団青函建設局に対して[5]（以下、この部分を第５次売却地区と呼ぶことにする）、南東端の２ヶ所計８百平方メートル強が１９８６〜70年に北海道函館林務署に対して、(6)それぞれ実施された。さらにそのうちで、第５次売却地区は１９９０（平成２）年４月に企業用地へと転売された。

かくして五稜郭保安林の20世紀末における土地利用は、旧戸井線跡の市道［本通富岡線］を境として、大きく異なることとなった。すなわちその南半部は、従来どおりの国有保安林として帯状の樹林地が残っている。(7) 一方、

図 7-1　外郭土塁跡地の北東端と東側北半部の国有保安林が売却・分筆されて戸建住宅となっていった状況（基図として 1999 年 11 月に函館市役所が作成した「函館市地番図」〈縮尺千分の 1〉の該当部分を使用）

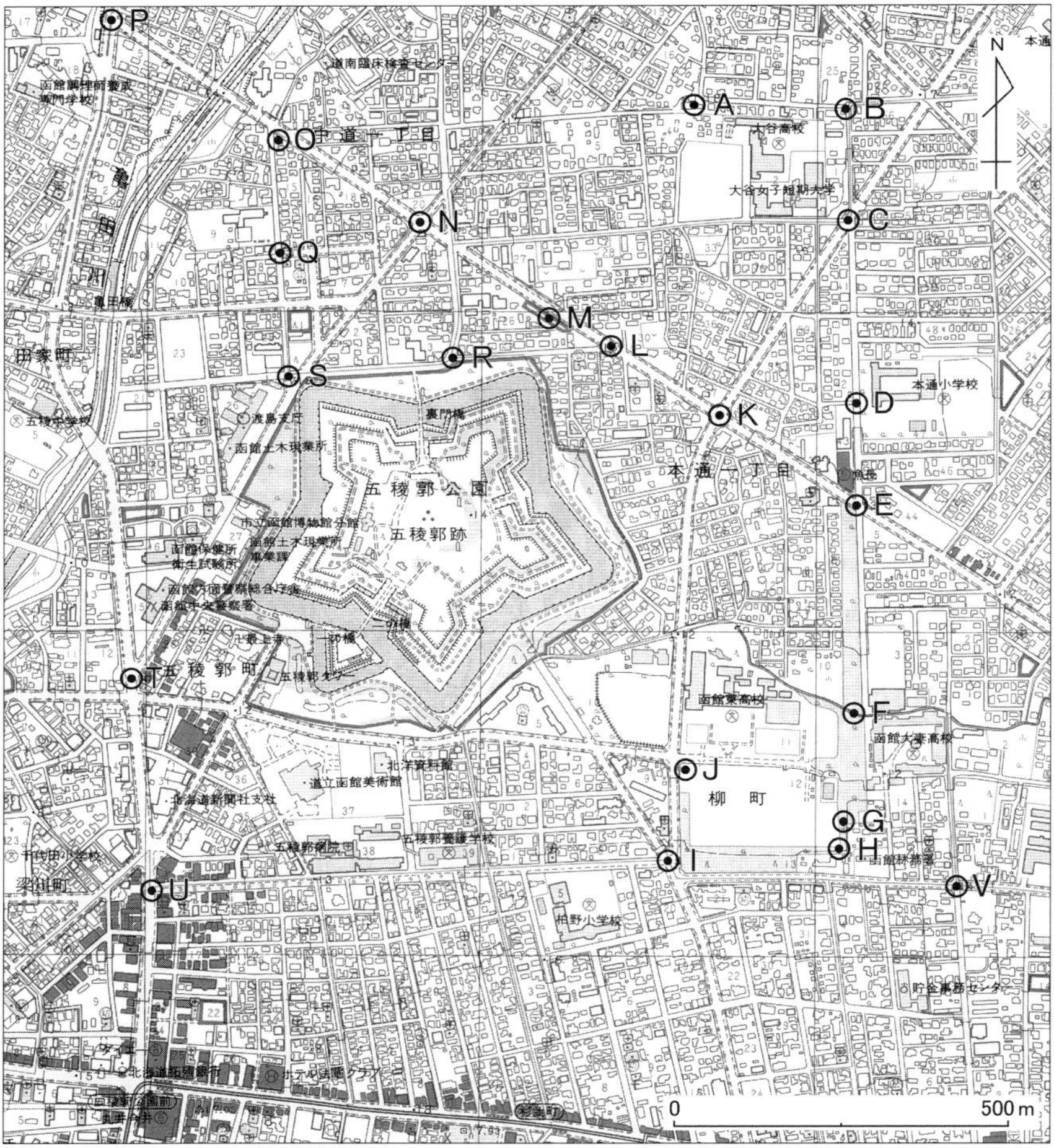

図 7-2　1996 年修正の 1 万分 1 地形図「函館」図幅にみる亀田役所跡地一帯（図の範囲は図 6-6 ～図 6-8 と同じ）

その北半部は、戸建分譲住宅地および企業用地が帯状に連なっている。しかもその北半部は、その両側に広がる、それぞれ別個に企画された分譲団地と地割の上で明瞭に非連続をなしている（図 7-1～図 7-3 を参照）。

亀田役所跡地の現状

以上、第 5 章から第 7 章のここまで「亀田役所跡地の現代にいたる変容」と題して、従来の研究

図7-3　1999年7月撮影のNTT-MEカラー空中写真（函館地区8-1763）にみる亀田役所跡地一帯（図の範囲は図7-2と同じ）

文献には紹介されてこなかった各種資料をもとに記述を進めてきた。その結びとして、現代[8]における亀田役所跡地の状況について、1996（平成8）年修正の1万分1地形図「函館」図幅（図7-2）と1999年7月NTT-ME撮影のカラー空中写真（図7-3）を利用しつつ説明するとともに、最後に各所に残る土塁跡地の残存状況を現地写真でもお示ししたい。

①亀田役所跡地の範囲では、東西・南北方向の道路が長らく優越的で、特に役人用宅地の跡地ではその特徴が顕著であった。しかし近年になって、それと斜行する主要な道路が新設・整備されてきた。すなわち、北西～南東方向の市道［本通富岡線（図7-2のP～N～K～E～）］は、未成線に終わった国鉄の旧戸井線の用地を転用したもので、[9]これと交差する2本の市道［東山墓園線（図7-2の～N～S～T）と松見通（図7-2の～C～K～I～）］とともに、従来の道

路事情を大きく改善させたといえる。

②役人用宅地の西縁と南縁にあった帯状の土塁跡地については、すでに第5章や第6章で第二次世界大戦終了直後までの変容を説明したが、1931（昭和6）年当時はなお国有保安林であった南縁東半部は、正確な売却年月は不明ながら、1950年代にはすでに市道（図7-2のR～L）に転換されていたようである。[10] 一方、地目上は山林・雑種地となっていた西縁のうち、北半部（図7-2のO～Qの東側）は1965（昭和40）年に宅地に変換され、その9年後に分筆されて一斉に宅地分譲された。また南半部（図7-2のQ～Sの東側）は、1950（昭和25）年12月に大蔵省所管の国有地から函館市に移管され、いまなお過半の土地は雑種地として樹林が残っている[11]（図7-4を参照）。

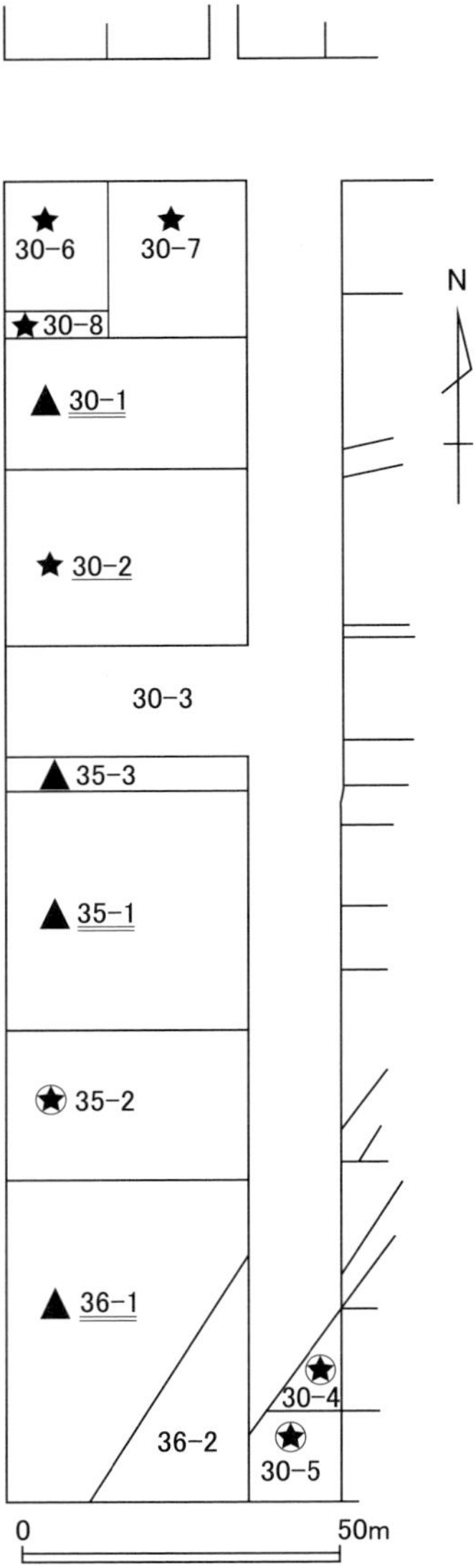

★ 宅地
㊍ 当初は道路だったが，後に宅地へ転換
▲ 雑種地
無印は道路用地

図 7-4　1998 年 12 月に函館市役所が作成した「函館市地番図」（縮尺千分の 1）にみる役人用宅地西縁の土塁跡地の南半部付近の状況

数値は函館市中通 1 丁目の地番．＝は函館市有地，－は北海道有地．30-6 は中通郵便局の敷地，30-2 は渡島支庁の寮の敷地．
土塁跡地の樹林は，35-1 に広く残っているほか，30-1 の北端では東西方向に残り，36-1 にも樹木が散在しつつ残っている．

③南西部は、北海道函館商業高校の移転跡地[12]に新設された道立函館美術館や函館市北洋資料館といった文化施設のみならず、渡島支庁々舎[13]をはじめとする各種の官公署の建物が集中し[14]、函館市北部における文化・行政の一中心地となった。五稜郭も道内最初の特別史跡として観光拠点の面でも評価を高めており、五稜郭タワー[15]はその観光のシンボルともなっている。

図7-5　外郭土塁跡地の東側南半部で南北方向にのびる国有保安林［林小班3151-イ］の北端（図7-2のE地点）
（1994年4月撮影）
上の写真の手前に北西～南東方向の市道［本通富岡線］が走り，その奥に当該の保安林が南に向かって帯状にのびる．左の写真は保安林北端の案内板（上の写真にも小さく写っている）で，上方が南である．

④外郭土塁跡地についてみてみると、前述のように、東側の南半部（図7-2のE～F～G）と南東端（図7-2のH～I）のみに帯状の樹林地として残るに過ぎず、その内側に広い敷地を有する市立函館高校の東・南2方を取り囲む様相を呈している。一方、東側の北半部～北東端（図7-2のB～C～D～Eの西側およびA～Bの南側）は帯状の戸建分譲宅地となって、函館大谷学園の校地[16]を東・北2方から取り囲んでいる。つまり、旧戸井線用地を境として、帯状の外郭土塁跡地東部はその北東と南東でともに広い学校用地を2方から取り囲み

図 7-6　外郭土塁跡地の南東端で東西方向にのびる国有保安林［林小班 3151- ハ］の西端（図 7-2 の I 地点）（1994 年 4 月撮影）
右の写真は，変形五差路の北東寄りの地点で，手前を左右（南北方向）に走る市道［松見通］から右奥（東方向）に市道［柏が丘通］がのび，その北側に沿って保安林も東方向にのびている．左の写真は，その変形五差路から西にのびる市道［五稜郭柳町線］沿いを少し西に移動した地点から，東向きに保安林の西端を望む．

図 7-7　市立函館高校グランドの東側と南側に帯状に残る国有保安林（1994 年 4 月撮影）
上の写真は，グランド南側の保安林内（図 7-2 の H 地点）より北北東向きに撮影し，右手前より右手奥に外郭土塁跡地の東側南半部の保安林が続く．下の写真は，グランドの北西端（図 7-2 の J 地点）から南南東方向に撮影し，外郭土塁跡地の南東端を東西方向に保安林が続く．

つつ、土地利用の面からは対照的な現状にいたった。なお、外郭土塁跡地南側の帯状の国有保安林は、それに接して東西走する市道［五稜郭柳町線（図7-2のU～I）］の拡幅工事に伴って順次に市へ売却され、最終的には消滅してしまった[17]。

最後に、亀田役所建設当時の土塁のなかで、1999年4月現在もなお樹木が残っている部分の状況を、著者が撮影した写真で示しておこう。図7-5は図7-2のE地点で、外郭土塁跡地東側の南北方向に帯状をなす国有保安林の北端にあたる。図7-6は図7-2のI地点で、外郭土塁跡地南東端の東西方向に帯状をなす国有保安林の西端にあたる。図7-7は、図7-5と図7-6にみえる国有保安林を市立函館高校グランドから撮影している。

図7-8　役人用宅地西縁の土塁跡地のうち，現在も樹林がのこる南半部の3ヶ所（1994年4月撮影）（図7-4を参照）

上の写真は，五稜郭北西の変形五差路（図7-2のS地点）を南南西から北北東方向に撮影．右端を手前から奥（北東方向）へ走る市道［東山墓園線］と左奥（北方向）に向かう市道［五稜郭9号線］とにはさまれた三角形状の土地の奥に白壁2階建てが見えるが，その建物の手前にわずかな樹木を残す緑地［中通1丁目36-1］とその建物の奥にみえる樹林地［同35-1］が，土塁跡地の名残である．下の写真は，この変形五差路を五稜郭9号線沿いに北上して，東に向かう市道［中道1-6号］との三叉路から南南東方向に撮影．左手前の平屋建物［中道郵便局］のすぐ後ろに土塁跡地の名残である緑地［同30-1］の樹木が見え，さらにその道路沿いの奥にも，上の写真にも写っている樹林地［同35-1］が見える．なお，中道郵便局は2000年に北の方に移転し，その跡地は駐車場となった．

図7‐8は、役人用宅地西縁の土塁跡地の南半分を、図7‐2のS地点とQ地点付近で撮影したものである（図7‐4を参照）。

以上、本書の第1部（第1章〜第7章）において、江戸幕府による蝦夷地の直接支配と対外防備の拠点として当時の箱館（後の函館）に設けられた箱館奉行所、とりわけ第2次幕領期に新設された亀田役所に焦点をあてて、建設時の特徴とその跡地の現代にいたる変容を詳しく紹介してきた。ところで江戸幕府は、蝦夷地に対する上記の目的のために、直轄の箱館奉行を任命したのみならず、東北6藩および松前藩に命じて、蝦夷地の海岸要衝に陣屋などの対外防備施設を建設させた。そこで次の第2部の第8章〜第13章では、それらの対外防備施設について、絵図に見る建設当時の様相を中心に、現在に至る状況をも加えて順次紹介し、最後の第14章で松前藩が建設した松前城についても紹介することにする。

［注］

（1）渡島国亀田郡の土地連絡実測図のなかで、この外郭土塁跡地東部が描かれているのは、北から鍛冶村の4号と3号、亀田村の57号である。

（2）亀田役所跡地一帯の国有保安林を管理する部署の資料によれば、1937（昭和12）年当時の国有保安林としては大きく2地区、すなわち、この外郭土塁跡地東部とその西に続く帯状の部分、および役人用宅地南縁の土塁跡地にあたる亀田村字本通24番（同23番の畑を囲繞。図5‐3を参照）があった。

（3）その地番は、字十文字32番→川原町2番→柳町10‐1と変わった。

（4）精確にいうと、東南東方向に流れる深堀川によってこの樹林地は南北に区切られ、かつこの小河川が行政界にもなったので、小字も地番もその南北で異なった。

（5）日本鉄道建設公団青函建設局が当該の国有保安林の売却先となったのは、その南端を走る市道［本通富岡線］が国鉄の旧戸井線の用地を転用したことと関連を有するのではないかと推測される。
（6）北海道函館林務署が当該の国有保安林の売却先となったのは、その隣接地が道有林の用地［柳町10-1］で、函館林務署が管理しているためと考えられ、売却後に当該の用地と合筆された。なお、函館林務署はその後、１９９４（平成６）年に函館道有林管理センター、２００２年に渡島東部森づくりセンター、渡島総合振興局東部森林室と名称を変更した。
（7）五稜郭保安林のうちで現在もなお帯状の樹林地として残っているのは、東側南半部では北から林小班３１５１-イ（０・92ヘクタール）と同３１５１-ロ（０・48ヘクタール）、南東端では同３１５１-ハ（０・40ヘクタール）の計３ヶ所である。そして、この五稜郭保安林は風致保安林および保健保安林の２種の指定を受けているので、図７-５に示した案内板には「風致保健保安林」と記してある。なお、南東端の樹林地の東に接する国有林管理職員用の寮［松郭寮］の用地（柳町７-22）は、２００５（平成17）年に一般に売却された。
（8）第5章〜第7章に用いた資料に関しては、２０００（平成12）年に3度にわたって関係機関で集中的に収集し、現地写真撮影もその折に行ったが、その前後にも十数回にわたって函館へは調査等で赴いており、その折々に収集したデータも部分的に用いた。
（9）１９７１年に旧戸井線用地は、国鉄から一括して沿線の函館市、亀田市、戸井町らに払い下げられた。ここで記述対象とする用地部分の当初の地目は雑種地で、この用地をもとに翌年この本通富岡線が市道として生まれた。
（10）南縁東半部の南側部分に関しては、１９５１年修正測量の2万5千分の1地形図「五稜郭」図幅に、東西方向の道路が描かれている（図6-7を参照。但し、この図幅の場合、修正測量年当時の状況が正確に表現されているかは疑問である）。また、北側部分［本通1丁目23-5］に関しても、土地台帳に「年月不詳で公衆道路に地目変更」と記され、函館市道［本通1-64号線］として現在に至っている。そもそもこの国有保安林は１９３１年当時、亀田村字本通24番の地番をもち、畑だった同23番の東西に細長い地筆を取り囲み、東に狭小な畑の同25番が位置していた（図5-3を参照）。その後、正確な時期や原因はともに不明であるが、これらの３筆が合筆された後に、旧来の位置関係を無視する形で分筆されたようで、今では、道路用地以外はすべて形・面積とも様々な宅地に分割されている。

(11) 1931年当時、字中通の北から順に30番・35番・36番の各地筆がそれぞれ道に隔てられて独立した小区画をなしていたが（図5-3を参照）、1998（平成10）年末現在では、函館市中通1丁目の30-1、35-1、36-1の3筆が市有地（雑種地）として樹林を残している（なお、図7-1と図7-4で用いた「函館市地番図」は作成機関は同じであるが、図幅番号が異なり、作成年月にも相違がある）。その後に地番改正がなされ、30-1は中通1丁目7番地の一部として、35-1と36-1は中通1丁目1番地の一部として再編された。

(12) 北海道函館商業高校は、1970（昭和45）年3月に昭和校舎へ移転。

(13) その後、支庁々舎は市内の美原4丁目に移転し、その跡地に函館公園内にあった市立函館図書館が2005（平成17）年に移転・新築され、名称も函館市中央図書館と改められた。

(14) 北海道警察函館方面警察総合庁舎、市立函館保健所、衛生試験所、函館土木現業所など。

(15) 旧タワーは1964（昭和39）年に開館し、2006（平成18）年に新しいタワーが竣工。

(16) 函館大谷学園のなかで、函館大谷高校の男子部が1967（昭和42）年にこの鍛冶町で開校し、1984（昭和59）年に千代台町の女子部も同地に移転して共学となった。また、1963（昭和38）年開学の大谷女子短期大学は2002（平成14）年に共学となり、大谷短期大学と改称。なお、図7-1の地番表示はその後に変更され、現在の同学園（高校・短大とも）の住所は鍛冶町1丁目2の3である。

(17) 五稜郭柳町線の東端は松見通で、その地点から東に向かう市道「柏が丘通（図7-2のⅠ～Ⅴ～）」は、外郭土塁跡地南東端の帯状樹林地の南に接し走っている。そのため、その同じく東西方向の道路ながらも、五稜郭柳町線と柏が丘通とではその接続部分にズレが生じている。

第2部　蝦夷地沿岸の防備施設——城郭・陣屋・台場など

第8章　第一次幕領期における蝦夷地防備施設

第一次幕領期における蝦夷地警備の概要

「序　本書の意図」で記したように、ロシアの極東進出や欧米列強の開国要求に対応するため、江戸幕府は松前氏を通しての蝦夷地の間接支配に代わって、18世紀以降2度にわたって蝦夷地の直接支配を行った。[1]すなわち、第一次幕領期（１７９９～１８２１年）と第二次幕領期（１８５４～１８６８年）には、幕府の奉行が箱館（ないし松前）に赴任し、弘前・盛岡2藩ほかの東北有力諸藩に蝦夷地駐留ならびに防備施設の建設を命じた。

第一次幕領期に常時警備を命じられたのは、津軽海峡を隔てて蝦夷地の対岸に所領を有す弘前・盛岡の2藩で、そのためこれら2藩は箱館に広い屋敷地を有していた。[2]蝦夷地における弘前・盛岡2藩の警備分担地は、東蝦夷地のみ幕領の期間（１７９９～１８０７年3月。以下、第一次幕領期前半と呼ぶことにする）にあっては、ウラカワ〈浦河〉[3]を境にして以西が弘前藩、以東が盛岡藩で、南千島のクナシリ〈国後〉島は盛岡藩、エトロフ〈択捉〉島は2藩の共担とされた。そして、西蝦夷地も含めて幕領となって以降は（以下、第一次幕領期後半と呼ぶことにする）、弘前藩が西蝦夷地、盛岡藩が東蝦夷地を担当した。

しかし、ロシアとの国境紛争勃発といった非常時には、陸奥・出羽2国に本領をもつ仙台・秋田［久保田］・鶴岡［庄内］・会津の各藩（以下、弘前・盛岡2藩を含めて東北6藩と呼ぶことにする）も、蝦夷地警備のために出兵を命じられた。例えば、第一次幕領期後半に入った１８０７（文化４）年の6月には、弘前・盛岡・秋田・鶴岡の

4藩の兵士3千余人が箱館・サワラ〈砂原〉・ウラカワ・アッケシ〈厚岸〉・ネモロ〈根室〉・クナシリ島・松前・江差・ソウヤ〈宗谷〉・シャリ〈斜里〉に派遣された。その翌年には、東蝦夷地では仙台藩がエトロフ島とクナシリ島に、盛岡藩がネモロとホロイズミ〈幌泉〉とサワラに警備兵を出し、西蝦夷地では会津藩がカラフト〈樺太〉島とシャリに、弘前藩がテシオ〈天塩〉・ルルモッペ〈留萌〉・マシケ〈増毛〉とクマイシ〈熊石〉に警備兵を出した。箱館や松前への出兵も含めると、4千名に達する兵力で、特に南千島・南樺太・オホーツク沿岸に兵力が重点配備されており、警備する藩の交代や合同警備がなされていたことも、第二次幕領期の場合と比べて異なっている。

以上、第一次幕領期における東北6藩の蝦夷地警備の特徴を簡単に述べたが、当時の各藩が警備のために建設した勤番所ないし陣屋と呼んだ施設に関する絵図資料は、日記・記録・報告などの文字史料に比べて少ない。そこで、本章では、第二次幕領期の陣屋に関して多くの絵図資料が残っている北海道本島部については、第9章以下で第一次幕領期の状況も触れることとし、現代の地形図・空中写真を活用した現地調査が不可能な南千島や南樺太に絞って、数少ない絵図類をもとに、第一次幕領期の防備施設の状況を紹介する。なお、第二次幕領期の陣屋などの防備施設に関して多くの絵図資料が残っている北海道本島部については、第一次幕領期の状況も第9章以下で触れることとしたい。

第一次幕領期前半のエトロフ〈択捉〉島シャナ〈沙那〉の事例

まず、東蝦夷地の東端に位置する南千島一帯について、18世紀後半の日本側の状況をみてみると、クナシリ島一帯については1754（宝暦4）年に松前藩が直轄のクナシリ場所を設定しているが、難所のクナシリ海峡で隔てられたエトロフ島以東には松前藩の支配が及んでいなかったといえる。そこで、幕府はロシアの進出に

図 8-1 「文化二年七月羅処和人収容中の択捉島沙那会所警備所」（函館市中央図書館所蔵の**「前幕領時代択捉国後其他警備建家図」**全５枚のうち）

対処するため、第一次幕領期以前の１７８５（天明５）年から翌年にかけて普請役の山口鉄五郎ら一行を南千島に派遣し、最上徳内の案内で最初の調査を行った。その後、１７９８（寛政10）年に蝦夷地巡察がなされ、その一行中の近藤重蔵が間宮林蔵らを伴ってエトロフ島に渡り、同年７月に島の南部に「大日本恵登呂府」の標柱を建てた。東蝦夷地が幕府の直轄となった翌１７９９（寛政11）年には、摂津国兵庫を本拠地とする廻船業者の高田屋嘉兵衛が幕府の蝦夷地御用御雇としてエトロフ島に渡り、エトロフ島での漁場開設に伴うエトロフ場所の請負と、エトロフ～箱館～兵庫の廻船・交易を担うことになった。[4] さらに１８０１（享和元）年には、幕府支配勘定格の富山元十郎ほか一行は、エトロフ島よりウルップ〈得撫〉島（別名、ラッコ島）に渡り、「天地長久大日本属島」の標柱を建てたという。

以上のような経緯を有する日本の南千島進出のなかで、第一次幕領期前半の警備状況を示すものとして、「文化二年七月羅処和人収容中の択捉島沙那会所警備所」（図８‐１）なる題簽《だいせん》の絵図を挙げたい。これは、５枚からなる「前幕領時代択捉国後其他警備建家図」（函館市中央図書館所蔵）の中の１枚で、[5] エトロフ島中部のオホーツク海に面した要地であるシャナ〈沙那〉について、１８０５（文化２）年当時の警備状況を知ることができる。

この図８-１では、左奥（東方）に「御会所」が大きく描かれ、その正面の門の両側は土塁で防護されている。そして幕府の倉たる「公儀御蔵」のほか、多様な草葺小屋なども「御会所」の周辺にあり、ここがシャナの警備中心地であることがわかる。「公儀御蔵」は門外にも河口の両岸にあり、また「魚油煎釜」が川沿いに３ヶ所あって、この地方の特産を示している。[6]当時エトロフ島の警備を命じられていたのは前述のように盛岡・弘前の２藩で、この絵図でも河口の右岸に「南部勤番所」、左岸に「津軽家勤番所」が設けられている。なかでも、「御会所」の奥に「南部家張番所」が「異国人居小屋」に接して設けられるなど、収容中の異国人に対する警備は注目に値する。実は、千島列島中部で活動していたラショワ〈羅処和〉島アイヌのなかの14人が、この絵図の題簽に記された年月の直前、６月９日にロシア人の命令でエトロフ島偵察のために島の北東端のシベロ〈蘂取〉にやって来て、弘前藩の勤番によって捕縄され、シャナ会所に拘禁された。この絵図に示されている収容中の「異国人」とは彼らを指すのであろう。[7]

なお、第一次幕領期前半にクナシリ・エトロフの両島を警備していたのは盛岡藩なので、図８-１を含む５枚からなる絵図はその全体のタイトルから盛岡藩関係者による作製ないし写しと推定され、この図８-１で盛岡藩の勤番所や張番所が弘前藩に比べて大きく丁寧に描かれている理由も頷ける。なお、１８０７年４月のロシア人による襲撃で、シャナの幕府会所および弘前・盛岡２藩の陣屋が焼失したことから、翌年の仙台藩兵によるエトロフ出兵とともに、エトロフ警備の中心地がシャナからその南西のフウレベツ〈振別〉へ移った。

第一次幕領期後半のクナシリ〈国後〉島トマリ〈泊〉の事例

第一次幕領期の後半になると、前述のように、仙台藩は南千島のクナシリ・エトロフ２島と箱館に大人数の出

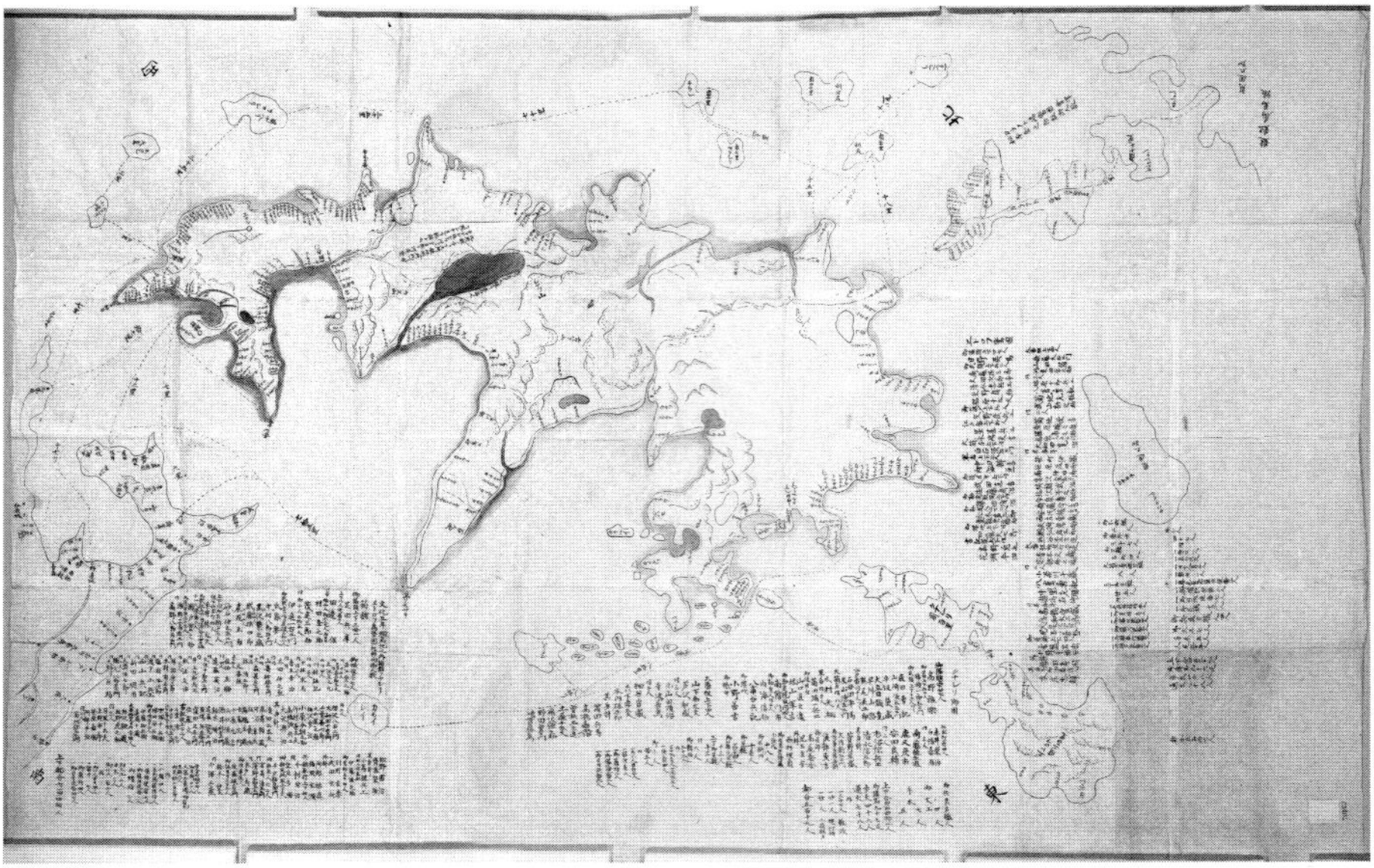

図 8-2 「文化五年仙台藩蝦夷地警固絵図」（宮城県図書館所蔵）

兵をした。「文化五年仙台藩蝦夷地警固絵図」（宮城県図書館所蔵、図８-２）には、その際の詳しい内訳が箱館（図の左下）、クナシリ（図の中央右下）、エトロフ（図の右）別に記されている。この図８-２に描かれている蝦夷地の海岸線は、１８０８（文化５）年までに和人が進出・居住していた蝦夷地の南西部を除けば、実際と大きく歪んでいる。[8] このように極めて不正確な蝦夷図にもとづいて多数の仙台藩士が南千島２島に赴いたが、現地の警備に当たっては、十分実用に応じた大縮尺の絵図が作製された。

まずは、盛岡藩による警備の様子を示している絵図として、盛岡藩士の楢山隆福『東蝦夷地与里国後へ陸地道中絵図』（函館市中央図書館所蔵）上巻の「久奈尻」図幅（図８-３）を見てみたい。この絵図集は、楢山がクナシリ島勤番を命じられてその役目を終えた１８１０（文化７）年―つまり、第一次幕領期の末―の帰路の様子を描いたもので、[9] クナシリ島のトマリ〈泊〉を描いた図８-３はそのはじめの部分にあたる。図の左右にのびる海岸のうち、左方の断崖上に防御柵

図 8-3　楢山隆福『東蝦夷地与里国後へ陸地道中絵図』（函館市中央図書館所蔵）**上巻の「久奈尻」図幅**（本図は，見開き左右2面に分かれているのを接いで表示）

を施された「南部家勤番所」があり、その敷地内に「御用所」を含む3棟がコの字形に向かい合い、「遠見番所」と「大筒」2ヶ所が海岸に面して設けられている。この勤番所の東に開かれた門の前方には、幕府の「会所」と関連の建物が広場を取り囲んでいる。その広場の海岸に「南部家預」の船入口らしき施設があって、「此ヨリ根諸迄海上凡十八里」と記されている。また、図奥から海岸に注ぐ河川の左岸に「蔵」2棟があり、海岸から人工的に入り込んだ部分は荷物の船着き場であろう。海岸に沿って設けられた柵はこの船着き場の右方にも続いていて、鳥居や「弁天堂」のさらに右手に「四貫目大筒」が置かれている。したがって、当時のトマリ警備地の中心は、海岸沿いの、特に小河川の河口部西側にあったといえる。

次に紹介する「国後島泊之図」（函館市中央図書館所蔵）は、トマリの防備施設とその周辺の地形を描いた鳥瞰図的見取図といえる（図8-4aを参照）。南に根室海峡を望む湾の奥には、防護柵を施された土塁が海岸沿いにのびており、小河川の右岸（西）に公儀の「御会所」と、小規模な土塁で南東側と南側を守られた「南部居小屋」、さらにその西方に「仙台居小屋」が、それぞれ描かれている（図8-4bを参照）。そのほか、「石火矢台」（■印）が小河川左岸の「弁天宮」の東に1ヶ所と「仙台居小屋」の南西に2ヶ所、「番所」が西方の海岸に1ヶ所ある。またこの図では、上記のような防備関係の諸施設に比べ、トマリ湾口の地形が詳しく、小河川の名称や「漁小屋」の位置、特に湾口南西端の岩礁12ヶ所は薄朱色で示されている。

以上のような図8-4の描画内容を、図8-3と比較すれば、次の①~③の点を指摘できる。

①図8-4において、トマリの防備施設に比べ、トマリ湾口の地形などが詳しいのは、それらがトマリ湾入港に当たっての目印の役割を担うためであろう。

②また図8-4では、トマリの防備施設のうち、「御会所」の位置に変化はないが、盛岡藩の施設は大幅に縮小されており、その位置も「御会所」前の広場の西にあった「南部藩預」の位置に「南部居小屋」と記された建物があるにすぎない。そして、かつてその西方にあった大規模な「南部家勤番所」の敷地は過半が空白となっていて、その西端に「仙台藩居小屋」が方形のスペースで示されているにすぎない。これは、仙台藩の建物は図8-4作製当時には未着工で、建物予定の敷地が示されていると考えるべきであろう。

③すなわち図8-4は、トマリの警備が盛岡藩から仙台藩に引き継がれるに当たって作製された図、ないしその筆写図である可能性が高い。「御会所」から周辺の要地までの「新道」里程が記されていることも、トマリ周辺地の警備に資するためであろう。ただし、トマリの防備施設に比べて、周辺部の地形・距離ははるかに小縮尺でしかも変形して描かれており、例えば、左下方に突出して描かれているノツエト（崎）は実際にはそれほど突出しておらず、逆に右下方に突出して描かれているケムライ崎は実際にはまっすぐ南方に長く突出している。

このようなトマリ警備引継ぎの進行状況は、次に示す2枚の絵図から一層具体的に窺うことができる。

「クナシリ島トマリ会所之図」（仙台藩白老元陣屋資料館所蔵、図8-5）は、遠景の山々や付箋を除いて、「クナシリ嶋トマリ運上屋敷并御陳屋等之図」（根室市歴史と自然の資料館所蔵、以下、図8-5参考図と呼んでおく）と内容的に極めて近似しており、[10]警備用地周辺の荒蕪地を除いて、その主要部は６００分の１の縮尺（壱分壱間）

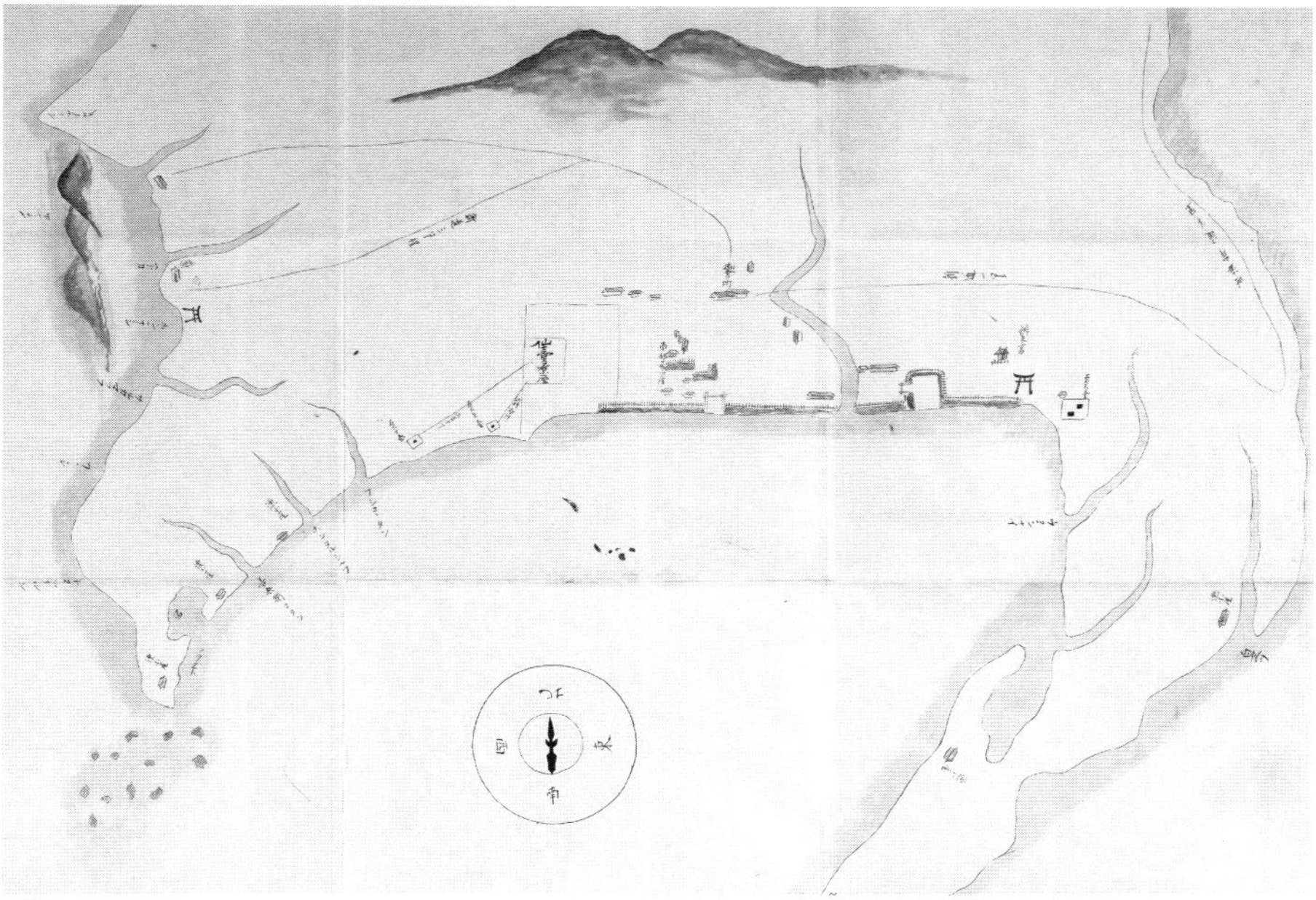

図 8-4a 「国後島泊之図」（函館市中央図書館所蔵）の主要部

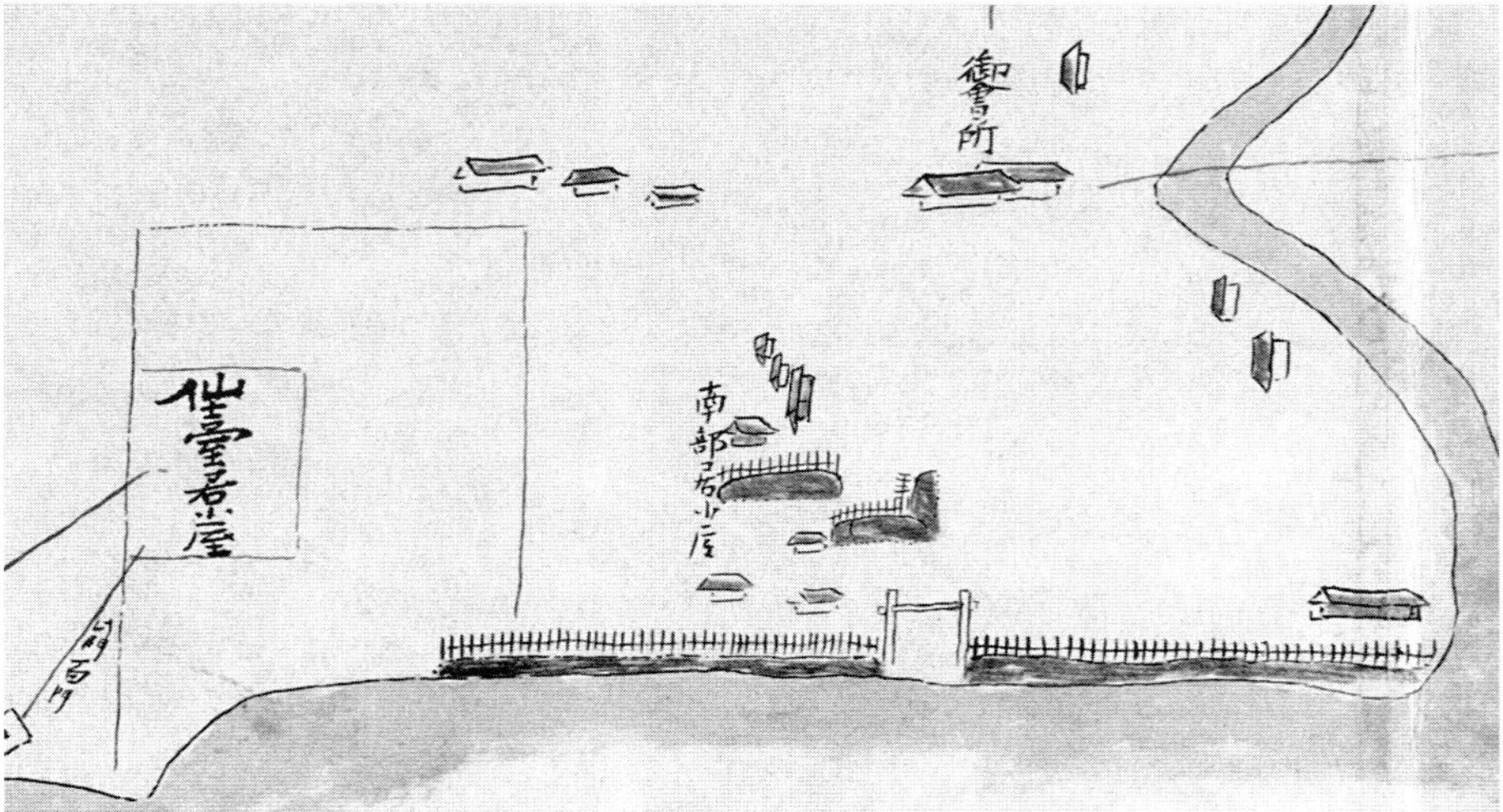

図 8-4b 「国後島泊之図」（函館市中央図書館所蔵）の中央部

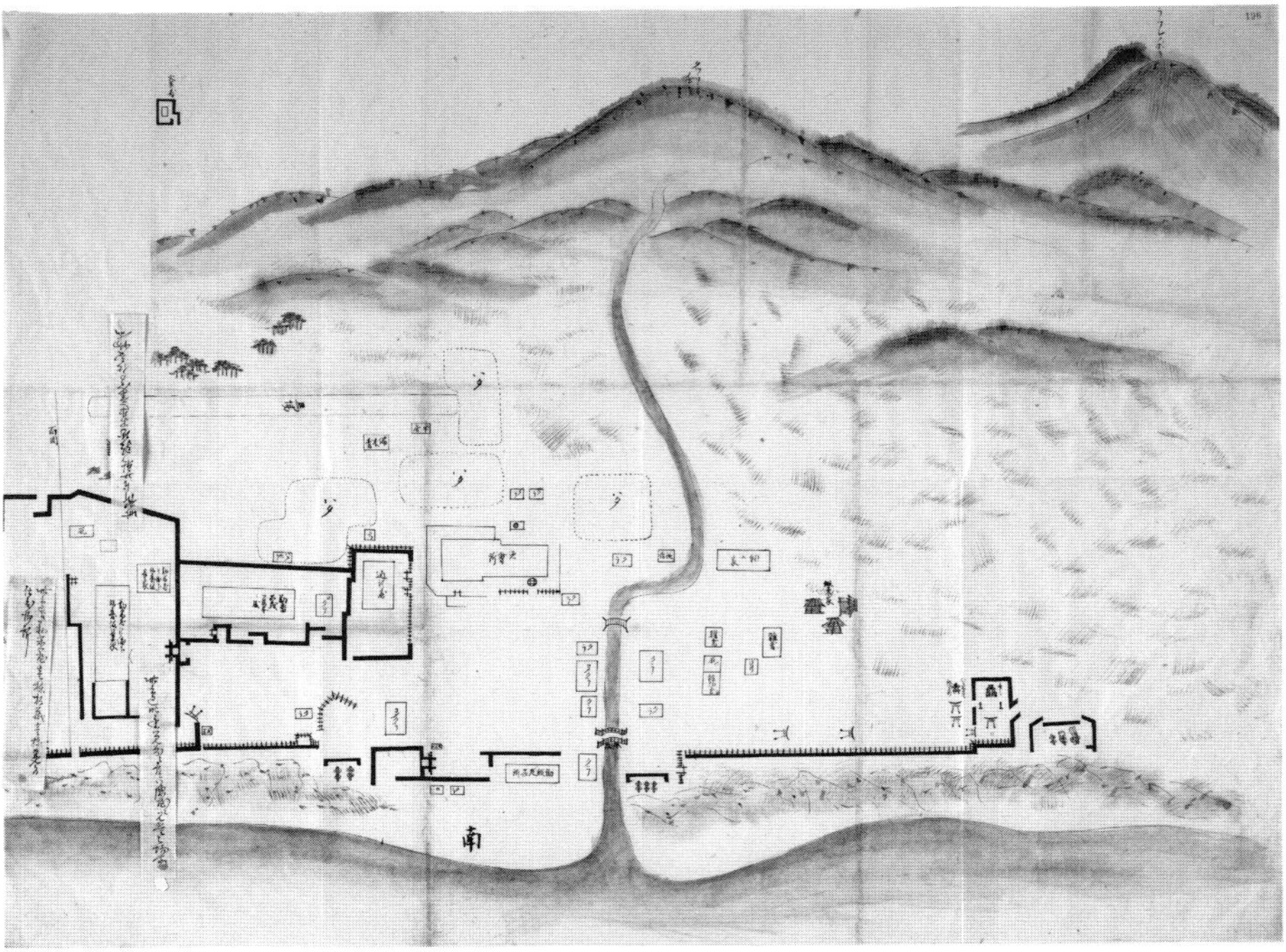

図 8-5a 「クナシリ島トマリ会所之図」（仙台藩白老元陣屋資料館所蔵）

で描かれている（図8-5aを参照）。図の下端（南）の沿岸には、草に被覆された浜堤の背後に、土塁が所々切れながらも東西方向にのび、過半は木柵がその土塁上に設けられている。南流する小河川には橋が２ヶ所あり、左岸（東）地区と右岸（西）地区とでは様相が大きく異なる。

まず右岸地区をみると（図8-5bを参照）、土塁ないし木柵で囲繞された３ブロックが重要な建物敷地であることを示しており、その大きさ・形はそれぞれ異なる。西端の最大の敷地を占めるブロックには[11]、形を異にする２つの「勤番屋被渡下仙台仮長屋」の位置が示されている。そして付箋が３つあって、「此辺昨年御見分之節御陣屋ニ見当之場所」「此辺江勤番屋壱棟板蔵壱棟建立仕度場所」「此所江薪部屋早速建方仕度場所」と記されている。その東に隣接するブロックでは「勤番公儀御役所ニ成」の建物用地が中央を占め、東

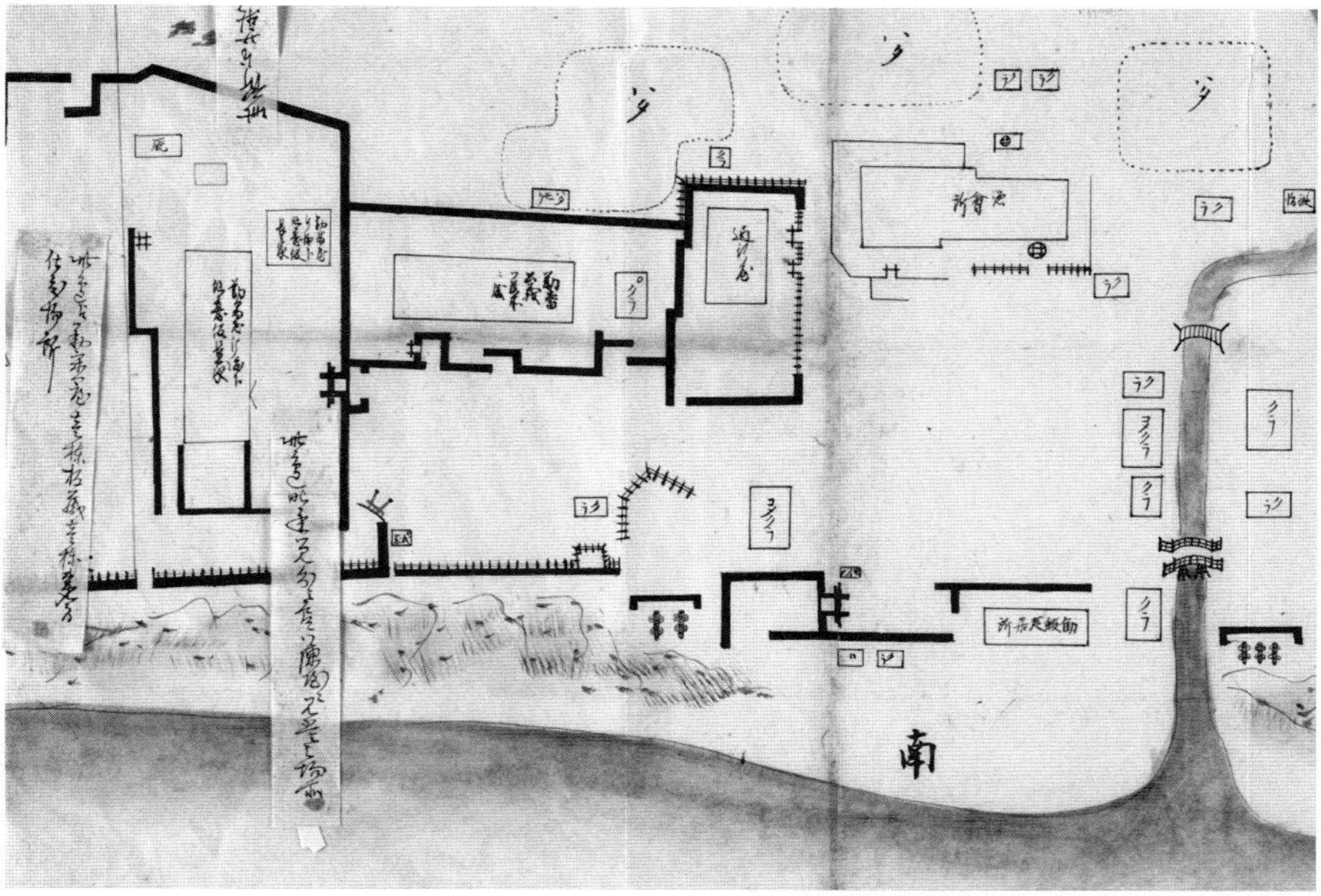

図8-5b　「クナシリ島トマリ会所之図」（仙台藩白老元陣屋資料館所蔵）**の左下部**

端のブロックは「通行屋」用地となっている。これら3ブロックと小河川の間には、東西に長い「漁会所」用地が部分的に木柵に守られており、その北方には「馬場」が設けられ、周辺には複数の「クラ」（蔵）や「ハタ」（畑）がある。

一方、左岸地区には各種の倉や「細工家」のほか、家屋の形が描かれた「蝦夷家」3棟、さらに東端には「弁天」社や「金比羅・稲荷」社が鎮座しており、それに至る参道に複数の鳥居さえある。また、対外防衛用の砲座が左岸地区の最東端に3門、河口左岸に3門、右岸の東端ブロックの南方に2門、それぞれ土塁で守られて南の海岸に向かって据付けられているのが見てとれる。

図8-5の以上のような記載や付箋の内容と対比するため、同じく大縮尺の「クナシリ仙台陣屋之図」（仙台藩白老元陣屋資料館所蔵、図8-6）の記載内容を見てみることにしたい。

この絵図でまず目立つのは、図の左側（西）の土塁によって囲繞されて敷地ブロックで、東西方

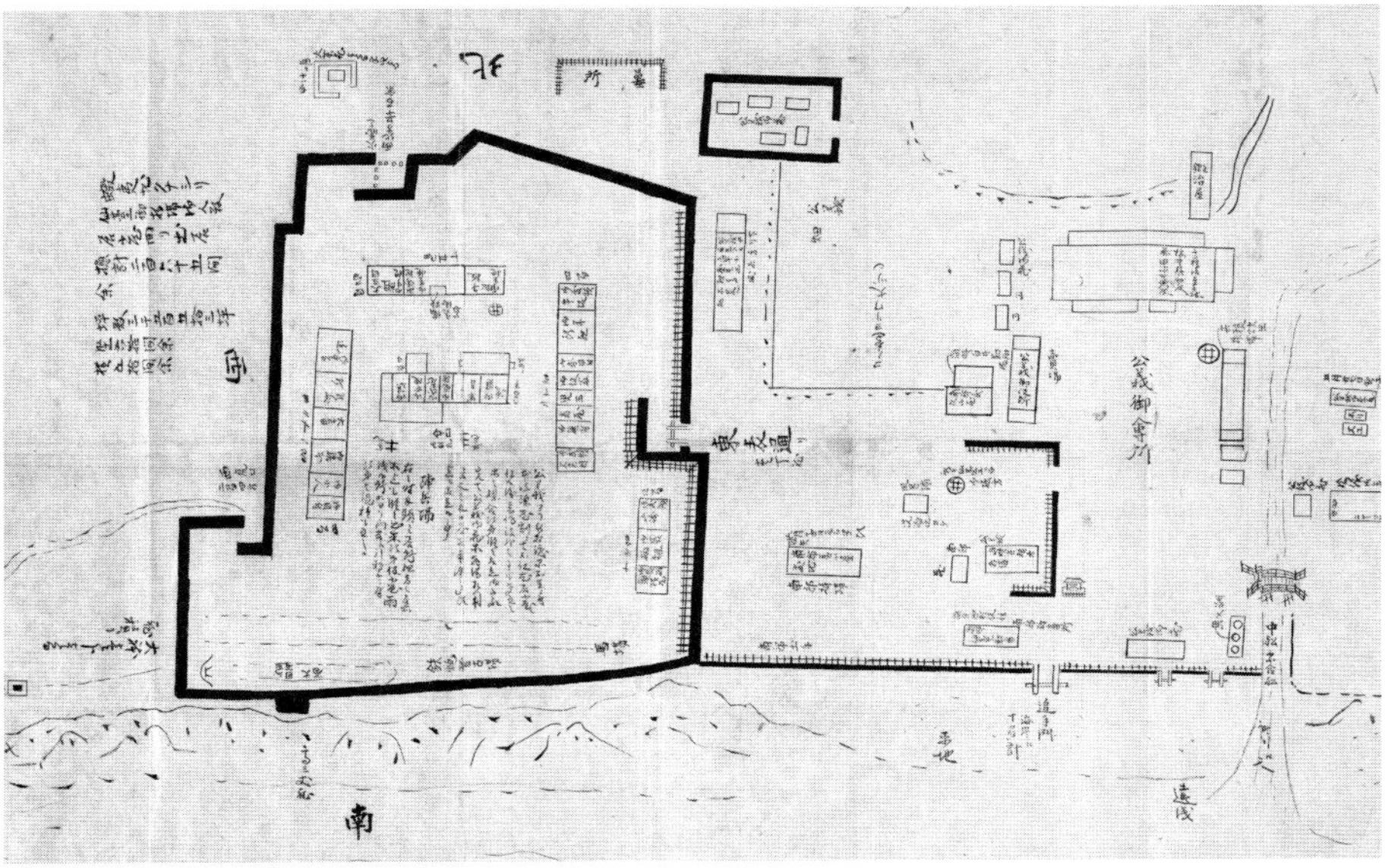

図 8-6 「クナシリ仙台陣屋之図」（仙台藩白老元陣屋資料館所蔵）**の主要部**

向に2棟、南北方向に3棟、計5棟の建物がそのブロックの内部に描かれている。各棟は3～8区画に細分され、区画ごとに使用者が明記されており、そのなかで中央の東西方向の棟の西から2番目の区画に「御本陣」とある。その棟の前方（南）の広い空間が「陣兵場」で、「御制札」や「金丸」「五色」の旗指物2種[12]が「御本陣」の前に置かれ、南端の土塁に沿って「馬場」と「鉄砲稽古場」が設けられていて、「弐百目筒　大筒」も置かれている。このブロックの表入口は東側中央で、簡易な右折れ枡形をなし、表入口両側の南北方向の土塁の上には木柵も設けられている。裏口である「西虎口」の南西方向には「石火矢台」の2ヶ所が、北出口の北西50間余には「火薬蔵壱間半四方」がある。以上の点から、このブロックこそ「蝦夷地クナシリ仙台御持場」たる陣屋であり、土居（土塁）の総延長265間余、面積3553坪（縦60間余、横50間余）の規模を有することが図左端の記載から知られる。

この仙台藩陣屋たるブロックと図中央右寄りの小河川までの間には、「公儀御会所」「公儀御役所」「公儀畑」や数ヶ所の「公儀御蔵」（そのうちの北に位置する５つは土塁に囲まれている）など、幕府関係の施設が多い。一方、「南部」の字を冠した盛岡藩関係の施設や「仙台」の字を冠した仙台藩関係の施設も、このスペースに混在する。なお、海岸沿いには木柵を備えた土塁が東西走し、中央に「追手門」があるほか、その東に小さな門がさらに２ヶ所あり、「南部土手」の記載が見える。

小河川より東を見てみると、海岸沿いの高さ３丈余の浜堤が続いている点では、小河川の西と同じであるが、その背後に土塁は続いていない。施設は少なく、かつ小規模で、幕府関係以外に、台場や番屋もあるが、大きな文字で「野飼馬」30頭程と記されているのが目立つ。

以上のような図8-5と図8-6に関して、図8-2のタイトルの年紀「文化五年」と同じ１８０８年に仙台藩兵一行の一員として仙台からクナシリまで赴いた藩医・高屋養庵の日記[13]や、図8-5参考図と比較・検討することで、佐藤宏一（２００３）は次のような結論に達している。

すなわち、幕府が仙台藩に蝦夷地出兵を命じるに当たって松前奉行が１８０７年に作製して仙台藩に提示した案（原図）に対して、まずは同年12月末までに図8-5参考図を仙台藩担当者が作製し、続いて翌１８０８年１月初旬に補足・修正を付箋で記した図8-5が仙台藩より作製・提出された[14]。それに対して図8-6は、仙台藩兵一行がクナシリ島トマリに到着後、幕府から移管された施設の不足や狭隘、あるいは複数度の火災による建物の焼失[15]などによって、予定どおりには進捗しなかった現状に関して、同年６月に現地視察に訪れた幕府役人への説明資料として作製されたと推定される[16]。「練兵場」の左右のスペース（７＋５行）や図右上隅（４行、但し図8-6の枠外）に記された説明、あるいは同年５月27日の夜に焼失した「公儀御工屋」や６月14日の暮半に焼失した「南部居小屋」の形をわざわざ注記つきで残したことも、このように理解すると説明できる。

なお図8-4には、図8-5や図8-6のように作製年月を明らかにする資料がないが、これら３つの図の記載内容を比較すると、図8-4が最も古い可能性が高いといえよう。

第一次幕領期後半における南樺太の警備

西蝦夷地の中に含まれていた南樺太では、1751（寛延4）年から7年間にわたって松前藩士が宗谷海峡を渡海して交易しており、1790（寛政2）年からは松前藩の運上所がシラヌシ〈白主〉ほか1ヶ所に置かれていた。幕府の関与は、南千島の場合と同時（1785年）に西蝦夷地へ派遣された普請役の庵原弥六ら一行による現地見分が初めで、翌年には普請役下役も追加派遣されて南樺太の調査がなされた。1792（寛政4）年には最上徳内ほかによる調査もなされたが、樺太全島の調査は松前奉行調役下役の松田伝十郎が1808年に間宮林蔵を連れて行った。そして翌1809（文化6）年に間宮は樺太から間宮海峡を渡って満州のアムール川河畔のデレンに達し、その踏査結果をもとに、幕府は同年以降、樺太を西蝦夷地から分かって北蝦夷地と呼ぶように命じた。[17]

第一次幕領期後半の会津藩による西蝦夷地への出兵は、このような間宮林蔵による画期的な樺太探検の直前に命じられた。1808年1月より4回に分けて千六百余名が会津若松を出発し、松前、ソウヤ、リイシリ〈利尻〉島および南樺太に向かった。[18] このうちで、家老の北原采女《うねめ》を陣将とする7百余名が、4グループに分かれて南樺太へ向かった。[19] そして同年の4月19日に、彼らは南樺太南部の要地であるクシュンコタン〈久春古丹〉に到着した。しかし、ロシアとの緊張状態がひとまず解消したとの幕府の判断で、会津藩は引き揚げを命じられ、この南樺太に出兵した会津藩兵も、滞在3ヶ月弱で引揚げることとなった。彼らは千石船7隻にて宗谷などを経由、途中で台風に遭遇して苦労を重ねつつ、9月中旬までに会津若松に帰着した。その間の事情・状況は、高津泰の従軍記録である「終北録」をはじめとする複数の記録[20]や、次に挙げる3種の絵巻に詳しい。

（ア）田村観瀾『文化五年会津藩唐太出陣絵巻』（函館市中央図書館所蔵）
（イ）山川賢隆『唐太嶼奇覧』（函館市中央図書館所蔵）
（ウ）遠藤香村『唐太（出陣）絵巻』（初瀬川文庫所蔵）

これら3種の絵巻を詳しく比較・検討した坂井正喜（1984）に依って、それぞれの特徴を記すと以下のようになる。

（ア）は本来2巻からなり、文章と絵画を交互に混えつつ、前巻に13景が、後巻に7景が配されていたようであるが、現在では後巻はなくなり、前巻のみが残っている。（イ）は1巻26景からなり、絵画の中に文章が収められていて、（ア）に比べて南樺太の原住民の風俗描写や南樺太以外を描いた景が多い。（ウ）は1巻20景で絵画のみからなり、遠征に同行しなかった会津藩お雇絵師の遠藤[21]が（ア）を模したものとされる。そのため、失われた（ア）後巻7景が復元可能である[22]。

上記のような絵巻の特徴を踏まえ、（ア）の前巻を基本に、（ウ）で補いつつ、南樺太到着から会津帰国のための出帆までの間における、会津藩兵の南樺太での行動を簡単に見ていきたい。

松前を出帆して南樺太の陣屋予定地沖に到着─「弧島遠戍[23]」─した会津藩兵一行は、到着前に番屋などの日本の施設がロシア兵によって焼き払われていたため、上陸後、直ちに海岸に苫で葺いた仮小屋をつくって野営した─「沙汀縄営」（図8−7A）─。そして、アイヌの人たちの援助も得て、近くの山から木を伐り出して、陣屋などの営所づくりに励み─「依山筑営」（図8−7B）─、二重の柵で囲まれた防備居住地を完成させた─「営中戍衛」（図8−7C）─。その居住地内部では武技に励み─「戍客闘技」─、海岸の高台では大砲の試し打ちを行った─「海岸放銃」（図8−7D）─。また、河川を舟で下り─「水路利渉」─、砂浜では整列発炮を行い─「山下閲兵」（図8−7E）─、行軍の訓練も実施する─「雲辺飛烽」（図8−7F）─など、対露戦に備えた。他方で、祠を建てて楽を奏したり─

A

B

C

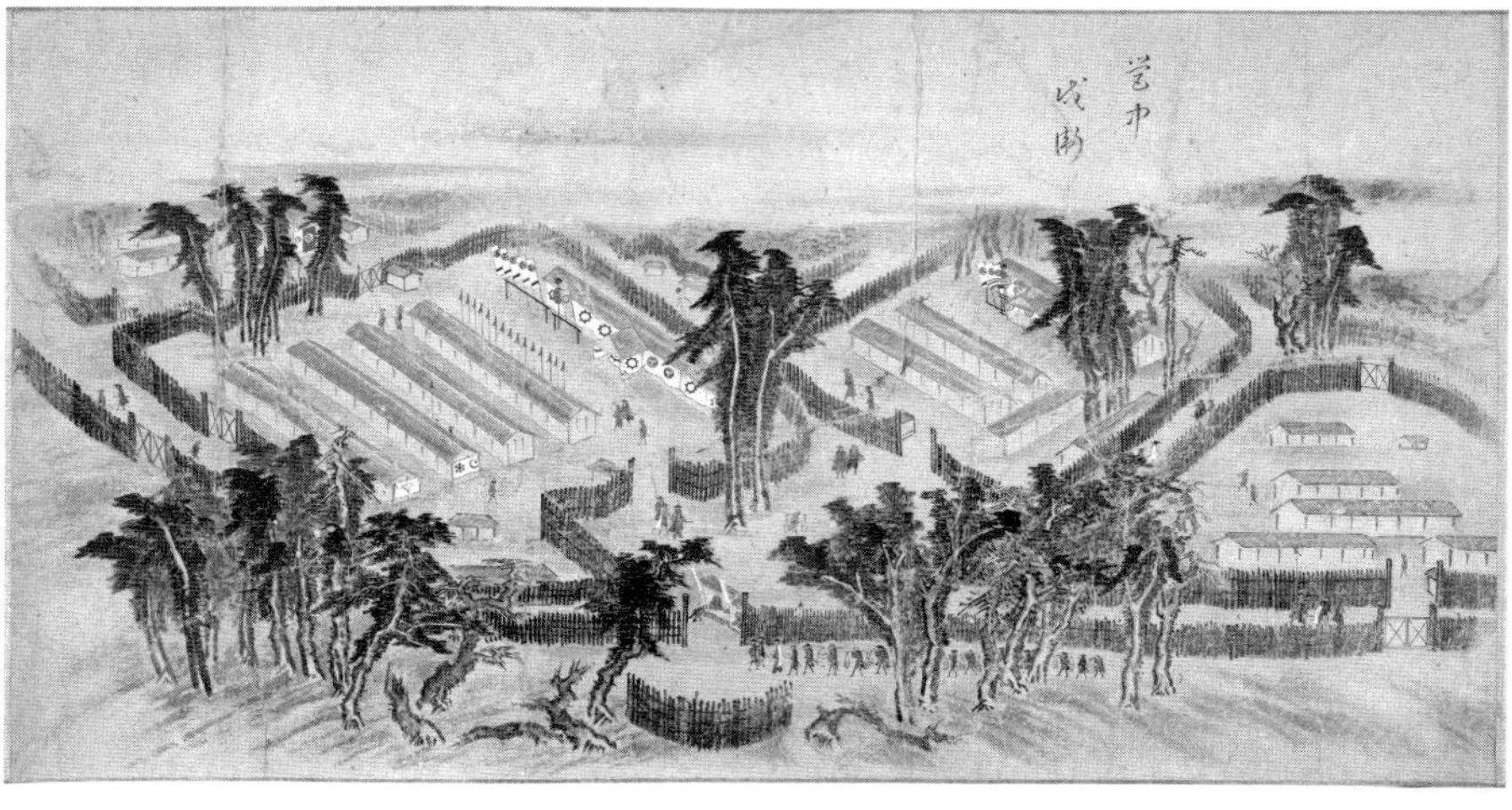

D

E

F

図 8-7　田村観瀾『文化五年会津藩唐太出陣絵巻』（函館市中央図書館所蔵）**の中から抜粋**
A「沙汀縄営」，B「依山筑営」，C「営中戍衛」，D「海岸放銃」，E「山下閲兵」，F「雲辺飛烽」

「叢祠奏楽」―、早く故郷に帰還することに想をはせたりした―「鞍頭帰夢」―。アイヌをはじめとする原地の人々とも友好的に交流した様子が、「遠夷互市」「飲酒膜拝」「衆狗牢舟」「岸畔人家」「室谷居」の5景からうかがえ、アイヌの若者が入営することもあったらしい―「夷児入営」―。ついに帰国することになって乗船したが―「帰船解纜」―、暴風に見舞われて―「海天巨風」―、艱難辛苦の末に帰国した[24]。

以上、第一次幕領期前半の盛岡・弘前2藩による捕虜収容中の警備状況をエトロフ島シャナの事例により、第一次幕領期後半の盛岡・仙台2藩による警備引継ぎ状況をクナシリ島トマリの事例により、同じく第一次幕領期後半の会津藩による警備地設営から撤収に至る状況を南樺太クシュンコタンの事例によって、それぞれ絵図を資料として紹介した。なお、本章で扱った第一次幕領期における蝦夷地出兵は、初めて経験する北方極寒の地域であったため、各藩ともに戦闘によらない病死者が多くでた[25]。

【注】

（1）江戸幕府による蝦夷地の直接支配に関しては、「序　本書の意図」の文献リストに北海道や函館市の地方史誌類を挙げておいたが、出兵・駐留した東北諸藩の地元の地方史誌類にもそれぞれ記述がなされている。ただし以下の章では、採り上げた絵図に関して詳しい紹介がなされている地方史誌や研究文献などに限って、本文の関連個所で注記することにした。なお、近世の蝦夷地における日本とロシアの角逐やアイヌの人々への対応について、最近の刊行された書籍の中から、ブレッド・ウォーカー（２００７）、伊藤一哉（２００９）、渡辺京二（２０１０）の３書を挙げておく。

（2）当時の絵図、例えば「松前箱館」（図1-1）にも、函館山北麓に弘前藩の「津軽屋舗」が、函館山東麓に盛岡藩の「南部屋舗」が、それぞれ描かれている。互いに遠く隔たったこれらの屋敷地の間に、箱館の町屋が函館湾岸沿いに連なり、その町屋のほぼ中央の函館山寄りに幕府の奉行所や関連建物群が設けられていた（第１章を参照）。なお、これら２藩の屋敷地を「勤番所」と記す絵図もある。

（３）以下、蝦夷地の地名については、19世紀初期に和名がすでに一般化していた箱館・松前・江差などを除いて、原則として初出の際にアイヌ語のカタカナ表記にその漢字表記を〈　〉で付し、次回以降はカタカナ表記のみとした。

（４）最上徳内（１７５５〜１８３６）、近藤重蔵（１７７１〜１８２９）、間宮林蔵（１７５５〜１８４２）、高田屋嘉兵衛（１７６９〜１８２７）に関しては、吉川弘文館発行の人物叢書をはじめ、各々を主人公とする小説や各種の人物評伝が出版されている。

（５）図８−１以外の他の４枚はすべて建物の間取図で、うち２枚は図の右上に「クナシリ」と記されている。

（６）当時のエトロフ場所の主要な産物のうち、魚介類としてはニシン、ベニマス、サケ、タラ、魚油、〆粕、数子、布海苔などが挙げられる。

（７）なお、シャナ会所で拘禁されていた彼らは、翌１８０６（文化３）年の３月26日に船を盗んで逃亡した。その後も、１８０７年４月には露米商会員がシャナに来襲して、会所や弘前・盛岡２藩の陣屋を放火・掠奪したり、１８１０（文化７）年６月には再びラショワ・アイヌがロシア人の命令で偵察に来島し、シャナで捕縄されている。

（８）この絵図のように、海岸線の形状も島嶼の相対的位置関係も現実と大きく相違する蝦夷図は、18世紀までに多様な種類が作製された。しかし、近藤重蔵、秦憶丸［村上島之允］（１７６４〜１８０４）、伊能忠敬（１７４５〜１８１８）、間宮林蔵などによって、現地踏査にもとづく図が次々と作製され、一挙に現代の小縮尺図に近い正確さをもつにいたった。なお、秦憶丸については第14章の注（４）および図14−２を参照。また、蝦夷地図の歴史的展開については、船越昭生（１９８６）、秋月俊幸（１９９９）、高木崇世芝（２０００、２０１１）が専門的な見地から多数・多様な図を掲載しており、蝦夷地を含む極東全般の地図史に関しては船越昭生（１９７６）がある。

（９）檜山隆福（?〜１８５８）のこの絵図は折本で、図８−３の場合は見開き左右２面からなるために、片面ごとに撮影したものを接続して示した。ところで、この絵図と同じ内容の巻子本が、（ａ）北海道立図書館北方資料室（『松前東蝦夷地道中絵図』）と、（ｂ）岩手県立図書館（『南部藩北海道陣屋図』）とに所蔵されているようである。著者はこれら２種とも実物を未だ見ていないが、（ａ）の所蔵機関の「北方資料デジタルライブラリー」の当該絵図に関する高木崇世芝氏による解説では、本書掲載の函館市中央図書館所蔵の折本と（ｂ）の巻子本は模写図であるとしている。

（10）図８‒５が朱・青・黒の３色で描かれているのに対して、図８‒５参考図は黒（墨）一色であり、それぞれの建物の名称や表記、あるいは図的表現でも相違がある。なお、図８‒５と図８‒５参考図および後掲の図８‒６に関しては、佐藤宏一（２００３）による詳細な検討がなされており、それら３枚の絵図を佐藤は「クナシリ島仙台藩丁場絵図」と総称している。以下、縮尺の推定のみならず、絵図中の文字の解読などは佐藤に依り、適宜注記した。ただし、図８‒５のタイトルは、佐藤の訓みを所蔵機関の訓みに従って改めた。

（11）図８‒５参考図では、このブロックの西端も土塁で囲繞されており、その形は図８‒６と極めて近似する。

（12）佐藤宏一（２００３）によれば、「金丸」は仙台藩主から出兵責任者のクナシリ備頭に授けられた御旗であり、「五色」は出兵した「御餌指組」の隊旗である。

（13）「文化五戊辰二月十六日蝦夷地警固方御用被御渡人数江被相付下候節仙台よりクナシリ迄往来日記道記細抄」で、佐藤宏一（２００３）によれば、高屋は４月29日にクナシリ島に到着し、７月27日仙台への帰途についている。

（14）但し、図８‒５参考図や図８‒６と同じく、図８‒５は仙台藩側が保存していた図面なので、仙台藩から幕府の松前奉行へ提出された正式の図面では、図８‒５に添付されていた付箋の字句（ないしその修正）が当該の空白部分に直接墨書きされていたのではなかろうか。

（15）高屋養庵のトマリ到着以前に、図８‒５の西端ブロック内の「仙台仮小屋」２棟と「厩」、その東隣のブロックの「公儀御役所」、その南方の「武器」庫がともに焼失した。さらに到着後も、陣屋ブロックの表門の南東にあった「南部居小屋」や小河川東岸の「公儀御大工屋」が焼失している。

（16）図８‒５における小河川西岸の「漁会所」やその西のブロック内の通行屋といった民間施設も、図８‒６の原図作製以前に幕府に接収されたために、図８‒６ではそれぞれ「公儀御会所」や「公儀御役所」と記されている。

（17）間宮の踏査結果をもとにした絵図の写しが、彼の上司たる幕府天文方の高橋景保を通じてオランダ商館医員たる

P.F.von Siebold シーボルトにわたって、いわゆるシーボルト事件が起こり、一旦は、シーボルトは国外追放となった。しかし、彼の著『日本』によって、間宮海峡の実在が西欧で徐々に認知されることとなった。

(18) 幕府の命じたシャリに実際に会津藩が出兵したのかは明らかでないし、また、派遣人数にも史料によって相違がある。なお、この時期の会津藩の蝦夷地出兵に関しては『会津若松市史６　歴史編６［近世３］』（２００２）に主として拠った。

(19) 第一次幕領期後半における仙台藩の蝦夷地出兵の内訳を詳記した図8-2に、同時期出兵の他の東北３藩のなかで、会津藩による南樺太出兵についてのみ、図の右上に「カラフト　島□（?）国会津松平金之助殿御人数」と記されている。ちなみに、松平金之助とは当時わずか5歳であった7代目藩主（後の松平［保科］容衆）を指す。

(20) 『会津藩第七代藩主松平容衆年譜（会津若松市史・史料編Ⅳ）』（２００６）に「文化五年会津藩蝦夷地出陣関係史料」として、「終北録」をはじめとする各種史料が収められている。

(21) 遠藤に関しては坂井正喜（１９８０）が詳しい。

(22) 坂井正喜（１９８４）には、現存する３種の絵巻の全容が文字部分の翻刻を含めて掲載されている。また、『会津藩　蝦夷地を守る　北方警備二百年記念』（２００８）〈平成20年度若松城天守閣郷土博物館記念展〉には、絵巻（ア）と絵巻（ウ）のほとんどすべての景がカラーで収載されている。さらに本章の注（19）の史料には、絵巻（イ）の21景がカラーで収録されている。なお、絵巻（ウ）は著者未見。

(23) 以下、対応する絵巻の中の景の題を―「　」―で記す。なお、絵巻（ウ）に「中野機穽」と題する景が収められているが、説明文が伴っていないので、対露戦に備えた罠の試行なのか判然としないため、本文には記さなかった。

(24) 親藩（家門）の家柄の会津藩は、その後も列強に対する海岸防備のために、１８０９（文化６）年～１８２０（文政３）年には江戸湾口西側の三浦半島警備を命じられ、１８４７（弘化４）年～１８５９（安政６）年には江戸湾口東側の安房・上総国境警備、ついで江戸湾奥の品川第二台場警備を命じられた。そして、一転して、再び第二次幕領期の蝦夷地警備を命じられるのである（本章の注（17）の史料や戸祭由美夫（２０１４）を参照）。

(25) 例えば、佐藤宏一（２００３）によれば、仙台藩のクナシリ出兵者5百余名のうちで約半数が病気にかかり、そのうち重い者が百数十名で、特に大病の者40余名は箱館に送られたが、途中のアッケシ（厚岸）にて24名が死亡し、同地の官寺たる国泰寺にある彼らの位牌についても佐藤宏一（２００１）の報文がある。また、ソウヤなどからシャリへ移動させられた弘前藩兵百余名のうち72名が病死したことが、生き残って帰国した斎藤勝利の手記『松前詰合日記』から知りえ、１９７３（昭和48）年に斜里に「津軽藩士殉難慰霊の碑」が建立された。なお、同手記の解説・現代語訳が１９７３年に刊行されている。

［文献］

・ブレッド・ウォーカー著、秋月俊幸訳（２００７）『蝦夷地の征服』北海道大学出版会。
・伊藤一哉（２００９）『ロシア人の見た幕末日本』吉川弘文館。
・渡辺京二（２０１０）『黒船前夜』洋泉社。
・船越昭生（１９８６）『鎖国日本にきた「康熙図」の地理学史的研究』法政大学出版局。
・秋月俊幸（１９９９）『日本北辺の探検と地図の歴史』北海道大学図書刊行会。
・髙木崇世芝（２０００）『北海道の古地図』五稜郭タワー株式会社。
・髙木崇世芝（２０１１）『近世日本の北方図研究』北海道出版企画センター。
・船越昭生（１９７６）『北方図の歴史』講談社。
・佐藤宏一（２００３）「文化五年クナシリ島御丁場事情」仙台藩白老元陣屋資料館報８・９合併号。
・坂井正喜（１９８４）「「唐太絵巻」・「唐太嶼奇覧」考」会津文化財４。
・坂井正喜（１９８０）『会津洋画の先駆者　遠藤香村』会津文化財調査研究会。
・戸祭由美夫（２０１４）「幕末江戸湾岸における会津藩の陣屋と台場」平成22～25年度科学研究費補助金報告書（研究代表・戸祭由美夫）に所収。
・佐藤宏一（２００１）「厚岸国泰寺所蔵「仙台家位牌」の小考」仙台藩白老元陣屋資料館報６・７合併号。

第9章　第二次幕領期における蝦夷地警備体制の概要

第二次幕領期における各藩の蝦夷地警備担当地域とその拠点

第一次幕領期が終わってから33年、蝦夷地は再び幕府の直轄管理下に入った（第二次幕領期）。１８５５（安政２）年３月に弘前・盛岡・仙台・秋田・松前の５藩が幕府より蝦夷地の警備を命じられ、同年４月になると、その警備分担地域の割振りのみならず、警備用拠点となる元陣屋《もとじんや》や出張陣屋《でばりじんや》の位置まで指示された（表9-1を参照）[1]。幕府によるこのような具体的な警備担当指示のもと、各藩は蝦夷地に恒常的な出兵と防備施設の建設を行った。また幕府自体も、翌１８５６（安政３）年にはモロラン〈室蘭〉・シャマニ〈様似〉・アッケシなど東蝦夷地５ヶ所、スッツ〈寿都〉・イシカリ〈石狩〉・ルルモッペ〈留萌〉など西蝦夷地３ヶ所、北蝦夷地１ヶ所に、それぞれ箱館奉行配下の幕吏を常駐させた。

さらに１８５９（安政６）年には、従来の５藩のほかに会津・鶴岡の２藩をも加えて、蝦夷地警備担当の区域割が変更された（図9-1を参照）。この変更によって、それまで日本海側からオホーツク海側までの西蝦夷地および北蝦夷地（実質的には南樺太）という長大な警備担当を担った秋田藩の負担は大きく軽減され、日本海側の過半は鶴岡藩に、オホーツク海側の過半は会津藩に、さらに翌１８６０（万延元）年には南樺太も仙台・秋田・会津・鶴岡の４藩共同に、それぞれ警備担当が変更された。そして各藩の元陣屋の位置も、従来からの箱館水元（盛岡藩）・千代ヶ台（弘前藩）・戸切地（松前藩）・シラヲイ（仙台藩）・マシケ〈増毛〉（秋田藩）に加えて、シ

表 9-1　1855（安政 2）年の幕命による 5 藩の警備分担地域と元陣屋・出張陣屋の地名

藩名	警備分担	元陣屋	出張陣屋
弘前	・箱館 ・千代ヶ台〜エサン〈恵山〉岬 ・江差乙部村〜カムイ〈神威〉岬	千代ヶ台	スッツ〈寿都〉
盛岡	・箱館 ・エサン岬〜ホロベツ〈幌別〉	箱館（水元〜谷地頭）	ヱトモ
仙台	・シラヲイ〈白老〉〜シレトコ〈知床〉 ・（南千島の）島々	ユウフツ〈勇払〉	子モロ〈根室〉, クナシリ〈国後〉, エトロフ〈択捉〉, アッケシ〈厚岸〉
秋田	・カムイ岬〜シレトコ ・（樺太）	マシケ〈増毛〉	イシカリ〈石狩〉, ソウヤ〈宗谷〉
松前	・木古内〜七重浜	有川村	

注）蝦夷地のうち，和人の定住が長く，漢字表記が定まっている場合を除いて，現地のアイヌの言葉をカタカナで表記しているため表記に異動がある.〈　〉はその漢字表記である.

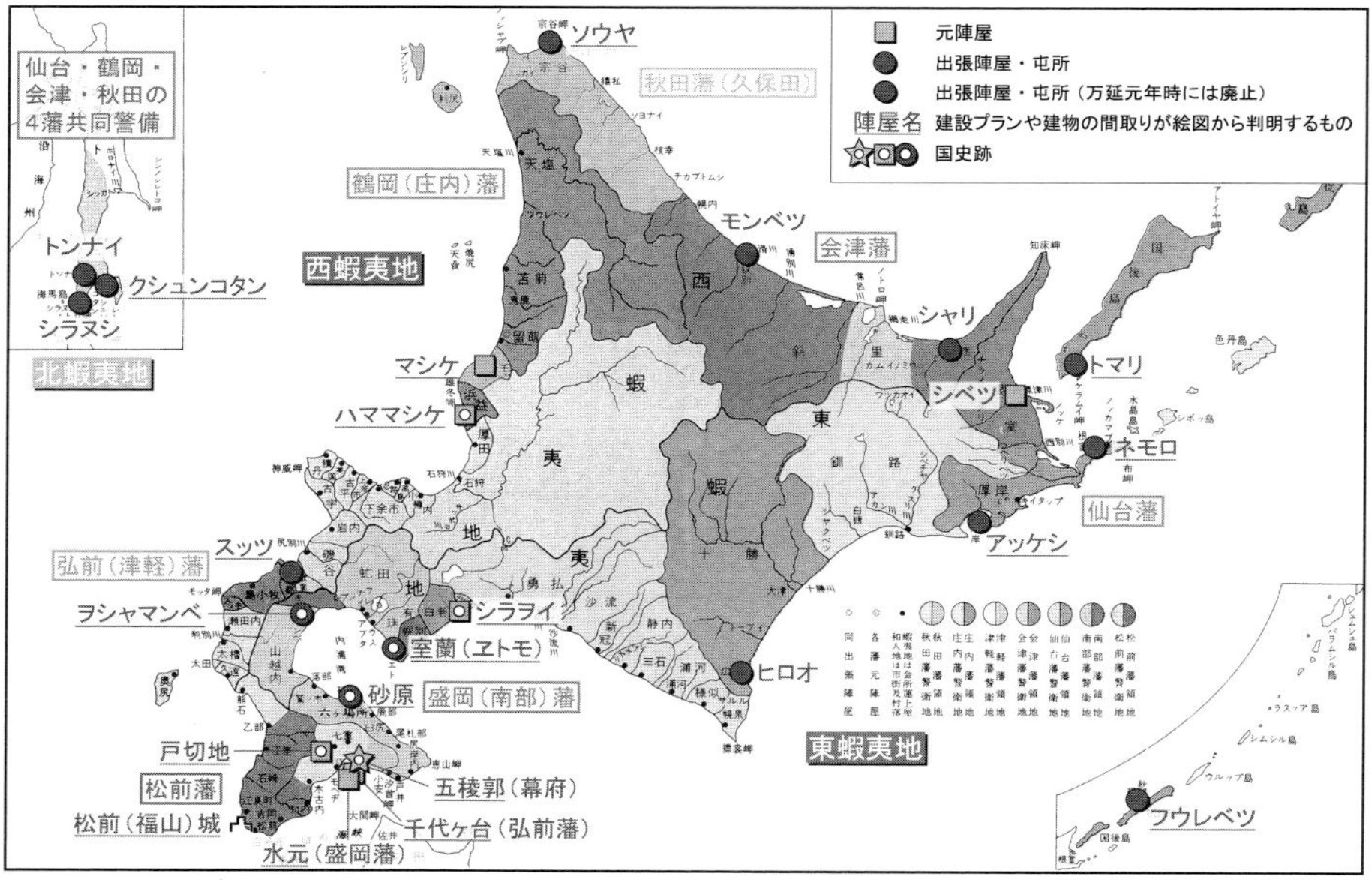

図 9-1　1860（万延元）年における松前藩と東北 6 藩による蝦夷地の分領・警備体制（『新北海道史　第 2 巻』の「蝦夷地各藩分治地図」を基図として加筆）

ベツ〈標津〉（会津藩）とハママシケ〈浜益〉（庄内藩）が新たに加わった[2]。また、幕領としての分担警備地域と各藩領としての警備・開拓地域の２本立てとなったことも大きな変更点で、幕府の箱館奉行所の周辺一帯を除けば、各藩の元陣屋や出張陣屋ないし屯所（以下、それら３種の主要警備拠点を包括して「陣屋」と記すことにする）は各藩領の地に位置するよう配慮された[3]。

第二次幕領期における蝦夷地陣屋などの概要

第二次幕領期は、第一次幕領期よりも短いわずか十数年に過ぎなかったが、上記の「陣屋」をはじめ、台場・番所・警備所・見張台などと称する多様な防備施設が建設・維持された。そのため、それに関する絵図・文書も多数残されていて、跡地も明らかである場合も多く、史跡として調査・保存されるのみならず、復元工事を行って広く公開されるにいたっている事例さえある。

そこで以下、第二次幕領期に建設された「陣屋」に絞って、その自然的な立地条件、形態と規模、そして現状に関して、簡単に概要を見ていこう[4]。

まず自然的立地条件、ことに地形的面についてみると（表9-2を参照[5]）、当然ながらすべての「陣屋」は海岸沿いに立地しているが、平坦ないし比較的平坦な地形面（扇状地面、海成段丘面、山麓緩斜面ないし沖積低地）に位置する場合と、背後に丘陵ないし斜面をもつ小河谷に位置する場合とに分かれる。この地形的な相違と北西季節風への位置関係の２点が、重要な自然的立地条件をなす[6]。

このような自然的立地条件は、「陣屋」の防備施設としての重要度とともに、その敷地の規模とも大きな関連を有する。例えば、白老元陣屋のように背後に丘陵斜面をもつ小河谷に位置する場合には、斜面の尾根線を境界とする広い面積を敷地としている。逆に千代ケ台元陣屋のように比較的標高差のない海成段丘面に位置する場合

表 9-2　第二次幕領期に建設された「陣屋」の地形的立地条件

「陣屋」名	立地の地形的特徴
ソウヤ	宗谷丘陵内の小谷斜面〜小谷底，泥炭湿地性.
マシケ	広い沖積扇状地上，風上側に段丘地形.
ハママシケ	浜益川の沖積低地に面する小谷流域斜面．沖積低地沿岸は砂州微高地，背後は泥炭湿地.
スッツ	開析扇状地面上．海食崖を伴う.
ネモロ	根室半島の海成段丘上.
アッケシ	厚岸湾奥の沖積低地〜丘陵内支谷底.
ヒロオ	開析扇状地起源の広い台地上，台地は高く急な河食〜海食崖を伴う.
シラヲイ	白老川沖積低地へ合流する支流の緩勾配谷底，支流は穏やかな蛇行河川で，人工河道改変し環濠化.
室蘭(エトモ)	古い火山性丘陵斜面末端〜開析小谷.
ヲシャマンベ	長万部川沖積低地に半島状に突き出した河成〜海成段丘上.
砂原	駒ヶ岳火山斜面上．海側は海食崖.
箱館水元	箱館山の北山麓斜面．海成段丘面に崖錐性斜面が付加.
千代ヶ台	沖積面へ漸移する海成段丘縁の緩斜面.
戸切地	山麓の小規模複合扇状地が段丘化．河谷側斜面は高い急崖.

平川一臣・澤柿教伸（2014）の表 1 を大幅に簡略化し，「陣屋」名は第 10 〜 13 章での表記に統一した.

には、人為的な直線で囲まれた敷地を占めている。

また、「陣屋」の中核をなす建物群を土塁や堀によって囲む囲郭部分の形態をみると（図 9-2 を参照）、五稜郭と同じく西洋式築城法に基づく稜堡を備えた「陣屋」は戸切地元陣屋のみで、正方形、長方形、梯形ないしその変形が大多数を占めている。しかし、白老元陣屋のようにほぼ円形の内郭と不整形な紡錘形の外郭からなる例や、増毛元陣屋のように三方が方形ながら残る一方が崖で限られているために囲郭として不完全な形状の例、あるいは浜益元陣屋のように囲郭部分の見られない例もある。

これらの「陣屋」は、現在に至る間に、様々な事情でいろんな時期に建物が壊され、跡地も不明になってしまった例も多い。しかし、ハママシケ・室蘭（エトモ）・ヲシャマンベ・砂原の各「陣屋」のように国指定史跡に指定されるのみならず、白老・戸切地の元陣屋のように国費で整備されて史跡公園化された例さえある（図 9-1 を参照）。

以下、道内の「陣屋」を網羅的にまとめて紹介している文献３種[7]を適宜参照しながら、幕末の絵図と近現代の地形図・空中写真および筆者撮影の現地写真などを用いつつ、現在も跡地が整備されて残っている「陣屋」の事例を主に、その付属防備施設も含めて、左記のような章構成で記述を進めていくことにする。

第10章　松前・盛岡・弘前の３藩が函館平野に建設した元陣屋３ヶ所
第11章　盛岡藩が噴火湾岸に建設した「陣屋」３ヶ所
第12章　仙台藩が太平洋岸に建設した「陣屋」４ヶ所
第13章　弘前・鶴岡・秋田の３藩が日本海岸に建設した「陣屋」４ヶ所、会津藩の「陣屋」、および南樺太の「陣屋」

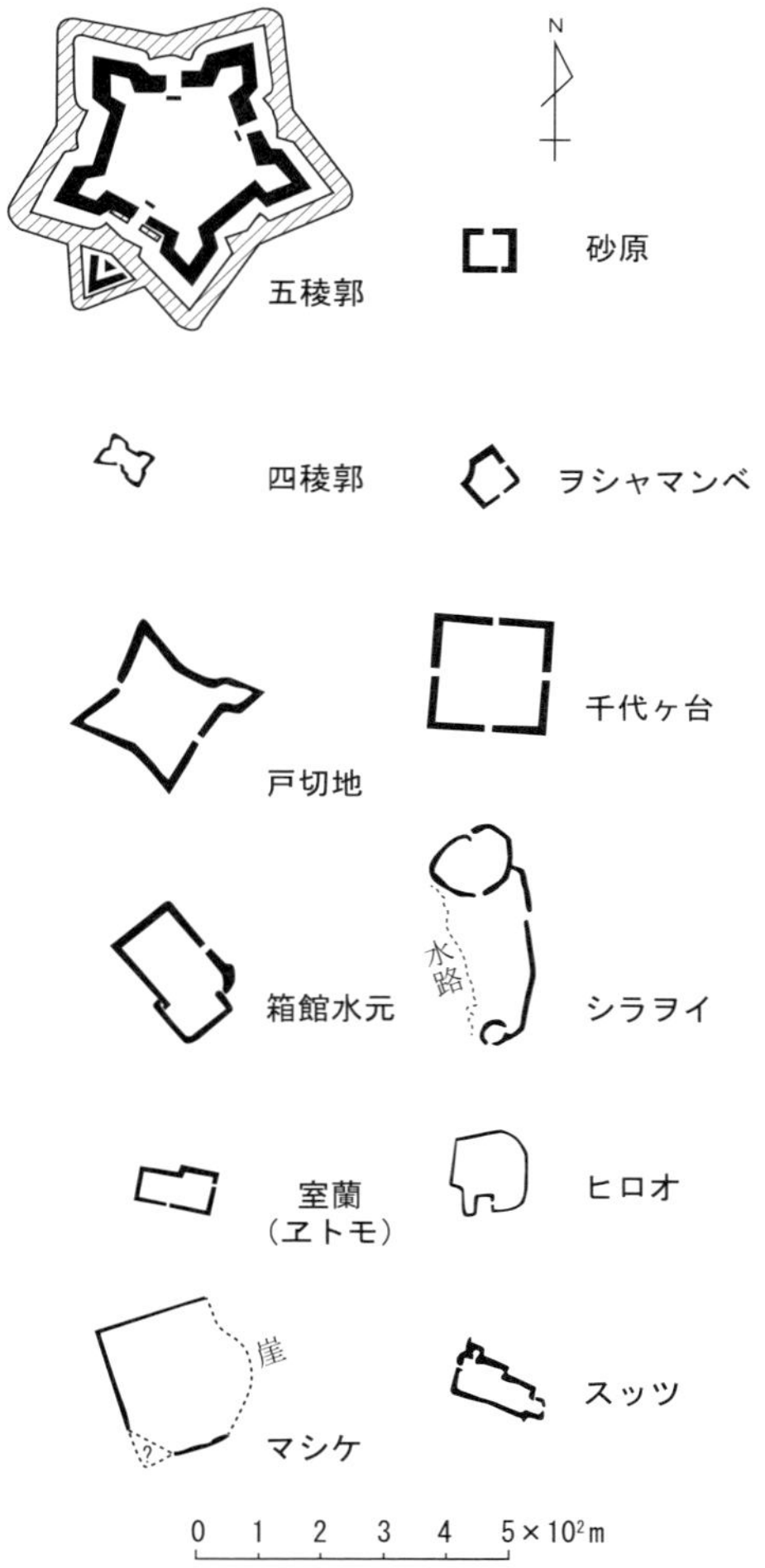

図9-2　第二次幕領期に建設された「陣屋」の囲郭ーその形態と規模（なお，五稜郭と四稜郭を，「陣屋」と比較するべく，参考として示した）

［注］

（1）蝦夷地で各藩が分担警備する地域のなかで、指令の本拠とした施設を元陣屋と称し、分担警備地域内で元陣屋から遠隔の地点に設けられた施設を出張陣屋と称した。元陣屋は、指揮をあおぐ幕府の箱館奉行所に近く、かつ本領にも近い地点に設けられた。一方、警備地域が特に広くて元陣屋からも遠方に及ぶ場合には、複数の出張陣屋が指定されるとともに、それらを補うために屯所と称する下位の施設も設けられた。

（2）表9-1の元陣屋の位置と異なるのは仙台藩で、藩の強い要望によって、ユウフツ〈勇払〉からその西方のシラヲイに変更された（第12章を参照）。松前藩の戸切地は有川村内にあたる。

（3）例えば、警備担当区域が大幅に軽減された秋田藩の場合、元陣屋があったマシケ付近一帯の地が日本海側での飛び地となり、しかも藩領に指定された。

（4）このような視点から包括的に検討したものとして戸祭由美夫（２０００）がある。

（5）幕末蝦夷地の「陣屋」の地形的特徴に関しては平川一臣・澤柿教伸（２０１４）が包括的に論じている。

（6）幕末蝦夷地の「陣屋」の気候的立地環境に関しては木村圭司・財城真寿美ほか（２０１４）で包括的に論じられているほか、財城真寿美・木村圭司ほか（２０１４）が函館に焦点を当てて幕末の気候復元を試みている。

（7）「序　本書の目的」でも挙げた、①『北海道の文化』20号〈特集「陣屋」〉（１９７１）、②『日本城郭大系　１（北海道・沖縄）』（１９８０）新人物往来社、③『国別　城郭・陣屋・要害・台場事典』（２００２）東京堂出版。

［文献］

・木村圭司・財城真寿美ほか（２０１４）「幕末期蝦夷地陣屋の立地した気候」平成22～25年度科学研究費補助金報告書（研究代表・戸祭由美夫）に所収。

・財城真寿美・木村圭司ほか（２０１４）「１８５９―１８６２年の在函館ロシア領事館における気象観測記録から復元した幕末期函館の気候」平成22～25年度科学研究費補助金報告書（研究代表・戸祭由美夫）に所収。

第10章　第二次幕領期における函館平野の「陣屋」

前章で記したように、この第10章では、第二次幕領期において、亀田役所と同じ函館平野で建設された「陣屋」3ヶ所、すなわち、戸切地の松前藩元陣屋、箱館水元の盛岡藩元陣屋、千代ヶ台の弘前藩元陣屋を取り上げることにする（図10-1を参照）。

戸切地の松前藩元陣屋

第二次幕領期における松前藩の蝦夷地での所領は渡島半島南西端の松前近辺に限られており、松前藩の警備担当地域もその所領の東方、木古内から箱館にいたる津軽海峡沿岸とされた。そこで、1855（安政2）年に戸切地に松前藩の元陣屋が建設された[1]。その位置は現在の北斗市野崎で、函館平野を南東方に一望できる段丘面にあり、城郭建設の適地として18世紀から知られていた[2]。

この戸切地陣屋の第1の特徴として、陣屋の設計が蘭学を修めた者によってなされ[3]、五稜郭と同じく西洋式築城法に基づく星形囲郭である点が挙げられる。土塁と濠からなるその囲郭の形態は[4]、東西南北の四方に三角形の突出部を有し、函館平野を望む東の突出部には稜堡が設けられて、6基の砲台が据え付けられていた（図10-2を参照）。このような囲郭に守られた陣屋には、南東側の「表御門」（大手口）と北西側の「裏御門」（搦手口）があって、前者を入るとすぐに蔀《しとみ》一文字土居の両側に「見張所」と「物見」の塔、その奥に陣屋の中核をなす建物1棟、その左右に足軽詰所各1棟、後方に諸士詰所1棟が、それぞれ位置していた。さらに、簡易な土塁で仕切られたその奥の空間に、武器庫、米蔵、炭蔵や武術用地があった。陣屋の面積は1万坪余で、[5]火薬庫だけは「裏御門」外

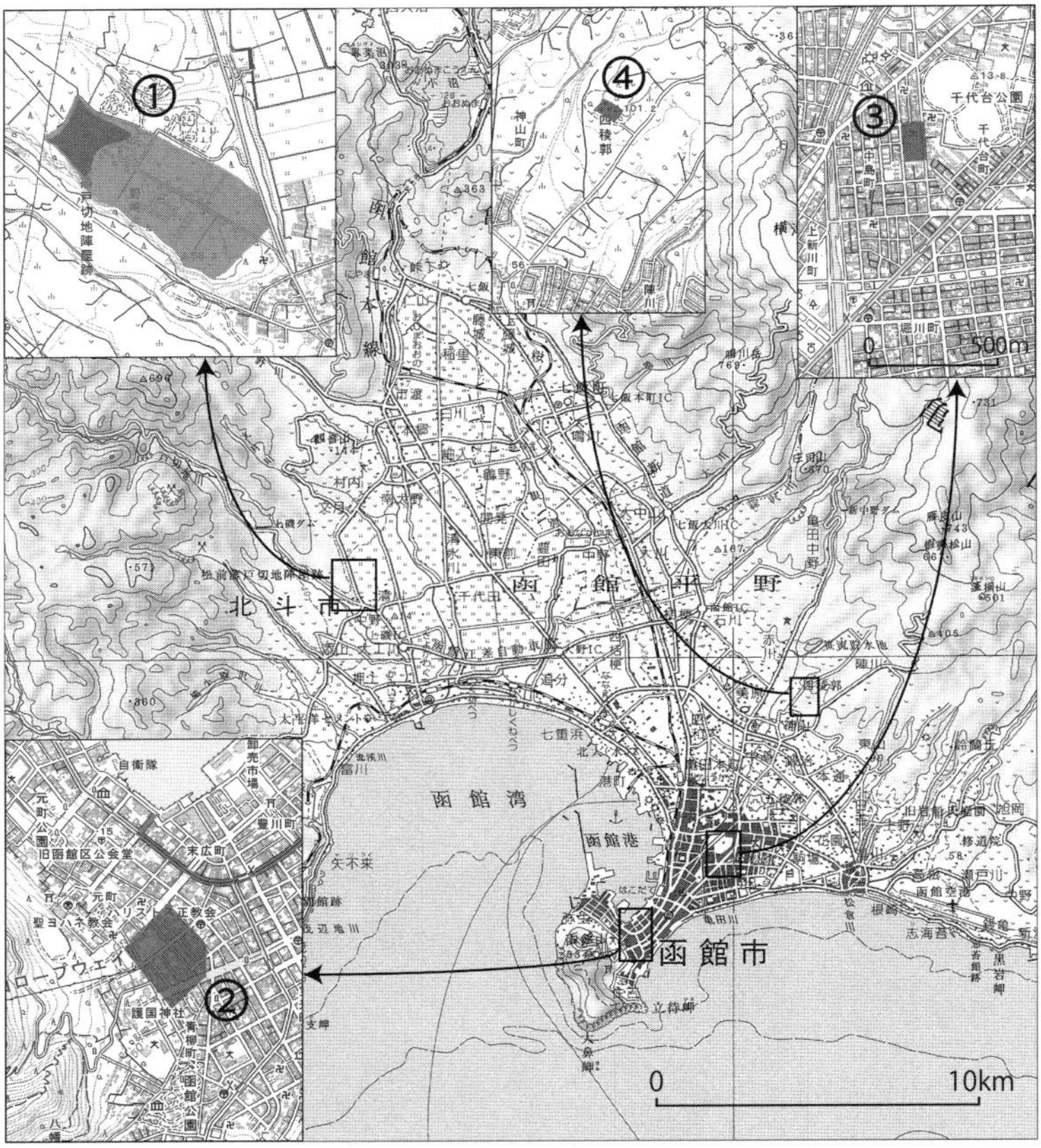

図 10-1　函館平野における第二次幕領期の「陣屋」等の跡地（20 万分の 1 地勢図「函館」（平成 18 年編集）および 2 万 5 千分の 1 地形図「函館」（平成 29 年発行），「七飯」（平成 28 年発行），「五稜郭」（平成 29 年発行）を利用して作成．右上・中上・左上・左下の割図の縮尺は右上に同じ）（なお，「陣屋」等の跡地を示す橙色，黄緑色，桃色は巻頭カラー口絵を参照）
①戸切地陣屋の囲郭（橙色）と勤番屋敷を含む敷地（黄緑色），②箱館水元陣屋の比定地（桃色），③千代ヶ台陣屋の囲郭［土居］の比定地（桃色），④四稜郭（橙色）．

に置かれていた。

第2の特徴は、大手口より南東方に広がる段丘面上に、陣屋警備の家士の屋敷地［勤番屋敷］が直線状の道の両側に各11区画ほぼ均等に設定され、全体で5万坪余の屋敷地が土塁で取り囲まれている点である（図10−3を参照）。そして、五稜郭の北に方形の役人用宅地が集中していた亀田役所の場合と比べると、この戸切地陣屋においては、道に面す家士の家屋の背後に長さ百数十メートルの長地型の農地が配されている点で大きく異なる。また、西洋式星形囲郭と農地を付した屋敷地とが計画的に設けられていることも、幕末蝦夷地の「陣屋」で他に例をみない。

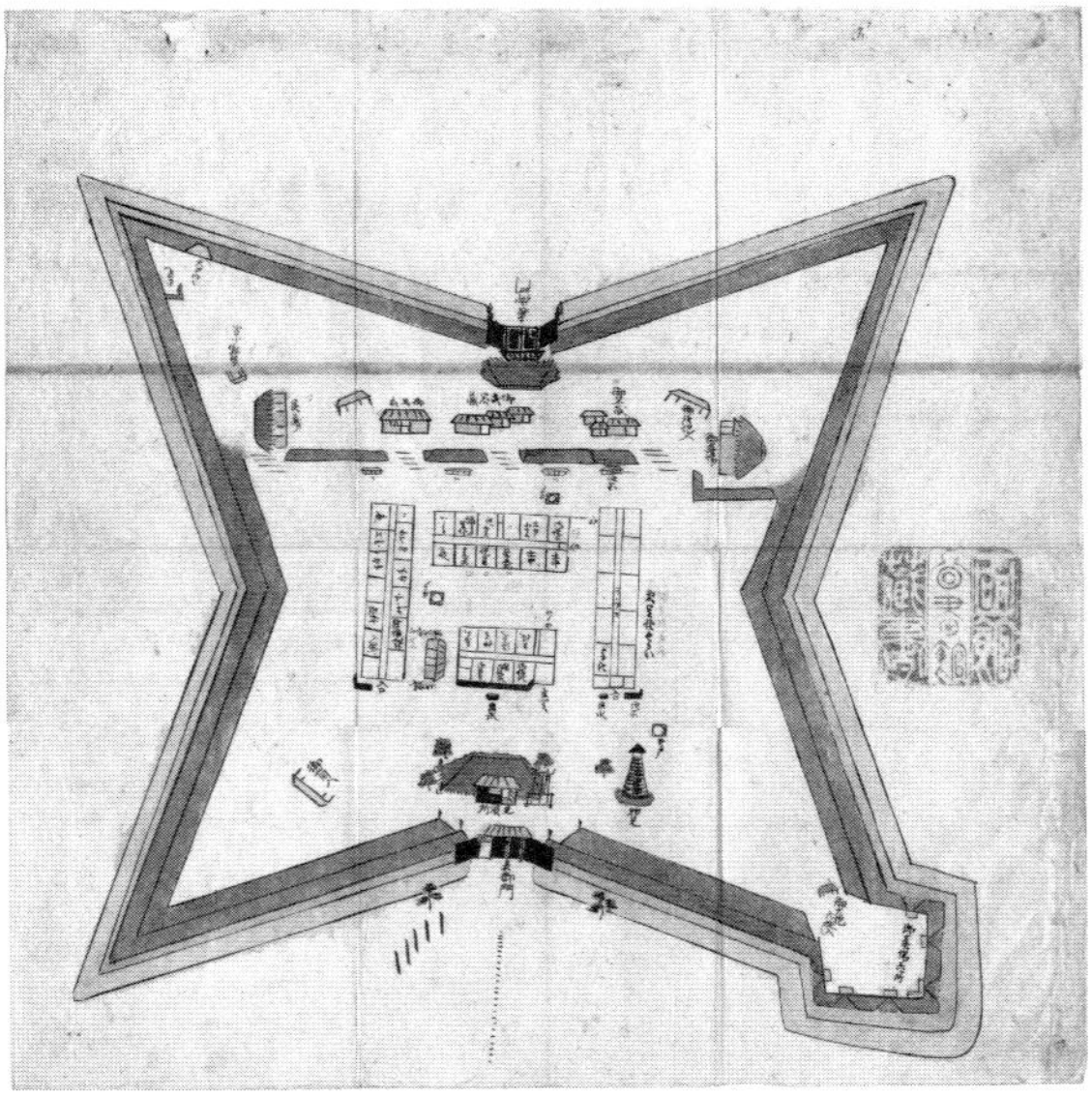

図10-2 「アナタヒラ松前陣家絵図面」（函館市中央図書館所蔵）**2枚のうちの1枚に描かれた戸切地陣屋**

以上のような特徴をもつ戸切地陣屋には、松前藩から百余名が派遣され、半年交代で警備に当たっていたが、明治維新の箱館戦争の際に陣屋を自ら放火して撤収したという。その後、陣屋跡は放置されたままであったが、日露戦争の勝利記念植樹として桜並木が勤番屋敷中央の直線状の道の両側に誕生した。さらに第二次世界大戦後、勤番屋敷の跡地にも徐々に変化がおこり、上磯町上水道施設も建設された。

しかし、１９６５（昭和40）年にこの陣屋の囲郭部分が国史跡に指定されて（１９８７年追加指定）、１９７９（昭和54）年からは上磯町の環境整備事業の一環として囲郭内部の建物跡の発掘調査も進めら

図 10-4　国史跡として保存・整備された戸切地陣屋の跡地（2010年7月撮影）
（上）大手口の復元された表御門と蔀一文字土居
（下）土居の上から稜堡と堀跡をみる

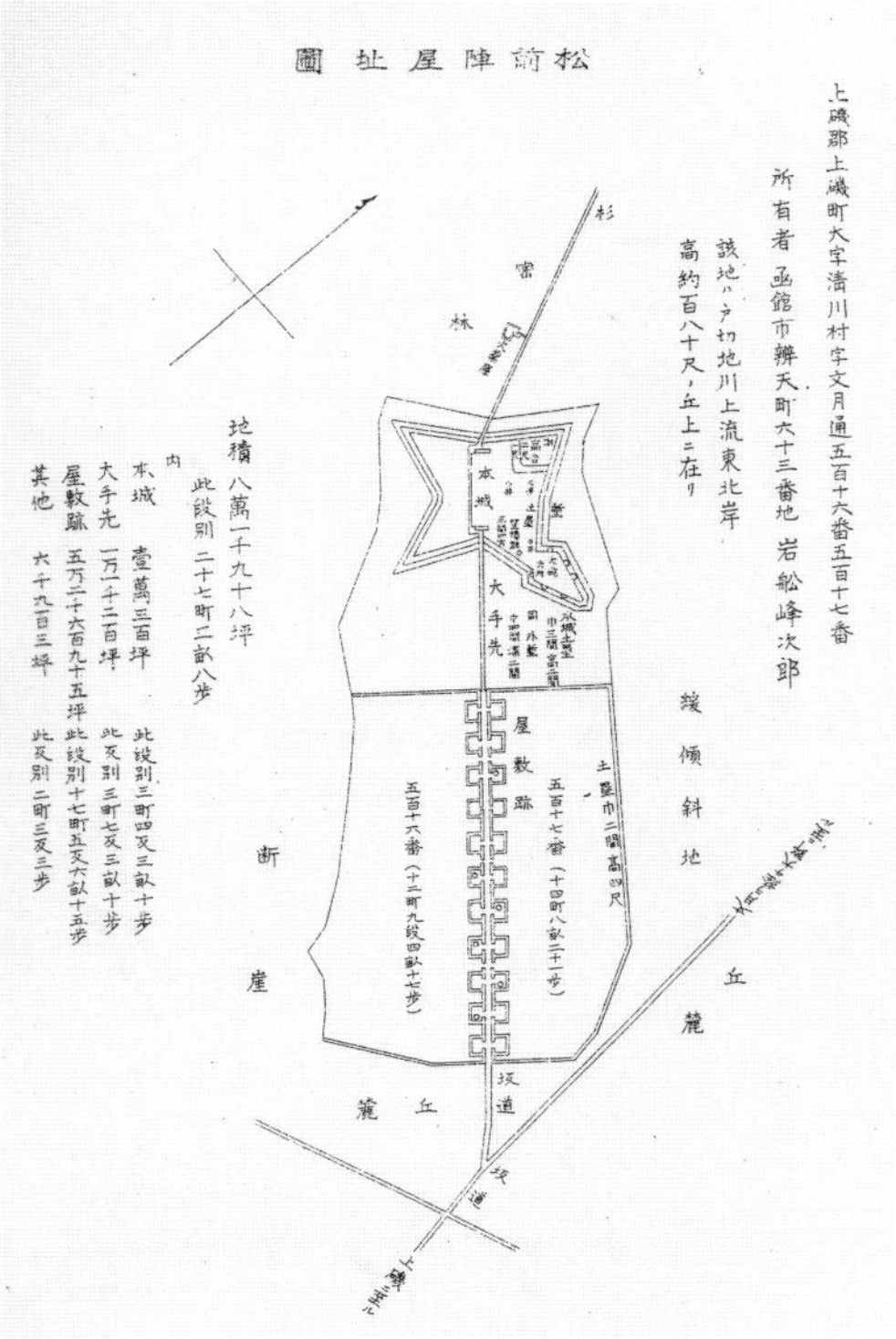

図 10-3『北海道史跡名勝天然記念物調査報告書』（1924）中の「松前陣屋阯」の項（河野常吉執筆）の「松前陣屋阯図」

れ、その成果に基づく史跡の整備保存も国費補助を得てなされている（図10-4を参照）。

図10-5は1976年9月撮影のカラー空中写真で、戸切地陣屋の特徴が明瞭にうかがえる。すなわち、西洋式星形囲郭の土塁上には樹木が茂り、囲郭の前方に直進する桜並木の両側には勤番屋敷跡を示す細長い農地―幅は均一ではなくなったが―が段丘面上に広がる。そして、函館平野西端を限る南南東～北北西方向の活断層に沿う道を境として、その東方に広がる水田と著しいコントラストをなしている。

箱館水元の盛岡藩元陣屋

盛岡藩は、第一次幕領期の当初から蝦夷地の常時警備を命じられていたので、その期間、函館山の東麓に屋敷地をもち、盛岡から赴任した百名を超える藩兵が詰めていた（図1-1を参照）。第一次幕領期後半の１８１６（文化13）年7月における状況を示した絵図によれば（図10-6を参照）[6]次のようであった。すなわち、周囲４百余間の敷地主要部は土塁や柵によって守られており、「表御門」に面した主屋（「御本屋」）をはじめ、長屋・蔵・材木小屋・火見櫓など

図10-5　1976年9月撮影のカラー空中写真（C　HO-76-20　C7A-2）にみる戸切地陣屋の跡地一帯

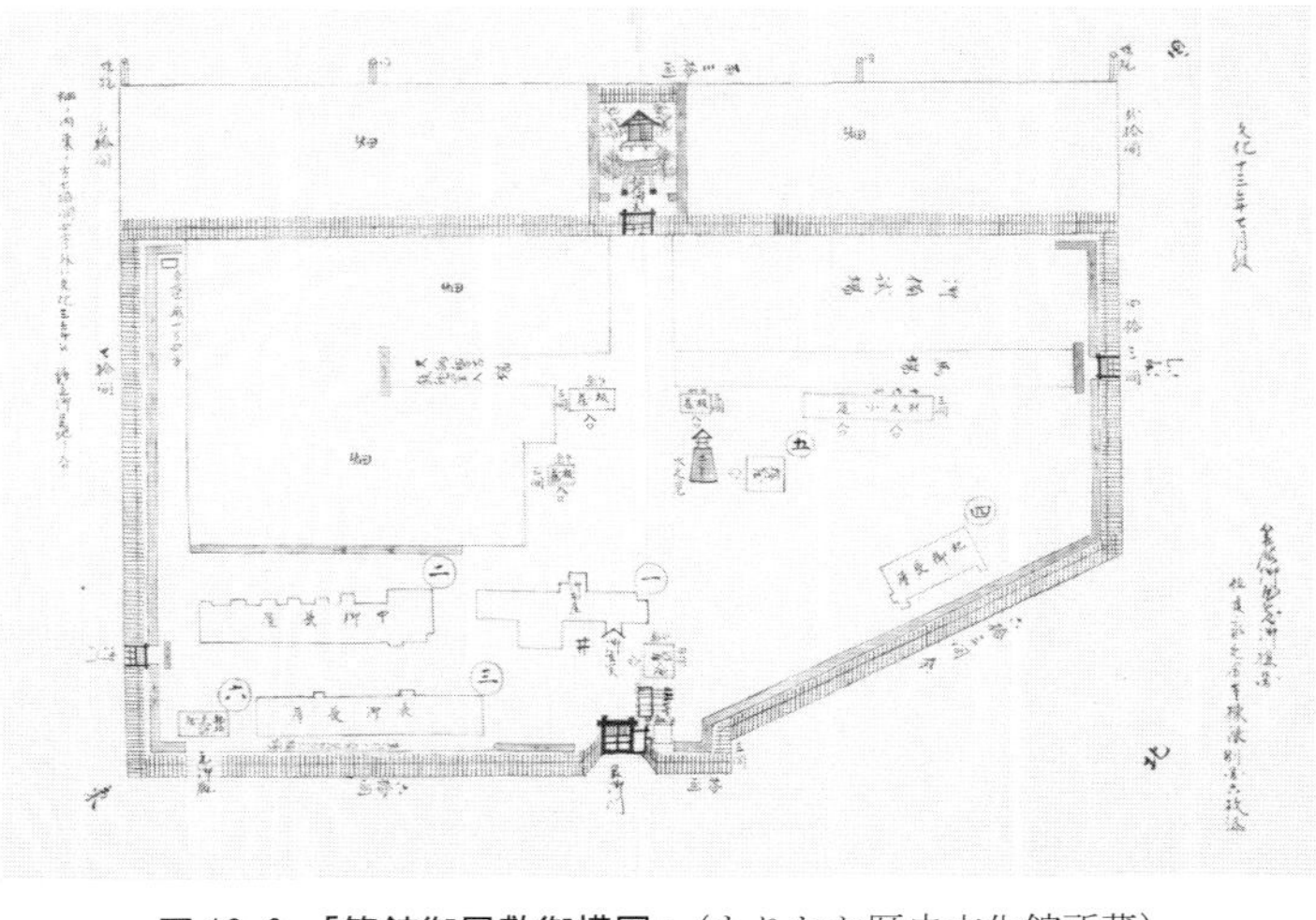

図10-6　「箱館御屋敷御構図」（もりおか歴史文化館所蔵）

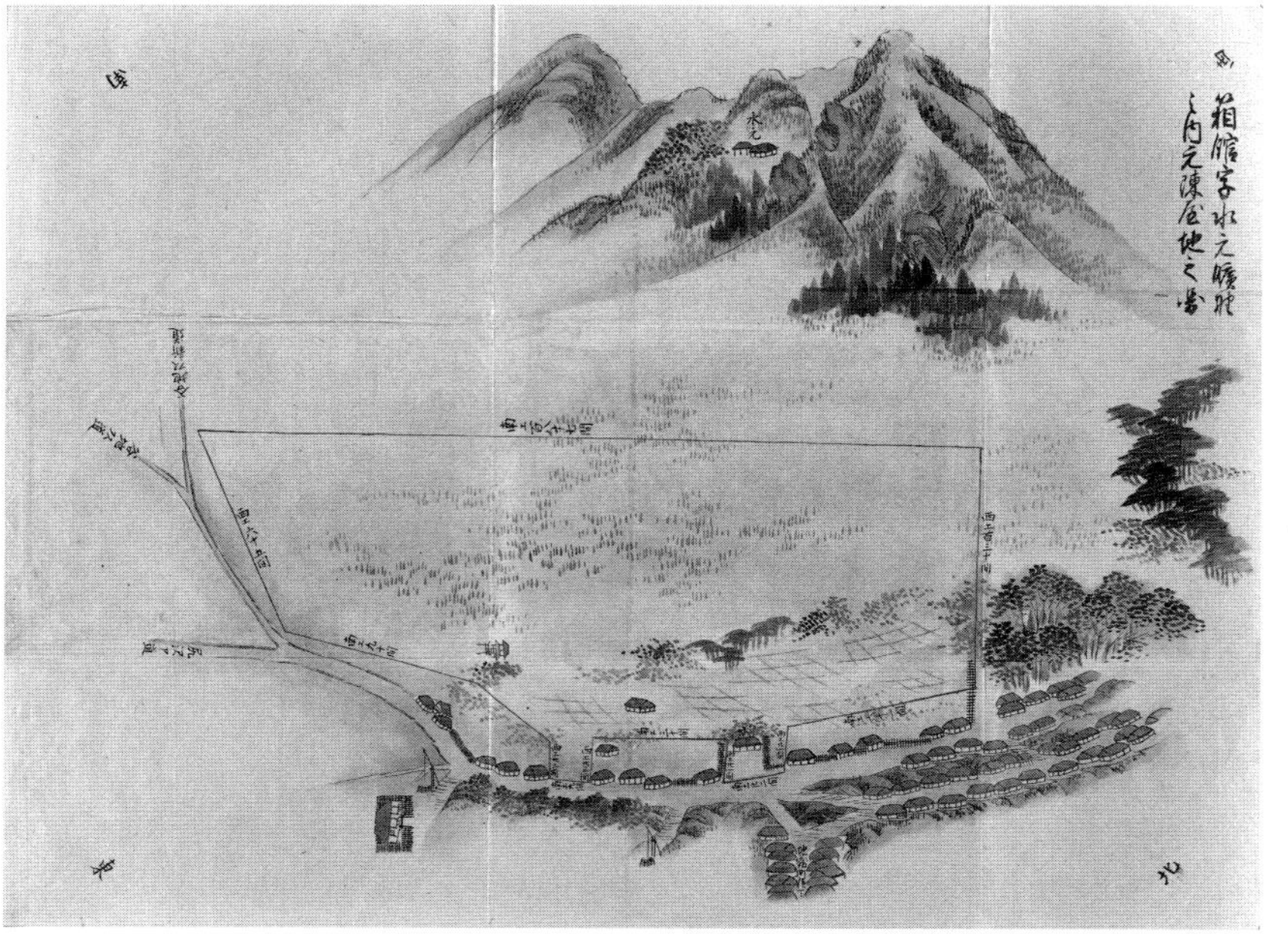

図 10−7　「箱館字水元曠野之内元陣屋地之図」（もりおか歴史文化館所蔵）

の建物と、鉄砲などの稽古場や馬場が配されていた。さらに敷地奥の柵の内外には畑もあって、最奥には稲荷社も祭られていた。

第二次幕領期になると、盛岡藩は直ちに1855（安政2）年4月、警備担当地の調査に蝦夷地付留守居兼目付の上山半右衛門以下の藩士などを派遣した。[7] 彼ら調査一行は、第一次幕領期の屋敷地跡一帯の原野および畑に跡地よりはるかに広い陣屋敷地を占定し（図10−7を参照）、その予定地の微地形・土地利用・道を記入した測量図（図10−8）、居住用途別の建物配置とそれらを取りまく土塁・堀を記入した建築予定図（図10−9）、建物各棟の間取り・入居予定兵種を詳細に大縮尺で記した図（図10−10）、さらには陣屋予定地を含む箱館全域の地図2種[8]（図10−11を参照）などを随時藩へ送付するとともに、最終的に同年11月に盛岡へ帰国して、成果を藩主に報告している。[9]

盛岡藩は、調査一行によるこのような復命にもとづいて、警備担当地全体を統括する元陣屋を箱

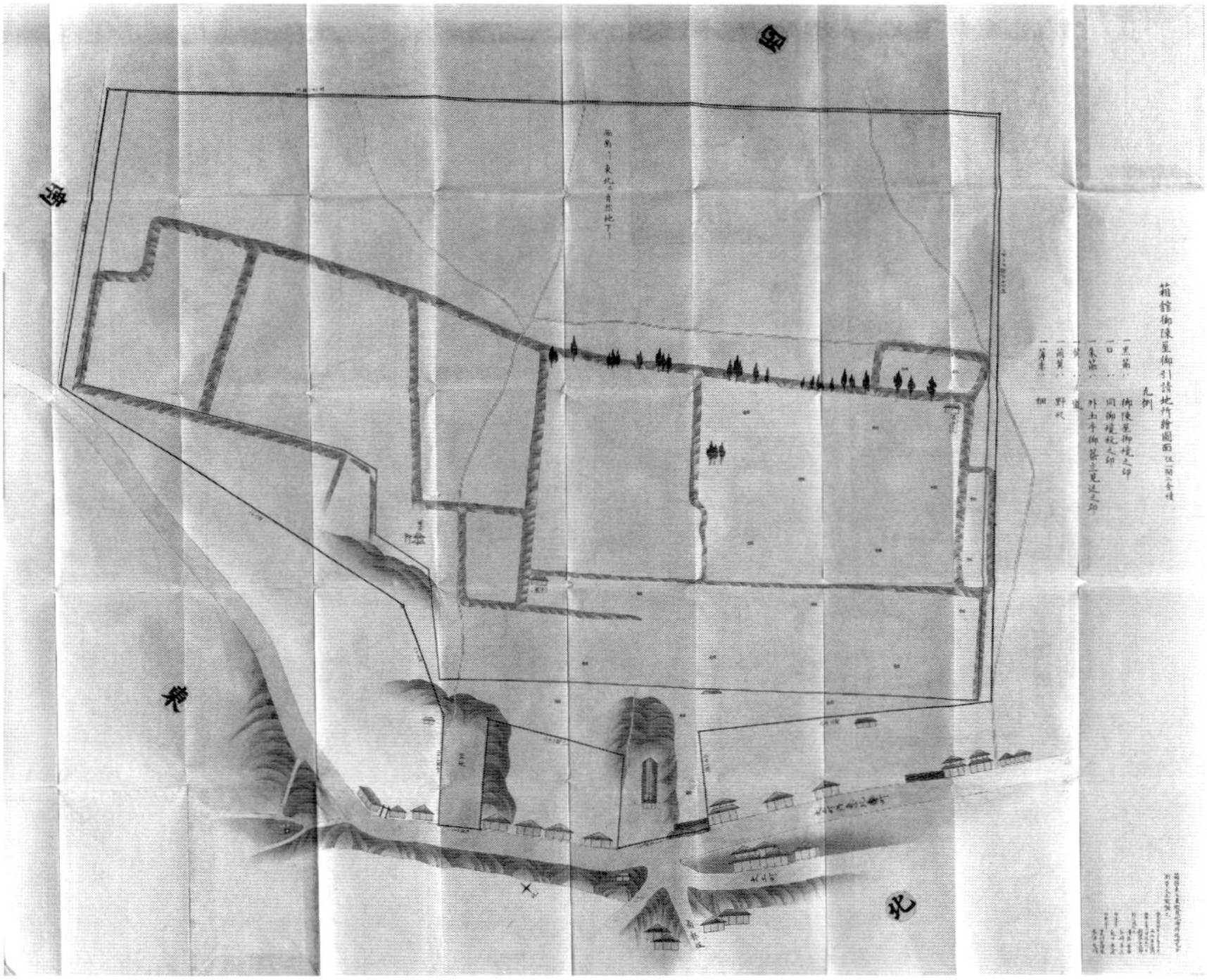

図 10-8 「箱館御陳屋引請地所絵図面　但一間二分積」（もりおか歴史文化館所蔵）

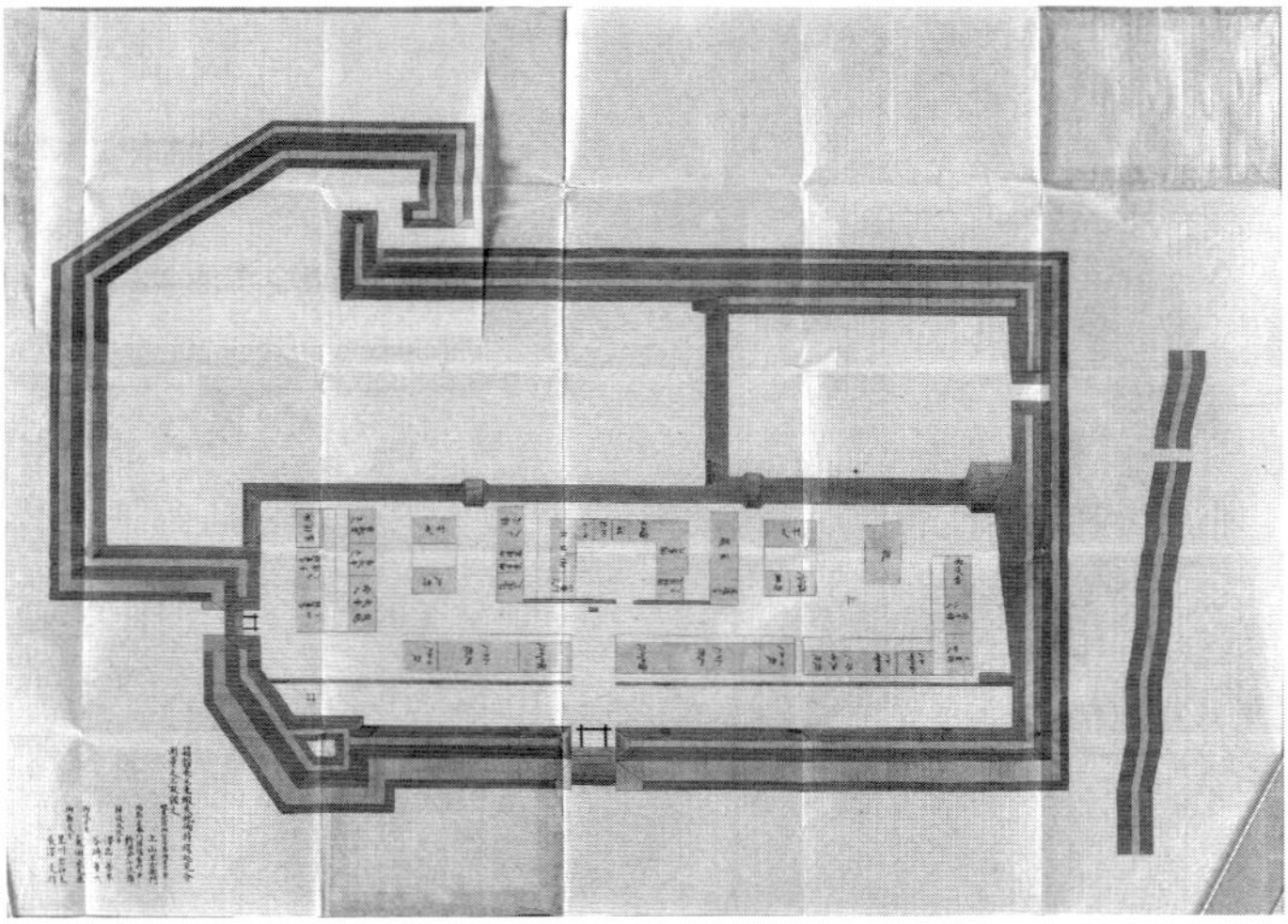

図 10-9 「箱館水元御陣屋縮図　坤ノ一」（もりおか歴史文化館所蔵）

館水元に建設し、多数の藩兵をこの陣屋に滞在させるとともに、噴火湾岸の室蘭〈モロラン〉（別名ヱトモ）出張陣屋や砂原〈サ

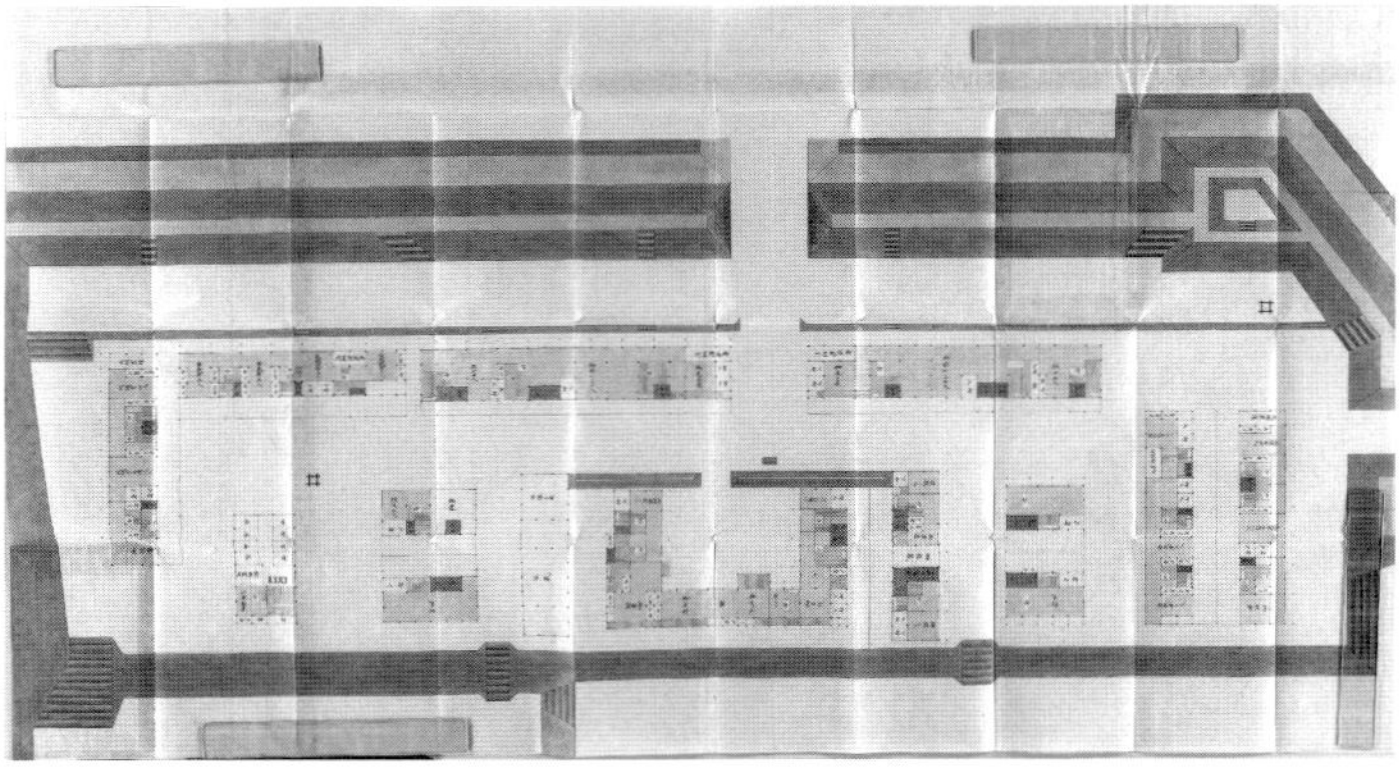

図 10-10 「箱館表水元御陣屋建図　縮図坤ノ一ノ二」（もりおか歴史文化館所蔵）**の主要部**

図 10-11 「箱館表之図一」（もりおか歴史文化館所蔵）**の部分**

ワラ〉屯所およびヲシャマンベ屯所へ派遣する藩兵の一時的滞在地としても利用した。そのため、当初計画の建物の主要部に変化はなかったものの、各棟内部の用途・兵種に異動があったようで、１８６０（万延元）年６月作製の「箱館水元御陣屋一間二分縮図」（もりおか歴史文化館所蔵、図10-12）には「但御小屋割之儀ハ御人数之衆寡ニ寄リ其節々相異可有之筈」と注記されており、図10-9と比べると各棟の用途・兵種に大きな相違が見られる。なお、盛岡藩の場合、元陣屋たる箱館水元のほか、箱館市中に留守居の屋敷地が別途設けられ[10]、市街の北方には広大な秣場もあった[11]。

明治維新になってこの箱館水元の盛岡藩元陣屋は廃棄され、その跡地が市街の宅地に隣接していたため、明治年間に一般宅地化してしまった。現在では、かつての元陣屋の正面入口に向かう坂道に「南部坂」の名が付けられ、その坂の北西側に「南部藩陣屋跡」の説明板が設けられている[12]。そこで、上述のような幕末の絵図をもとにして、ＧＩＳの手法でかつての元陣屋の３次元復原表示を試みた平井松午（２０１４）の成果を図10-13に示しておく[13]。

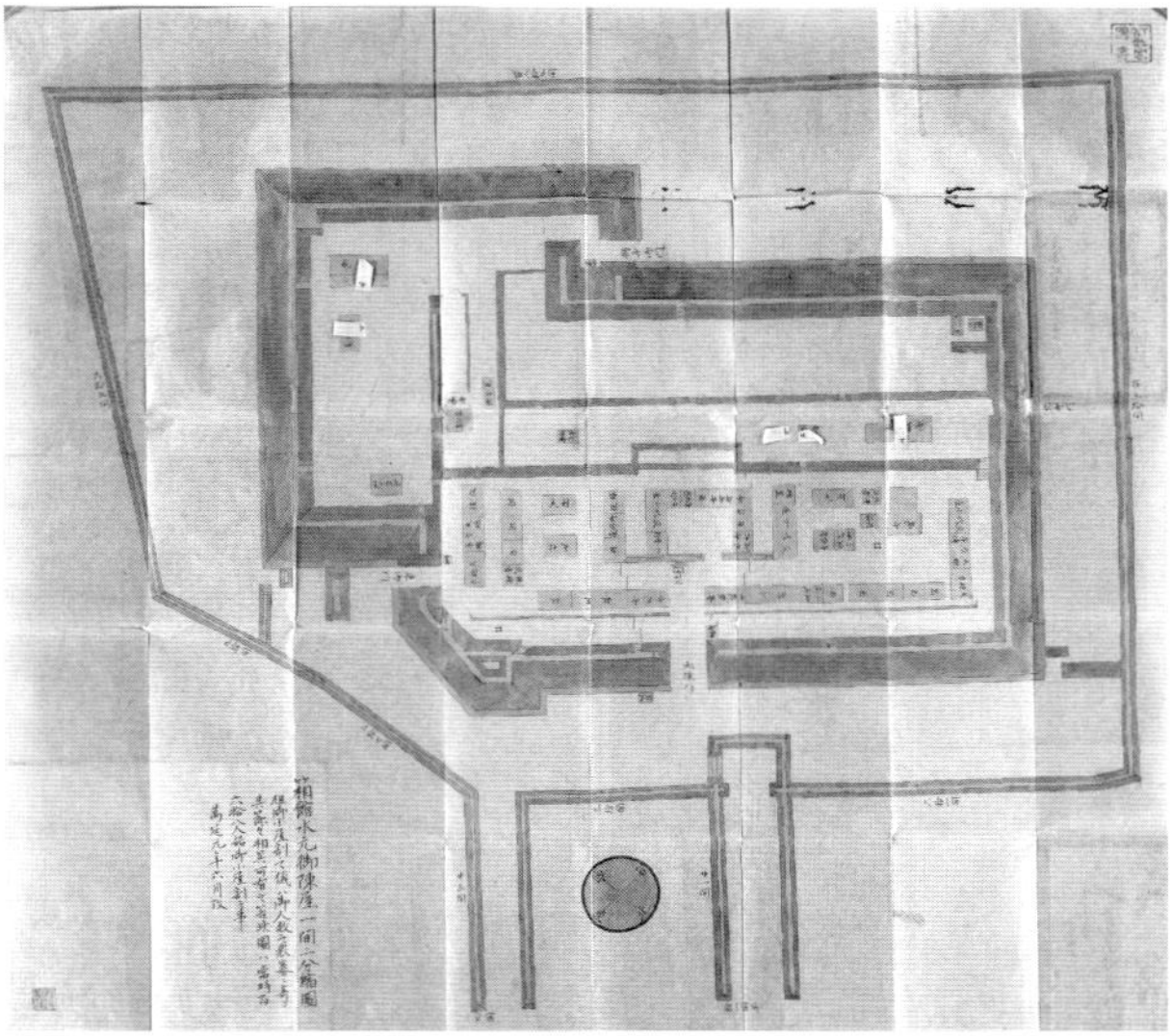

図 10-12　「箱館水元御陣屋一間二分縮図」（もりおか歴史文化館所蔵）

図 10-13　箱館水元の盛岡藩元陣屋の 3 次元復原図（平井松午, 2014）（現在の地名を（　）書きで原図に追加）

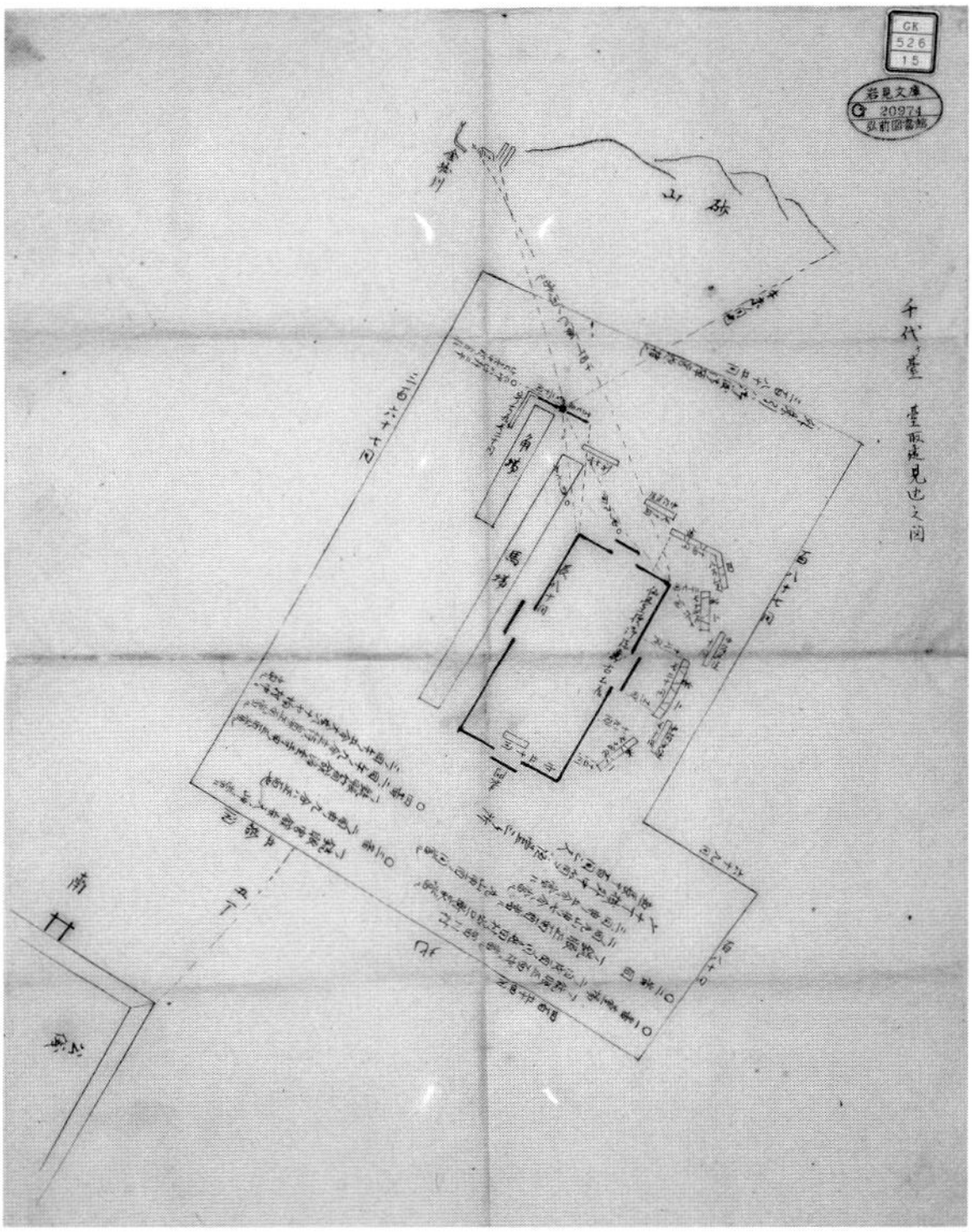

図10-14 「千代ヶ台　台取建見込之図」（弘前市立弘前図書館所蔵）

千代ヶ台の弘前藩元陣屋

弘前藩は、盛岡藩と同様に、第一次幕領期の当初から蝦夷地の常時警備を命じられていたので、その期間、函館山の北麓に屋敷地を有し、蝦夷地警備のために弘前から派遣された藩兵が滞在するとともに、さらに奥地へ向かう基地となっていた（第１章と第８章を参照）。

第二次幕領期になると、仙台藩が第一次幕領期に陣屋を構えた箱館市街北方の千代ヶ台[14]に新たな元陣屋を建設することになり、早くも１８５５（安政２）年10月にその元陣屋が落成して、弘前藩兵が新しい元陣屋へ移ったという（『新北海道史９［史料３］』１９８０年の年表）。そして、明治前期に編集された弘前藩関係の史料集によれば、その規模は東西95間・南北１０３間、郭内は東西72間・南北80間で坪数５３７１５・建坪９７８５で、周囲に土居と空堀を巡らせていたとされる（『新編弘前市史　通史編２［近世１］』２００２年）。しかし、弘前市立弘前図書館所蔵の「箱館千代ヶ台御陣屋取建之図」（全41枚、以下、陣屋取建図セットと呼ぶことにする）[15]ほかの絵図類などを詳細に検討した戸祭由美夫ほか（２００９Ｂ）によれば、陣屋建設プランは細部にわたって何度もめまぐるしく変更されたことが明らかとなった。

その陣屋取建図セットには、仙台藩の旧陣屋を見分して作成された全体図（図10‒14）と、その旧陣屋の中核をなす囲郭（土居と記されている）内部の図（図10‒15）が含まれており、第一次幕領期の仙台藩千代ヶ台陣屋について以下のような概要がよくわかる。[16] すなわち、北側４５４間・南側３８５間・東側３６７間で西側がくびれた変形の15万余坪の広大な敷地の中に、南北方向に柵建てされた長方形の土居（下幅5間・上幅1間・高さ2間）があり、その北側中央の「表御門」ほか三方に開いた出入り口の外に一文字土居が設けられていた。この土居の内部のスペースは東西方向50間・南北方向80間、面積４０００坪で、東西25間・南北7間の「本陣」２棟を中央に、

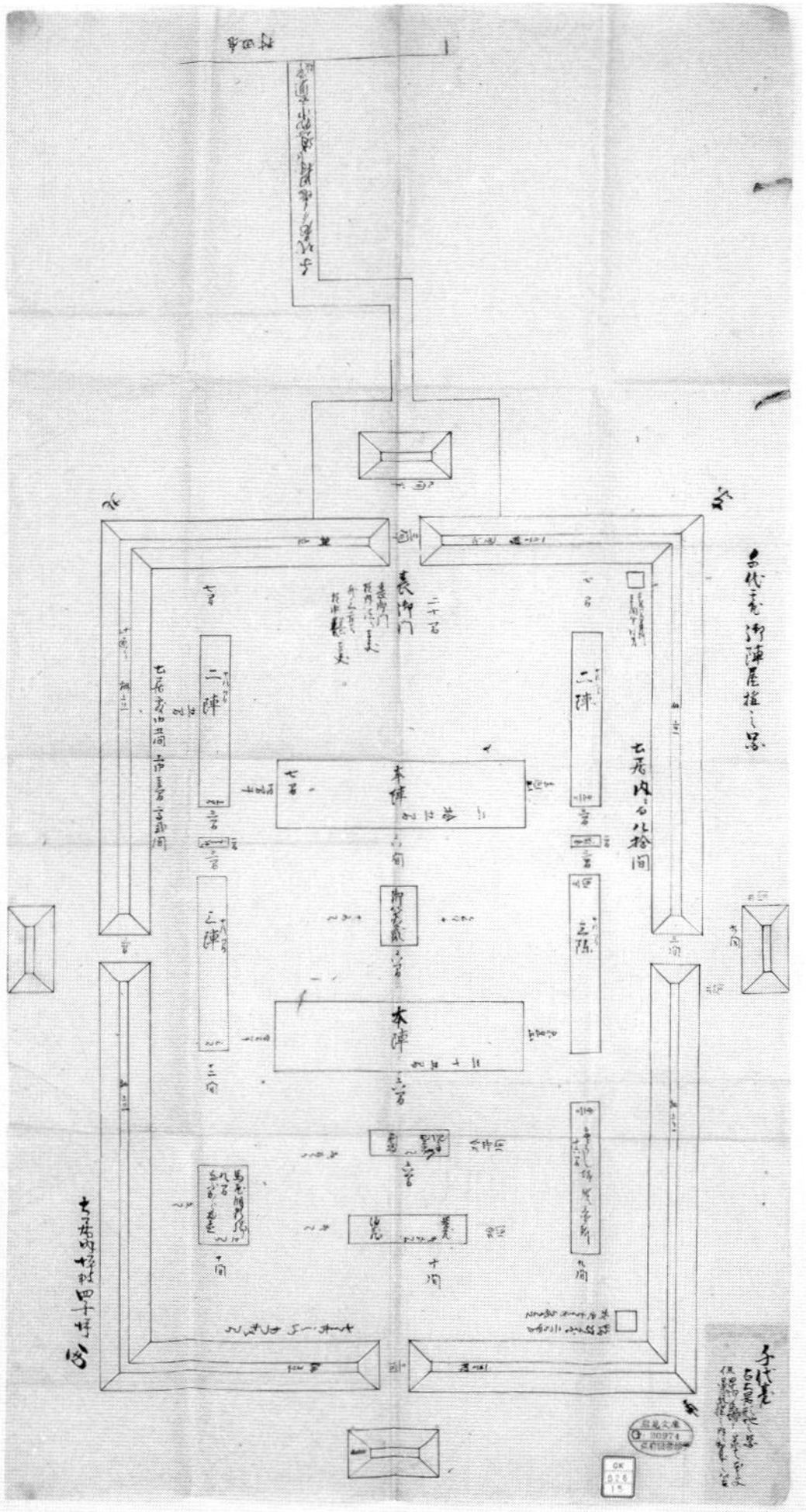

図10‒15　「千代ヶ台御陣屋構之図」（弘前市立弘前図書館所蔵）

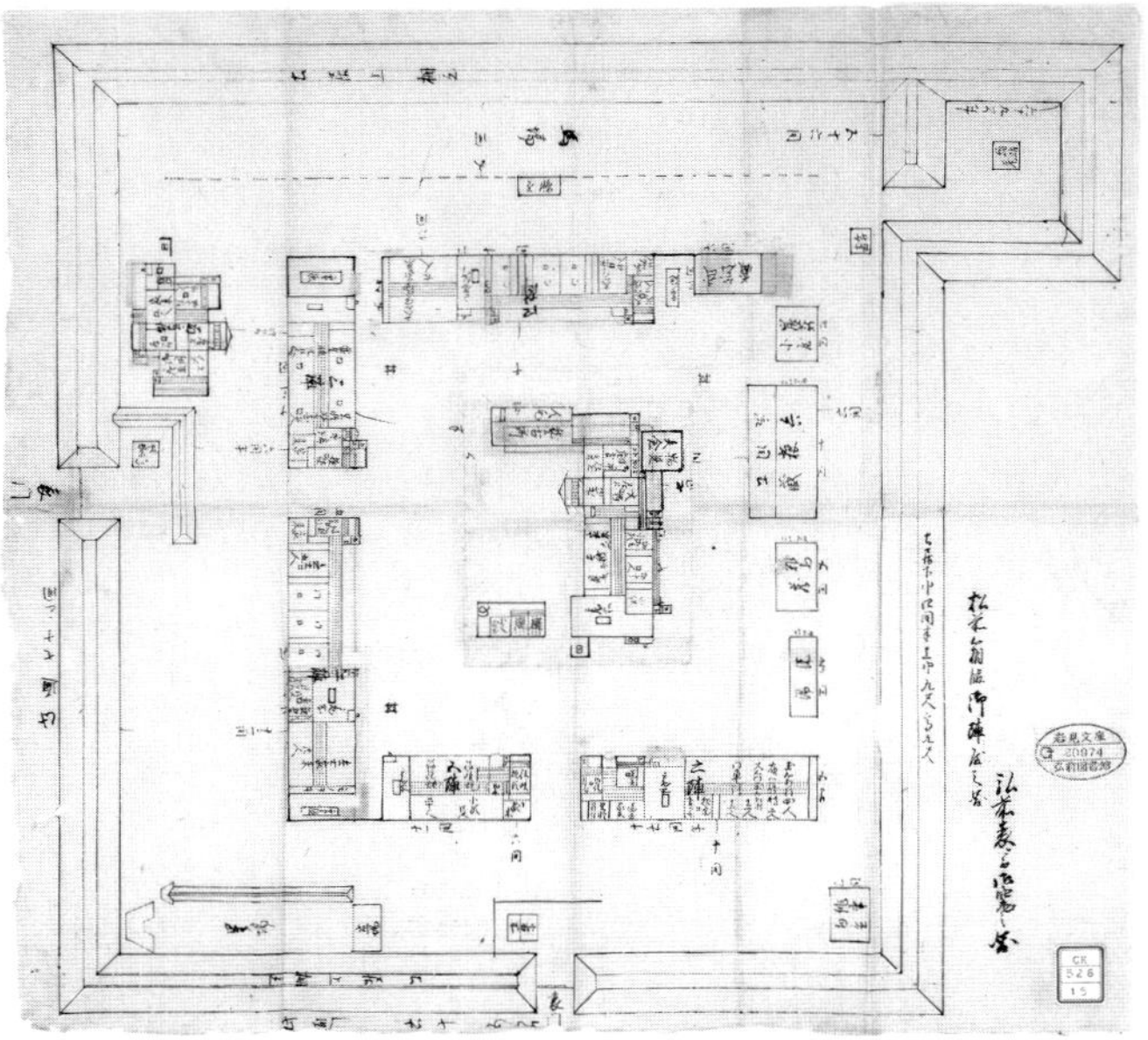

図10-16　「松前箱館御陣屋之図／弘前表ニ而御覧之図」（弘前市立弘前図書館所蔵）

東西18間・南北3間の「二陣」・「三陣」各2棟などが設けられていた。一方、この土居の外には、東南側に「馬場」と「角場」が並び、北西側には一～四番台場があって、特に図10-14では、各台場の銃眼について詳しい記述がなされていることが注目される。なお、この図10-14に描かれている2つの地物、すなわち陣屋敷地北端から北（下方）へ5丁の距離にある方形の「公儀」は新設の亀田役所の外郭を表し、図の上方の「砂山」は函館半島東岸の砂丘を示すと推定される。

以上のような第一次幕領期の仙台藩千代ヶ台陣屋を引き継いだ弘前藩は、土居の形状を大きく改変して、[17] その内部のスペースに設ける建物群などの配置も一新するプランを作成した。このプランは、その概要を幕府に届け出るとともに、弘前藩主にも披露された。図10-16は後者にあたる図面で、土居内部の東西方向64間・南北方向56間のスペースに、中央に位置する「本陣」を「二陣」～「六陣」と各種の蔵が取り巻き、「馬場」と「角場」も土居内に取り込むとともに、「焔硝蔵」を取り巻く土居を南東隅に突出させている。陣屋取建図セットには、これら新たなプランに則った「本陣」ほかの建物の詳細な間取り図や「表御門」「裏御門」「物見櫓」の立面図さえ含まれている。

しかし、陣屋取建図セットの中には、図10-16に比べて、土居の形状のみならず、土居内部のスペースに設けられている「本陣」ほかの建物の位置・形状ともにさまざまに異なる図面が多数ある。そのうち、土居の形状に注目してみると、図10-16では南東隅に突出していた「焔硝蔵」を取り込む形で、土居内部が東西72間・南北80間と東西幅・南北幅ともに広がって正方形に近くなった点は同じだが、出入り口の構えはさまざまである。しかも、土居全体の形状とその内部の建物群を描いた平面図に、建物プランを修正する貼紙が各所に付された例も複数ある。当然ながら、土居内の主要な建物の名称・位置・間取りもめまぐるしく変化しており、「星場」「矢場」

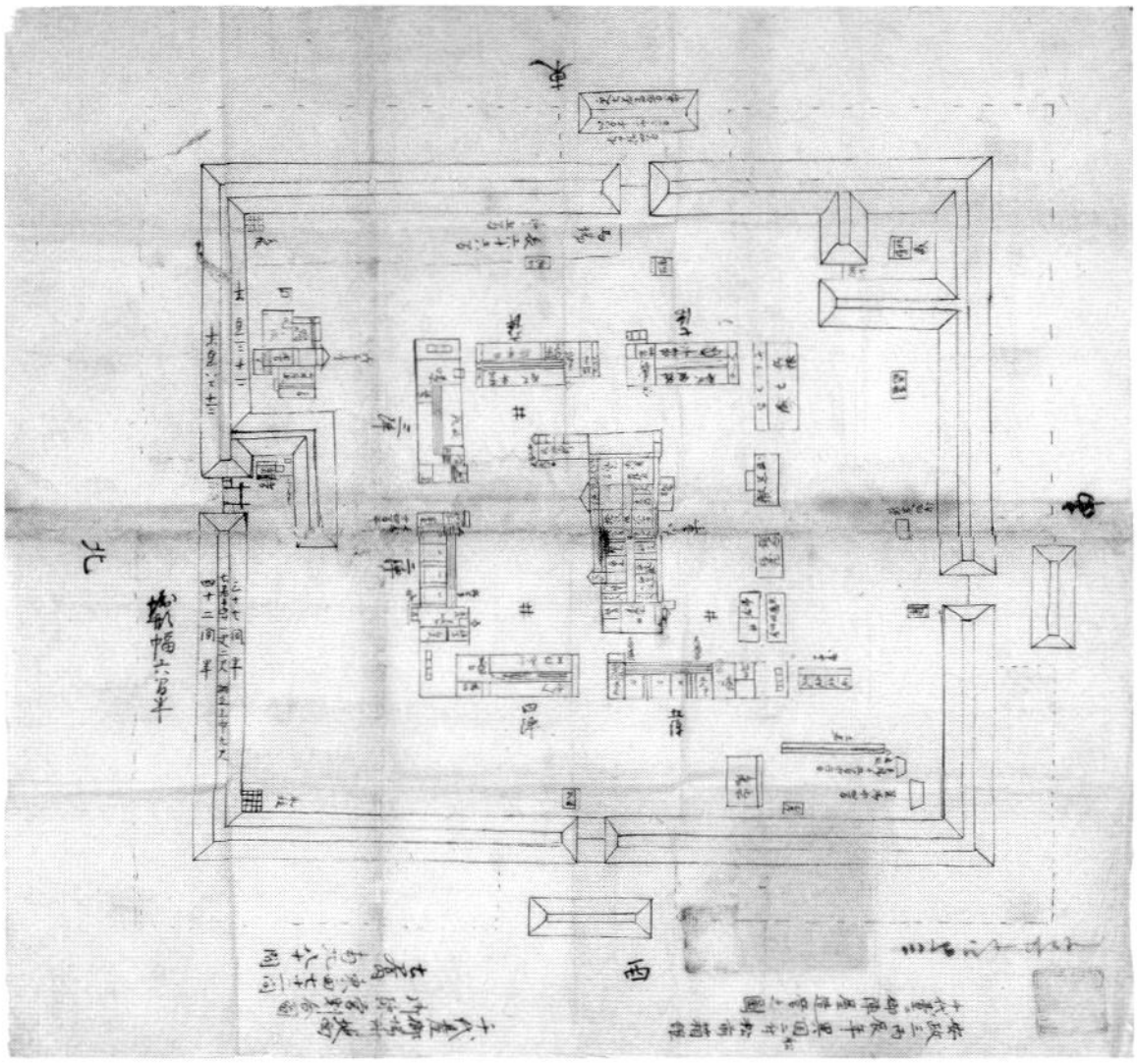

図 10-17　「松前箱館千代ヶ台ニ御陣屋造営之図」（弘前市立弘前図書館所蔵）

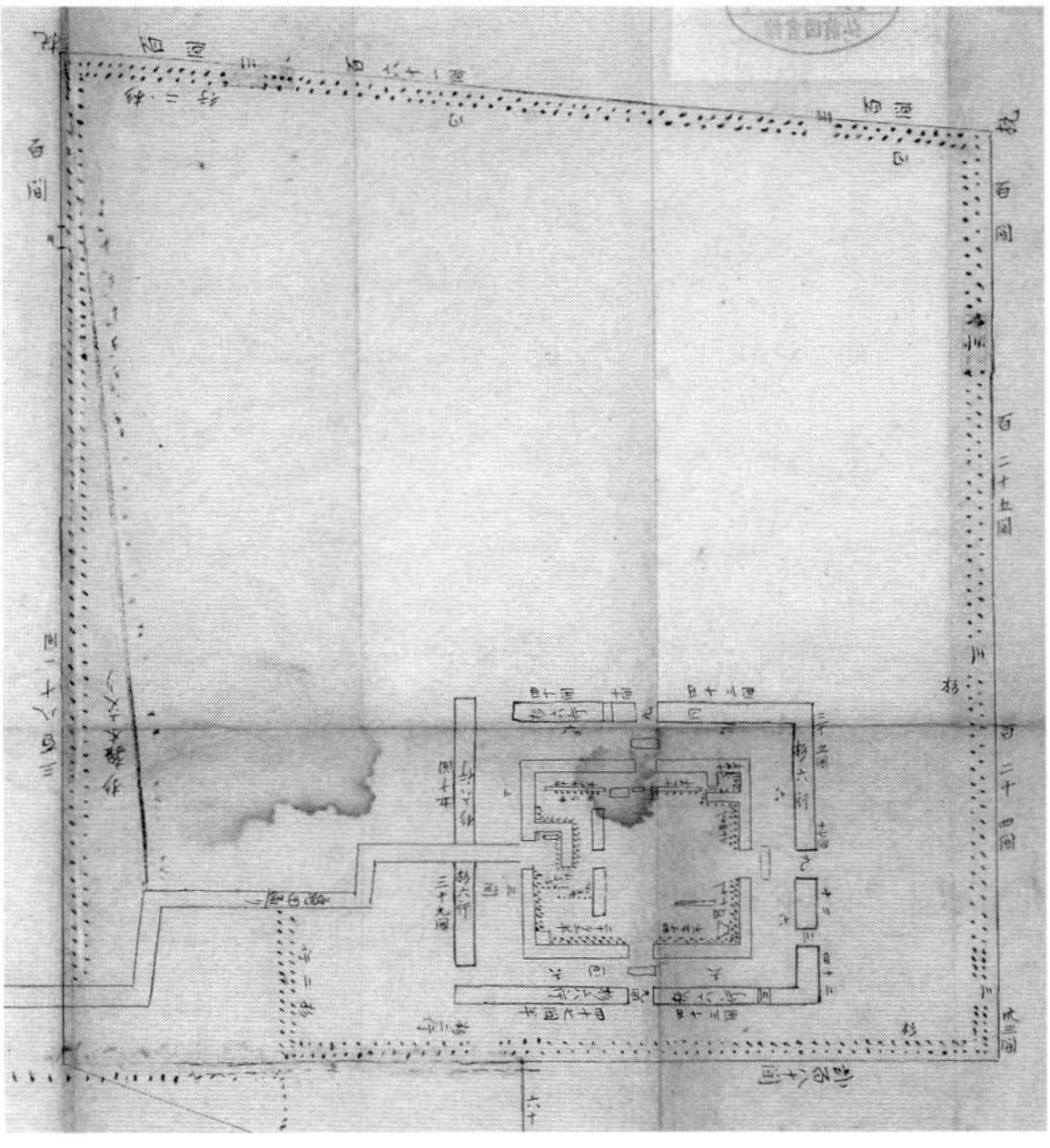

図 10-18　「千代台御陣屋杉植付図」（弘前市立弘前図書館所蔵）**の主要部**

といった軍事訓練の場所にも移動がある。このような千代ヶ台陣屋プランの変容は、陣屋に収容される藩兵の異動に対応したものであることが、土居内の個別の建物ごとにその呼称・形状・間取り・用途の変化を記した複数の図面から明らかである。

そして、安政三丙辰年（1856年）の年紀をもつ「松前箱館千代ヶ台ニ御陣屋造営之図」（図10-17）に至って、やっと土居の形状と内部の建物の呼称や用途が定まった。この図10-17を見ると、土居に囲まれた陣屋の規模は東西72間・南北80間で、土塁の四周に幅6間半の堀も廻らされて防備も強固になった。[18] 土居内には、中央の本陣の四方を取り囲むように「一陣」～「七陣」や各種の蔵などの建物が配置され、「馬場」や「星場・矢場」も土居内の北東隅と南西隅に設定されている。

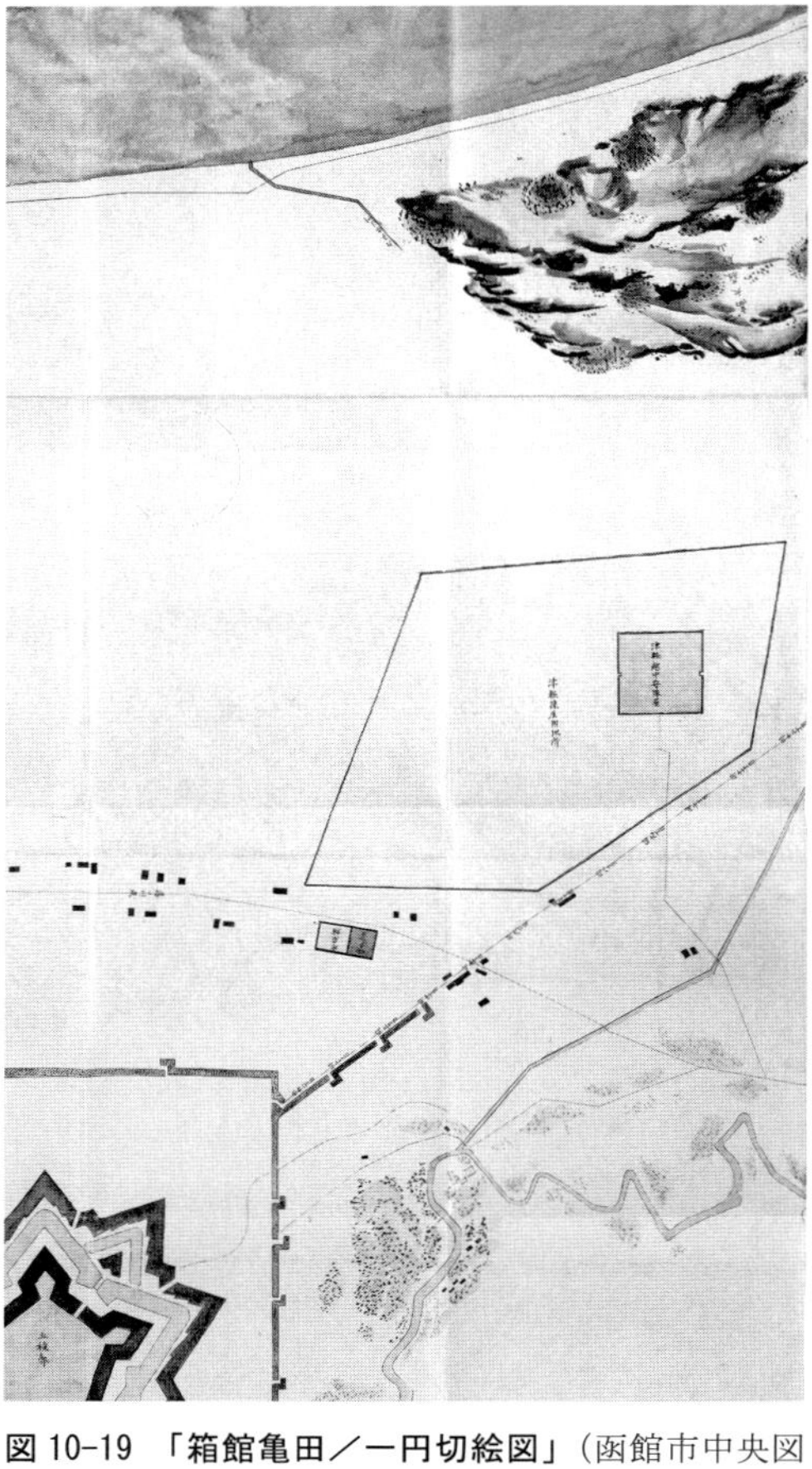
図 10-19 「箱館亀田／一円切絵図」（函館市中央図書館所蔵）の「人」舗の一部（上が南である）

さらに、「千代台御陣屋杉植図」（図10-18）によれば、1857（安政4）年5月上旬に、この土居の内側のみならず、土居から3～6間離れた外周や陣屋敷地境界に、合わせて杉1万株ほか多様な樹種を植付けたという。[19]

とりわけ土居の外周に杉の苗を6列も植栽予定というのは、周辺に比して小高い陣屋を風雪から守るためでは

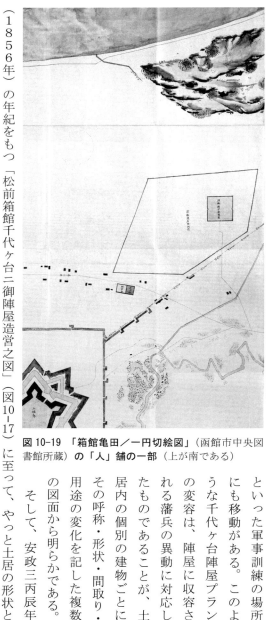

ないかと推測される。またこの図10‐18からは、広大な敷地の中で土居が西端に偏った位置を占めていたことや、陣屋の表御門から北に向かう道も複数度屈曲するように作られていたことも判明する。[20] その後も、陣屋敷地の形状は大きく変化したようで、１８６２（文久２）年の「箱館亀田／一円切絵図」では、箱館市街から亀田役所外郭の南西端へ直進する道に添って、扁形五角形の広大な「津軽陣屋付地所」が明示され、その西寄りの一画に黄色に着色された方形の「津軽越中守陣屋」が描かれている（図10‐19を参照）。

明治維新になって弘前藩が蝦夷地から撤兵後、旧幕府軍がこの千代ヶ台陣屋を占拠したが、１８６９（明治２）年５月16日に新政府軍が攻撃・占領した。その後、陣屋跡は荒地となっていたが、１８８３（明治16）年に青森歩兵第５連隊の大隊駐屯地となり、その翌年には函館監獄署もかつての陣屋敷地の西端に新築された。陸軍用地はさらに周辺にも拡大されたが、函館市街地の拡大にともなって、監獄署跡地も含めてかつての陣屋敷地周辺一帯が大正末期から市街地化して中島町と呼ばれるように

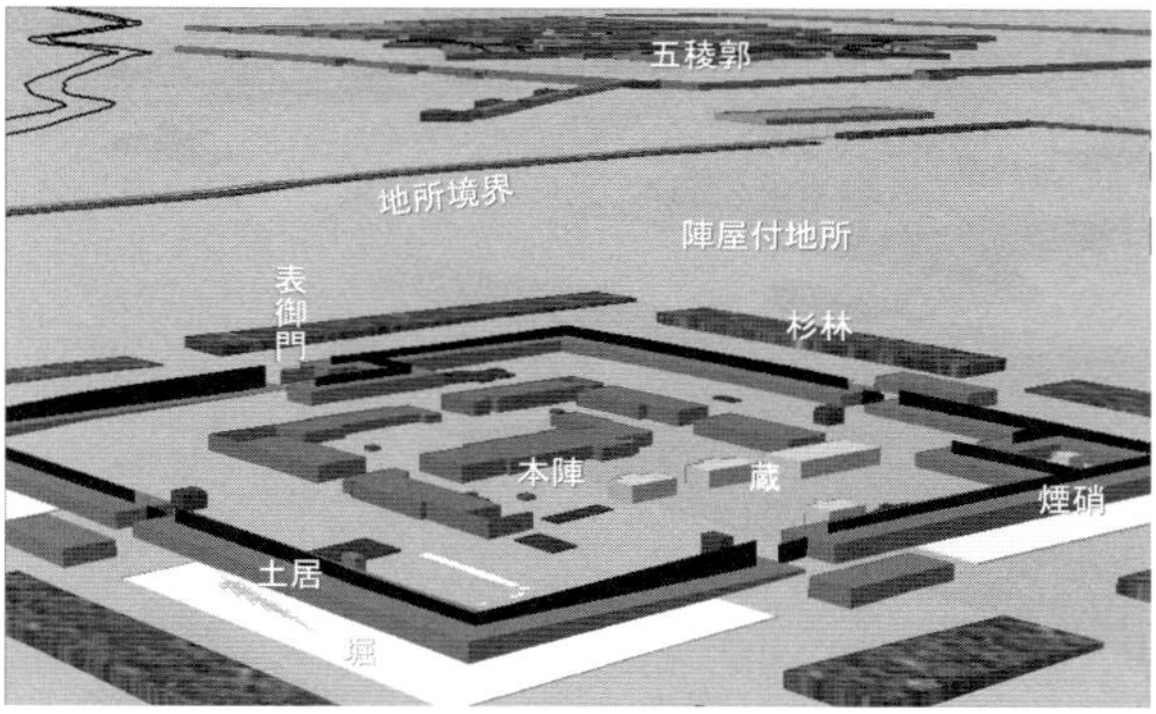

図10‐20　千代ヶ台の弘前藩元陣屋の３次元復原図（平井松午，2014）

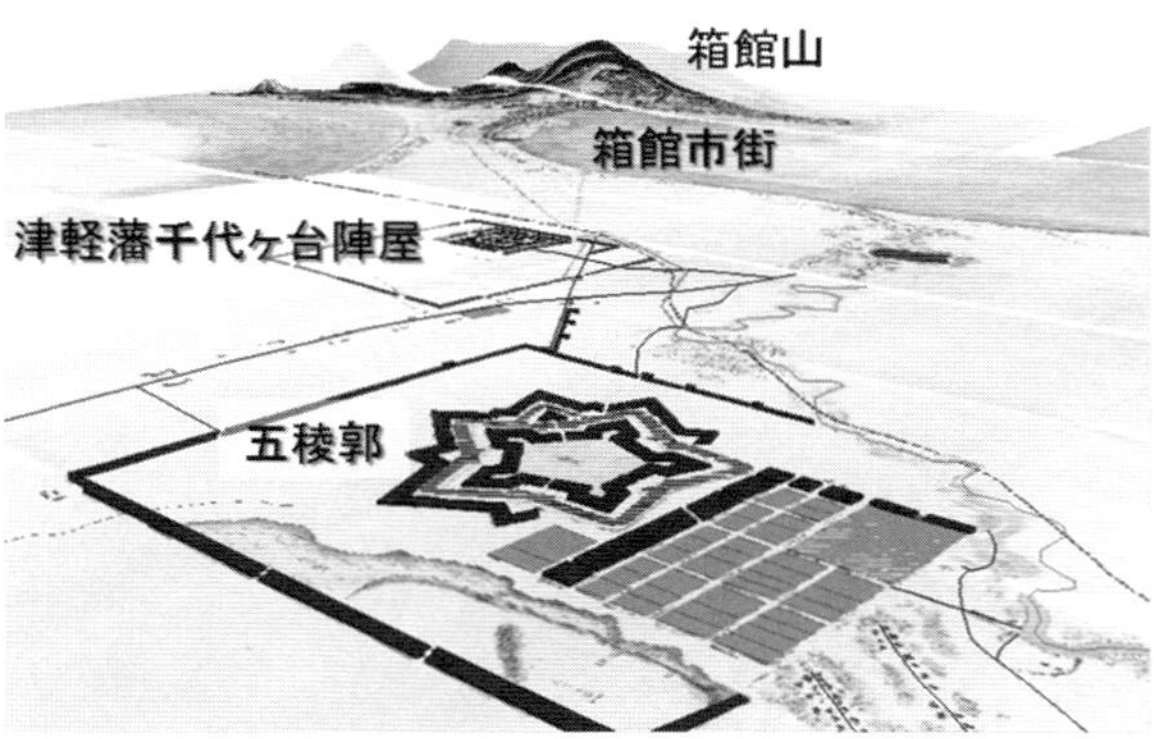

図10‐21　亀田役所外郭の北東上空から箱館市街地方向を鳥瞰した３次元復原図（平井松午，2014）

なり、[21] 陸軍用地のみが第二次世界大戦終了まで千代ヶ岱町として残った。第二次世界大戦終了後、旧陸軍用地は貴重な空地として市営千代ヶ岱公園となり、野球場や陸上競技グランドなどが設けられた。[22] 近代以降における上述のような土地利用の変遷のために、かつての千代ヶ台陣屋の敷地も土居の範囲も不明瞭となってしまった。とはいえ、平井松午（２０１４）によれば、微高地をなす函館市立中島小学校の校地全域とその西方が土居の範囲で、校地の北端と東端の直線部分が土居の北端と東端にほぼ合致するという（図10-1を参照）。図10-20は、平井松午（２０１４）によって作製された、千代ヶ台陣屋の最終的なプランの３次元復原図である。そして本章の最後に、本書の第１部で詳しく扱った五稜郭を内郭とする箱館奉行所の亀田役所が、弘前藩元陣屋たるこの千代ヶ台陣屋や箱館山麓の箱館市街地と幕末にどのような空間的位置関係にあったかを、亀田役所外郭の北東上空から鳥瞰した平井松午（２０１４）作製の３次元復原図（図10-21）で示し、本章の結びとしたい。

[注]

（１）この元陣屋は、建設した藩に因んで松前陣屋とも、その所在地名から清川陣屋ないし穴平（あなたひら）陣屋とも呼ばれた。

（２）松前藩第11代藩主の５男である松前広長が『松前志』で推し、のちには近藤重蔵や松前城築城を指揮した軍学者の市川一学も城郭・城砦の適地とした。

（３）亀田役所の建設プラン策定と建設指揮に当たった武田斐三郎とも、松前藩士の竹田作郎あるいは藤原主馬とも言われ、定説は未だないようである。

（４）函館市中央図書館には「アナタヒラ松前陣家絵図面」２枚が所蔵されており、図10-2はそのうちの多色で詳しい方である。もう１枚の墨１色の方に「土手外」の「堀幅三間　同深二間　土手足六間　同高二間　同上幅二間」と記されている。

（５）陣屋の面積に関しても、次に記す陣屋の南東方に広がる勤番屋敷地の面積に関しても、文献ごとに異なる。本書では一応、図10-3の数値に拠った。

(6) もりおか歴史文化館には同時期の絵図が3図所蔵されており、図1-6として示した①「箱館御屋敷御構図」、敷地の範囲と門3ヶ所のみを記した②「箱館御屋鋪地図」、③「箱館御屋舗御構図」がある。このうち①と②は同一の袋（外袋名「箱館陣屋図」）に収納されており、同じ内容を記す①と③を比べると、①のほうが柵の表現が丁寧である。なお、①と③の絵図左端に、この絵図作製の10年前に70間四方の当初の敷地（つまり絵図の左半分）から西方（絵図の右方）に敷地拡大がなされた旨、注記されており、敷地の北西半（つまり絵図の右半分）が台形をなす理由が理解できる。

(7) この調査に関しては、調査一行の次席責任者である新渡戸十次郎（１８２０～１８６７）（盛岡藩の勘定奉行兼陣場奉行）によって、『松前持場見分帳』（新渡戸記念館所蔵）という詳しい記録が残されている。村上由佳・中尾千明（２００９）はこの記録をもとに調査の概略をまとめており、村上由佳（２０１２）はこの記録の翻刻である。

(8) 2種の絵図とは、①「箱館表之図一」と②「箱館表縮図」で、このうち、簡易測量などの成果をもとに精緻で歪みの少ない①を用いて、当時の箱館における陣屋予定地の位置を図10-11で示した。

(9) 上山を責任者とするこの調査の成果として藩主に提出された公式の絵図には、それぞれ「箱館表并東蝦夷地御持場見分測量之上取調之」の添書と、その左下に調査一行の上山ほか6名の役職を付した名前一覧とが付されている。それら名前の列記されている7名の中で、「(お雇) 勘定方」の長澤文作（別名、長澤盛至）が次席責任者の新渡戸十次郎の下で測量と絵図作製に重要な役割を果たしたと、小野寺淳（２００９）は推定している。ところで、この公式絵図は23枚からなり、盛岡藩に伝わる正・副2セット（平成23年に新設されたもりおか歴史文化館へ盛岡市中央公民館から移管）のほか、新渡戸家に伝わる1セット（新渡戸記念館所蔵）、近代に書写された函館市中央図書館所蔵の1セットの計4セットが少なくとも現存することを、筆者は確認済みである。なお、今回掲載の図10-8～図10-11がこの公式絵図セットに含まれているが、図10-7はその公式絵図作製以前に調査一行から藩に送られた絵図の中の1枚である。そのことは、図10-7の上山半右衛門による写（もと上山氏所蔵、現在はもりおか歴史文化館所蔵）の裏表紙に「安政二年六月　箱館見分之砌此図ヲ以伺書ニ添江差上ル写」と記されていることから判明する（以上、戸祭由美夫ほか（２００９A）および戸祭由美夫（２００９C）による）。

(10) その屋敷地の位置は、例えば「官許　箱館全図」の第弐図に、箱館奉行「御役所」の入口北西側に「南部ルスイ」と明示されており（図３-1Aを参照）、もりおか歴史文化館所蔵の「蝦夷地附御留守居所之図」はその見取図である。

(11) もりおか歴史文化館に「安政三年六月六日　御役所より御渡箱館御陣屋附秣場之図」なる絵図が所蔵されており、幕府の箱館奉行所から当該の秣場が盛岡藩に与えられたことがわかる。

(12) 幕末蝦夷地の盛岡藩関係史跡には、一般に「南部藩」の名が用いられている。

(13) なお、前出の図10-1の箱館水元陣屋の跡地比定も平井松午（２０１４）に拠った。

(14) 当該の地名は、千代ヶ岱あるいは千代ヶ岡なども表記されるが、本書では千代ヶ台に統一した。

(15) 戸祭由美夫ほか（２００９Ｂ）の調査によれば、この陣屋取建図セットには、陣屋の全体図10枚、個別建物（本陣、二陣～七陣、表門、裏門、物見櫓、土居など）の図面23枚などからなる。

(16) 戸祭由美夫ほか（２００９Ｂ）では、これらの２図をもって弘前藩の第一次陣屋プランと見做しているが、本書では仙台藩による旧陣屋の状況を弘前藩士が見分して作成した絵図と推定した。なお、第一次幕領期後半の１８１０（文化７）年に描かれた楢山隆福『東蝦夷地与里国後へ陸地道中絵図』（第８章の注（９）および第12章の注（18）を参照）の「箱館」図幅にも「センタイ陳ヤ」が描かれており、南北方向に長い長方形の土塁と東・西の中央出入口の外に一文字土居が見てとれる。

(17) 陣屋取建図セットの中で土居の部分を取り上げた図面や、この陣屋建設に関わる史料「松前箱館御陣屋地形方留帳」の記載から、旧陣屋内の土居のうち、二面を少し規模縮小して再利用したらしい。

(18) 陣屋取建図セットの中で図10-17と同時期作成と推定される陣屋全体図の１枚に、土居を囲む堀の外周が１０４間、東西96間と記されている。

(19) 図の裏の添書に「…杉一万、椹《さわら》三百、檞《かしわ》、桂・槻《けやき》三百、…」と記されている（なお、読点・中点・ルビは著者が付した）。

(20) 図10-14に見るように、弘前藩が引き継いだ仙台藩の旧陣屋には、土居の北西外に台場４ヶ所があったが、それらの台場がどうなったのかは不明である。なお、弘前藩の陣屋の土居内の建物にも大筒を扱う兵士用の部屋があったことは、陣屋取建図セット中の複数の図面から明らかである。

（21）旧幕府軍が新政府軍と戦って敗れた際、千代ヶ台陣屋の指揮責任者として子息ともども戦死した中島三郎助に因んで、かつての陣屋付近の地名となった。なお、中島三郎助は幕府浦賀奉行所の与力として洋式軍船の建造やペリー来航時の幕府側応接にも携わった人物で、横須賀市浦賀コミュニティセンター分館（郷土資料館）の2階に中島三郎助資料室が設けられており、佐々木譲（２００３）の小説に主人公として活写されている。

（22）なお、千代ヶ台陣屋の説明板は函館市千代台町の陸上競技場の南西隅に設けられている。

［文献］

・村上由佳・中尾千明（２００９）「安政2年における盛岡藩の蝦夷地持場の見分に関する予察―「松前持場見分帳（十和田市立新渡戸記念館所蔵新渡戸家文書）」の分析から」平成17～20年度科学研究費補助金報告書（研究代表・戸祭由美夫）に所収。

・村上由佳（２０１２）「十和田市立新渡戸記念館所蔵　新渡戸十次郎筆『松前持場見分帳』の翻刻」平成22～25年度科学研究費補助金報告書（その一）（研究代表・戸祭由美夫）。

・小野寺淳（２００９）「安政2年における盛岡藩の蝦夷地警衛と絵図作製―長澤盛至とその作製絵図について」平成17～20年度科学研究費補助金報告書（研究代表・戸祭由美夫）に所収。

・戸祭由美夫ほか（２００９A）「十和田市立新渡戸記念館所蔵の幕末蝦夷地関係絵図の書誌的検討」歴史地理学51−1。

・戸祭由美夫（２００９C）「盛岡市中央公民館所蔵の盛岡藩幕末蝦夷地関係絵図の書誌的検討」奈良女子大学文学部研究教育年報6。

・平井松午（２０１４）「幕末箱館における五稜郭および元陣屋の景観復原」平成22～25年度科学研究費補助金報告書（研究代表・戸祭由美夫）に所収。

・戸祭由美夫ほか（２００９B）「弘前市立弘前図書館所蔵の幕末絵地図にみる弘前藩箱館千代ヶ台陣屋の建設プランとその変化」平成17～20年度科学研究費補助金報告書（研究代表・戸祭由美夫）に所収。

・佐々木譲（２００３）『くろふね』角川書店。

第11章　第二次幕領期における噴火湾岸の盛岡藩の「陣屋」と関連防備施設

本章では、第二次幕領期に東蝦夷地（太平洋岸）のうちで噴火湾岸に盛岡藩が建設した「陣屋」とその関連防備施設をとりあげる。

室蘭（ヱトモ）の盛岡藩出張陣屋とその関連防備施設

盛岡藩は、箱館一帯および、東蝦夷地のエサン〈恵山〉岬よりホロベツ〈幌別〉までの太平洋岸の警備を担当し、箱館水元に元陣屋を置くとともに、ヱトモ〈絵鞆〉に出張陣屋を置くよう定められた（第9章を参照）。そこで盛岡より警備地調査の藩士たち一行が派遣され、多様な絵図が作製された（第10章を参照）。戸祭由美夫（２０１０）によれば、この地の警備にあたって作成された絵図は少なくとも19種に達するようで、それらの絵図を相互に比較・検討した結果に基づいて、盛岡藩の出張陣屋とその関連防備施設について紹介したい。なお、それらの絵図類では、現在の室蘭半島（以下、近世に関しては絵鞆半島と記す）一帯をヱトモと記す場合が多く、当時はその西方の地をモロラン〈室蘭〉と呼んで区別したらしいが、(1) 以下本書では、この地域一帯を総称して室蘭の名を用いることにする。

さて、盛岡藩から派遣された警備地調査一行が、出張陣屋建設地に関して藩の意向を伺うべく１８５５（安政２）年７月に作製したのが「ヱトモ之図」（もりおか歴史文化館所蔵、図11-1）で、「ヱトモ澗《ま》」の北岸のホロ

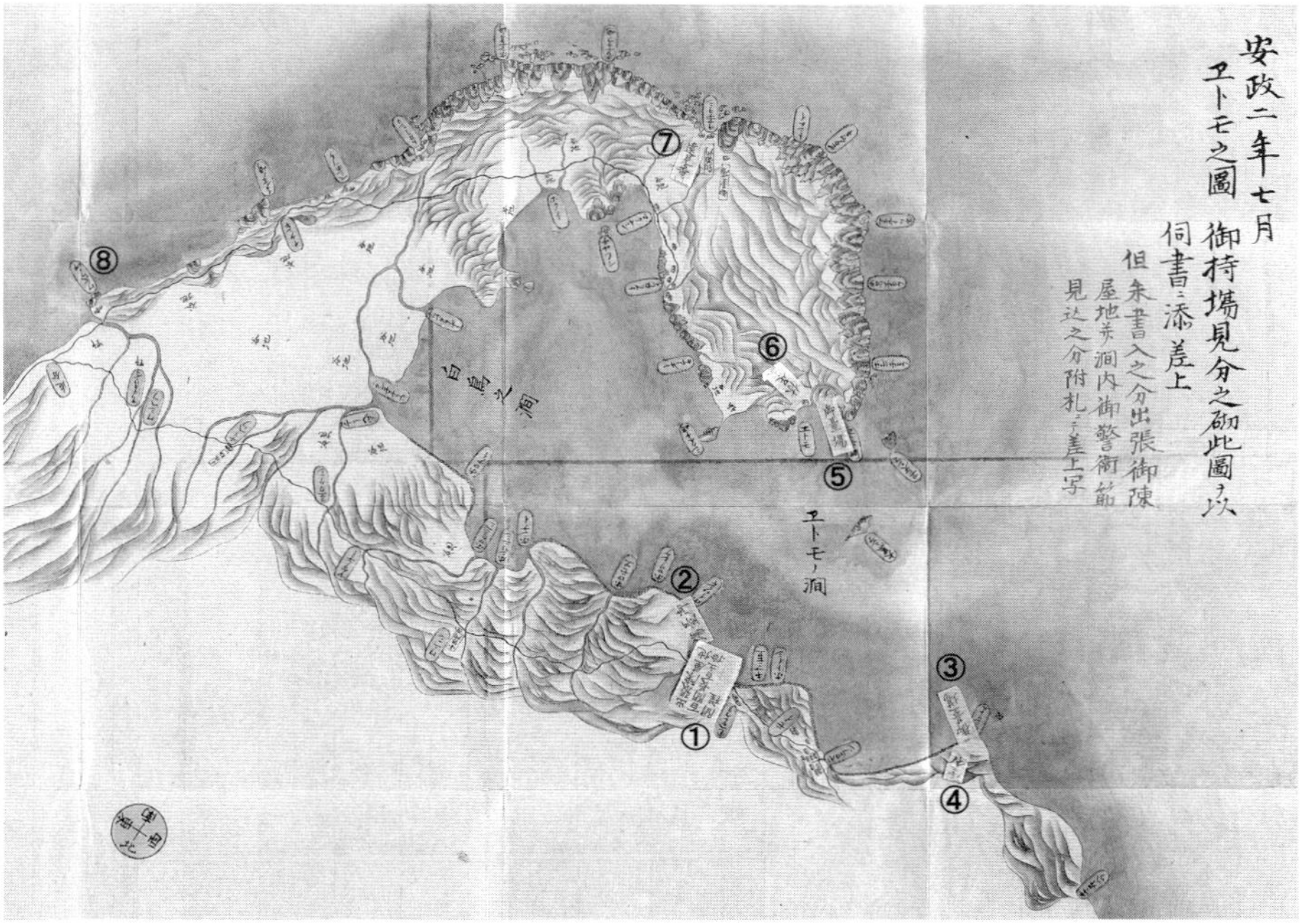

図11-1　「ヱトモ之図　御持場見分之砌此図ヲ以伺書ニ添差上」（もりおか歴史文化館所蔵）
朱書きの付箋の位置に著者が①〜⑧の番号を記入．但し，⑧の位置の付箋は剥落したと推定される．

ベケレウタに「出張陣屋地百間長百五拾間程」（図11-1の①）と「御台場」（同②）、その西のホロシリトルに「御台場」（同③）と「休足小屋」（同④）、対岸のヱトモに同じく「御台場」（同⑤）と「休足小屋」（同⑥）、その南方の太平洋岸のヲエナヲシに「遠見番処」（同⑦）と、防備施設予定地が朱書きの付箋で提案されている[2]。そして提案に添って出張陣屋の敷地が占定され、その建物プランを描いた絵図も、同年11月に盛岡に帰国した際、藩主に提出された[3]。

しかし、その翌1856（安政3）年から建設が開始された出張陣屋は、前年の11月に藩に提出された絵図のプランとは、囲郭の形も内部の棟配置も異なっていた[4]。「ヱトモ御陣屋之図」（もりおか歴史文化館所蔵、図11-2）には、「安政四巳八月」の年紀が記され、上述の調査一

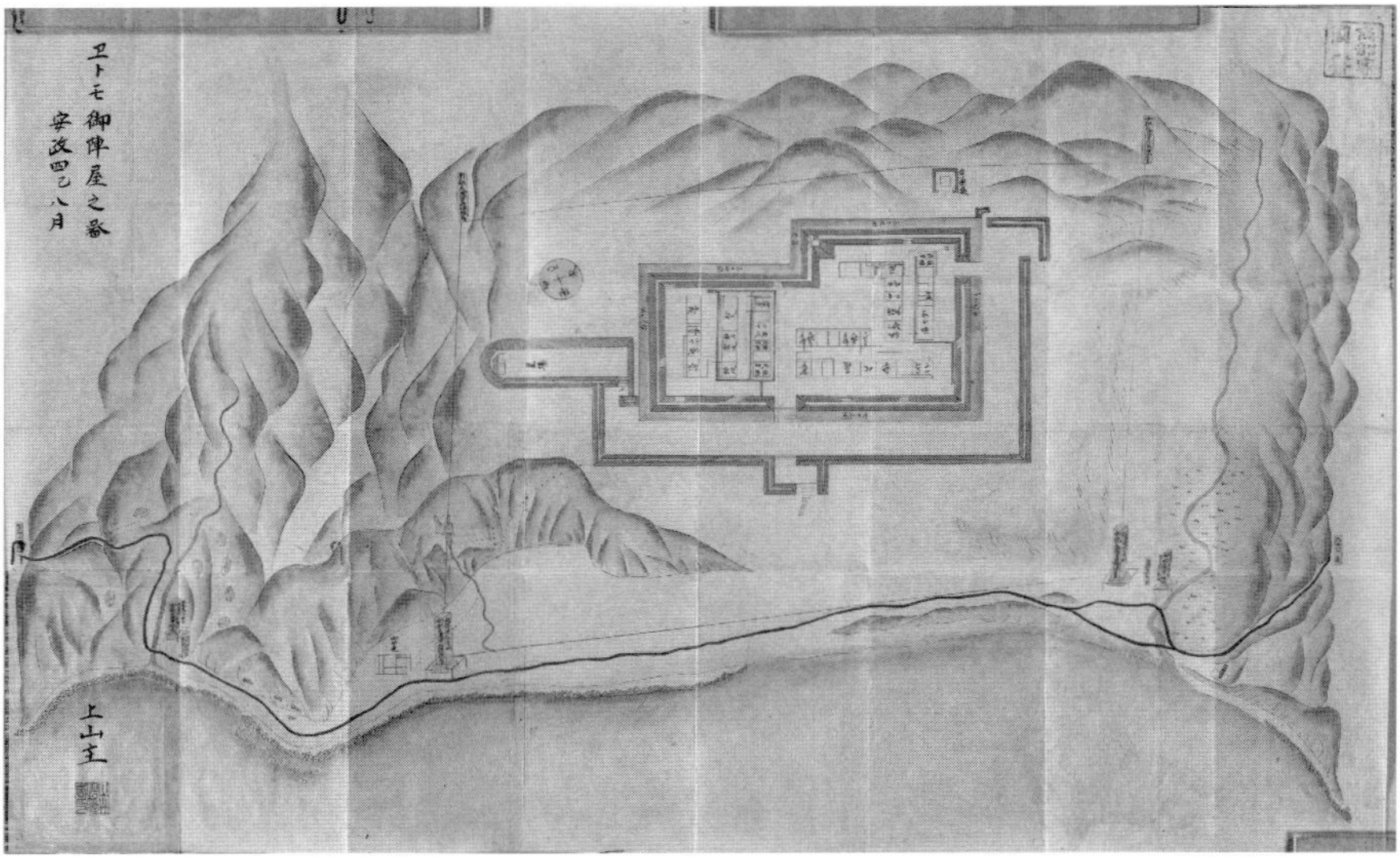

図 11-2 **「ヱトモ御陣屋之図」**（もりおか歴史文化館所蔵）

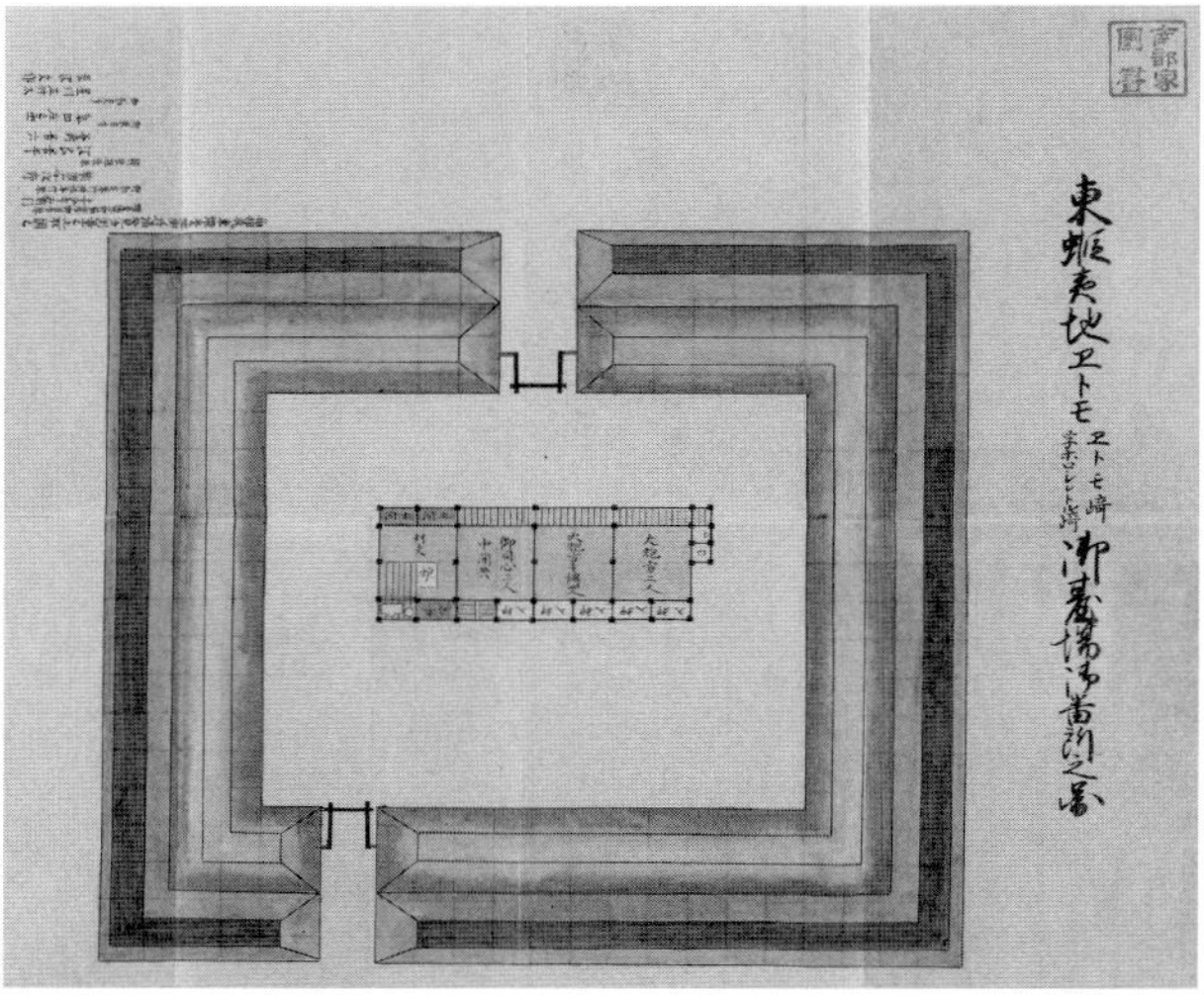

図 11-3 **「東蝦夷地ヱトモ　ヱトモ崎　字ホロシレトル崎　御台場御番所之図」**（もりおか歴史文化館所蔵）

行の責任者でその後も同藩の箱館留守居であった上山半右衛門広淵の所蔵印が押されている。この絵図を見ると、囲郭は東と南が二重で、土塁と堀からなる内郭は東半部が少し北へ広がる偏形した長方形をなす。大手口は南側の中央に、搦手口は北東隅にあり、「星場」が内郭の西外

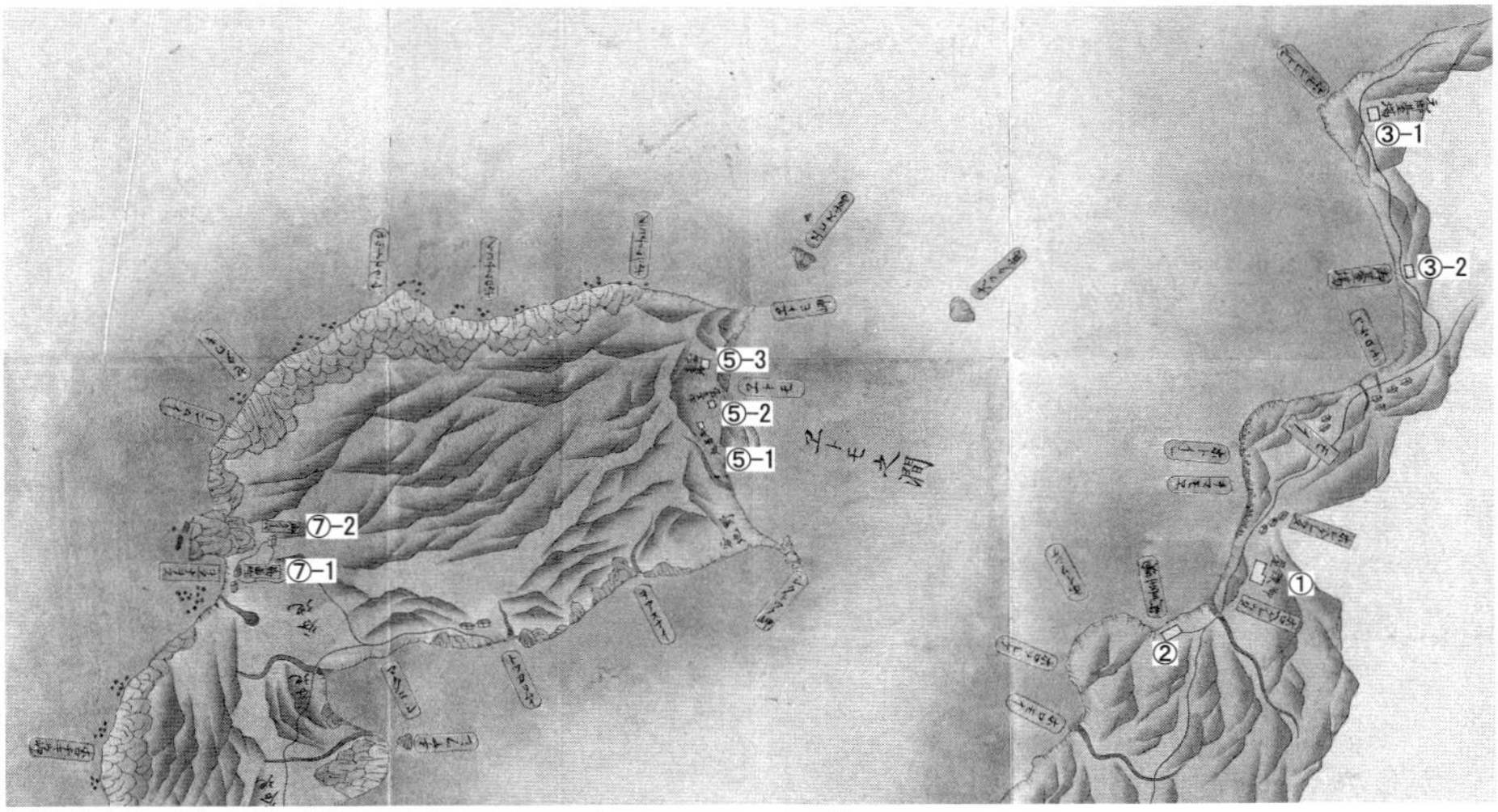

図 11-5　「ヱトモ御台場図」（もりおか歴史文化館所蔵）
出張陣屋，台場と番所［勤番所］，元台場の位置に，図 11-1 の①～⑦に対応する番号を著者が付した．

にのび、「合薬蔵」は囲郭の北東外に設けられている。そして、それらすべてを包括する方形の敷地が、「南部美濃守出張陣屋」なる傍示で四至を明示されている。一方、内郭の内部には、東西方向の2棟と南北方向の5棟があって、「鉄砲武者」「大砲方」といった武器担当者の部屋や、「米蔵」

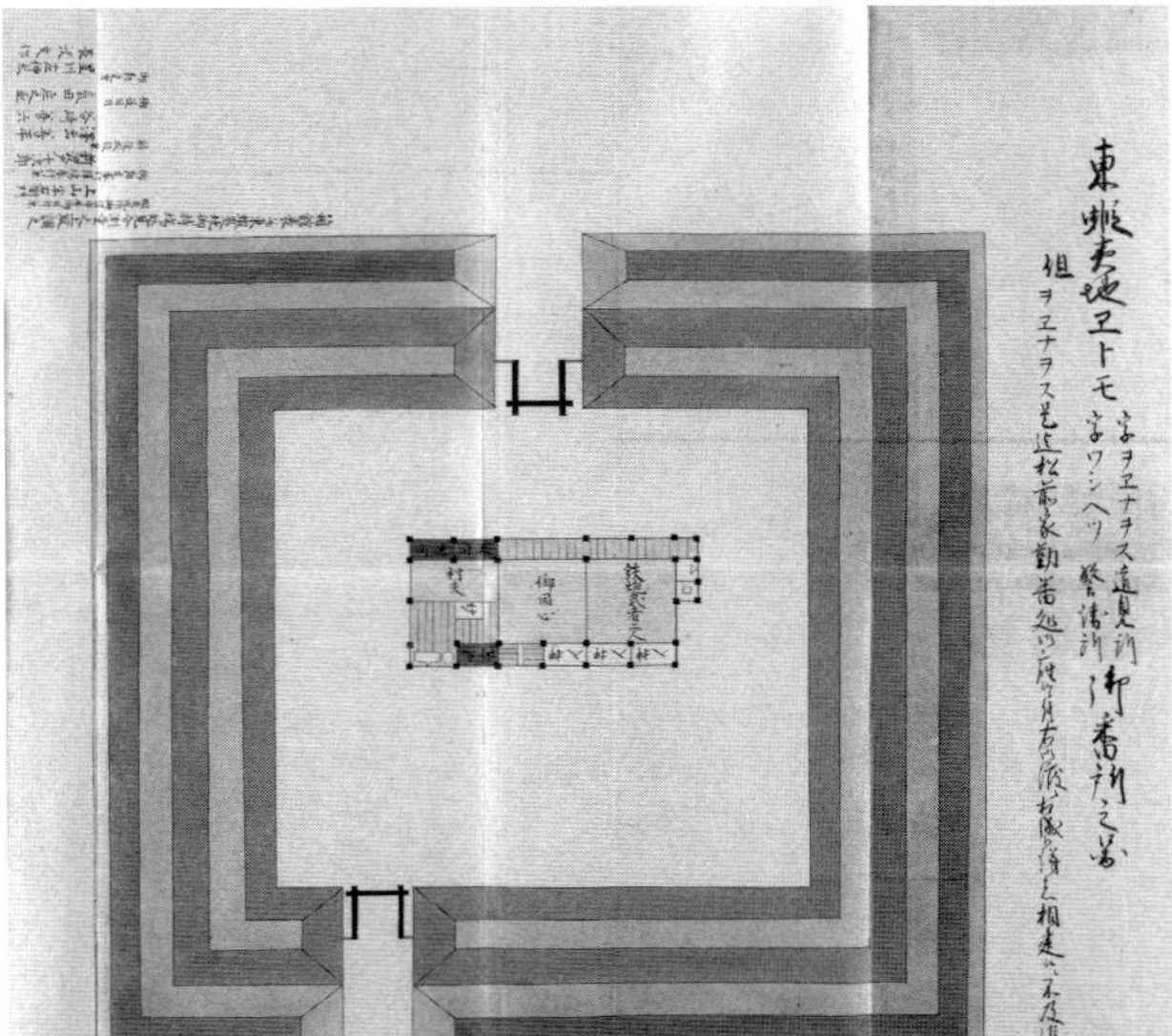

図 11-4 「東蝦夷地ヱトモ　字ヲヱナヲス遠見所　字ワシヘツ警衛所　御番所之図」（もりおか歴史文化館所蔵）

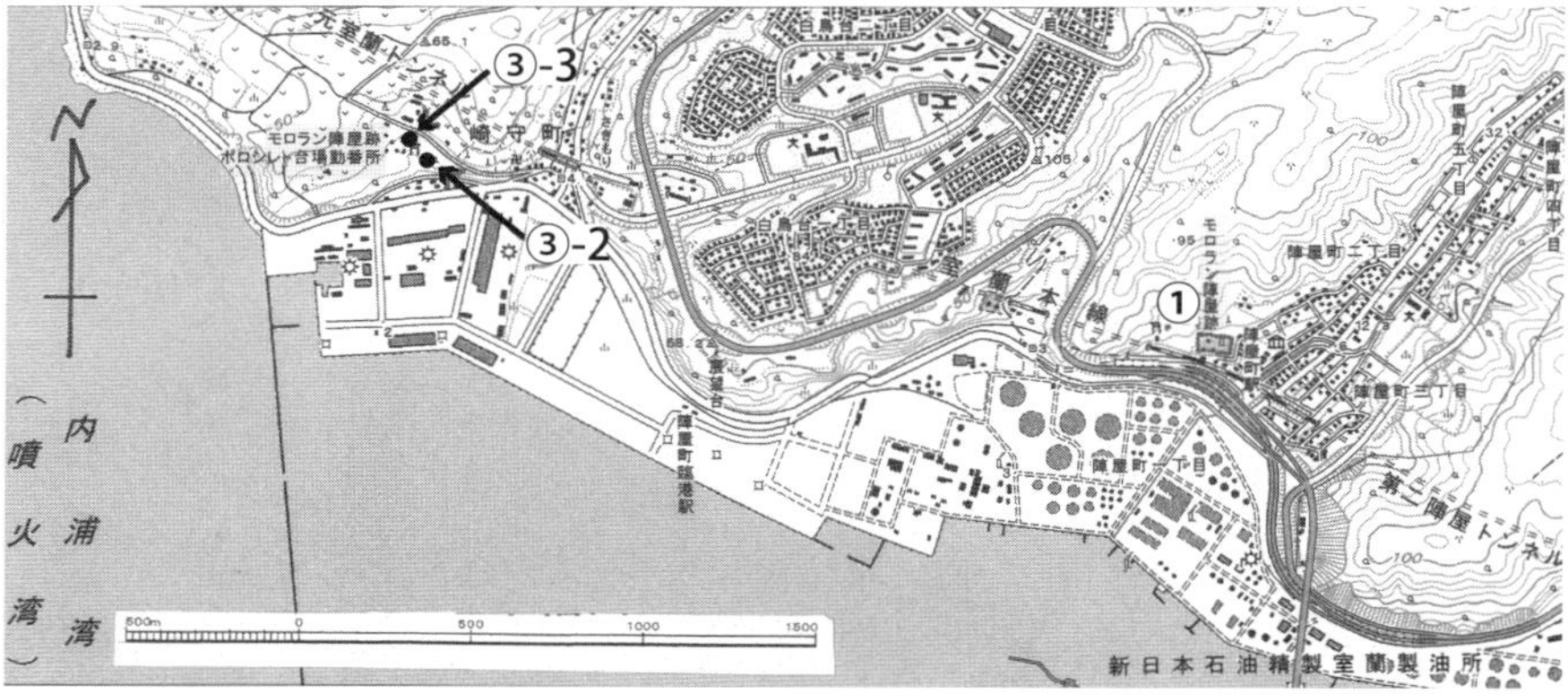

図 11-6　室蘭出張陣屋関係の国史跡の位置（基図は 2 万 5 千分の 1 地形図「本輪西」図幅（平成 19 年更新））①室蘭［ホロヘケレウタ］出張陣屋跡，③ -2 ホルシレトル（勤）番所跡，③ -3 ホルシレトル台場跡．なお，①，③ -2 は図 11-1 および図 11-5 と共通の番号．

図 11-7　1976 年 10 月撮影のカラー空中写真（CHO-76-15　C14-7）にみる室蘭出張陣屋の跡地一帯
樹木に囲まれた中央の空地（〇印）が囲郭の跡地．

「稽古場」など多様な用途のスペースが見出せる。

ところで室蘭一帯は、絵鞆半島が天然の良港をなすのみならず、箱館へも噴火（内浦）湾を最短距離で渡って連絡しうることから、東蝦夷地沿岸警備の要衝をなす。そのため、図11−1に見るように、出張陣屋以外にも５ヶ所に防備施設が計画された。図11−3と図11−4は、警備地調査に赴いた藩士たち一行が１８５５年11月に藩主に提出した建物プラン図セットに含まれており、台場などに設けられる予定の番所２タイプを示している。すなわち図11−3は、図11−1の⑤と③の台場２ヶ所に対応する番所の予定図であり、図

図 11-8A　室蘭出張陣屋の跡地
左側の写真は囲郭の北西隅より南西向き．手前の平地には発掘調査後の遺構表示が見え，遠くには海岸を埋め立てた製油所が見える．右側の写真は囲郭南側の表入口より西向き．囲郭（土塁と堀）の跡が見える（A，B，C ともに 1998 年 9 月撮影）．

図 11-8B　室蘭ホルシレトル（勤）番所の跡地
左手の崎守神社の社殿の裏から右手の史跡案内板の裏にかけての土塁の奥の空地に番所の建物があった．正面が番所入口．なお，社殿は 1922 年に現在地へ遷座．

図 11-8C　室蘭ホルシレトル台場の跡地
中央の「砲台跡」の標識のむこうの狭い平坦地に台場が設けられていたが，今では樹木が茂って海が見とおせない．

11-4は、図11-1の⑦の遠見所と⑧の警衛所にそれぞれ対応する番所の予定図である。[5] そのうち⑦の遠見所の番所は松前藩の勤番所をそのまま利用する旨が絵図の但し書きに明記されているので、他の

(A)

(B)

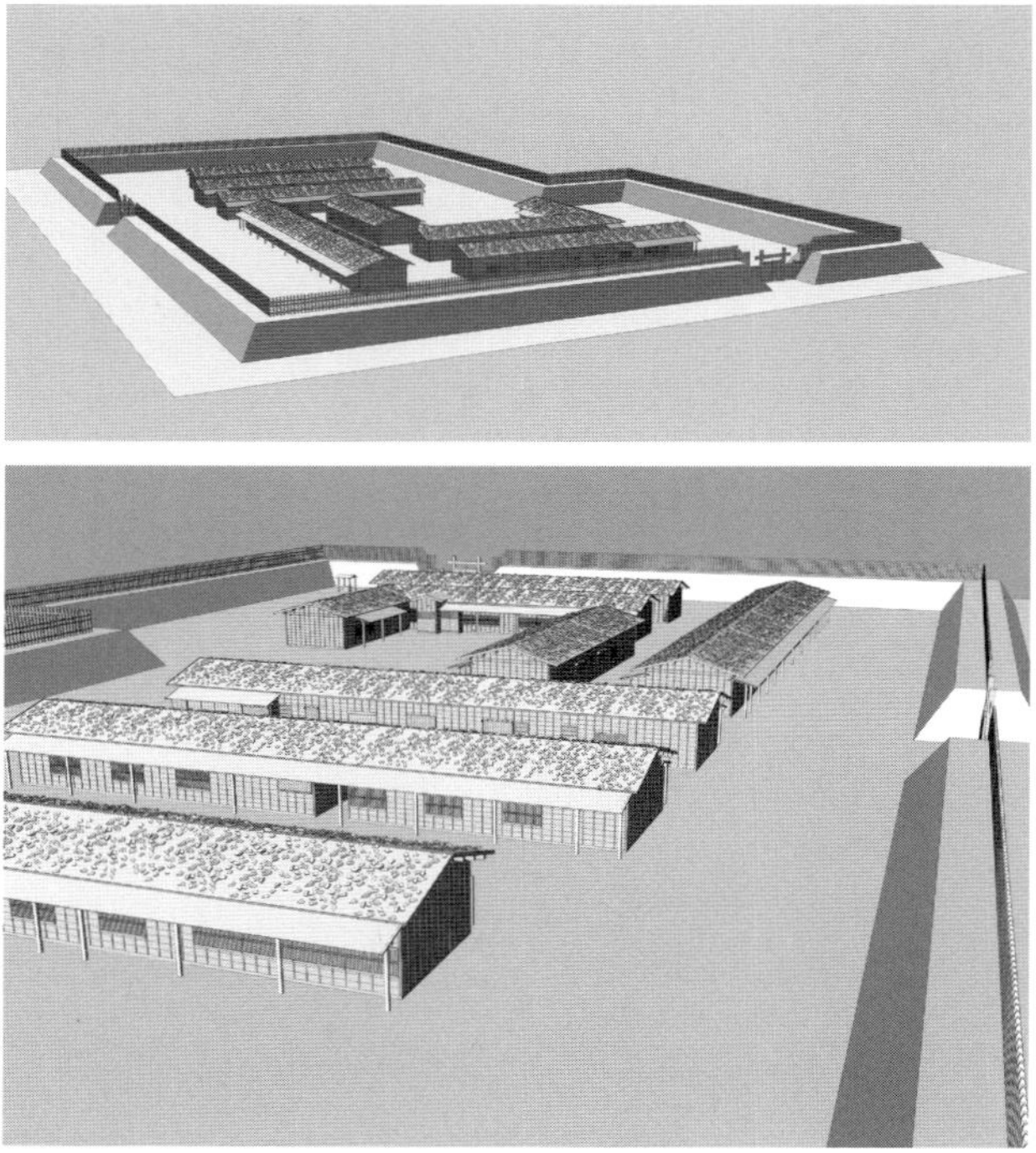

図 11-9　室蘭出張陣屋の 3 次元復元図（増井正哉ほか，2009）
（**A**）南東上空より陣屋全景
（**B**）南西土塁上部より陣屋の主要部

番所3ヶ所は盛岡藩による新設ということになる。そしてこれら番所4ヶ所はともに、周濠と土塁に囲繞された方形の敷地内に建物1棟が配され、大砲（「大筒」）ないし鉄砲を扱う担当者や同心などの部屋が予定されていた。

上述の建物プラン図セット提出の翌年以降に現地で実際に建設された防備施設の位置と用途が、「ヱトモ御台場図」（もりおか歴史文化館所蔵、図11-5）に描かれている。この絵図を見ると、図11-2に詳しく描かれているホロヘケレウタの「御陣屋」（図11-1の①／図11-5の①）をはじめ、その北東の「御台場」（同②／②）やヲヱナヲス（ヲエナヲシ）の「御番所」（同⑦／⑦-1）は当初の予定の位置に建設されている。しかしヱトモの場合には、松前藩施設の「元御台場」（図11-5の⑤-3）の東に新たな「御番所」（同⑤-1）と「御台場」（同⑤-2）が設けられ、ホルシレトル（ホロシリトル）では「元御台場」（同③-1）のかなり東方に新たな「御台場」（同③-2）が設けられている。[6]

しかし、ヲヱナヲス遠見番所とワシヘツ警衛番所（11-1の⑧）は１８７０（安政7）年に廃止され、ヱトモ崎の台場・番所および出張陣屋のすぐ東にあった台場（図11‐1の②／図11‐5の②）も[7]、その前年の出張藩兵削減の折に廃止されたのかもしれない。

近代になってから、出張陣屋をはじめとする防備施設の跡地のうち、現在の室蘭市陣屋町の出張陣屋跡地と同市崎守町のホルシレトル台場および番所跡は、国史跡「東蝦夷地南部藩陣屋跡」のうちの「モロラン陣屋跡」と「ポロシレト台場　勤番所跡」に指定されている[8]。特に「モロラン陣屋跡」は、国庫補助による整備事業が１９６８（昭和43）年以降、発掘調査も伴って何度も実施されており[9]、遺構表示もなされている。

そこで、これら史跡指定地の状況を地形図（図11‐6）・カラー空中写真（図11‐7）・現地写真（図11‐8A～図11‐8C）で示した。また、建築史の観点から増井正哉ほか（２０１４）による出張陣屋の３次元復元を試みたのが図11‐9（A・B）である。

なお、以上の現室蘭市域に設けられた出張陣屋などの防備施設に関しては、新旧の市史や地元の研究者による小冊子・報文も戦前より多数でているが、個々の文献の注記は省略した[10]。

砂原〈サワラ〉の盛岡藩屯所とその関連防備施設

盛岡藩は、東蝦夷地西部の警備のため、箱館水元の元陣屋と室蘭の出張陣屋との間に噴火湾岸に２ヶ所の小規模な防備用陣屋、すなわち屯所を設けた。

そのうちのサワラ〈砂原〉屯所（以下、絵図の記載に従って砂原と記す）は、駒ヶ岳の北麓に予定された。この地が室蘭から内浦湾を渡って箱館に至る最短ルートの上陸地点に当たるためで、東西方向に路村状にのびる砂原集落がすでに存在していた。藩の警備地調査一行が伺書に添えた絵図「砂原之図」の写しには、砂原集落の西端に「小屯地海辺迄百弐拾間　横百間程」の付箋があるほか、そのすぐ近辺の海岸に「御台場」、屯所予定地の

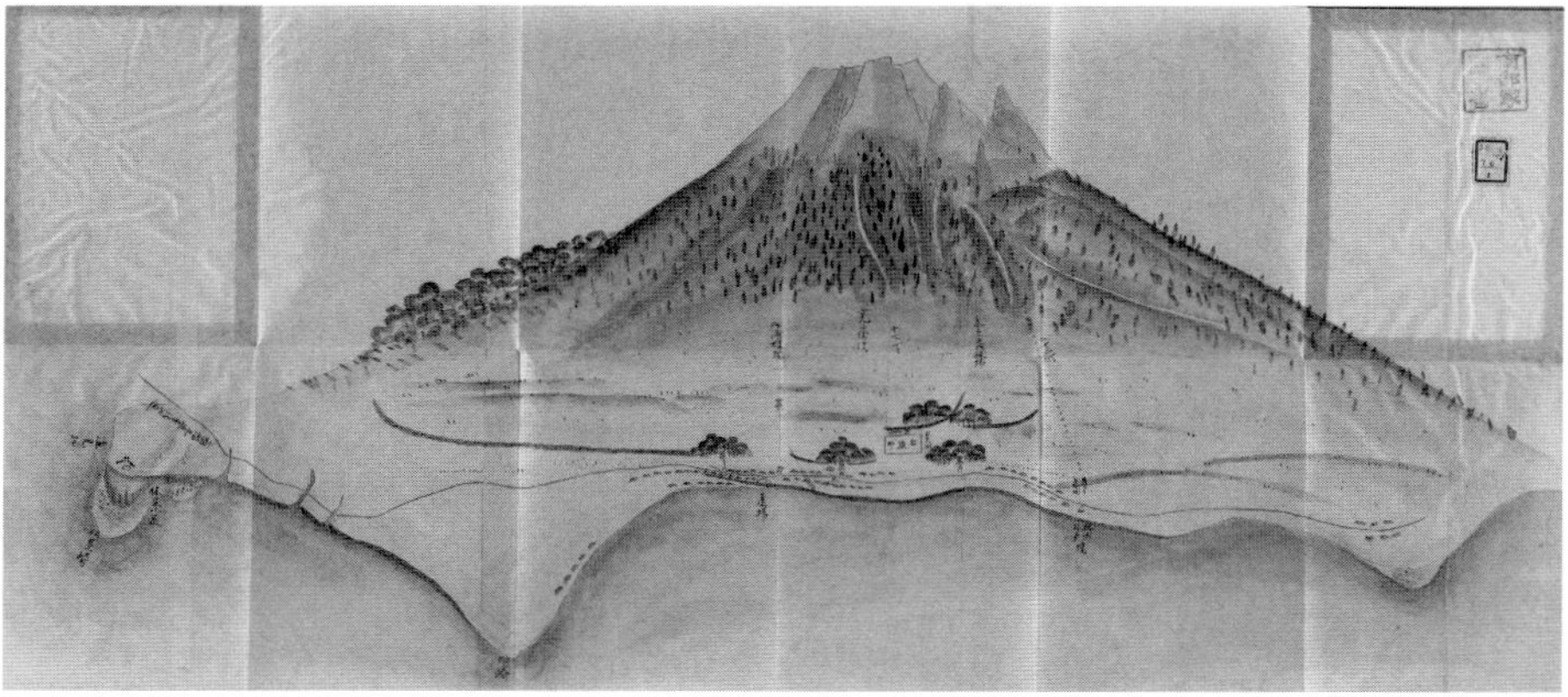

図 11-10 **「東蝦夷地砂原絵図」**（もりおか歴史文化館所蔵）**の主要部**

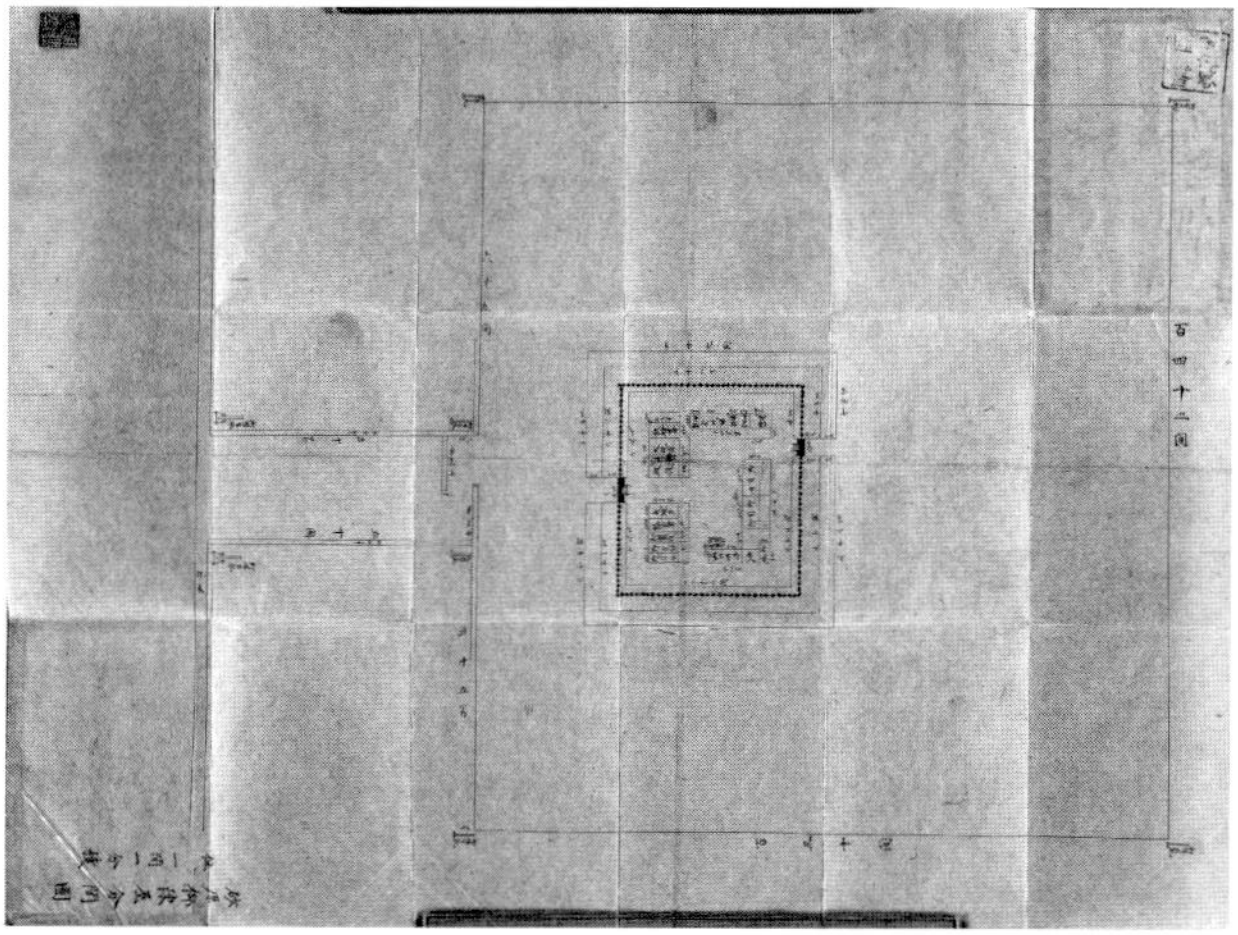

図 11-11a 「砂原御陳屋分間図　但シ一間一分積」（もりおか歴史文化館所蔵）

約７キロメートル東方の松屋崎に「遠見所」「休息所」の付箋もある。[11]「東蝦夷地砂原絵図」（もりおか歴史文化館所蔵、図11-10）を見ると、「砂原之図」の写しで「小屯地」予定地とされた場所に、方形の「出張所」（東西１４０間、南北１２８間）が描かれている。さらに「台場」は、「砂原之図」写しの付箋の位置よりも東の「内浦権現」前方の海岸に描かれ、「遠見処」と「休足小屋」は同絵図写しの付箋と同じ松前崎の地に描かれている。また屯所から南方、駒ヶ岳山麓に広い「秣場」も設定されたことさえ知られる。

１８５６（安政３）年に設けられたこの砂原屯所については、その全体を描いた「砂原御陣屋分間図　但シ一間一分積」（もりおか歴史文化館所蔵、図11-11）という見取図がある。それによれば、土塁と堀によって防禦された方形の囲郭（外周の東西53間・南北47間）の内部に４棟があり、北端中央に幅５間の表門が、南端やや東寄りに幅３間の裏門が設けられていた。その囲郭の四周のスペース（南北１３０間・東西１４２間）が屯所敷地として設定され、表門から「往来」に至る長さ50間・幅11間の通路は、左右を「小土手」で守られていた。これを、その前年作製の屯所建設予定図「東蝦夷地砂原陣屋建家図」（もりお

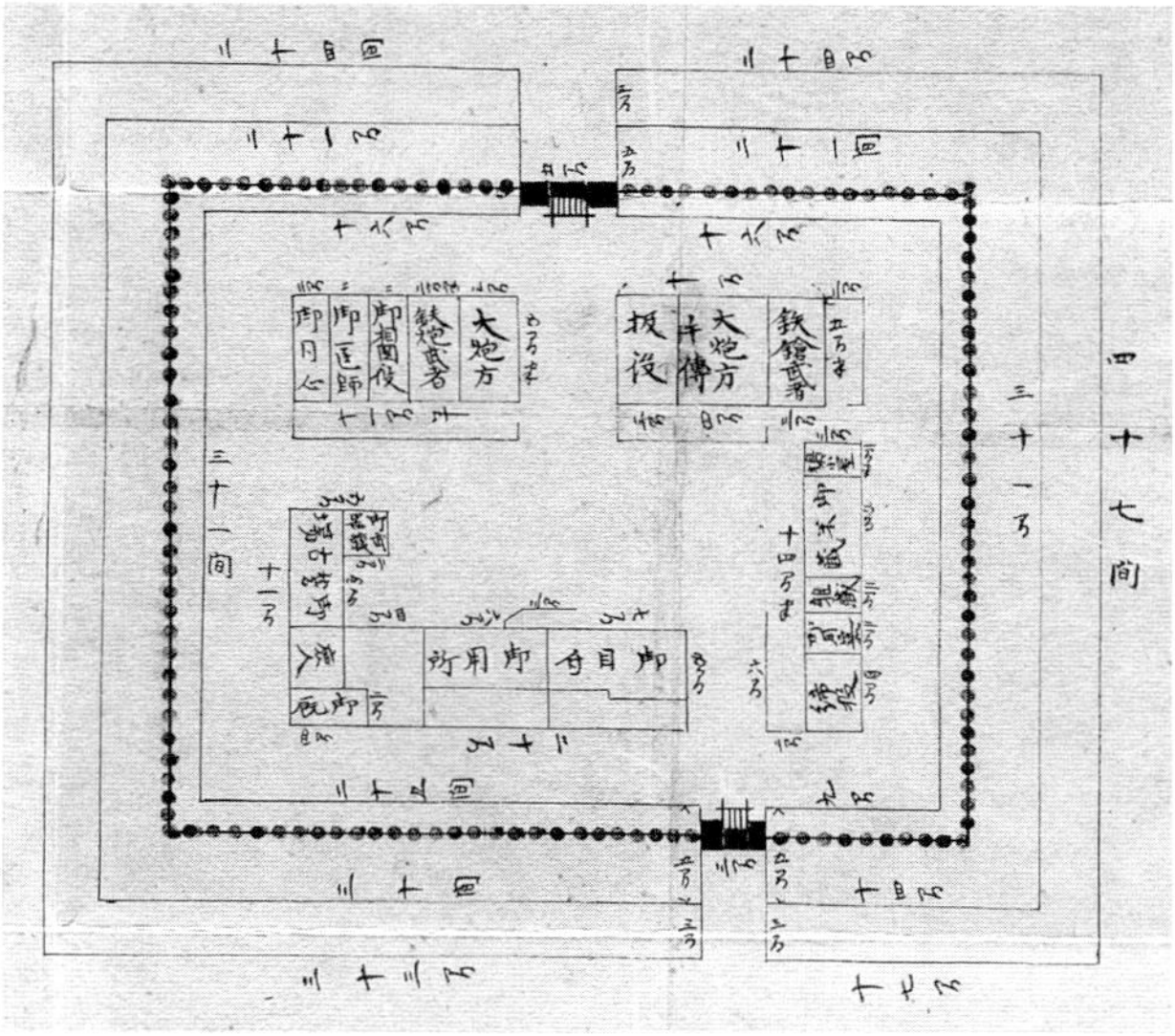

図 11-11b　「砂原御陣屋分間図　但シ一間一分積」（もりおか歴史文化館所蔵）**の中央部**

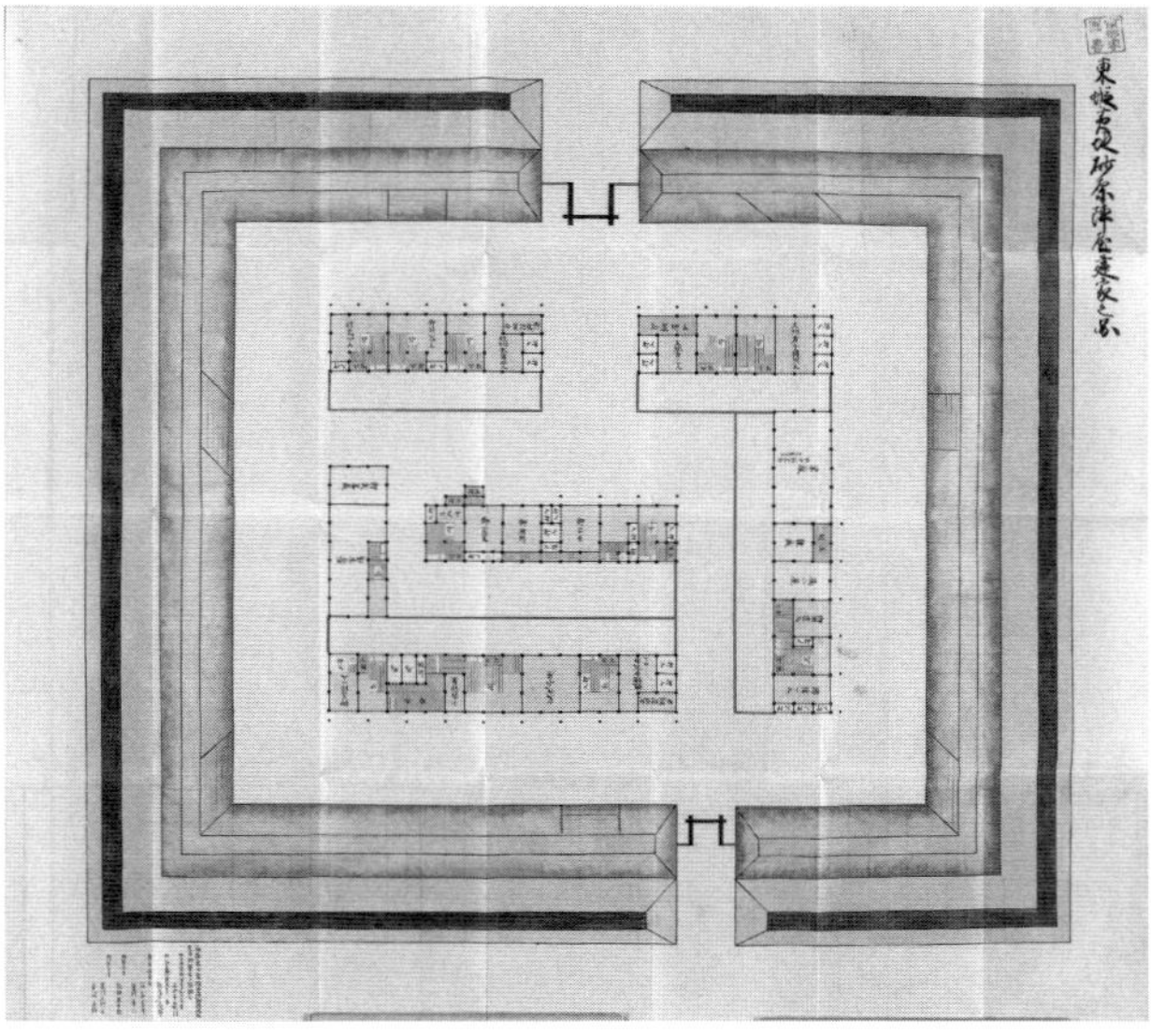

図 11-12　「東蝦夷地砂原陣屋建家之図」（もりおか歴史文化館所蔵）

図 11-14　1976 年 10 月撮影のカラー空中写真（C　HO-76-17　C16-B-7）にみる砂原屯所の跡地一帯（赤の ○ 印が囲郭の跡地）
下端を国鉄函館本線・砂原回りが東西に走る.

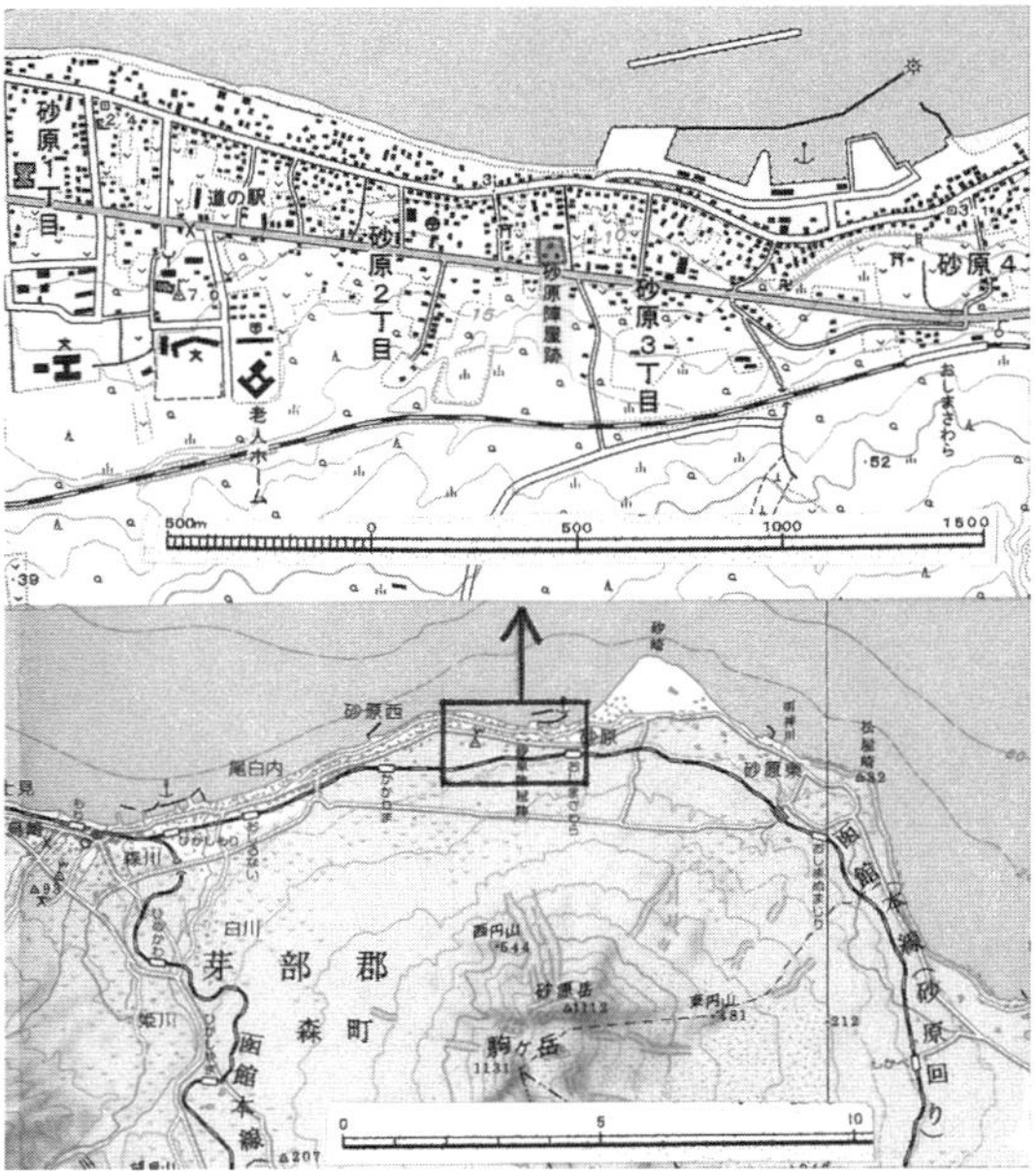

図 11-13　現代の地図にみる砂原屯所の跡地一帯（基図［上］2 万 5 千分の 1 地形図「砂原」図幅（平成 17 年更新），［下］20 万分の 1 地勢図「室蘭」図幅（平成 18 年編集））

図 11-15　砂原屯所の跡地（2010 年 7 月撮影）
囲郭正門入口跡より南向きに撮影.

か歴史文化館所蔵、図11-12）と比べると、囲郭内部の中央に予定されていた東西方向の１棟が建設に当たって減っている。砂原屯所は、建設予定当初においてすでにその規模（囲郭・建物とも）が室蘭出張陣屋より小さく、実際の建設にあたってさらに規模の縮小がなされたことがわかる。[12]

近代になって、屯所敷地の全容はうかがえなくなり、囲郭の外周の堀も土砂で埋まってしまったが、かつて高さ１丈程あった土塁は残っている（図

11-14と図11-15を参照）。そこで、１９６９（昭和44）年４月に「砂原南部藩屯所跡」として道指定史跡となり、１９７４年に国史跡「東蝦夷地南部藩陣屋跡」の一部として囲郭の範囲（森町砂原３丁目２００番地）が指定された（図11-13および本章の注（８）を参照）。しかし、囲郭内の建物跡の遺構表示もなされておらず、１９１３（大正２）年建立の忠魂碑と植栽された松などがみられるに過ぎない（図11-15を参照）。なお、２０１１～12（平成23～24）年に発掘調査が実施され、レーダー探査によって堀跡が確認された（北海道森町教育委員会編（２０１４））。

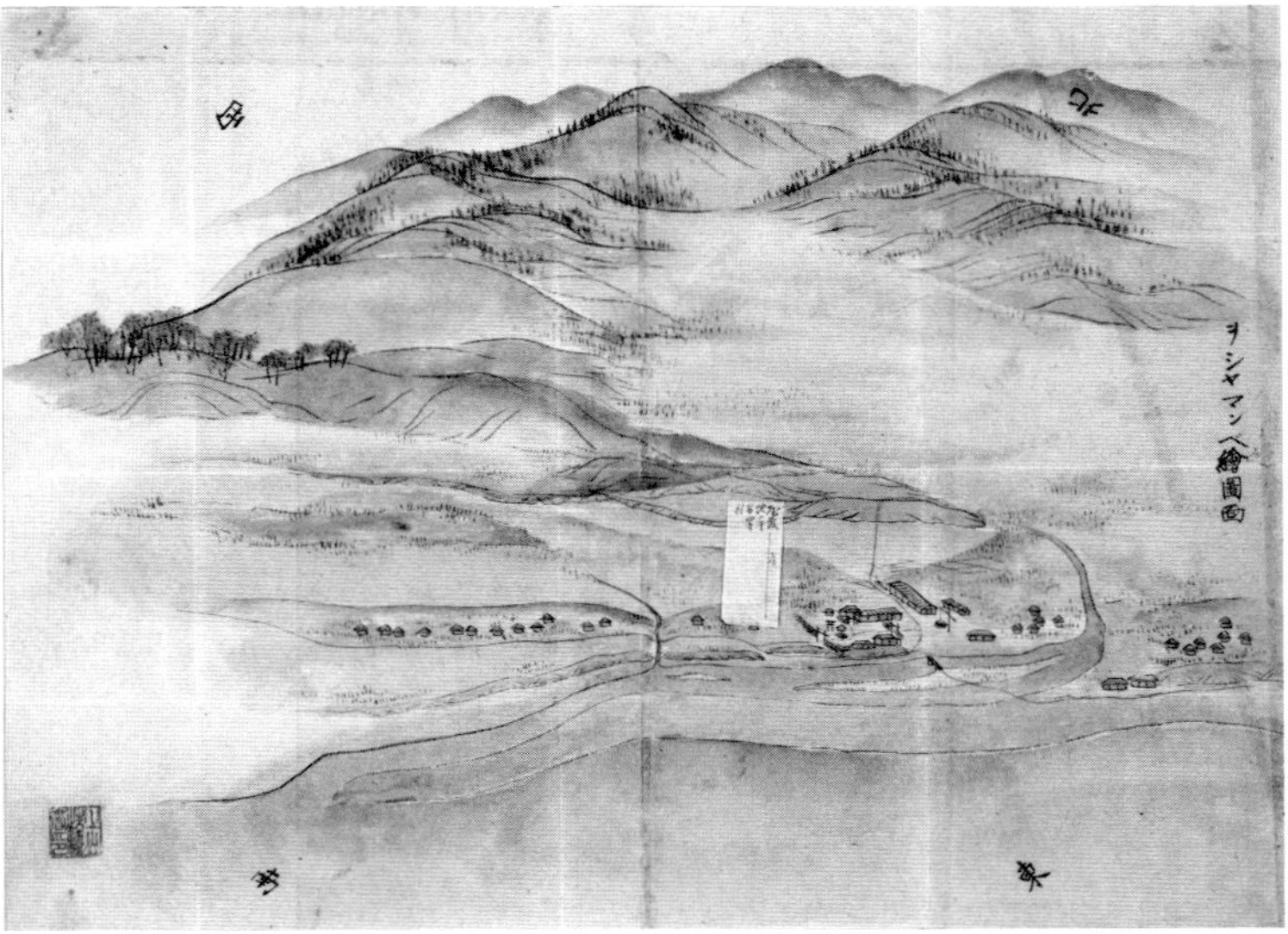

図 11-16 「ヲシヤマンベ絵図面」（もりおか歴史文化館所蔵）の主要部

この砂原屯所の関連防備施設のうちで、松屋崎の遠見所に関しては、それのみを詳しく描いた当時の絵図が残されていない。しかし、前述の砂原屯所の発掘調査の際に、南に出入口のある堀と土塁の跡が検出されており、その発掘報告書である北海道森町教育委員会編（２０１４）に松屋崎台場跡と名付けられた遺跡が遠見所の跡と推定される。(13)

ヲシヤマンベ〈長万部〉の盛岡藩屯所

箱館から室蘭に至る内浦湾沿いで、長万部（以下、絵図の記載に従ってヲシヤマンベと記す）に盛岡藩の屯所が設けられることになったが、それはこの地が室蘭出張陣屋と砂原屯所を結ぶ陸路のほぼ中間にあたり、黒松内を経て日本海側に達す陸路との分岐点でもあったためである。

そのような陸路の要衝であるヲシヤマンベ一帯のなかで、警備地調査一行が屯所の適地としたのは、内浦湾に注ぐ長万部川の河口右岸にあったヲシヤマンベ会所の背後、坊主山と呼ばれた段丘末端の上であった。その調査一行が藩への伺書に添えた絵図「ヲシヤマンベ絵図面」（もりおか歴史文化館所蔵、図11-16）には、「屋敷地

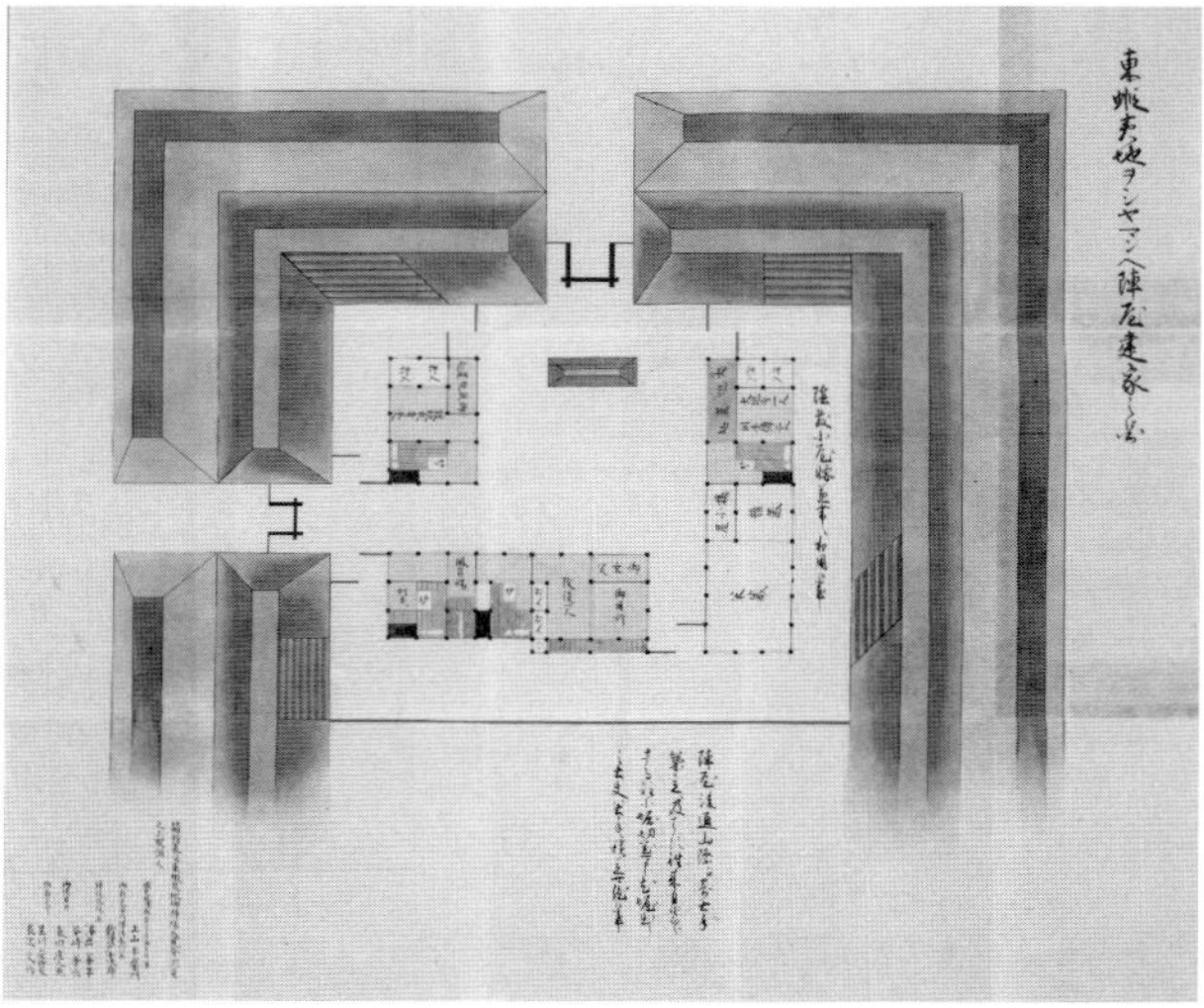

図 11-17　**「東蝦夷地ヲシヤマンヘ陣屋建家之図」**（もりおか歴史文化館所蔵）

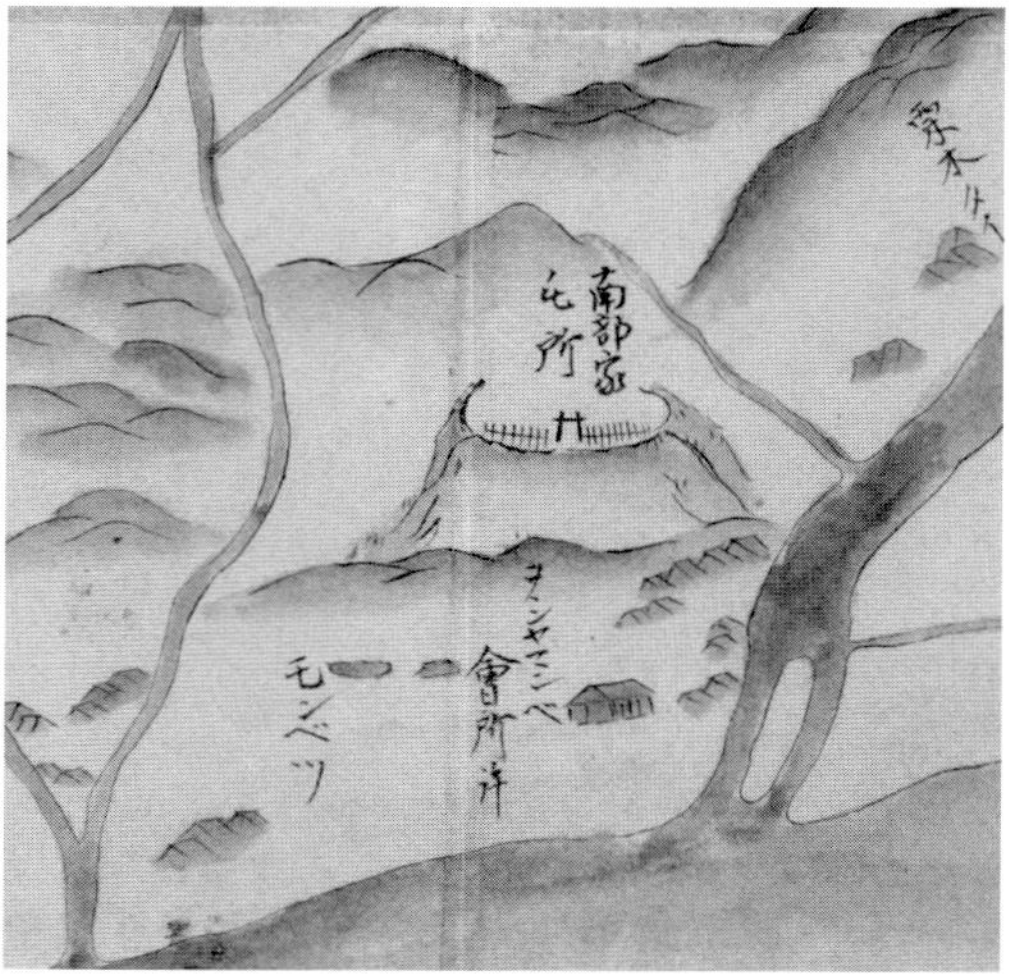

図 11-18　『蝦夷地雑地図』（もりおか歴史文化館所蔵）**の 11 葉のうち，末尾のタイトルなしの図（仮名：ヲシヤマンベ境界図）の部分**

三十間四方程」の朱書付箋がついている。[14] そして、調査一行が帰国して提出した「東蝦夷地ヲシヤマンへ陣屋建家之図」（もりおか歴史文化館所蔵、図11-17）には、図11-12の砂原屯所よりも小規模な建物配置が提案されている。この建設予定の見取図で特異なのは、図

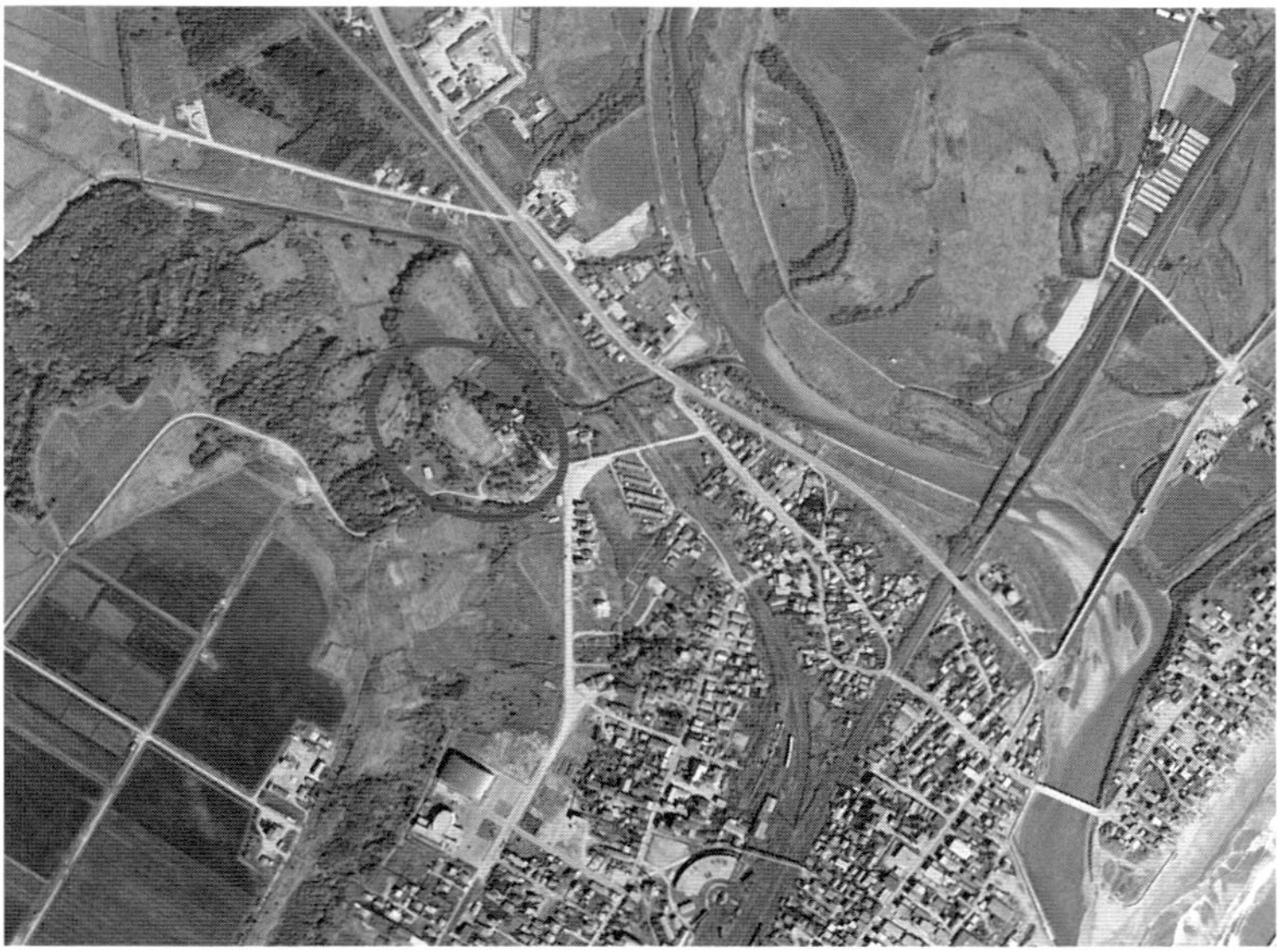

図 11-19　1976 年 9 月撮影のカラー空中写真（C　HO-76-12　C11-15）にみるヲシャマンベ屯所の跡地一帯（赤の ○ 印が屯所跡地）
屯所の位置した段丘崖下を東方に流れるオバルベツ川が合流するのは当時の長万部川．段丘崖下と長万部川の間を国鉄函館本線と国道 5 号が南東～北西に走る．

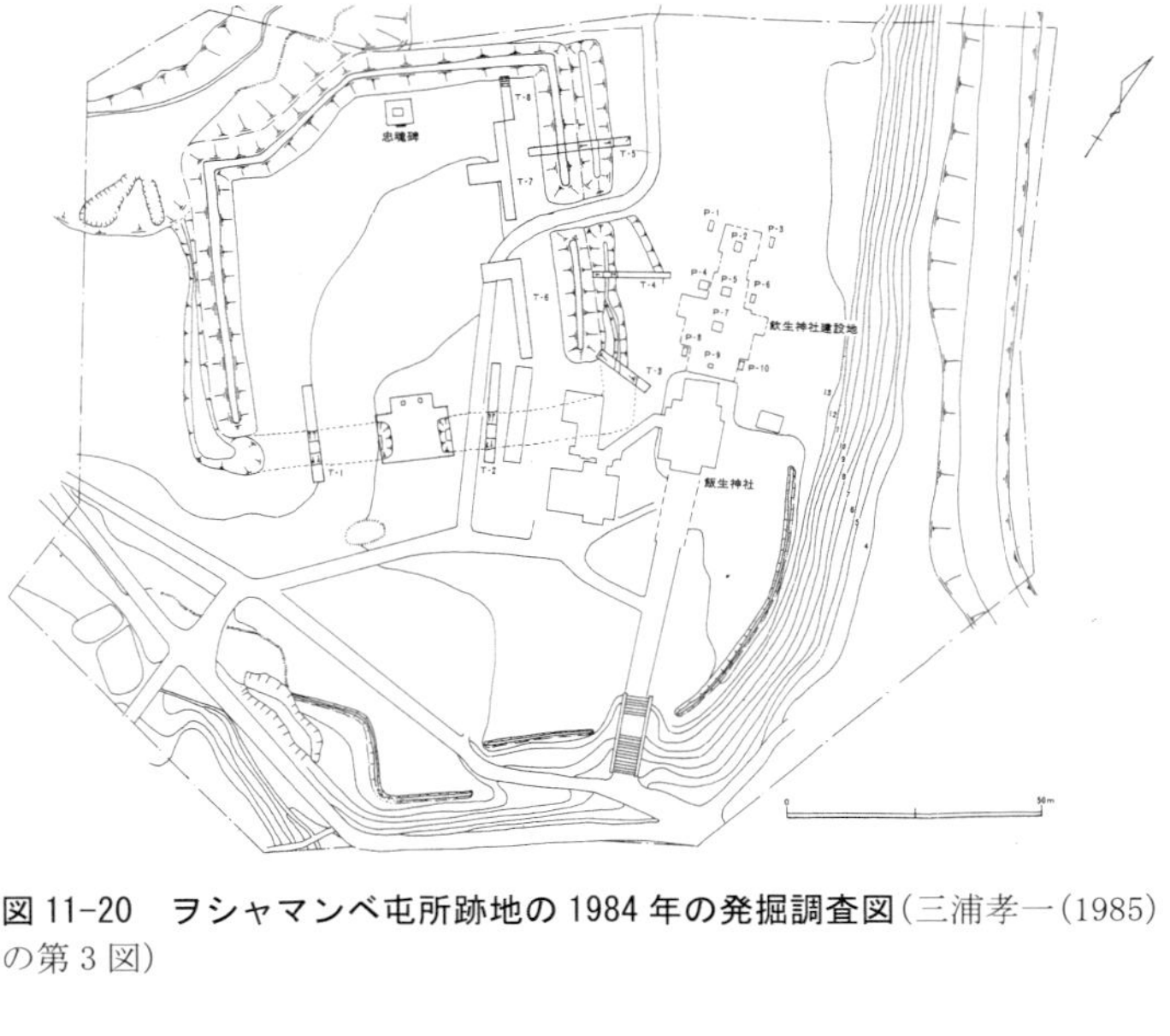

図 11-20　ヲシャマンベ屯所跡地の 1984 年の発掘調査図（三浦孝一（1985）の第 3 図）

図 11-22A　ヲシャマンベ屯所跡地への南登り口（1997 年 6 月撮影）
長万部総鎮守の飯生神社への参道石段に幟が並ぶ.

図 11-22B　ヲシャマンベ屯所の跡地（2010 年 7 月撮影）
跡地は草に覆われた広場となっており，右奥の社殿の手前から広場を取り巻くように樹木に被覆された土塁が残っている.

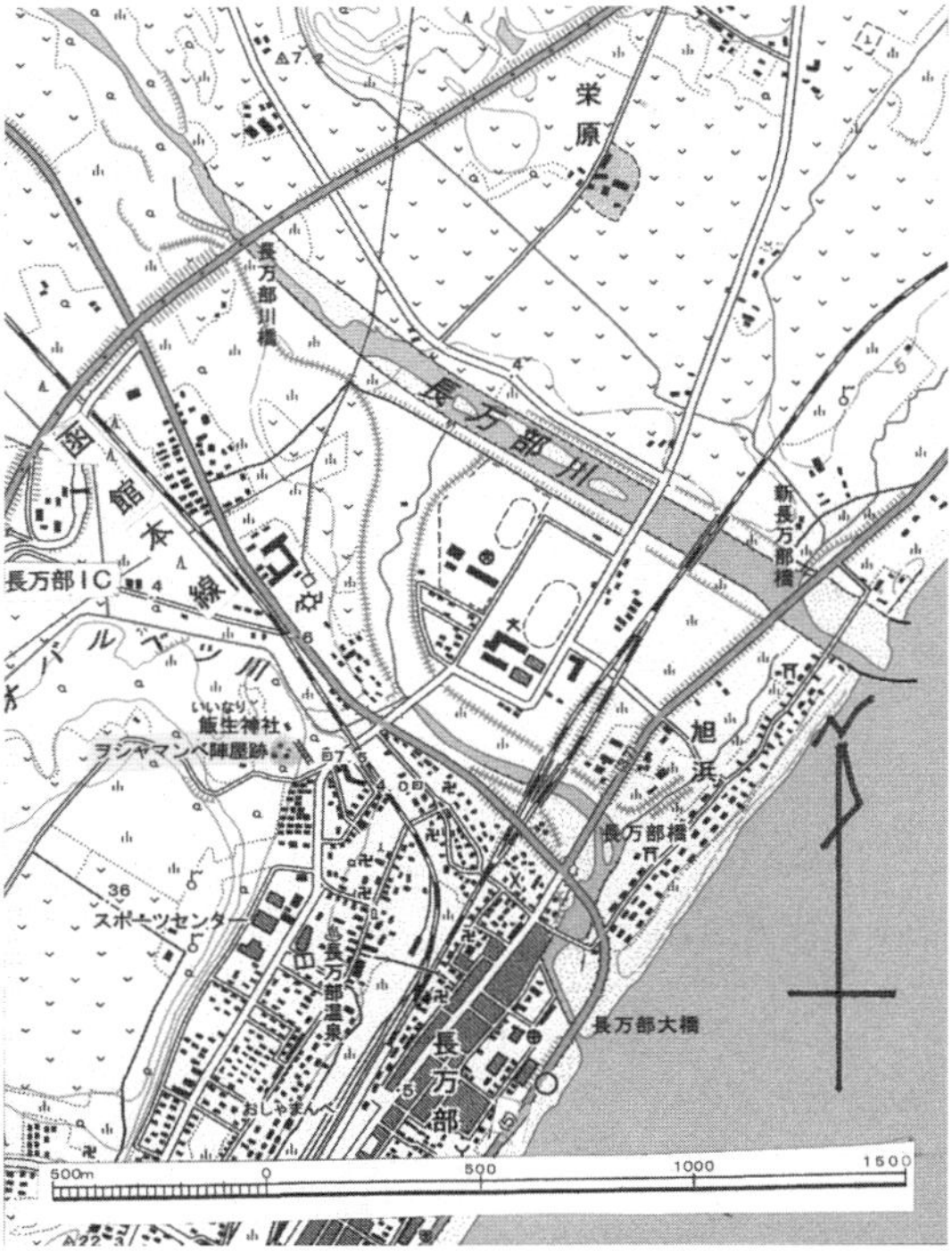

図 11-21　2 万 5 千分の 1 地形図「長万部」図幅（平成 16 年更新）にみるヲシャマンベ屯所の跡地一帯

の下方（北西方）に土塁・堀とも描かれていない点であるが、注記によれば実際は堀・土手ともに設けるように指示されている。[15]

このヲシヤマンベ屯所は、砂原屯所と同様に１８５６年に建設されたが、その翌年には廃されてしまった。このように短期間の施設であったが、その存在したことを示す絵図が残っている。例えば、図11-18は作製年紀を欠くものの、段丘崖下の会所と坊主山の「南部家屯所」とがともに描かれていて、相互の位置関係が図11-16と合致する。[16]

近現代におけるヲシヤマンベ屯所跡地の状況について、大正11年度に調査を行った河野常吉（１９２４）によれば、次のようであったという。すなわち、四周に高さ8尺の土塁が繞らされ、北西を除く三方に土塁の外側をさらに深さ5尺の空堀が繞っていて、北西は崖が天然の空堀となっていた。その囲郭の間口は53間、奥行は80間で、４２９０坪の面積があった。さらにこの囲郭の出入口の前方、約30間の段丘末端にも細長く土塁が設けられていた。[17]

その後、屯所跡地が運動場として使われたり、同じ段丘上の飯生《いいなり》神社[18]の改築などで、屯所正面にあたる南東側は囲郭跡地が大きく改変された。この屯所跡地は、国史跡「東蝦夷地南部藩陣屋跡」の一部として１９７４年に指定されたが（本章の注（８）を参照）、図11-19はその２年後に撮影されたカラー空中写真で、屯所跡地の段丘面を土塁跡に茂る樹林が北東と南西から囲んでいる。１９８４（昭和59）年には発掘調査が実施され（図11-20を参照）、その報告書である三浦（１９８５）によれば、土塁跡が南東側を除く三方に、堀跡も北東側と南西側に、それぞれ明瞭に残っていた。さらに、平坦化された南東側でも、正面入口の両側を発掘した結果、堀跡の連続が認められた。図11-21は21世紀初頭における屯所の跡地一帯を地形図で示したもので、図11-22（Ａ・Ｂ）は現地写真である。

［注］

（１）当時のモロランは、絵鞆半島から室蘭湾を隔てた北側の室蘭市崎守町付近にあたり、絵鞆半島一帯が近代になって市街地化すると、元室蘭と呼ばれた。この地には、近世後期に創建された仙海寺がある。

（２）藩に提出された正本には付箋があるが、「上山廣淵」（調査一行の責任者で当時の役職は盛岡藩の蝦夷地付留守居兼目付。通称は半右衛門）の名が記されている写しには絵図に直接朱書されている。そして、正本を写しと対比すると、ホロベケレウタの東方でヱトモ半島の東のつけ根にあたるワシヘツノ崎（図11-1の⑧）にも「警衛番処」の付箋が正本に当初あったのに、後に剥落したらしい事が判明。なお、正本・写しとも、もりおか歴史文化館の所蔵。以下、本章の出張陣屋と関連防備施設に関する絵図については、戸祭由美夫（２０１０）の検討による。

（3）出張陣屋の敷地占定に関する絵図としては①「ヘケレウタ略図」と②「東蝦夷地モロラン之内ボロベケレウタト申処御陣屋見立場所絵図面 但百間五寸積」の2種があり、建物プラン図としては③「東蝦夷地ヱトモ字ホロヘケレウタ陣屋建家之図」が残されている。このうち①は予定地の地形・土地条件を示し、②はそれよりも広い範囲を描いている。また②と③には、調査一行の筆頭責任者（上山半右衛門）と次席責任者（新渡戸十次郎）ほか5名の役職・氏名が列記されており、藩主への復命書に添付された正式の絵図面の形式を備えている。そして、これら①〜③の3種すべての絵図がもりおか歴史文化館に所蔵されているのみならず、十和田市の新渡戸記念館にも②・③が所蔵されている（第10章の注（9）を参照）。なお、この出張陣屋予定地の場合にみるように、アイヌ語地名の片仮名表記は一定していない。以下、絵図ごとの地名表記にもとづきつつも、別の表記を必要に応じて（ ）書きする。

（4）盛岡から派遣された大工棟梁の村田宗吉が建築に当たり、彼による日記（村田（1997））や絵図なども残っている。

（5）図11-3の例にみられるように、大砲などを備えた台場には通常、それを扱う藩兵が駐在する番所が設けられるが、図11-1の②の台場の場合、それに対応する番所の絵図は残されていない。その理由としては、この台場の北西に予定されている出張陣屋が番所の役目も担っていたのであろう。なお、「東蝦夷地の台場絵図」（もりおか歴史文化館所蔵）には、出張陣屋の東南に接する防備施設（大規模な砲台2門が湾口を向いている）から120間程の距離に当台場が描かれており、「炮門三ツ」との記載がある。

（6）図11-3にはホロシレトル崎の台場に対応する番所の予定図面が描かれているが、図11-5には③-2に対応する番所が描かれていない。しかし、「ホルシレトル之図」（もりおか歴史文化館所蔵）には新たな「御台場」のすぐ奥に「勤番所」の建物が描かれている。そしてこれら一対をなす新たな台場・番所の跡地が現在も残されていて、本章の注（8）に記すように国史跡に指定されている。

（7）しかし、「ヱトモホロベツ絵図面縮図共　弐枚入　万延元年八月」の袋書きを有するもりおか歴史文化館所蔵の絵図には、出張陣屋のすぐ東にあった「御台場」、ヱトモの「御台バ」、ヲヱエナヲシの「遠見処」と「勤番処」、ワシヘツの「勤番処」、ホロシレトルの「御台バ」が明記されている。ただし、この絵図セットの「モロラン」・「ホロシレトル」を含む「モロラン・ウス境」付近の部分は、地形や施設などを誤って描いているという問題があって、万延元（1860）年という絵図の年紀を信用してよいか疑問もある。

（8）出張陣屋跡は1934（昭和9）年に「元室蘭南部陣屋跡」の名で史跡指定され、その後1974（昭和49）年にホルシレトル台場・番所跡のみならず、砂原屯所やヲシヤマンへ屯所をも含めて「東蝦夷地南部藩陣屋跡」の包括的名称で史跡指定された。なお、防備施設が絵図に描かれていたエトモ・ヲヱエナヲス・ワシヘツに関して現地調査をしたが、ホルシレトル番所跡のような囲郭の跡は見いだせなかった。

（9）最も新しい発掘調査は2013（平成25）年に室蘭市教育委員会によって実施され、『室蘭市文化財調査報告書　第3集』（2014）として成果報告がなされている。

（10）室蘭地方史研究会の機関誌『茂呂澗（室蘭地方史研究）』に、地元研究者による陣屋関係の論文が随時掲載されている。また、2005（平成17）年には室蘭南部陣屋一五〇年祭が地元で催されて記念誌も刊行されるとともに、それを契機として室蘭南部陣屋史跡の会が設立された。

（11）この絵図の写しの裏表紙に、「上山主」の所有者略称を示す文字と「上山氏所蔵」の印がある。正本には砂原集落付近の付箋2枚がなく、作製当初から現在までの間に欠落したものであろう。なお、正本・写しともに、もりおか歴史文化館所蔵。

（12）なお、函館市中央図書館所蔵の「砂原百姓孫右衛門屋敷御借受御陣屋絵図面」は、屯所建設前の仮屯所を描いたもので、北向きの門をもつ東西13間・南北19間の宅地は建設予定の屯所よりもはるかに狭いが、主屋と納屋に詰める藩兵の割り当ても明示されている。

（13）この松屋崎の遠見所にどのような施設（例えば番所や台場）が設けられていたかは不明であり、発掘報告書で台場跡と明記された遺跡も、砲台据付を推定させる明瞭な痕跡は示されていないので、番所の跡である可能性もある。

（14）この絵図の裏表紙に「安政二年七月　御持場見分之砌比図ヲ以伺書ニ添江差上ル写　上山主」と記され、「上山氏所蔵之印」の所蔵印も左下に押されていることから、調査一行責任者の上山半右衛門所持の写しと推定される。一方、その正本たる「ヲシヤマンベ之図　伺書ニ相添候三枚之内」（もりおか歴史文化館所蔵）には、付箋がない。作製当初から現在までの間に欠落したものであろう。

（15）「陣屋後通山際江寄土手築立ニ及はす往来自由ならさる程に掘切置可申尤掘出し之土丈ハ土手ニ積立可然候事」。なお、この注記解読には小野寺淳氏の御教示による。記して謝意を表します。

（16）図11-18に示した絵図のほか、同じく年紀不明の「東蝦夷地ヤムクシナイ絵図面」（もりおか歴史文化館所蔵）にも、長万部支流（オバルベツ川）左岸の段丘崖上に「南部美濃守屯所」が他の事物に比して大きく描かれているが、ヲシヤマンへ会所は描かれていない。

（17）河野常吉の調査報告で、所在地の図面と現状の文と間で数値・表現の異なる個所は前者（図面）に拠った。

（18）長万部町総鎮守。１９３３（昭和８）年に現在の社地（長万部町３７９番地）に移転。

［文献］

・戸祭由美夫（２０１０）「幕末の蝦夷地ヱトモ一帯に設けられた軍事施設に関する歴史地誌的予察」奈良女子大学地理学・地域環境学研究報告Ⅶ。

・村田孝介（１９９７）「盛岡ヨリ東蝦夷地迄之日記帳」岩手県の古文書11。

・増井正哉ほか（２０１４）「盛岡藩室蘭陣屋の建築―その復元検討の試み―」平成22～25年度科学研究費補助金報告書（研究代表・戸祭由美夫）に所収。

・北海道森町教育委員会編（２０１４）「東蝦夷地南部藩陣屋跡砂原陣屋跡　松屋崎台場跡」森町埋蔵文化財調査報告書22。

・河野常吉（１９２４）「南部陣屋阯」（山越郡長万部村大字長万部村字坊主山麓）、『北海道史蹟名勝天然記念物調査報告書』史蹟の部。

・三浦孝一（１９８５）『史跡東蝦夷地南部藩陣屋跡ヲシヤマンベ陣屋跡―昭和59年度発掘調査事業報告書』長万部町教育委員会。

第12章　第二次幕領期における太平洋岸の仙台藩の「陣屋」

第二次幕領期に仙台藩は東蝦夷地（太平洋岸）のなかで、シラヌイ〈白老〉～南千島の広範な警備を幕府から命じられ、シラヌイに元陣屋を置くとともに、出張陣屋４ヶ所（アツケシ〈厚岸〉、ネモロ〈根室〉、クナシリ（泊）、エトロフ（振別））およびヒロオ〈広尾〉屯所の防備施設を建設した。[1] これら「陣屋」のなかで、南千島のクナシリ〈国後〉・エトロフ〈択捉〉２島に置かれた出張陣屋に関しては関係資料も少なく、現地調査も不可能である。そこで本章では、北海道本島の「陣屋」４ヶ所について、西から順次取り上げていき、最後に南千島の「陣屋」２ヶ所についても触れることにする。[2]

シラヌイ〈白老〉の仙台藩元陣屋

仙台藩は、第二次幕領期に東蝦夷地のシラヌイ以東の警備を担当し、その元陣屋をユウフツ〈勇払〉に置くよう、幕府から命じられた。しかし、１８５５（安政２）年６月に仙台藩から持場見分に派遣された同藩の三好武三郎清房らの見分結果報告に基づいて、自然条件の劣悪なユウフツに代えて、警備担当区域西端のシラヌイに元陣屋候補地を変更するよう、仙台藩から幕府に強い要請がなされた。[3] その結果、翌年には箱館奉行所の役人からシラヌイの元陣屋敷地および秣場が割り当てられた。[4] 陣屋はその年内に、前年の見分報告による予定地、すなわち海岸近くにあったシラヌイ会所の北方、白老川支流のウトカンベツ川河谷に建設された（図12-1を参照）。こ

図 12-1 『仙台藩東蝦夷地経営図』（函館市中央図書館所蔵）**の「シラヲイ」図幅**

絵図中央の朱色の貼紙「本陣屋」の右上に「ウトカンヘツ」の地名・河川名が記され，陣屋予定地一帯の複数の河川が合流して「シラヲイ川」となって太平洋に注ぐ海岸の奥に「会所」や物見台が描かれている．また，その海岸は「三拾丁程沖弐拾尋位　但舟掛澗無之沖掛也」と注記されている．

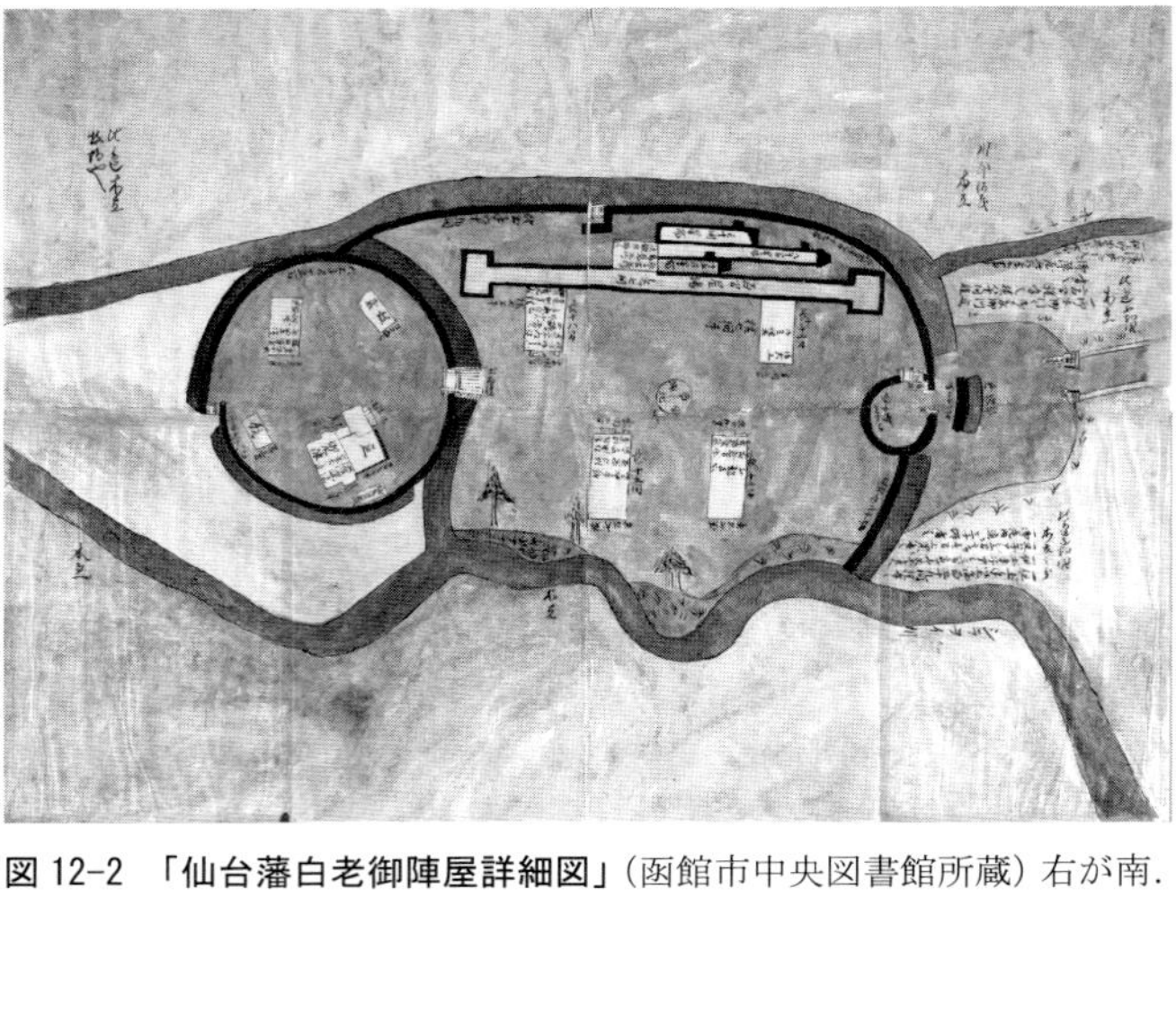

図 12-2 「仙台藩白老御陣屋詳細図」（函館市中央図書館所蔵）右が南．

のシラヲイ元陣屋に関しては十余の絵図が残されており、それらによって、大きな特徴2点を説明したい(5)。

まず第1の特徴は、ほぼ円形の内曲輪（約1万平方メートル）と楕円形の外曲輪（6万平方メートル余）とからなる囲郭に、主要な施設が収められていることである。柴垣を備えた土塁と堀に囲まれた内曲輪には、本陣・勘定所・兵粮蔵・馬屋・兵具蔵が設けられ、南側の外曲輪に面して大手門が、北側に搦手門があった。一方、外曲輪には、長屋４棟と稽古場１棟および、射程距離を各々異にする４つの星場が設けられた。外曲輪の南端には、前面に茀土居を持つ円形虎口が土塁で築かれ、西側は木立ちと天然の蛇行水路で、南側と東側は土塁と堀で、それぞれ防禦されていた（図12-2を参照）。

第２の特徴は、内・外２重の曲輪の外側に、ウトカンベツ河谷の東西の小丘陵をも利用して、広大なスペースが柴土居で囲まれている点である。「仙台藩蝦夷地白老御陣屋図」（函館市中央図書館所蔵、図12-3）は、元陣屋の建設に当たって幕府の箱館奉行所へ提出された建設予定図面らしいが、同種の絵図と比較すると、(6) 実際にな

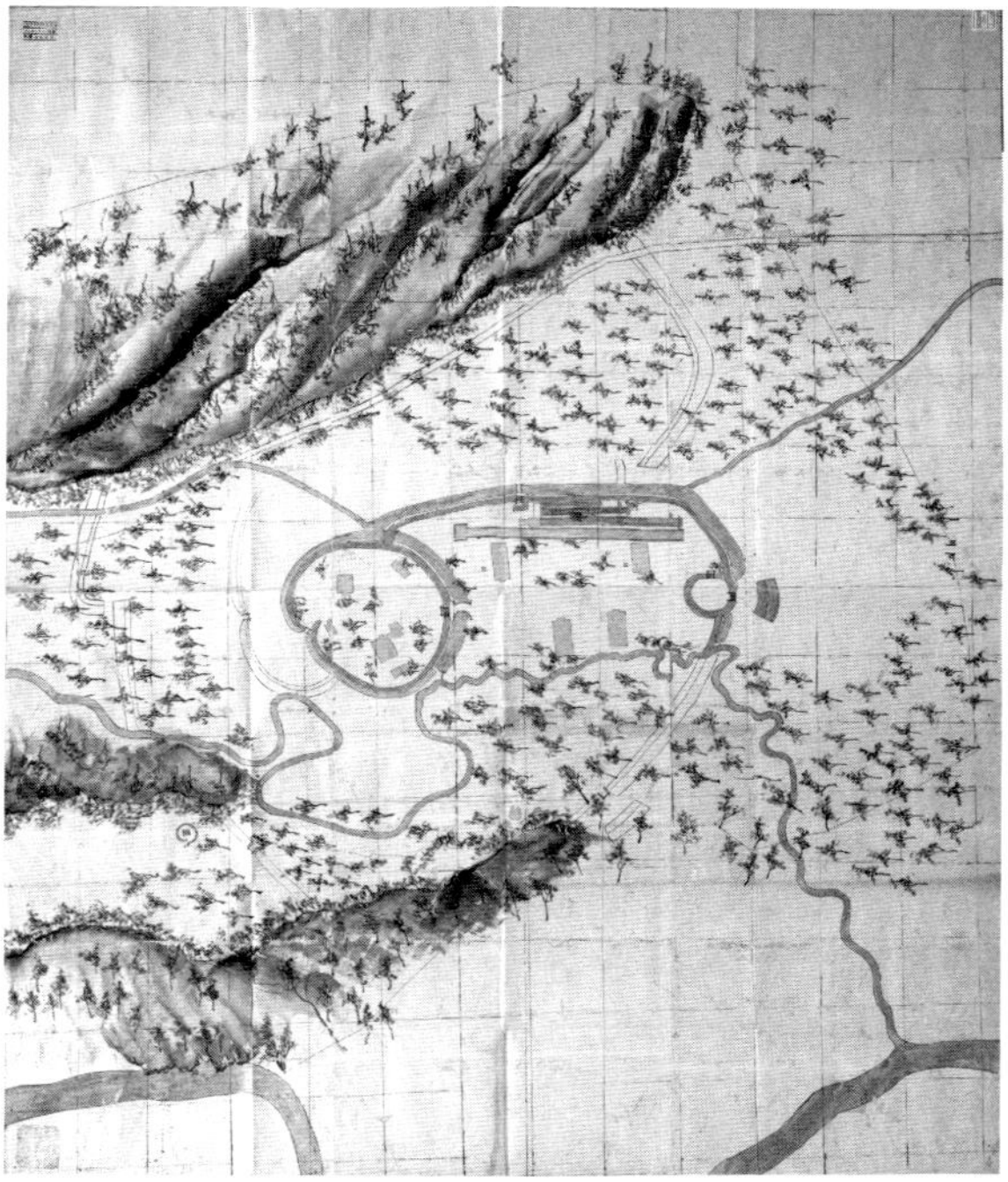

図 12-3 「仙台藩蝦夷地白老御陣屋図」（函館市中央図書館所蔵）図 12-2 と同じく右が南.

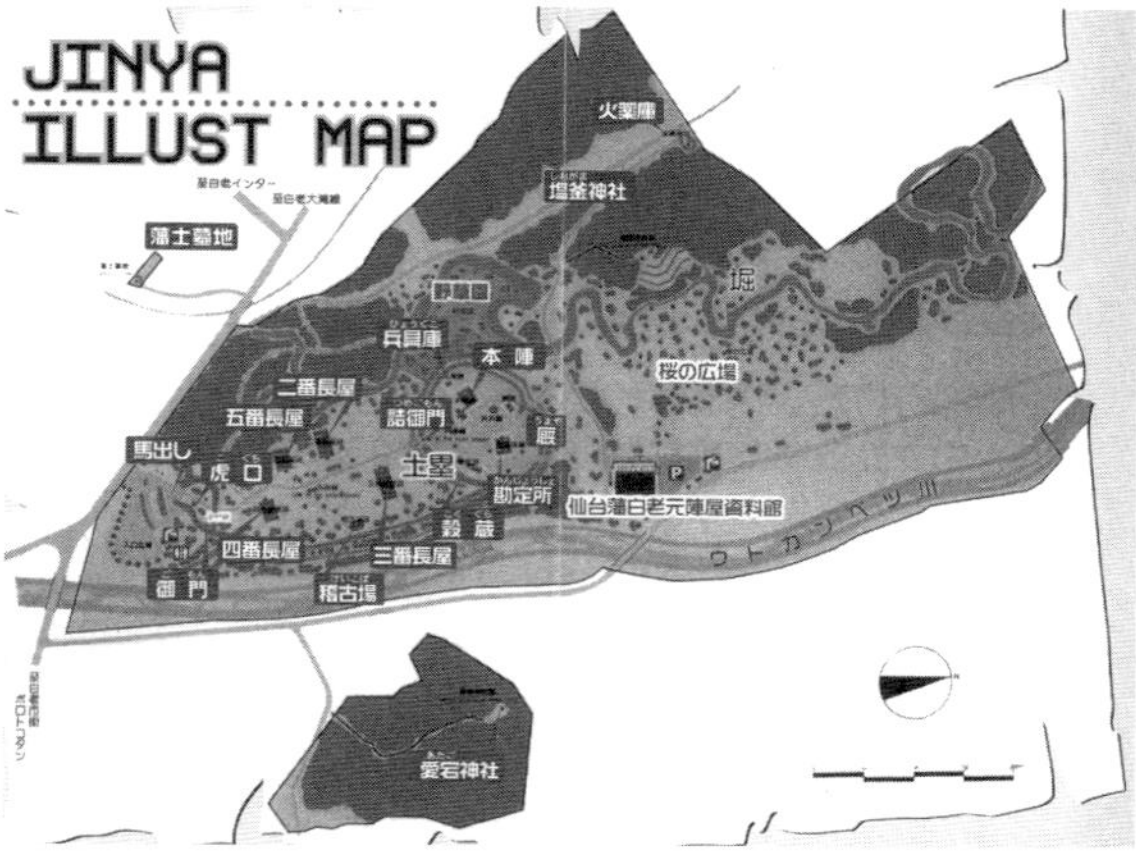

図 12-4 「JINYA ILLUST MAP」（仙台藩白老元陣屋資料館の2006年作成パンフレットより）

図 12-6　史跡公園となったシラヲイ元陣屋の跡地（上・下ともに北向きに 1998 年 9 月撮影）

（上）：外曲輪の南端にある円形虎口と御門

（下）：外曲輪の南部より内曲輪の大手門を望む．右手前は長屋跡の遺構表示．

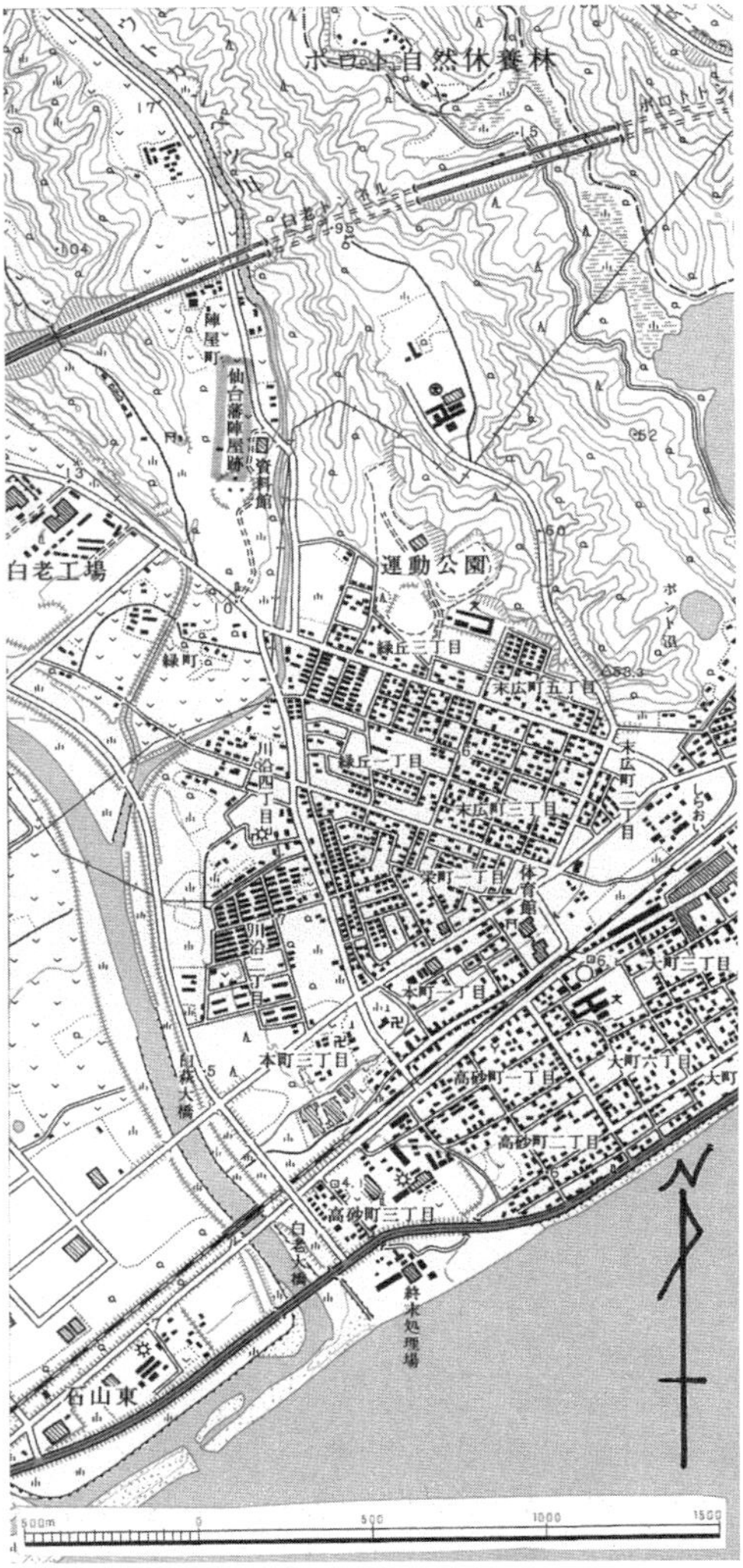

図 12-5　2 万 5 千分の 1 地形図「白老」図幅（平成 12 年修正測量）にみるシラヲイ元陣屋の跡地一帯

された建設工事とは異なる部分も指摘できる。例えば図12-3では、ウトカンベツ川は外曲輪東側の堀に導水され、本来の流路が水無川のように墨一色で描かれている。

以上のような特徴をもつシラヲイ元陣屋には[7]、百名を超える藩兵が在勤しており[8]、内曲輪の北方の丘陵末端上には塩釜神社を勧請し、ウトカンベツ川東岸の丘陵上には愛宕神社を建立して、これら2社を元陣屋の守護神としていた。

明治維新になって元陣屋在勤の仙台藩兵百余名は仙台に引き揚げ、１８６９（明治２）年に陣屋の建物は壊された。その後、陣屋の跡地は長く放置されていたが、１９６６（昭和41）年に国史跡に指定され、１９７１（昭和46）年度から陣屋跡の発掘調査が国費補助も得て長期間にわたって継続された。(9) その調査結果に基づく環境整備事業によって、内曲輪・外曲輪の囲郭やその内部の建物などが復元ないし遺構表示されて、史跡公園となった（図12-4を参照）。さらに、内曲輪の北には仙台藩白老元陣屋資料館も１９８４（昭和59）年に建設されて、当陣屋に関する各種の社会教育事業の中心として役割を果たしている。(10) 図12-5は跡地一帯の最新の地形図で、図12-6は現地写真である。

図12-7　２万５千分の１地形図「広尾」図幅（平成19年更新）にみるヒロオ屯所の跡地一帯（一部加筆）

ヒロオ〈広尾〉屯所

ヒロオ屯所は、第二次幕領期の当初から設置が決められた元陣屋や出張陣屋とは異なり、１８５９（安政６）年に十勝地方が仙台藩領となったことから設けられることになった防備施設である。(11) その位置は、十勝平野の南端にある孤立丘陵

図 12-9　ヒロオ屯所跡地の土塁残存部分（当初の土塁の南西突出部）（2003 年 6 月撮影）
屯所跡地の内側から南向きに撮影．左手前より奥へと続く土塁残存部分に「仙台藩陣屋跡」記念碑の下部が見える．土塁残存部分は，さらに右奥，そして右手斜め手前へと続いている．

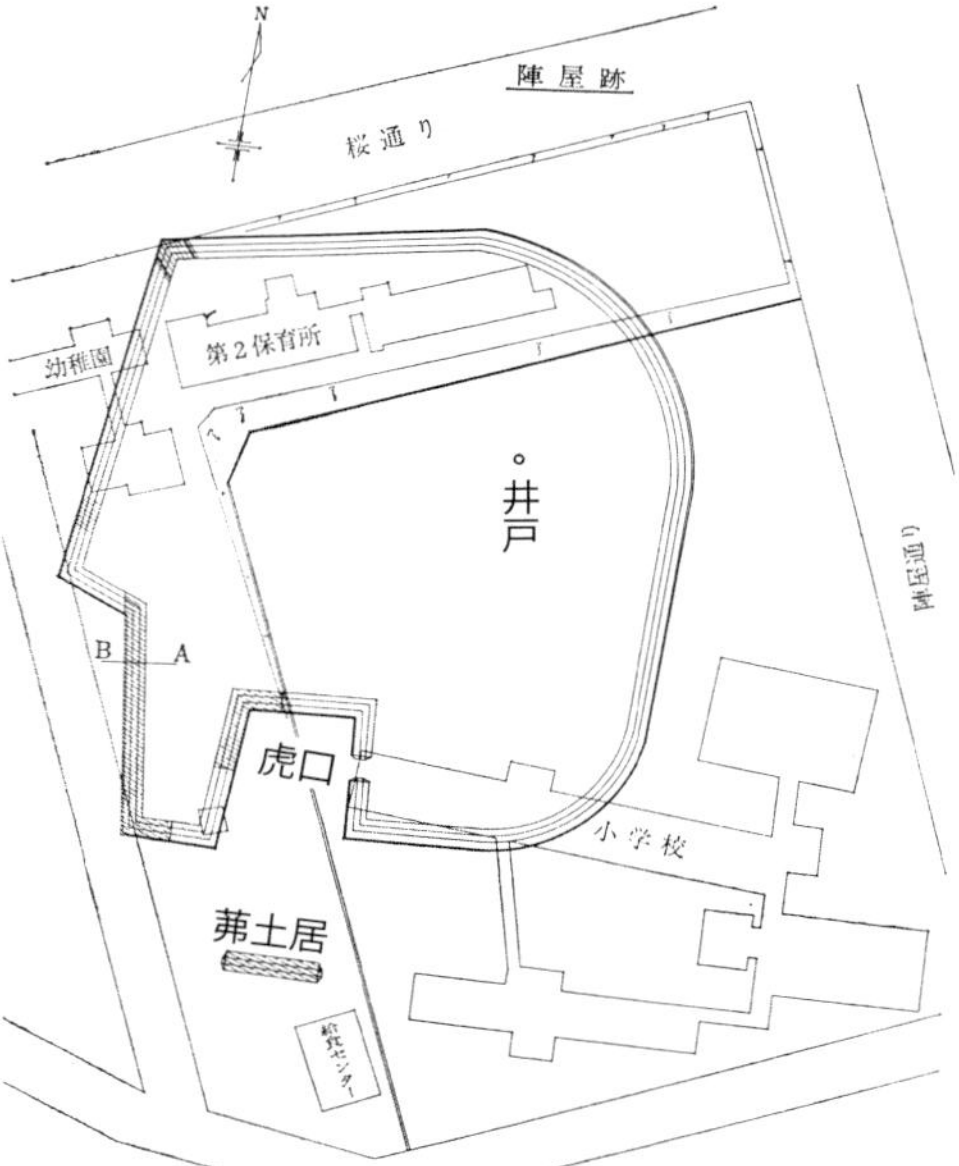

図 12-8　広尾町郷土研究会による 1970 年のヒロオ屯所跡地の測量結果（原図表示を一部改変）

の丸山《まるやま》（円山とも記す）南西麓にあたり、太平洋に面する海岸段丘まで約１キロメートル、東流する広尾川北岸の段丘崖まで約１００メートル（図12-7を参照）。残念ながら、幕末の屯所を描いた絵図は未だ紹介されていないが、[12] 各種の史料によれば、不整形な平面形をなす土塁の内部には、藩兵の居宅や武器庫、米蔵、井戸などがあって、南側の虎口は内桝形をなし、一文字土居も設けられていたとされる。[13] また、シラヲイ元陣屋と同様に、塩釜神社が屯所の鎮守として勧請された。

明治維新後、屯所の跡地は長年にわたって放置されたままであったが、

図12-10　楢山隆福『東蝦夷地与里国後へ陸地道中絵図』（函館市中央図書館所蔵）**上巻の「厚気志」図幅**（本章の注（18）を参照）

跡地を含む一帯が１９３４（昭和９）年に北海道庁から広尾村に小学校用地として払い下げられた[14]。その払い下げ直前（１９３０年頃）の広尾市街地を示した『広尾町史』（１９６０年、広尾町）の付図によれば、市街地の南西、陣屋通沿いに屯所の土塁跡などが残っていたことが知られる。その後、小学校の校舎は全面的に建て替えられ、校庭もそれに伴って整備された結果[15]、土塁跡の残存部分は少なくなった（図12-8を参照[16]）。21世紀に入っても土塁跡の一部は現地で確認できるものの（図12-9を参照）、あたり一帯に樹木が繁茂しているため、上空からの空中写真による判読は困難である[17]。

アツケシ〈厚岸〉の出張陣屋

アツケシには第一次幕領期に盛岡藩の防備施設があり、１８１０（文化７）年の楢山隆福『東蝦夷地与里国後へ陸地道中絵図』（函館市中央図書館所蔵）上巻の「厚気志」図幅（図12-10）には[18]、幕府建立の国泰寺[19]の麓下に３棟からなる「南部家勤番所」のほか、その北東に隣接して、蔵や「通行や」・「会所」・「詰合衆」長屋などの建物群が個別の柵立土塁で囲まれつつ連なっている様子が描かれている。警備に派遣された盛岡藩士の日記の記載内容を分析した高嶋弘志（２００６）によれば、１８０８（文化５）年にこの勤番所（陣屋）が建設されたとする。そしてこの図幅を見ると、「会

図 12-11　目賀田守蔭『延叙歴検真図』中帙 3 の「仙台領アツケシ」図幅（函館市中央図書館所蔵）（本章の注（24）を参照）

所」前の広場に設けられた簡易な内枡形付き冠木門の前には「此処へ上陸」と朱書されているので、土塁の前面が海岸になっていたのであろう。

第二次幕領期の初めに、このアツケシにも仙台藩出張陣屋の設置が定められた。[20] 松浦武四郎の[21]１８５６（安政３）年の『廻浦日記』には、「会所」２棟や箱館奉行所役人の「勤番所」１棟および各種の蔵が描かれており、５間半×15間の「勤番所一棟此所当時仙台家詰合有」と記されている。しかし、その翌１８５７（安政４）年にアツケシを訪れた幕閣家臣の紀行文（『罕有日記』『東徼私筆』）中の景観描写図を見てみると、後者では陣屋は描かれておらず、前者でも「仙台衛士仮営」が描かれているに過ぎない。[22] そして、同年の多川仲之丞の『蝦夷道中日記』や玉蟲左太夫の『入北記』には、とりあえず「仮陣屋」が仙台藩士用に設けられていたことや、新たに６間（半）×13間半（〜14間）と６間×17間半の長屋が陣屋用に普請中であったと記されている。[23] とすれば、松浦が見たのは仙台藩士の当時の仮住居であったのではなかろうか。

新設のアツケシ出張陣屋の様子は、その2年後の目賀田守蔭『延叙歴検真図』（函館市中央図書館所蔵）中帙3の「仙台領アツケシ」図幅（図12-11）を見ると、海岸沿いに「役宅」「会所」と並んで、柵に囲まれた「仙台陣屋」が描かれている。[24] また、作製者不明の手描き絵図「悪消御陳屋」（個人有）によれば、[25] 南南西の丘陵斜面を除いて、出張陣屋建物用地が柵立て土塁によって取り囲まれ、その用地内に17間×6（？）間と13間×4間の居住用建物2棟、蔵、稽古場、的場、2ヶ所の出入口、火薬蔵・炭屋・水屋など付属施設も描かれている。この絵図の右下端に陣屋の傍示が描かれていて、「仙台陣屋敷地従是東谷地中迄百間　安政三辰八月地名ブトテナイ」

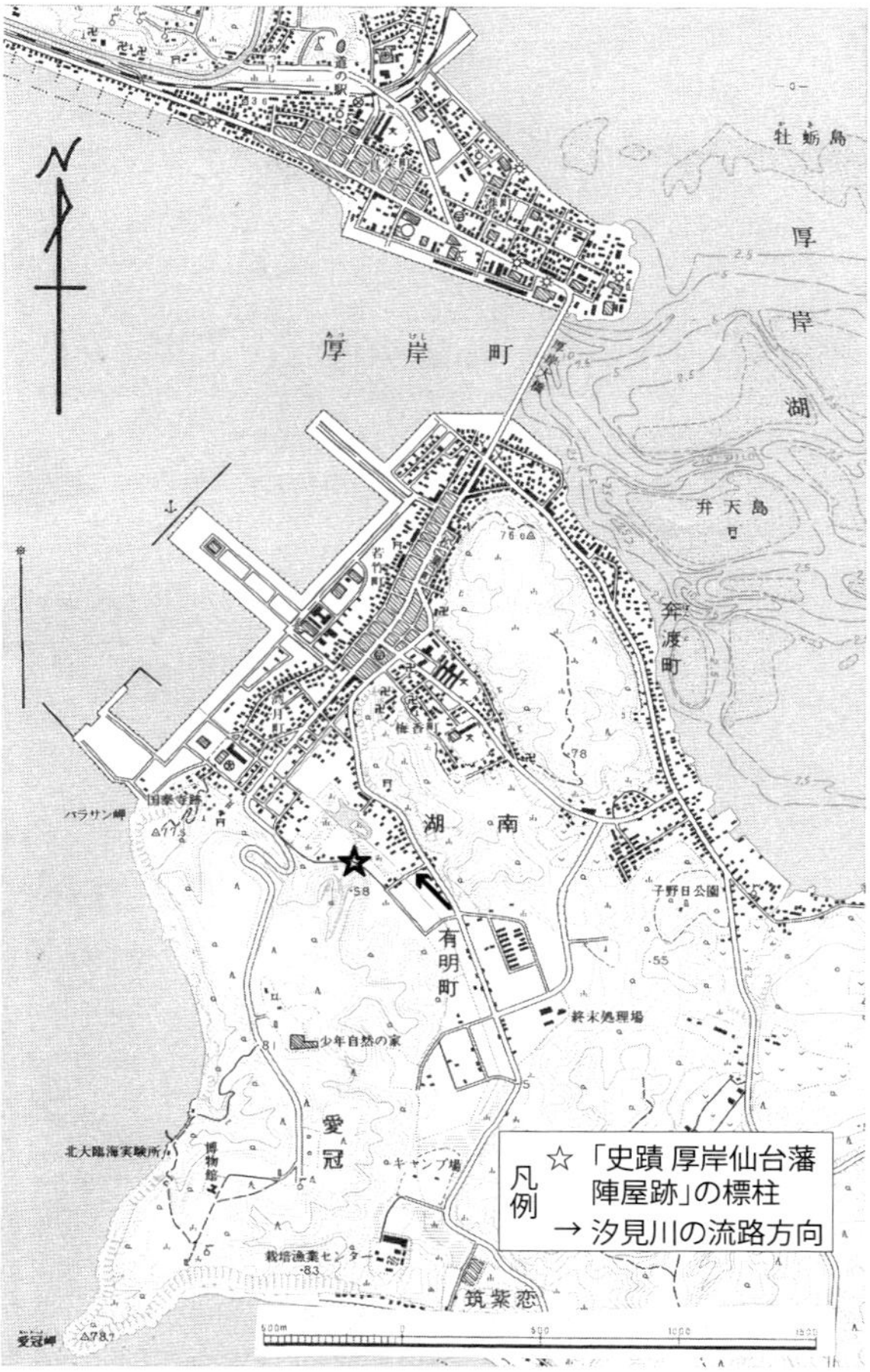

図12-12　2万5千分の1地形図「厚岸」図幅（平成12年修正測量）にみるアッケシ出張陣屋の跡地一帯（一部加筆）

図 12-13B　仙台藩アッケシ出張陣屋の跡地一帯（西向きに 2003 年 7 月撮影）
手前は汐見川の流入する沼沢地で，陣屋跡の標柱（図 12-12 の☆印）は中央左の建物の奥（見えていない）にあり，国泰寺跡は中景の丘陵右端の向こう側（見えていない）になる．

とある。しかし佐藤（２００４）によれば、前記の１８５７年の史料などからみて、その傍示年紀は陣屋占定時の建設予定を示したもので、絵図に描かれている建物等がすでにその時点で存在していた訳ではなかったと考えられる。

このように仙台藩の出張陣屋建物の新設に手間取ったのは、その予定地の立地条件が悪かったためで、多川仲之丞の『蝦夷道中日記』によれば、「会所より五丁余山手に付候処也。谷地にて、至て不宜御場所と相見得候。然に、外に御場所に可然所無之由。…西方の角開、三方は山也。」（旧暦四月廿九日の条）で、「湿地にて極難儀に可有之と存じ候処、佐藤手配今野世話にて野地沼の口を堀切、海え水を落候様に相成」（旧暦七月十一日の条）とある。[26] つまり、第一次幕領期の「南部家勤番所」が国泰寺と会所との間の平坦地に位置していたのに対して、第二次幕領期の仙台藩の場合は、会所の北東に陣屋建設予

図 12-13A　厚岸町有明町 3 に建つ「史跡　厚岸仙台藩陣屋跡」の標柱（2003 年 7 月撮影，図 12-12 の地形図に位置を☆印で示した）

定地を求めざるを得ず、その場所が海岸の奥で三方を山に囲まれた低湿地であったために、陣屋建設担当者が排水に工夫したという。

１８６０（万延元）年にアツケシ場所が仙台藩領となり、「御用所付役宅」「会所」「通行家」ほかが幕府から仙台藩に受け渡されたが、蝦夷地での新たな所領では開拓・警備の二面政策を取り、警備には人も経費も大幅に削減する方針を取った。そのため、明治になって、この厚岸出張陣屋が佐賀藩に引き渡される際の引渡し書類では[27]、桁行がそれぞれ17間半・11間半・５間の建物３棟、板蔵３棟、雑蔵１棟、見張所１棟が敷地内に設けられていて、１８６０年に仙台藩が幕府より引き渡された建物およびそれ以前に仙台藩独自で建設した建物を合わせたものとは異なっている。

その後、陣屋の跡地に根室監獄署厚岸分署が一時期設けられ、射撃場としても利用されたが、現在では陣屋の跡地は民有地となっており[28]、陣屋建設以前の湿地の状態に戻っている部分もある（図12-12を参照）。なお、「史跡　厚岸仙台藩陣屋跡」の標柱が跡地の南端（丘陵末端）に建てられている（図12-13Aと図12-13Bを参照）。

ネモロ〈根室〉の出張陣屋

ネモロ（子モロとも記す）の場合も、アツケシと同様に、第一次幕領期に盛岡藩の防備施設があり、楢山隆福『東蝦夷地与里国後へ陸地道中絵図』上巻の「根諸」図幅（図12-14）では、「会所」や「遠見番」など各種の施設と並んで、独自に柵で囲まれた「南部家勤番所」が海成段丘上に描かれ、それら全体を取り囲むように海成段丘崖を利用した柵建土塁が取り囲んでいる[29]。

第二次幕領期の初めに、仙台藩出張陣屋の設置が定められた。その建設予定位置は、『仙台藩東蝦夷地経営図』（函館市中央図書館所蔵[30]）の「子モロ」図幅（図12-15）によれば、根室半島の基部に近い海成段丘上で、根室湾

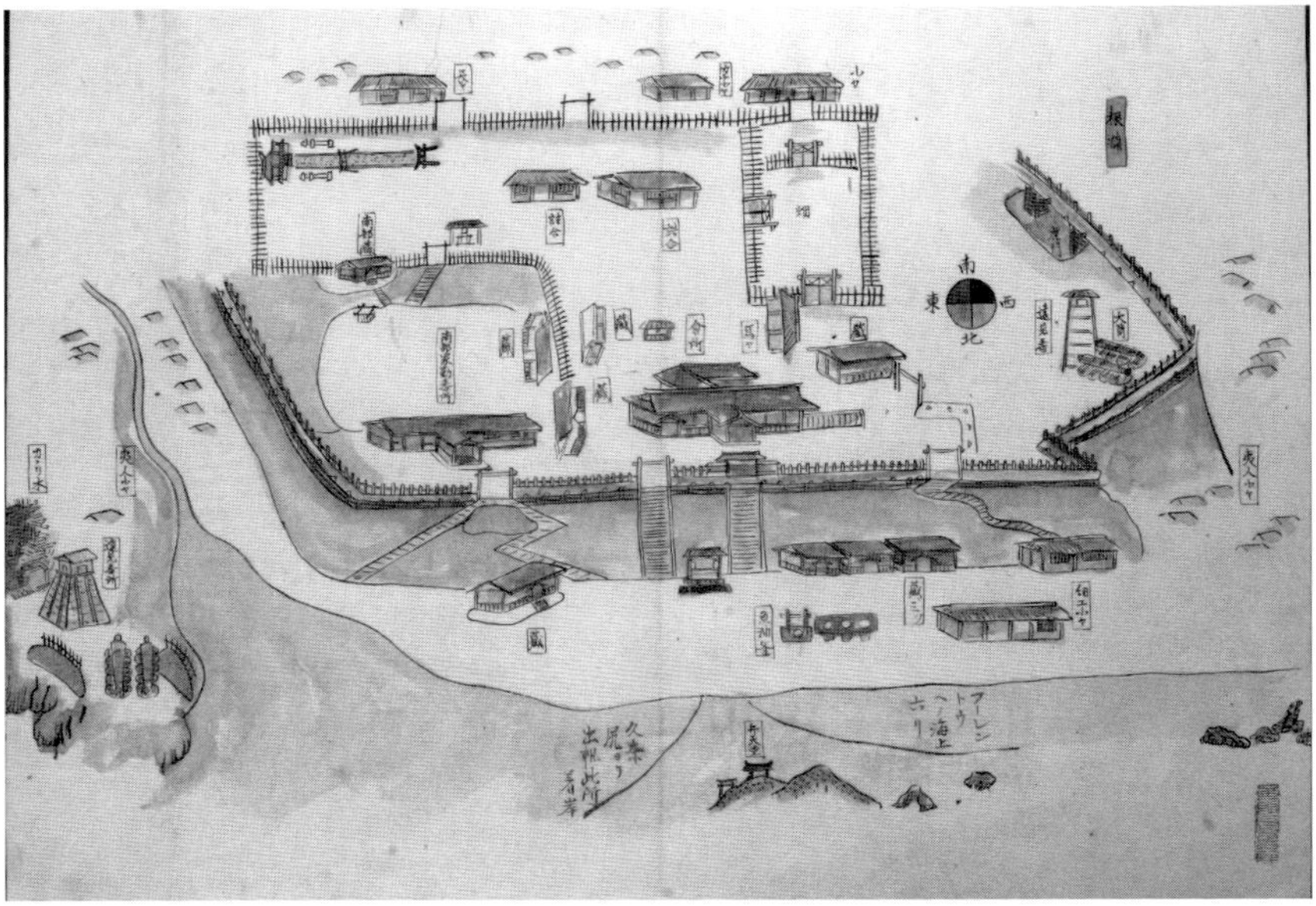

図 12-14　檜山隆福『東蝦夷地与里国後へ陸地道中絵図』（函館市中央図書館所蔵）**上巻の「根諸」図幅**

に面しており、前面（北側）に「勤番所」「会所」などがあった。また、「子モロ陣屋地所図・台場位置図入」（根室市歴史と自然の資料館所蔵、図12-16）には、「会所」や「通行家」の南東に、「交代所」と六角形の陣屋建物予定地が傍示杭で示され、さらにその背後（南方）から西方の海岸沿いにかけて、広大な土地が「陣屋地所」として設定されたことも知られる。また、「東蝦夷地子モロ仙台仮陣屋ノ図」（根室市歴史と自然の資料館所蔵、図12-17）には、東西60間余・南北百間弱の変形多辺形の建物平面図が描かれているが、正規の出張陣屋完工時期や規模・形状については未だ明確になっていない[31]。窪田子蔵の『協和私役』には[32]、１８５７（安政４）年の旧暦7月18日条に「…此地仙台ノ陣小屋アリ未タ成ラス…」と記されているのに対して、翌１８５８（安政５）年の松浦武四郎の『知床日誌』には[33]、「此ネモロ…会所元（勤番所二棟、通行屋二棟、蔵々三十余棟、制札、井戸三ヶ所、遠見番、弁天、金毘羅、いなり、合薬蔵、仙台陳や、備米蔵）

は其一岬の北面にして…」とあって、挿絵に「勤番所」「仙台陣所」「鎮守」「会所」が海岸近くに並んで描かれている。この日誌に描かれた「仙台陣や」「仙台陣所」が正規の仙台藩出張陣屋の建物とすれば、１８５８年には当初の予定地に完成していたと推測される。(34)

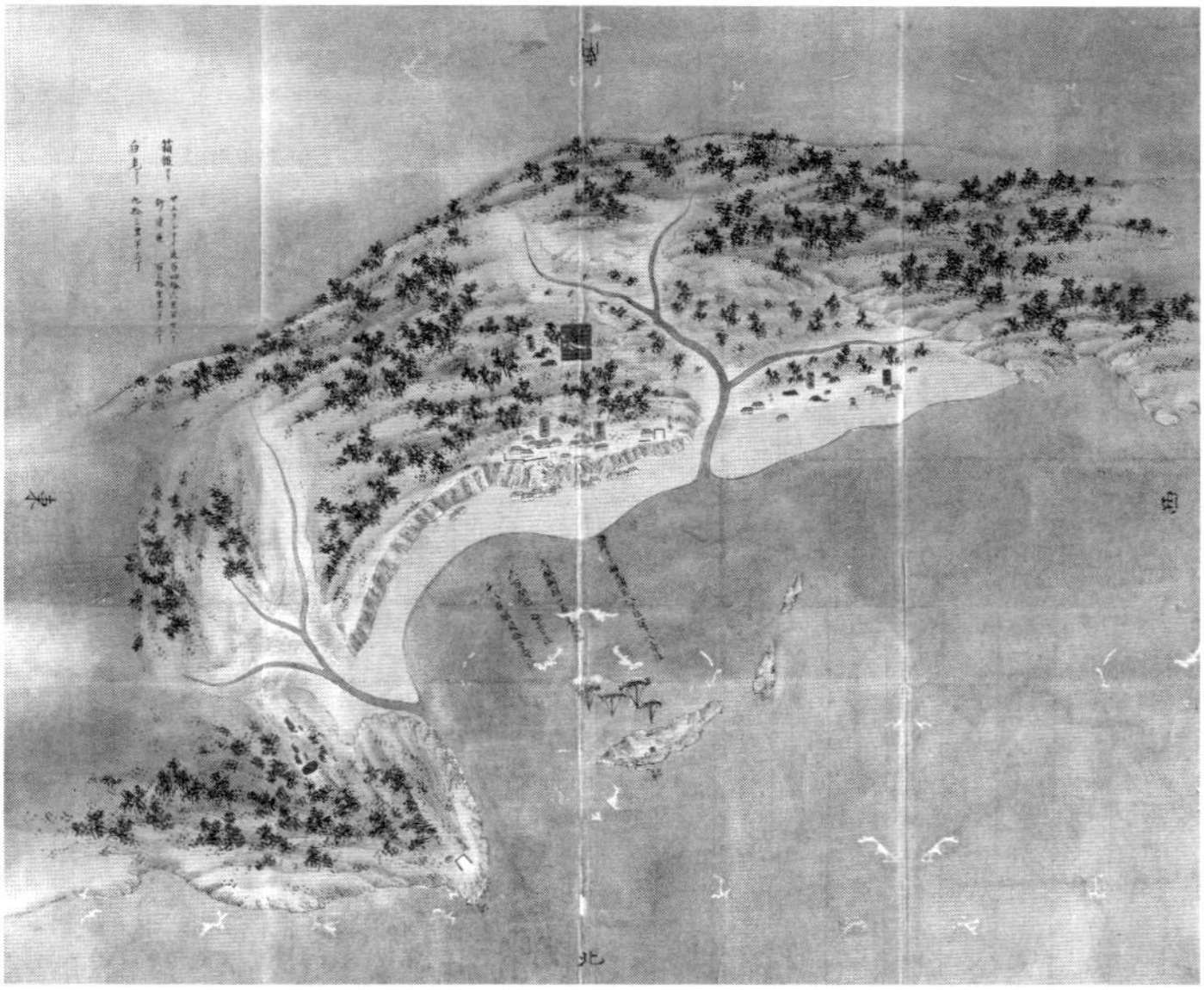

図 12-15　『仙台藩東蝦夷地経営図』（函館市中央図書館所蔵）**の「子モロ」図幅**

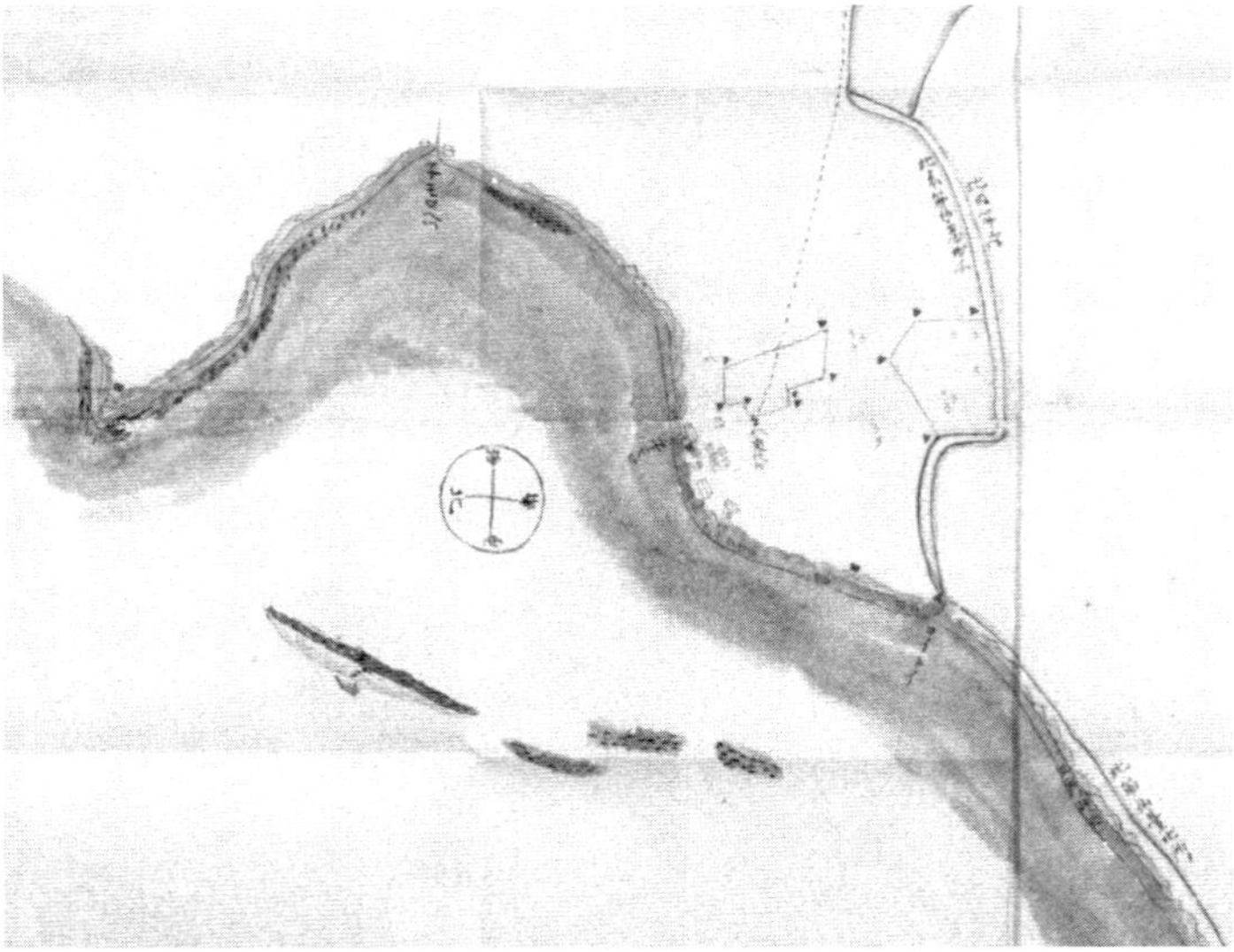

図 12-16　「子モロ陣屋地所図・台場位置入」（根室市歴史と自然の資料館所蔵）**の主要部**

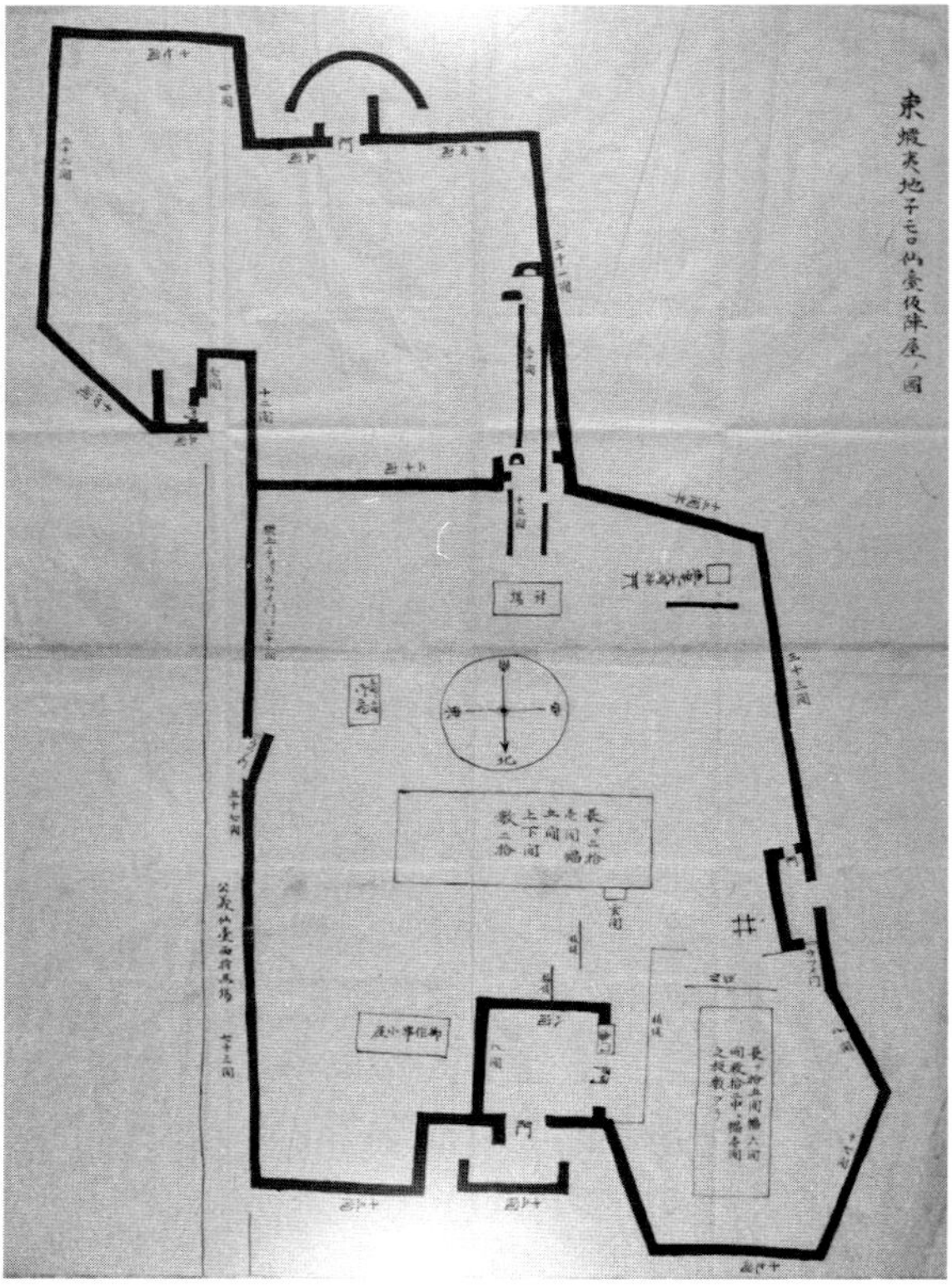

図 12-17 「東蝦夷地子モロ仙台仮陣屋ノ図」（根室市歴史と自然の資料館所蔵）

近代に入って、１８６８（明治２）年に根室開拓使出張所が設けられ、それを引き継いだ開拓使根室支庁の庁舎が１８７０（明治４）年末に新築された[35]。従来の庁舎建物は幕末の出張陣屋跡地を利用していたのであろう。維新当初は一時的に寒村と化した根室も、根室・南千島地方の行政中心地ならびに産業中心地として、１８７４（明治８）年には市街地も整備され、町名称も新たに設けられていった。現在では、幕末の仙台藩出張陣屋の跡地は市街地にのみ込まれ、その形状を地形図上で明瞭に復原することは極めて困難となった[36]（図12-18を参照）。

南千島の出張陣屋

第二次幕領期になると、南千島では、第一次幕領期の場合と同様に、クナシリ島ではその南西端の根室海峡に面したトマリ〈泊〉に、エトロフ島では中部のオホーツク海に面したフウレベツ[37]〈振別〉に、それぞれ出張陣屋が設けられることになった。石川浩治（２００４）によれば、その建設時期はネモロと同じく１８５９（安政６）年とされているが、[38] その出張陣屋２ヶ所に関する絵図はきわめて少ないようである。

クナシリ島トマリの場合は、『仙台藩東蝦夷地経営図』（函館市中央図書館所蔵）中の「クナシリノ内トマリ」

図12-18　２万５千分の１地形図「根室北部」・「根室南部」図幅（ともに平成10年修正測量）にみるネモロ出張陣屋の跡地一帯（一部加筆）

図幅（図12−19）に、青色の正方形で「出張陣屋」と建設予定位置が示されている。この絵図によれば、河口右岸の「会所」・「止宿所」や松前藩の「勤番所」のある平地ではなく、それらよりも奥の山林に出張陣屋が予定されており、海岸沿いの崖上に「台場」３ヶ所が設けられていたことがわかる。これを第８章のトマリ警備地に関する図８−３〜図８−６と比較すると、第一次幕領期と第二次幕領期の間に、幕府管理の「会所」はそのままで、「通行家」も「止宿所」と名称が変わっているものの同

図 12-19 『仙台藩東蝦夷地経営図』（函館市中央図書館所蔵）**の「クナシリノ内トマリ」図幅**

じ位置にあるが、防備施設は、「南部藩勤番所」→「仙台藩陣屋」→松前藩「勤番所」と警備担当藩が変わるごとに形状・建物ともに変更がなされたことがわかる。

一方エトロフ島フウレベツの場合、佐藤宏一（1975）が1857（安政4）年作成の『ヱトロフニ而日々記』（「吉川文書」）中の「エトロフ御陣屋郭中御家作」図を紹介している。それによれば、「東西五拾間・南北五拾六間」の不整形な郭の内部に17間×11間、11間×6間の主要な建物など9棟が簡略に記されている。それを宮城県図書館所蔵の『エトロフ嶋全図幷廿五場所之図』中の「フウレベツ勤番所並魚会所元之図」に描かれた松前藩の勤番所と比較すると、「御役所」をはじめとする建物群の棟数・位置・形状のいずれの点でも異なり[39]、囲郭の形状も大きく異なる。つまり、このフウレベツにあっても、松前藩「勤番所」から第二次幕領期の仙台藩出張陣屋に移行するにあたって、防備施設に大きな変更がなされたのであろう[40]。

［注］

（1）本章に関係する史料は、函館市中央図書館、北海道立図書館、宮城県図書館などに所蔵されており、『宮城県史』『仙台市史』ほかに翻刻されている。

（2）第一次幕領期の南千島の警備に関しては第8章で紹介した。

（3）第一次幕領期の初期に八王子千人同心の一隊が、警備と開墾の目的でユウフツにやって来たが、火山灰土壌と石狩湾からの北西季節風などのため不成功に終わった。しかしシラヌイも、北西の季節風は背後の小丘陵で防げるものの、太平洋岸に船を直接接岸しえない点では（図12-1の注記を参照）、同藩の蝦夷地出張陣屋（アッケシ、ネモロ、トマリ、フウレベツ）に劣っていた。

（4）「白老元御陣屋地所御引渡之絵図」が仙台藩白老元陣屋資料館に所蔵されており、株場は1万石相当と広大であった。

（5）仙台藩白老元陣屋資料館開館25周年記念特別展「絵図から辿る仙台藩白老元陣屋の秘密」で、当資料館をはじめ複数の所蔵機関の多様な白老元陣屋絵図が展示された。その展示解説が解説小冊子と合わせて佐藤宏一（２０１０）にまとめられている。なお、この特別展に図12-1の絵図は展示されていなかったが、展示№1の「白老之図」（同資料館所蔵）は、図12-1と比べると、元陣屋予定地を「本陣見込」と記している点や方位表示の点では異なるものの、描画内容から図12-1と同系統と推測される。

（6）同種の絵図は複数あり、それぞれ描画内容に相違があるが、柴土居が最も多くの個所に記されている点で、図12-3を選んだ。

（7）土平　博（２０１４）では、箱館水元の盛岡藩元陣屋や仙台藩の陸奥国領内の支城群とも比較し、その形態・構造がこのシラヲイ元陣屋と大きく異なることを指摘している。

（8）彼ら仙台藩兵に関しては、松木覚（1978）が詳しい。

（9）『史跡白老仙台藩陣屋跡環境整備事業報告書：昭和44年度―平成7年度』（1996年、白老町教育委員会）。

（10）当資料館による特別展・企画展が随時実施され、資料館報も17号まで刊行されているばかりでなく、同資料館の友の会や仙台陣屋史跡保存会も設立されている。なお、この友の会は北海道博物館協会による平成15年度活動表彰を受けている。

（11）第二次幕領期の当初、警備を命じられた各藩の担当地域はすべて幕領であったが、1859年に従来どおりの幕領と各藩領の2本立てとなり、十勝地方（トカチ場所）は後者に指定された（第9章を参照）。

（12）第二次幕領期作製の『仙台藩東蝦夷地経営図』（函館市中央図書館所蔵、全11図）にも該当地のみ欠落しており、目賀田守蔭『延叙歴検真図』（1859年作製、同館所蔵）中帙3「東海岸　接北海岸　従ホロイヅミ至シベツ」の「仙台領ヒロウ」図幅にも海岸段丘上に「会所」は描かれているが、「丸山」山麓には建物すらない。なお、目賀田守蔭（1807～1882）は谷文晁派の実景図を得意とし、1856～58年（安政3～5）に幕命によって蝦夷地を調査した。

（13）広尾町郷土研究会『温故知新』の第1集（1973年）・第2集（1978年）に、ヒロオ屯所に関する記事が数多く掲載されている。

（14）広尾小学校の校地は、払い下げ当時の地番が陣屋428番地・同427番地で、現在の広尾町西4条9丁目・同10丁目にあたり、その四周には道路が走っている。

（15）1965（昭和40）年着工の校舎新築工事によって、校舎の位置は校地の北半から南半へ移った。その際に取り壊された屯所の井戸跡から木製の井戸枠が出土し、現在、広尾町海洋博物館の館内に展示されている。

（16）1969（昭和44）年発足の広尾町郷土研究会のメンバーによって跡地の測量調査が行われ、1975（昭和50）年には「仙台藩陣屋跡」記念碑が同会によって建立されて、町史跡に指定された。なお、当該調査に基づく「広尾陣屋」模型が、出土した井戸枠とともに広尾町海洋博物館内に展示されている。

(17) 町立広尾小学校は広尾第二小学校と２０１１（平成23）年３月末に統合され、土塁跡を含む旧校地は町有地として残されている。
(18) この絵図集は折本で、図12-10の場合は見開き左右２面からなるために、片面ごとに撮影したものを接続して示した。一方、図12-14の場合は片面が１図幅をなす。なお、楢山隆福とこの絵図集に関しては第８章の注（９）を参照。
(19) 国泰寺は現在も続いており、その旧社地は国史跡に指定されている。この国泰寺には『日鑑記』と名づけられた日誌が初代住職以降書き継がれており、幕末の厚岸の状況解明の参考になる。この『日鑑記』は『新厚岸町史　資料編１・２』（２００３年・２００９年）に翻刻が収められている。なお、国泰寺と同じく幕府によって建立されて蝦夷三官寺と称されたのは、様似町の等樹院と伊達市の善光寺で、その蝦夷三官寺の設置経過について森 勇二（１９９５）が紹介している。
(20) 以下、幕末の厚岸の歴史に関しては、釧路叢書として刊行された渡辺 茂編（１９６０）と渡辺 茂編（１９６１）が関係史料を集めていて便利である。また、『新厚岸町史　通史編１』（２０１２年）には、複数の執筆者によって最新の研究成果が詳述されている。
(21) 松浦武四郎（または竹四郎）（１８１８～１８８８）は幕末の旅行・探検家で、長期にわたって蝦夷地を踏査し、１８５５年に幕府の蝦夷地御用掛となり、『東西蝦夷山川地理取調図』（１８５９年）のほか、先住民であるアイヌの実情を多数の挿絵を添えて報告した。１８６９(明治２)年における蝦夷地の北海道への改称も彼の提案に基づく。彼の執筆した多数の報告・紀行文・日誌などはさまざまな形式で翻刻・翻訳されており、蝦夷地に関する日誌類に限っても正宗敦夫編集・校訂（１９２８～29）のほか、北海道出版企画センターから秋葉實翻刻・校訂で包括的に出版されている。また彼の伝記としては、吉田武三（１９６７）や笹木義友編（２０１３）などが挙げられる。
(22) 森 一馬ほかによる『罕有日記』所収の「阿子計志会所真景」図には、「国泰寺」の北東に「役宅」「雑蔵」「会所」「仙台衛士仮営」が描かれ、成石 修（１８１８～１８７０）による『東徼私筆』所収の「厚結子湾之図」には、「国泰寺」麓下に「有司」「運上家」が描かれている。一方、作者・年紀とも記されていない『東蝦夷図巻』の「アツケシ」図幅には、「運上屋」の前に船が描かれ、その西に「役ヤシキ」、北東に「仙台陣ヤ」が海岸に沿って描かれていて、図幅の右上にもそれら施設の存在が明記されている。なお佐藤宥紹編（１９９３）には、それらの3史料を含めて、近世の釧路地方に関する多数の絵図史料が解説を付して収録されている。

（23）『蝦夷道中日記』３巻は、仙台藩士の多川仲之丞（１８２３〜１８９１）がエトロフ警備に派遣された時の様子を記した日記であり、玉蟲左太夫（１８２３〜１８６９）は蝦夷地を巡察した箱館奉行の堀 利熙の従者である。このうち多川の日記は、その子孫によって『蝦夷地エトロフ風土見聞記』（ファン手帳社、１９８１年）と題して、原著の影印に星智雄による解読文・現代語訳を付して出版された。また、玉蟲に同行した佐賀藩士の島 義勇（１８２２〜１８７４）も玉蟲の記録と同名の『入北記』を著わしており、仙台藩の新設中の陣屋に関して同様の記述がある。なお、玉蟲の『入北記』は稲葉一郎解読（１９９２）で公刊されているし、渡辺 茂編（１９６１）には玉蟲と島の２種の『入北記』の釧路地方関係分が抄録されている。

（24）目賀田守蔭のこの絵図集は和装本で、図12-11の場合は見開き左右２面からなっていて、図幅の綴代部分が撮影画像で欠けている。なお、目賀田と本絵図集に関しては本章の注（12）を参照。また、同じ作者（目賀田守蔭）によって１８７０（明治３）年に描かれた『北海道歴検図』（北海道大学附属図書館北方資料室所蔵）の釧路州（下）にも「厚岸国」図があり、その図中に「国泰寺」北東の海岸に「会所」「陣屋」が描かれているが、「陣屋」の門は南西向きで、柵内の建物も１棟のみである。しかし、「安政六年一一月仙台藩管轄厚岸領図」（函館市中央図書館所蔵）には、「国泰寺」北東の海岸部には「ヱケシ会所」しか建物の名称は記されていない。

（25）この「悪消御陣屋」絵図に関しては、佐藤宏一（２００４）で紹介されている。

（26）本章の注（23）の多川仲之丞『蝦夷地エトロフ風土見聞記』の解読文による。なお、文中の佐藤とは佐藤保太夫、今野とは今野健吉を指し、ともにアッケシ出張陣屋に派遣されていた仙台藩士である。

（27）『新厚岸町史　資料編４』（２０１６年）の「釧路国厚岸郡引渡書」の中に、「厚岸郡旧陣屋幷蔵々ケ所書」および「厚岸郡旧陣屋建家絵図面」が含まれている。

（28）大谷乾一郎（１９６３）は「史跡　仙台藩陣屋跡」の項に、「仙台藩陣屋跡は筑紫恋七十二番地約八百坪の土地と、これに連なる約二千坪の射撃場を含む一帯で、旧湾月町遊郭の奥にあたる」と記している。

(29) 第一次幕領期の盛岡藩防備施設については、楢山のこの絵図集の当該図幅のほかに、函館市中央図書館所蔵の「前幕領時代択捉国後其他警備建家図」(全5枚) 中にも簡単な建物見取図がある。
(30) 当時を描いた以下の3種の絵図 (図12-15〜図12-17) の作製者・年紀は、いずれも正確には未だ判明していない。
(31) 図12-16と図12-17に描かれた文字・表示については、所蔵機関である根室市歴史と自然の資料館の猪熊樹人氏のご教示を得た。記して謝意を表します。
(32) 窪田子蔵は、当時の幕府老中・堀田正篤の家臣で、『協和私役』は蝦夷地に派遣された際の彼の日記。本章では『根室市史』(全3冊、1968年) の史料編より引用した。
(33) 『知床日誌』も松浦武四郎 (彼については本章の注 (21) を参照) による蝦夷各地踏査報告の一部で、1863 (文久3) 年に板行され、その復刻本や翻刻本も複数ある。本章では、本文は『根室市史』の史料編に拠り、挿絵は『根室市史』の上巻を参照した。なお、挿絵中の「鎮守」とは、本文中の「金毘羅」社を指す。
(34) しかし、目賀田守蔭『延叙歴検真図』中帙3 (本章の注 (12)・(24) を参照) の「子モロ」図幅を見てみると、海成段丘の奥の出張陣屋想定地には「夷家」の注記のみがある。
(35) 近代以降の根室に関しては『根室市史』上巻に主として依った。
(36) 現在の根室市の市街地の中で、本町5丁目〜松ヶ枝町1丁目にまたがる範囲にあたると推定されている。
(37) 第8章では第一次幕領期のフレベツ〈振別〉という片仮名表記を用いたが、第二幕領期の史料ではフウレベツの表記が一般化していたようである。
(38) 佐藤宏一 (1975) によれば、南千島へ警備に派遣された仙台藩士の人数は、エトロフ島とクナシリ島へ1858年には各々44名と49名、翌1859年には各々49名と45名である。ただし、彼らが滞在できたのがどのような建物であったか (例えば、松前藩の旧勤番所、応急の仮陣屋、新設の陣屋のいずれか) は明らかではない。
(39) 同じ宮城県図書館に、クナシリ・エトロフ・子モロの防備用建物の平面図が一連のものとして所蔵されており、その中でエトロフ関係は「エトロフ　御徒士長屋　御医師長屋」「エトロフ　フウレヘツ勤番所図」「エトロフ　御足軽屋敷」の3点で、勤番所の建物の長軸は20間もある。

(40) 高倉新一郎(1962)は、『東蝦夷図巻』中の「ヱトロフ島フウレヘツ会所」図幅に、「仙台陣屋」が役宅や会所などとともに描かれていることを紹介し、この図を1859年ごろの写生図としている。

［文献］

・佐藤宏一(2010)「仙台藩白老元陣屋絵図管見」仙台藩白老元陣屋資料館報15・16合併号。
・土平 博(2014)「蝦夷地陣屋の形態と構造」平成22〜25年度科学研究費補助金報告書(研究代表・戸祭由美夫)に所収。
・松木 覚(1978)『北に生きる武士団:白老仙台藩元陣屋物語』白老町教育委員会。
・森 勇二(1995)「蝦夷三官寺設置の経過考察」北海道の文化67。
・高嶋弘志(2006)「第一次幕領期における南部藩のアツケシ警備について」釧路公立大学地域研究15。
・渡辺 茂編(1960)『松浦武四郎蝦夷日誌集』(釧路叢書1)釧路市。
・渡辺 茂編(1961)『釧路関係日記古文集』(釧路叢書2)釧路市。
・正宗敦夫編集・校訂(1928〜29)『多気志楼蝦夷日誌集』(全3冊)日本古典全集刊行会。
・吉田武三(1967)『松浦武四郎』(人物叢書142)吉川弘文館。
・笹木義友編(2013)『新版 松浦武四郎自伝』北海道出版企画センター。
・佐藤宥紹編(1993)『釧路の近世絵図集成』(釧路叢書29)釧路市。
・稲葉一郎解読(1992)『蝦夷地・樺太巡見日誌 入北記』北海道出版企画センター。
・佐藤宏一(2004)「仙台藩厚岸出張陣屋絵図」仙台藩白老元陣屋資料館報10。
・大谷乾一郎(1963)『厚岸町文化財』。
・石川浩治(2004)「北海道の陣屋について」仙台藩白老元陣屋資料館報10。
・佐藤宏一(1975)「東蝦夷地仙台藩陣屋考」東北歴史資料館研究紀要1。
・高倉新一郎(1962)『千島概史』南方同胞援護会。

第13章　第二次幕領期における日本海側の「陣屋」

本章では、第二次幕領期に蝦夷地の日本海側で建設された「陣屋」４ヶ所、すなわちスッツ〈寿都〉の弘前藩出張陣屋、ハママシケ〈浜増毛〉の鶴岡藩元陣屋、マシケ〈増毛〉の秋田藩元陣屋およびソウヤ〈宗谷〉の同藩出張陣屋とその関連防備施設を扱うのみならず、さらに西蝦夷地のオホーツク海岸を主とする会津藩の「陣屋」、ならびに南樺太の「陣屋」をも取り上げる。

スッツ〈寿都〉の弘前藩出張陣屋

第二次幕領期に弘前藩の警備担当として指定されたのが、元陣屋の箱館千代ヶ台一帯から渡島半島南東端のエサン〈恵山〉岬までと、渡島半島西岸の江差乙部村から積丹半島突端のカムイ〈神威〉岬までの２地域で、後者の日本海沿い要地たるスッツに出張陣屋が定められた（第９章を参照）。

１８５６（安政３）年６月に落成した寿都出張陣屋は、海成段丘上の現在の寿都市街地よりも一段高い開析扇状地面に立地しており、東西に長い変形した長方形の敷地（約１ヘクタール）を、溝と土塁からなる囲郭が取り囲んでいた。函館市中央図書館所蔵の「松前寿都御家御陣屋図」（図13-1）によれば、囲郭の内部には、「本陣」「二陣」「三陣」の主要大型建物のほか、「武藝場」「武器庫」「兵粮蔵」「雑物蔵」「焚炭倉」などがあり、「稲（焔）焇蔵」は北西隅に土塁で厳重に守られていた。囲郭には３つの門があり、東端の表門は外枡形虎口をなし、北中

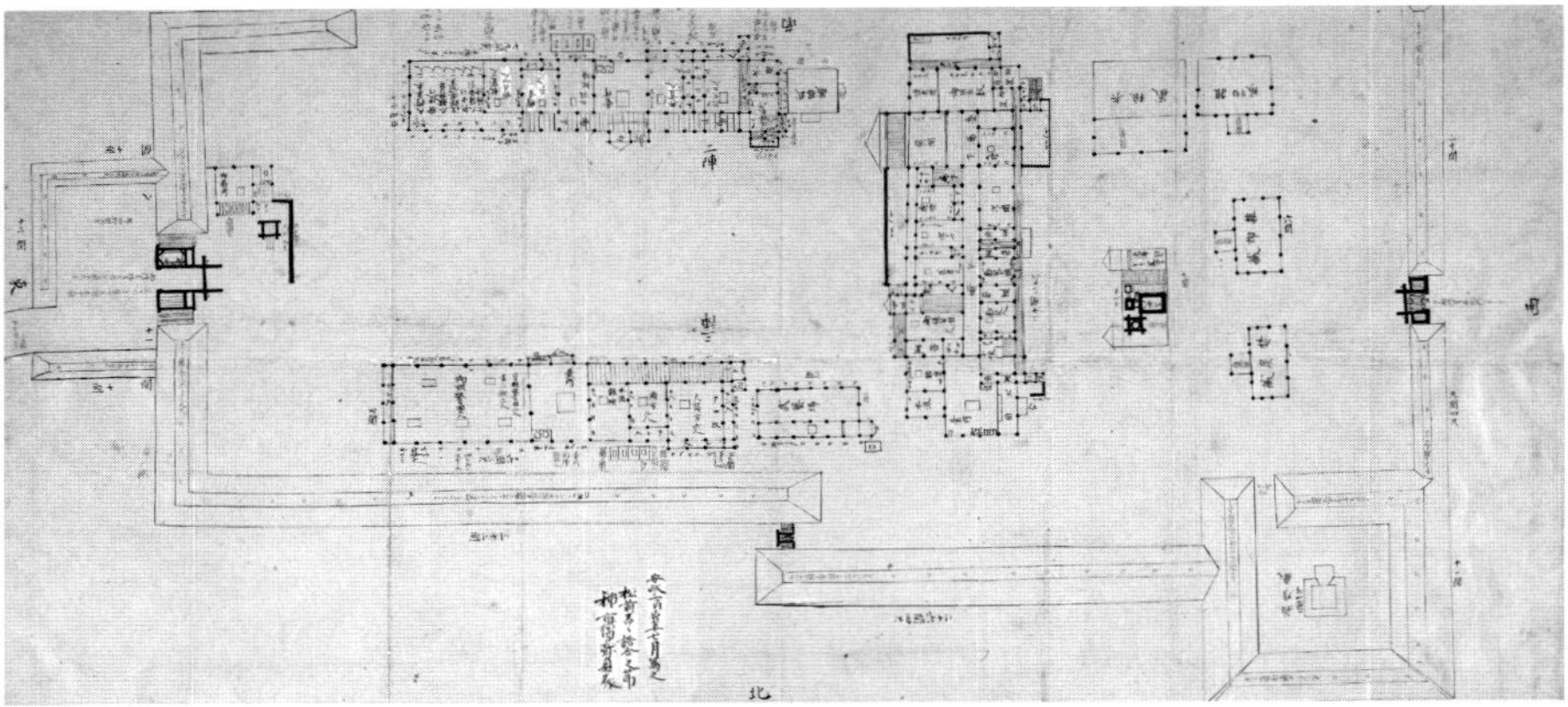

図 13-1 「松前寿都御家御陣屋図」（函館市中央図書館所蔵）
なお，本図はオリジナル（不明）の写しで，陣屋の全容をわずかに欠く．

央の門は喰違虎口の形をとっていた。

第９章で記したように、１８５９（安政６）年に蝦夷地警備担当の変更があり、弘前藩の日本海側での担当区域の北限がスッツ地区（スッツ領）に縮小されたが、出張陣屋の位置は変更されずに、スッツ領は弘前藩領となった。

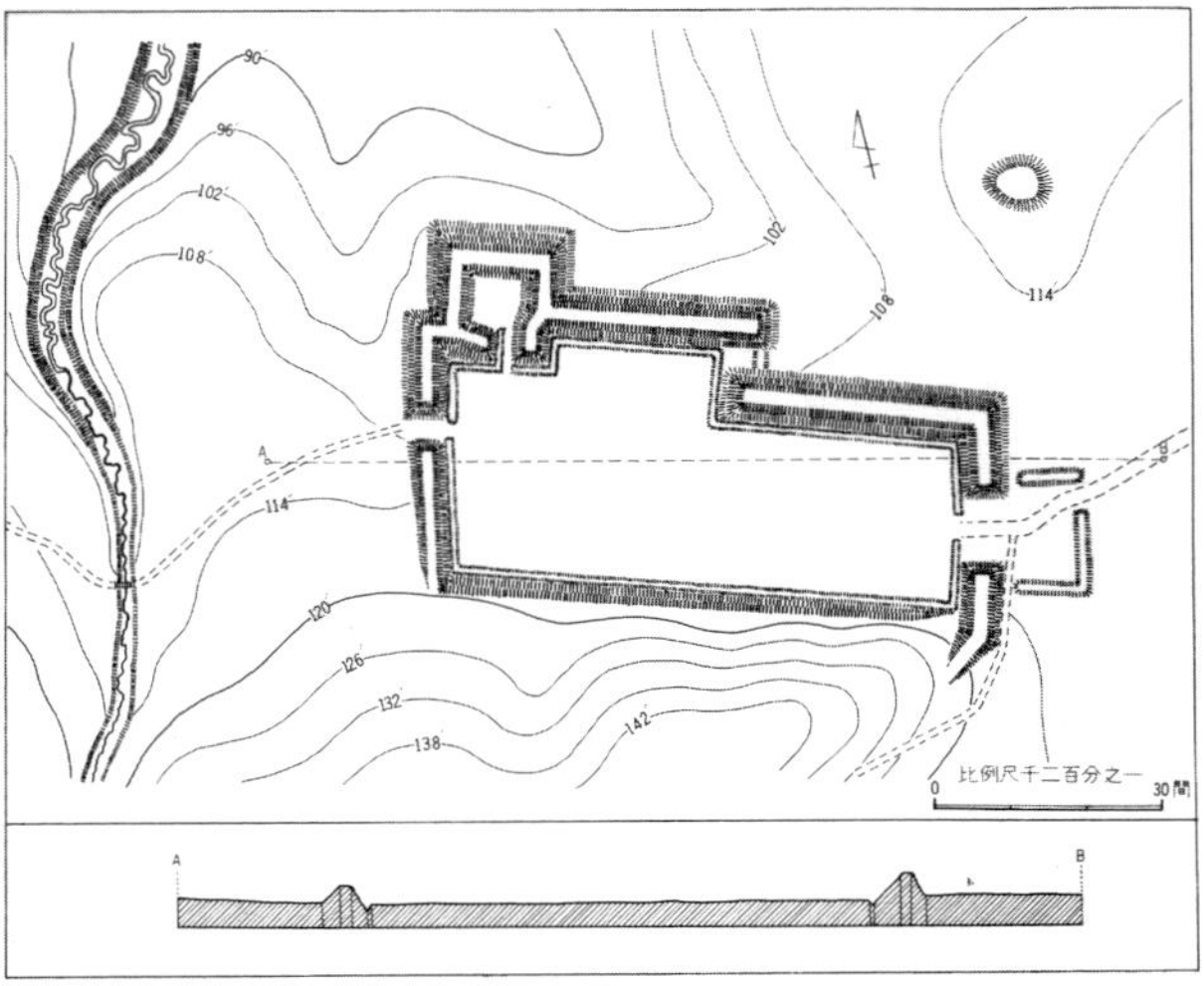

図 13-2 『北海道史』付録の「津軽陣屋土塁実測図（大正 5 年 10 月実測）」（『寿都町文化財調査報告書Ⅱ』から転載．本章の注（1）を参照）

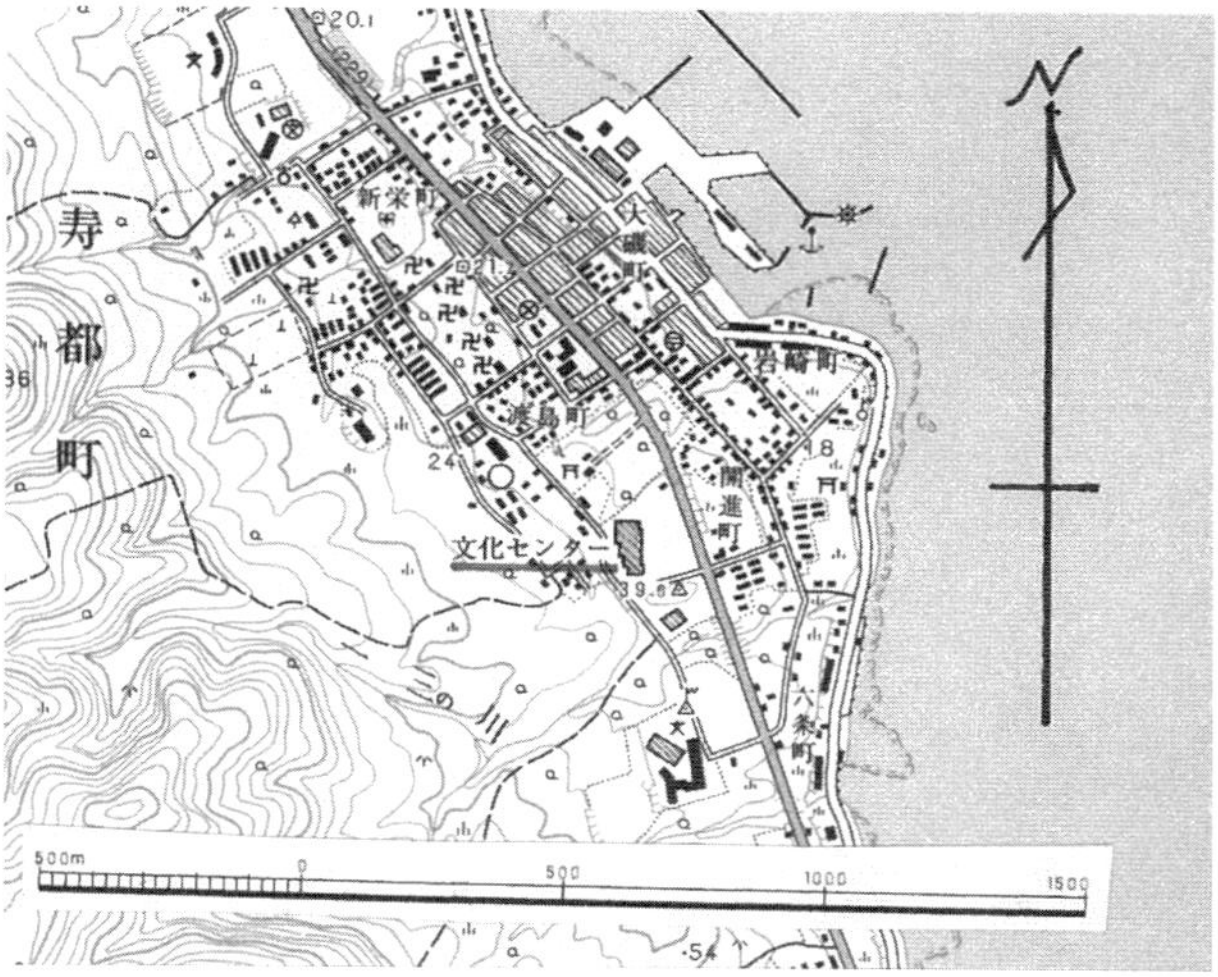

図 13-4　2 万 5 千分 1 地形図「寿都」図幅（平成 13 年修正測量）にみるスッツ出張陣屋の跡地一帯（一部加筆）
寿都町市街地の南東方，国道 229 号線の左（西側）に「文化センター」と記された建物がウィズコムで，陣屋跡はこの用地及び国道整備のために破壊された．

図 13-3　1948 年 4 月撮影の米軍モノクロ空中写真（R248-100）にみるスッツ出張陣屋の跡地一帯
上方が北東方向

図 13-5　国道 229 号線から寿都町総合文化センター（ウィズコム）の全容を南西方向に望む（2007 年 7 月撮影）
国道からウィズコム建物までの広いスペースがかつての出張陣屋の跡地．左方の緑の高まりが，陣屋背後の丘陵末端．

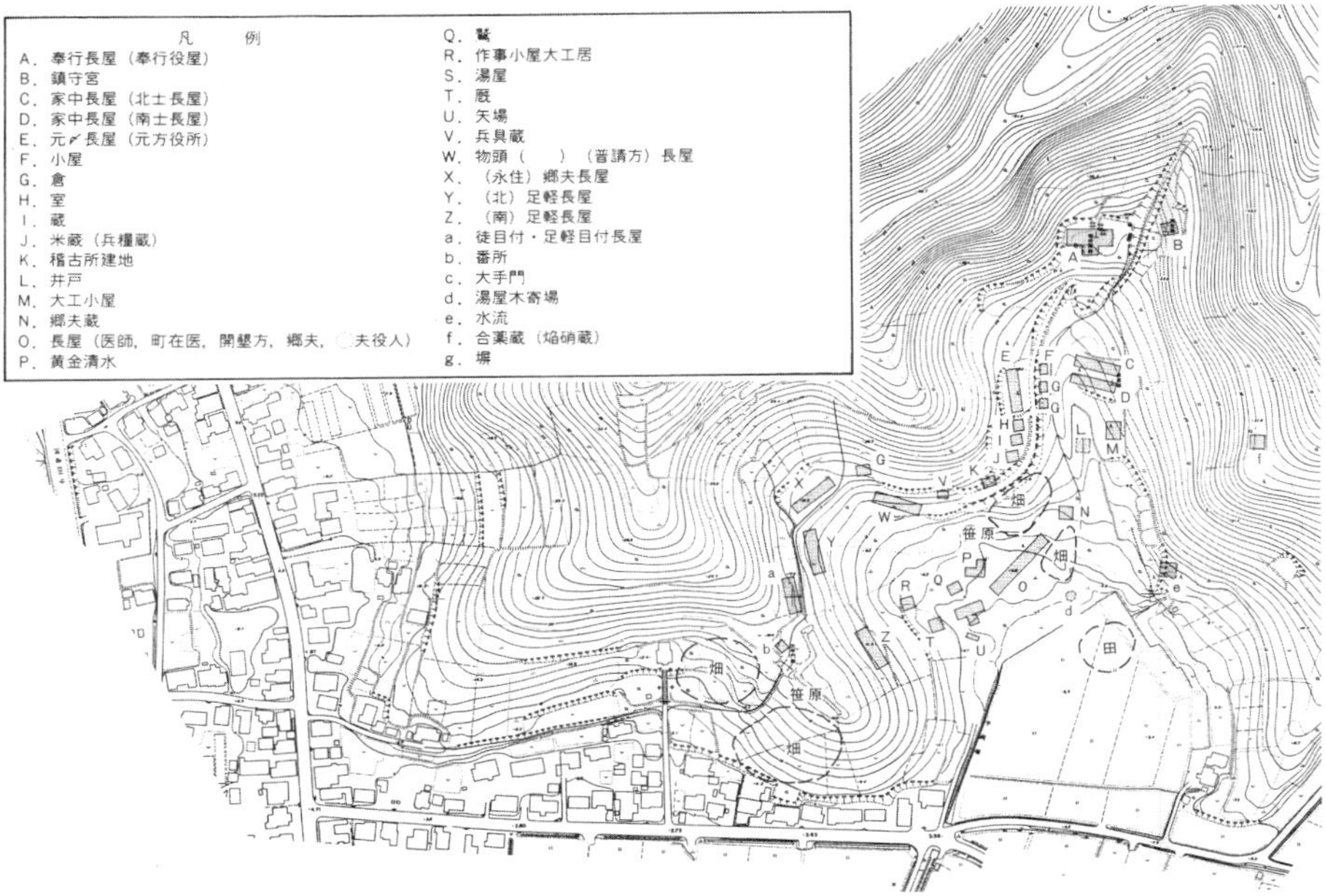

図 13-6　ハママシケ元陣屋の建物配置（想定）図（『史跡荘内藩ハママシケ陣屋跡』の図 16 による．但し，凡例部分を拡大）

明治維新後、陣屋の跡地は寿都小学校の運動場として、次いで町営グランドとして地元民に利用された。1916（大正5）年の実測図（図13-2）では、なお幕末の囲郭の様相をよく留めており[1]、1948（昭和23）年4月撮影の米軍モノクロ空中写真（図13-3）でも、囲郭とその内部の運動グランドが明瞭に読みとれる。しかし、国道229号線のバイパス工事とそれに伴う区画整理によって、陣屋の跡地は寿都町総合文化センター（ウィズコム）の用地などとなり、今や跡地の面影はまったく窺いえない[2]（図13-4と図13-5を参照）。

ハママシケ〈浜益毛〉の鶴岡藩元陣屋

前述のように、1859（安政6）年になって蝦夷地の警備体制が変更され、新たに会津・鶴岡の2藩も警備を命じられた（第9章を参照）。鶴岡藩の場合、秋田藩と弘前藩がそれまで警備を担当していた西蝦夷地（日本海岸）のほとんどが新たな警備担当区域となり、そのほぼ中央のハママシケ[3]よりも北（秋田藩元陣屋の置かれたマシケ付近を除く）が鶴岡藩領とされた。新たに藩領となったこの地域は、１８６０（万延元）年に幕府役人から引渡しをうけ、その翌１８６１（文久元）年に浜益川右岸の丘陵斜面で元陣屋の建設が行われた。

図 13-7　ハママシケ元陣屋の跡地一帯の空中写真（『史跡荘内藩ハママシケ陣屋跡』の写真 1 より）
見張台跡は図左上枠外の山地末端にある．

　このハママシケ元陣屋に関しては、建物配置の平面図や詳細な鳥瞰図はないが、[4]図13-6のような建物配置が復元されている。その特徴は、全体を取り囲む土塁・堀などがないことで、南西端の大手門付近こそ柵列をもつ土塁で防禦されているものの、それより北東方、丘陵緩斜面に藩兵の数棟の長屋や蔵が散在し、最奥に元陣屋責任者の建物（「奉行所」など、呼称は一定せず）が置かれていた。そして、これら建物の資材運搬のため、沖積低地を西流して日本海に注ぐ浜益川から水路（通称、千両堀）が掘削された。さらに、元陣屋の北西方、小さな谷を２つ隔てた、

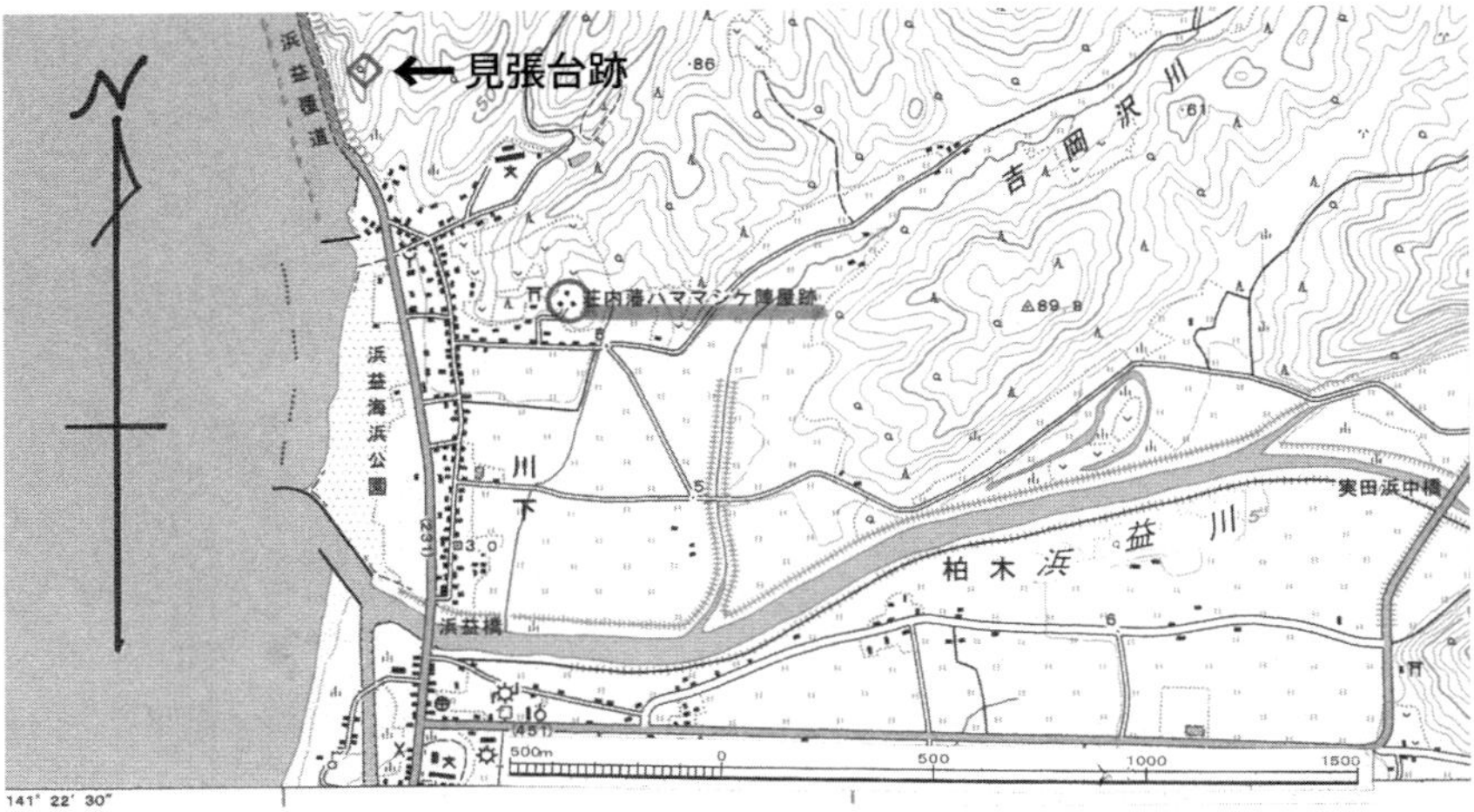

図 13-8　2 万 5 千分の 1 地形図「浜益」図幅（平成 20 年更新）にみるハママシケ元陣屋の跡地一帯

図 13-9　ハママシケ元陣屋の跡地（1998 年 9 月撮影）
大手門跡を入った平坦地から北東方向，陣屋の建物跡が散在した丘陵緩斜面を望む．手前の平坦地を囲む土手の上（写真の右側）に「足軽長屋跡」の標柱が見える．

日本海に面する山地末端部に、見張台が設けられた。

囲郭をもたないという、他の「陣屋」と大きく異なるハママシケ元陣屋の特徴は、対外警備のほかに、開拓も目的とするこの藩領の性格と大きく関連しているのかもしれない。ちなみに、明治維新で撤退するまでに、ハママシケ一帯で8村が生まれている。

近代になって、陣屋跡地のうち、宅地や田畑に近い緩傾斜地は畑として細分化され、それ以外は山林となった。(5) １９８４（昭和59）年に大手門跡と奉行所跡の付近について調査が実施され、１９８８（昭和63）

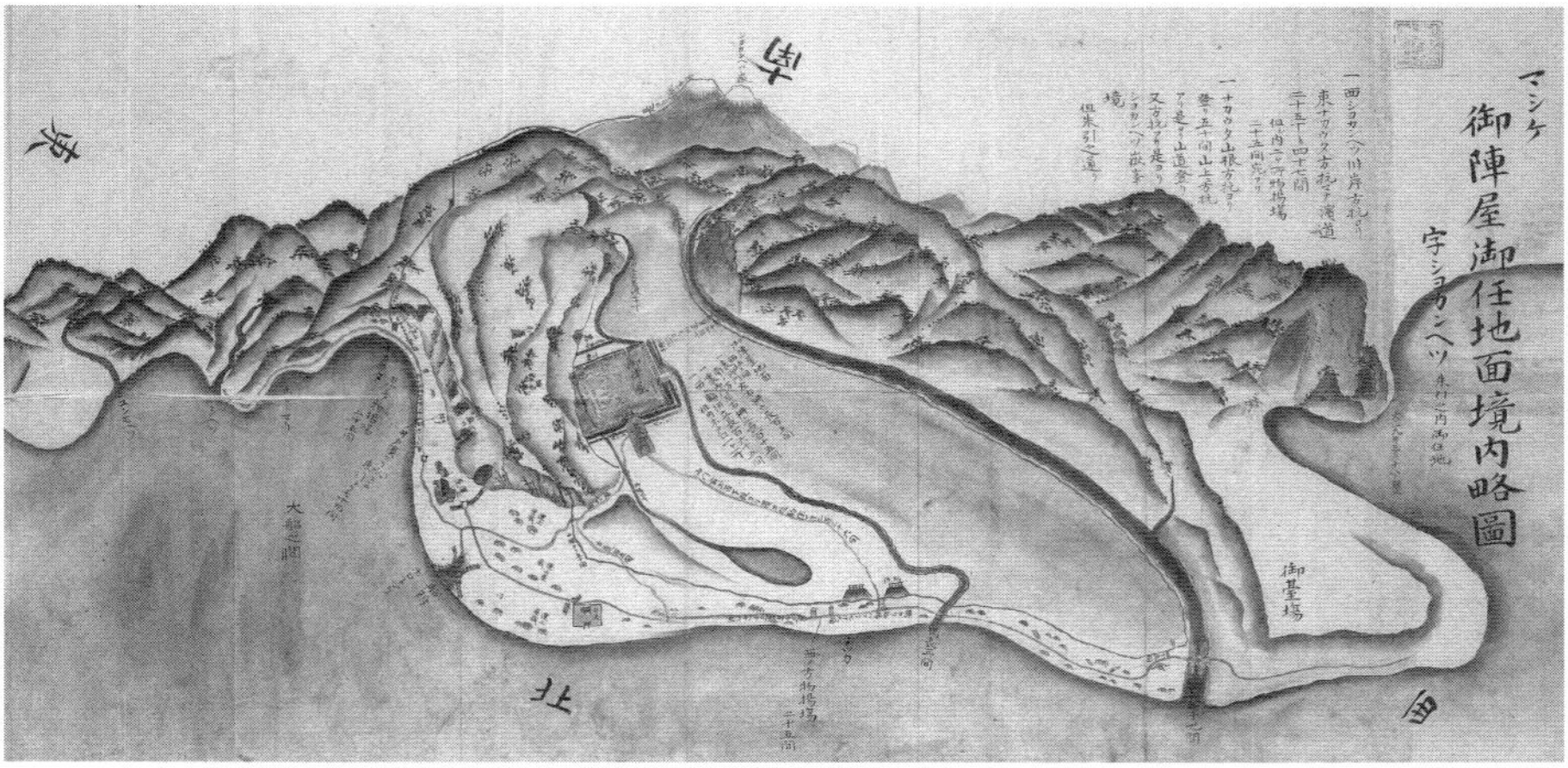

図13-10　「マシケ御陣屋御任地面境内略図」（秋田県公文書館所蔵）

年には「庄内藩ハママシケ陣屋跡」として国史跡となって、保存整備事業も進められた[6]。図13-7はその事業報告書の巻頭に付されたカラー写真で、当時の情況を示している。そして、現在の状況を最新の地形図で示せば図13-8のようであり、図13-9は著者が現地調査時に撮影した写真である。

なお、鶴岡藩領内には、ハママシケ元陣屋のほか、ルルモッペ〈留萌〉・トママイ〈苫前〉・テシホ〈天塩〉の3地区を統括する脇陣屋の建設がトママイの古丹別川の河口北岸に計画され、1863（文久3）年に完成された。それは流路の北側に沿って2筋の水路を設けて外濠・内濠とし、それらの濠に守られた各種の建物を配した[7]。その後、これら3地区を統括する脇陣屋はテシホに移されたようであるが、それを明示する絵図は残されていない[8]。また、鶴岡藩の警備担当に変更される以前、イシカリ〈石狩〉に秋田藩の出張陣屋の設置が指定されていたが（表9-1を参照）、石狩川河口左岸にあったはずの出張陣屋に関する詳しい絵図も残っていないようである[9]。

マシケ〈増毛〉の秋田藩元陣屋

第二次幕領期になって、表9-1に示したように、秋田藩は広

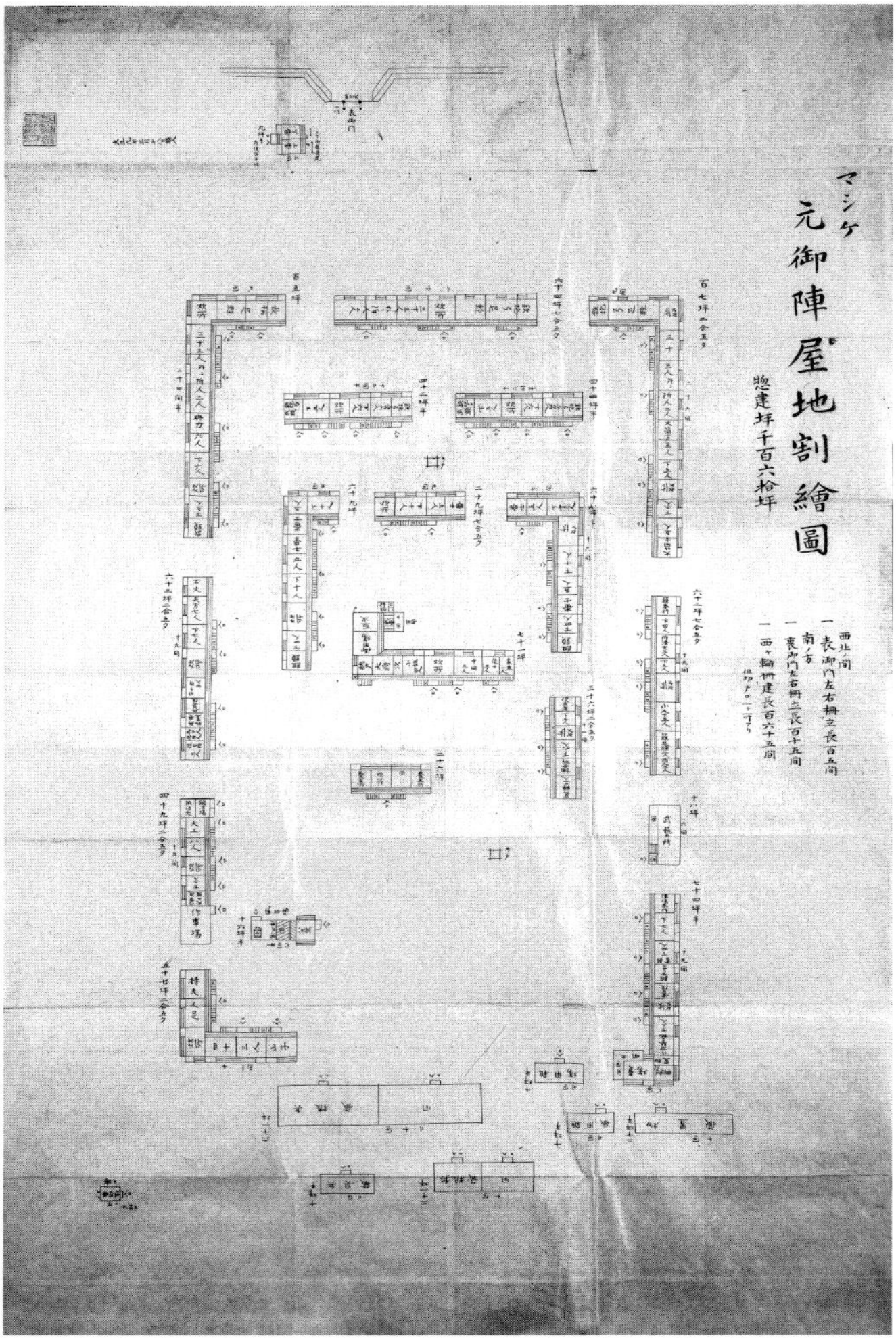

図 13-11 「マシケ元御陣屋地割絵図」（秋田県公文書館所蔵）

大な範囲の警備を命じられた。すなわち、西蝦夷地の神威岬以北の日本海沿岸からオホーツク海沿岸の知床まで、さらに北蝦夷地の南樺太沿岸も含まれ、マシケに元陣屋を設けることとなった。秋田藩は、幕命の下った１８５５（安政２）年の３月に早速現地見分のために藩士を派遣し、その結論に基づいて警備範囲の縮小を幕府に願い出た。しかし、北蝦夷地警備兵のマシケ越冬が幕府から認められたのみであって、その翌１８５６（安政

3）年にはマシケに元陣屋を建設した。１８５９（安政６）年に警備担当の藩が増え、基本方針の変更でマシケ地区が秋田藩領の飛地となって以降も、同藩の蝦夷地における元陣屋としての役割は変わらなかった。(10) このマシケ元陣屋については、秋田県公文書館所蔵の長瀬家文庫中の２枚の絵図によって当時の状況をみてみよう。(11)

「マシケ御陣屋御任地面境内略図」（図13−10）は元陣屋の一帯を描いた絵図で、(12) 西は暑寒別《しょかんべつ》川河岸から東は中歌《なかうた》の「物揚場」までの25丁余と南は暑寒別岳までの範囲が、幕府から秋田藩に引渡された御任地として朱引の線で示されている。この御任地のほぼ中央に描かれている方形の「御陣屋」、すなわちマシケ元陣屋は、東北側が台地で限られ、南西側には暑寒別川右岸の扇状地上を流れる小河川（長寿川）が流れている。そして三方を「柵立」された「土居」と堀によって囲まれ、「表御門」を挟んだ「西北ノ間…百五間」、「南ノ方…裏御門左右…百十五間」、「木戸口」をもつ西側「百六十間」であった。第一次幕領期に越冬に苦労した弘前藩のマシケ陣屋（「津軽勤番越年陣屋」）が海岸沿いに設けられたことを秋田藩は顧慮して、(13) それより南方で、台地が北東〜東の方向からの風を遮る位置を、元陣屋の建設場所に選んだのであろう。この元陣屋の関連防備施設として、暑寒別川河口の左岸（朱引線の外）と元陣屋の東北側の台地上（朱引線上）に「御台場」各１ヶ所、元陣屋の東の台地上（朱引線の内）に「物見」１ヶ所が描かれている。なお、幕府管轄のマシケ場所が朱引線の外の海岸部に伸び、「運上屋」と「運上屋敷」３ヶ所、

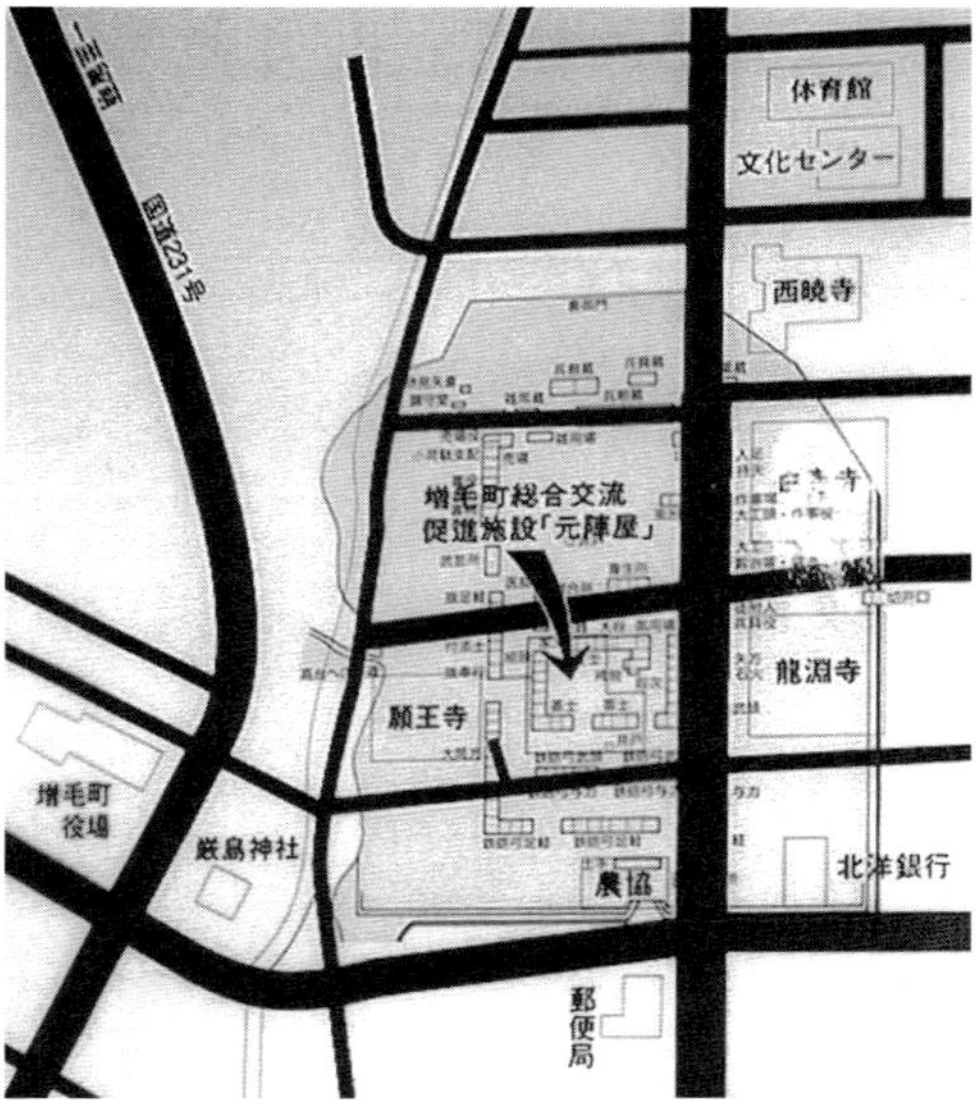

図13-12　秋田藩マシケ元陣屋の現地比定図（増毛町総合交流促進施設「元陣屋」の展示資料による）

C

A

D1

B1

B2

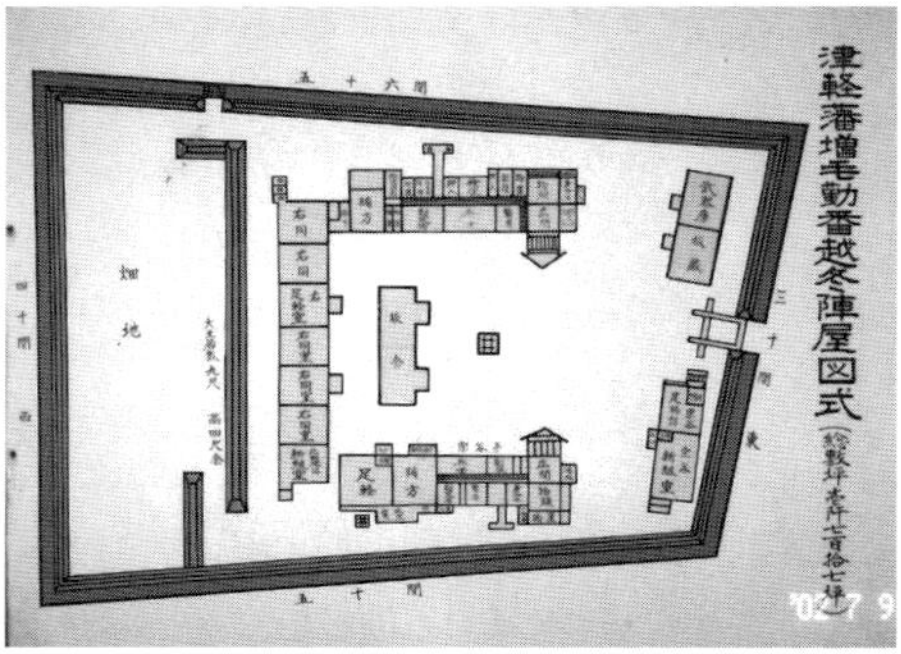

D2

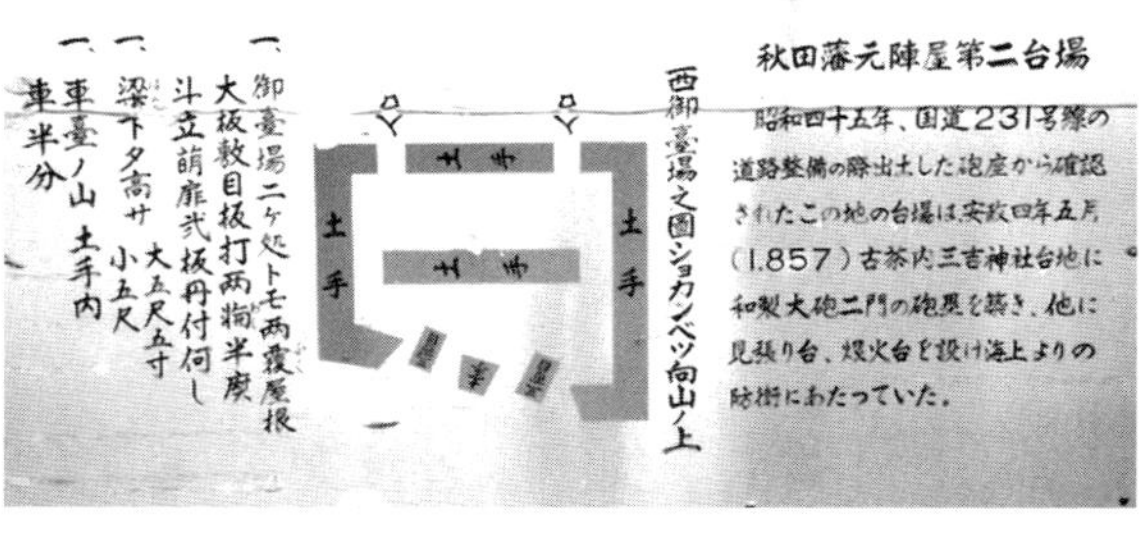

図 13-13　マシケ元陣屋とその関連防備施設の跡地と説明板
（A・B1・B2・D1・D2 は 2002 年 7 月撮影，C は 2011 年 7 月撮影）
A：元陣屋跡地の中央部に建てられた増毛町総合交流促進施設「元陣屋」外観
B：第一次幕領期の「津軽勤番越年陣屋」の跡地（[B1] 道道 301 号線の交差点進路先を示す標柱の左（北北西）に跡地の説明板が見える（跡地はこの奥）．交差点の向こう側には 2 階建ての丸一本間家の建物が見える・[B2] 説明板）
C：第一台場跡の標柱．南東向き．眼下に増毛港が見える．
D：第二台場跡（[D1] 南西向き．大砲は復元されたもの．左下に説明板．左端に増毛山地が海に突き出るカムイエト岬・[D2] 説明板）

「船附」場と「物揚場」２ヶ所が見られる。これらのうちで舟運施設は、マシケ以北の防備施設へ物資を運搬するための中継地点としても機能したのであろう。

一方、「マシケ元御陣屋地割絵図」（図13−11）[14]は、元陣屋内部の建物配置の詳細な平面図で、それによれば、１万４４００坪の敷地に、北北西～南南東を長軸としてほぼ左右対称に建物が配置され、本陣ほか各種兵種の長屋や各種の蔵など計28棟（総建坪１１６０坪）が設けられた。その後、これらの囲郭内の建物のほかに、長屋などの小規模な建物75棟が囲郭の外に完成したもの[15]、それら囲郭外の建物群を描いた絵図は知られていないようである。

マシケの地は、近代に入って道北の行政中心地として、開拓使の増毛ほか５郡の郡役所が１８８１（明治14）年に留萌から移され、宗谷ほか４郡も増毛在勤の郡長が兼務した。１８９７（明治30）年に郡役所が廃されて増毛支庁が誕生し、１９１４（大正３）年まで支庁の庁舎所在地であった。かくて増毛は、経済・行政の中心地として市街地も拡大し、元陣屋跡地も公共施設・寺社地や一般宅地となった。そのために、第二次世界大戦直後の米

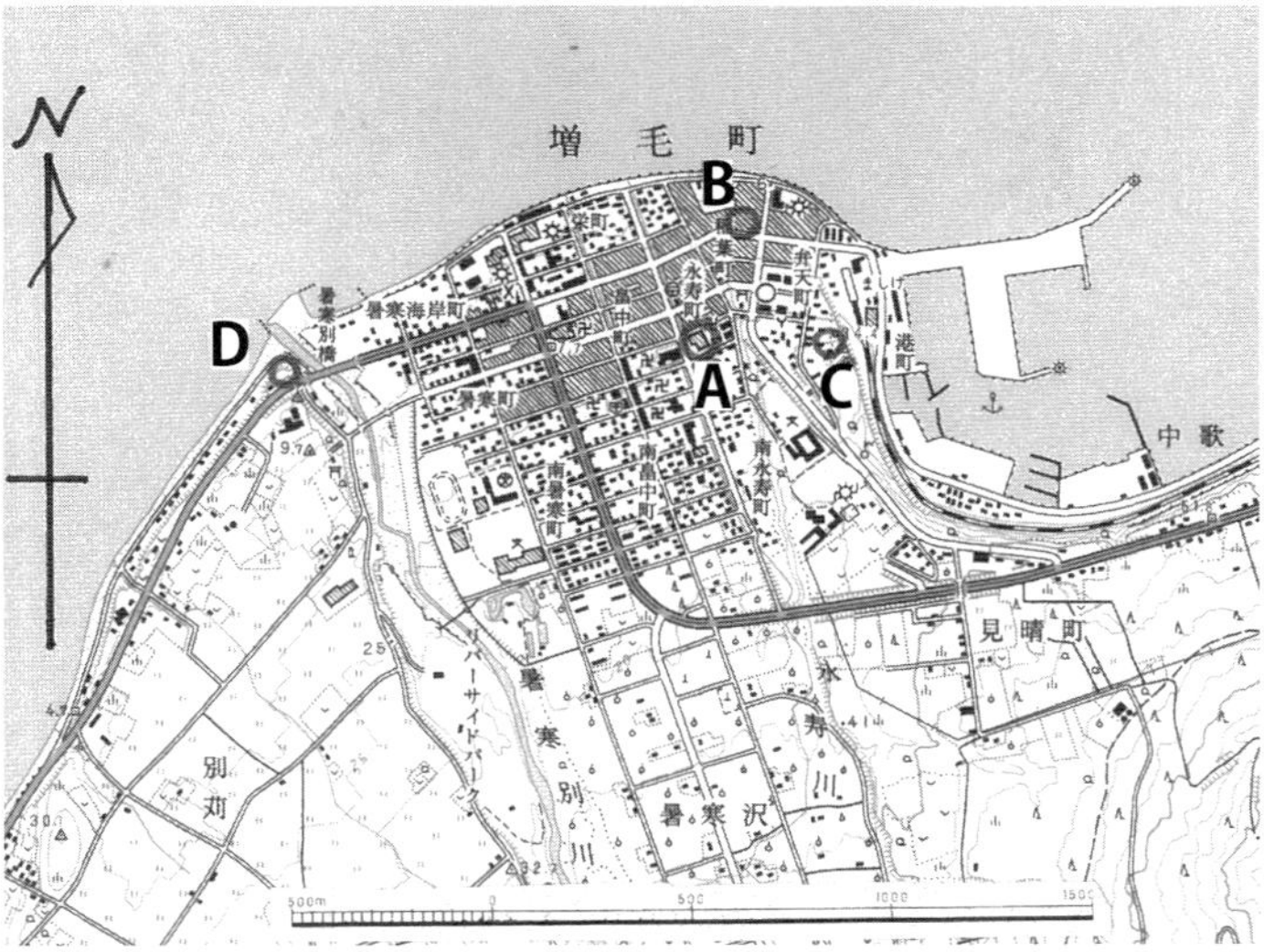

図 13-14　2 万 5 千分の 1 地形図「増毛」図幅（平成 13 年修正測量）にみるマシケ元陣屋の跡地一帯（一部加筆）
A：増毛町総合交流促進施設「元陣屋」，B：第一次幕領期の「津軽勤番越年陣屋」の跡地，C：第一台場跡，D：第二台場跡

軍撮影の空中写真でも、元陣屋の跡地を地割から読みとることは不可能である。なお、1996(平成8)年に元陣屋跡地の中央部に増毛町総合交流促進施設が「元陣屋」の名で建設された(図13-12と図13-13Aを参照)。また2ヶ所の台場のうち、台地上の第一台場跡には標柱が設けられているのみであるが(図13-13Cを参照)、暑寒別川河口の第二台場は1970(昭和45)年に土砂採集と国道231号線拡張などのために破壊されたものの、その後復元整備されて町史跡に指定されている(図13-13Dを参照)。図13-14は、現代の地形図にみるマシケ元陣屋の跡地一帯を示すものである。

ソウヤ〈宗谷〉の秋田藩出張陣屋

第二次幕領期に、秋田藩では前述のマシケ元陣屋の下位の防備施設として、西蝦夷地北端のソウヤに出張陣屋を設けるよう命じられた。このソウヤ出張陣屋についても、マシケ元陣屋の場合と同様、秋田県公文書館所蔵の長瀬家文庫中に2種の絵図が収められている。

「ソウヤ出張御陣屋略絵図」(図13-15)[16]は、タイトルの左下に「字バラキヲウナヱ」と陣屋の場所を明記するのみならず、幕府から認められた御任地30丁四方の中に奥行97間半・幅28間半の陣屋敷地があり、その敷地内に大小7棟の建物があることなど、数値による記載が図右下に付記されている。そのような数値の記載によって、平面図的に建物配置が描かれている陣屋部分に比べ、それと縮尺を異にする鳥瞰図的描写の周辺の建物との距離をも知ることができる。

この出張陣屋は、海岸から南東方へ入り込んだ小さい谷を占めており、「表御門」の左右は長さ36間半の柵とその前面の堀で防禦されている。そして、谷底に建つ長屋形式の3棟を見下すように、谷底より4丈高い北西斜面に、「御用場・物頭」という陣屋責任者の棟と「石火矢・大筒」という大型火器を扱う担当者の棟が設けられている。この谷の北西方の海岸沿いには、前面を柵で守られた「運上屋」「公儀御役人」「元松前家勤番」の建物が並び、それらの奥（北東）の斜面に「武器庫」と砲座4台をもつ「御台場」がある。[17] もう一枚の「ソウヤ出張御陣屋絵図」（図13-16）[18]には陣屋内の7棟すべての間取りが詳しく記されており、総建坪が228坪余である由、タイトル左下に明記されている。[19]

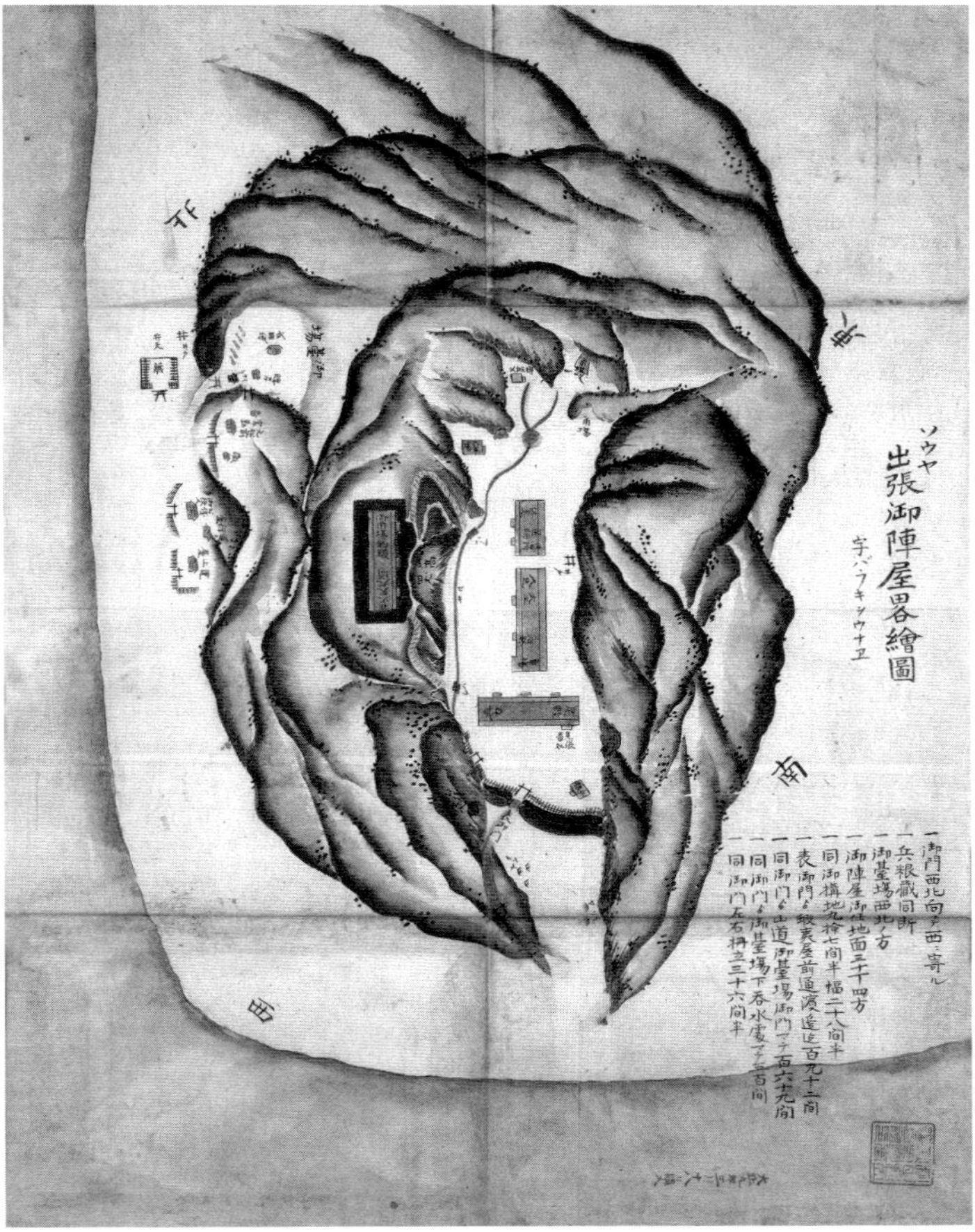

図 13-15　「ソウヤ出張御陣屋略絵図」（秋田県公文書館所蔵）

ところで、第一次幕領期にも弘前藩の陣屋がソウヤに設けられ、会津藩が短期的に交代した1年間を除いて、1807（文化4）年~1814（文化11）年の間、警備を担当した。この時期のソウヤは、蝦夷地の日本海沿岸・オホーツク海沿岸・樺太の広大な範囲の警備の中継をも兼ねる枢要な地点として、幕府の警備担当者も常駐し、多くの

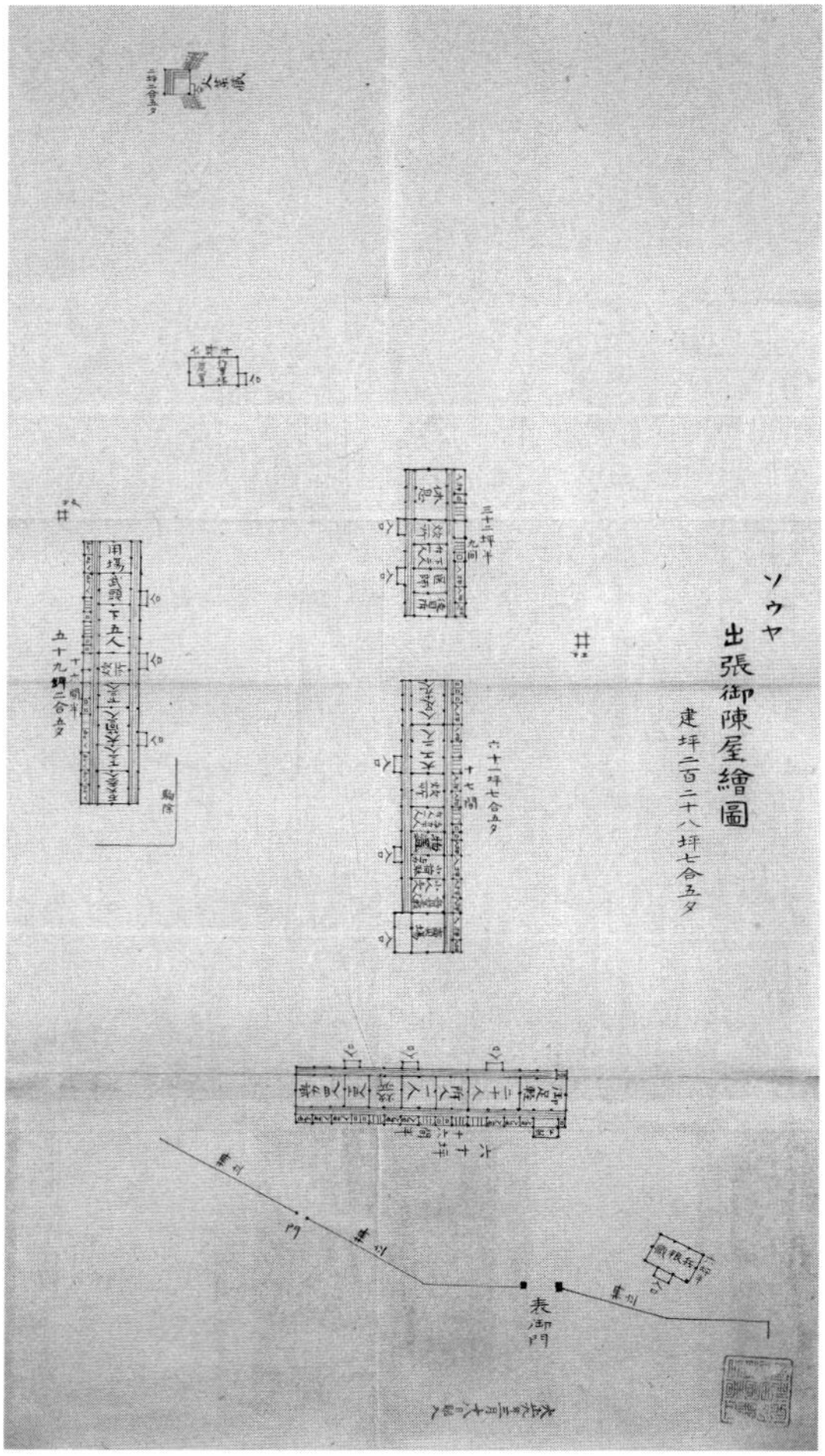

図13-16　「ソウヤ出張御陣屋絵図」（秋田県公文書館所蔵）

藩兵が派兵・在駐させられた。そのため、弘前藩士などによる当時の記録が複数残されており、『稚内市史』第1巻（1968年）では、当時の弘前藩の陣屋も第二次幕領期の秋田藩出張陣屋と同じ場所にあったと推定しているが、瀧本壽史（1994B）は、1808（文化5）年4月に当初のソウヤ陣屋から現在の富磯（宗谷集落の南西約2キロメートル）に越年用の陣屋（リヤコタン陣屋）を設けて移ったとみなしている。

ここでは、瀧本がその根拠として紹介している資料類の中で、国文学研究資料館所蔵の「陸奥国弘前津軽家文書」中の2種の絵図を見てみよう[20]。「ソウヤ御固所リヤコタン勤番居小屋図式」（図13-17）は1814（文化11）年作製で、絵図の右端に「…山開キ候様なる澤目江居小屋取立三方山ニ御座候」と居小屋の建設事情が記されている。この居小屋には、南西端の柵建てされた表門から北北東端の裏門までの間に、「ソウヤ詰」小屋2棟や「北蝦夷地詰」小屋3棟のほか、各種の蔵なども描かれている。さらに絵図の左上に注目すると、この地から約1里の距離の「ソウヤ板蔵九坪」と、それからさらに約10丁の「同所遠見番所」も描かれている。もう一枚の「蝦夷地ソウヤ地理并リヤコタン御陣屋ソウヤ古御陣屋之図」（図13-18）は作製年不明であるが、海岸から少し離れた低湿地（「フケ」）に、四方を土塁に囲まれ4棟からなる「リヤコタン　此方様　御陣屋」が設けられており、その北東方の小河川挟まれた海岸に、三方を土居に囲まれ3棟からなる「ソウヤ　此方様　古御陣屋」がある。(21) この「古御陣屋」の前面は「此所船ガカリ之澗」で、その北の海岸沿いに「公義会所」２ヶ所と「弁天」社が位置する。そしてこれら施設の左右に「大筒」各1基、「古御陣屋」の背後には「エンシャウ蔵」があり、さらに北方の岬の高台には「遠見番所」も設けられていた。

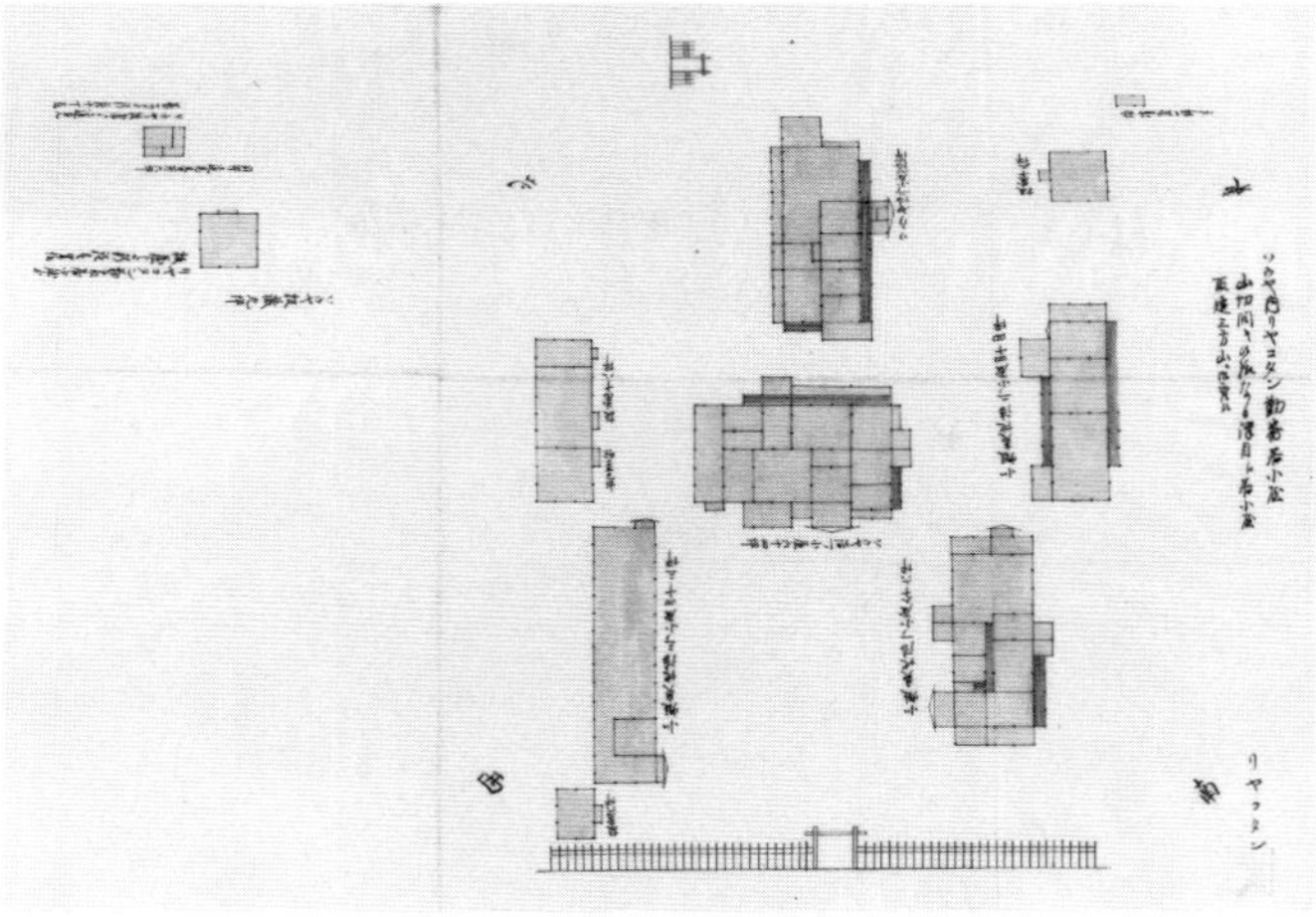
図13-17　「ソウヤ御固所リヤコタン勤番居小屋図式」（国文学研究資料館所蔵）

　これら2図を比較すると、①リヤコタン陣屋の建物が図13-18で4棟なのに対して図13-17では大小合わせて8棟と多く、②ソウヤ陣屋の建物が図13-18では囲郭内に長屋3棟なのに対して図13-17では方形の板蔵1棟にすぎない。瀧本が説くように、１８０８年頃に陣屋移転がなされたとすれば、上記の①②の点からも、最初のソウヤ陣屋の施設を「古御陣屋」と記している図13-18は、移転からほど遠くない時期のソウヤ一帯を描いていると推定されよう。
　なお、稚内市の有形文化財に指定されている「文化・寛政頃の宗谷絵図」（市内の個人蔵）もあるが、当該絵図の作者・

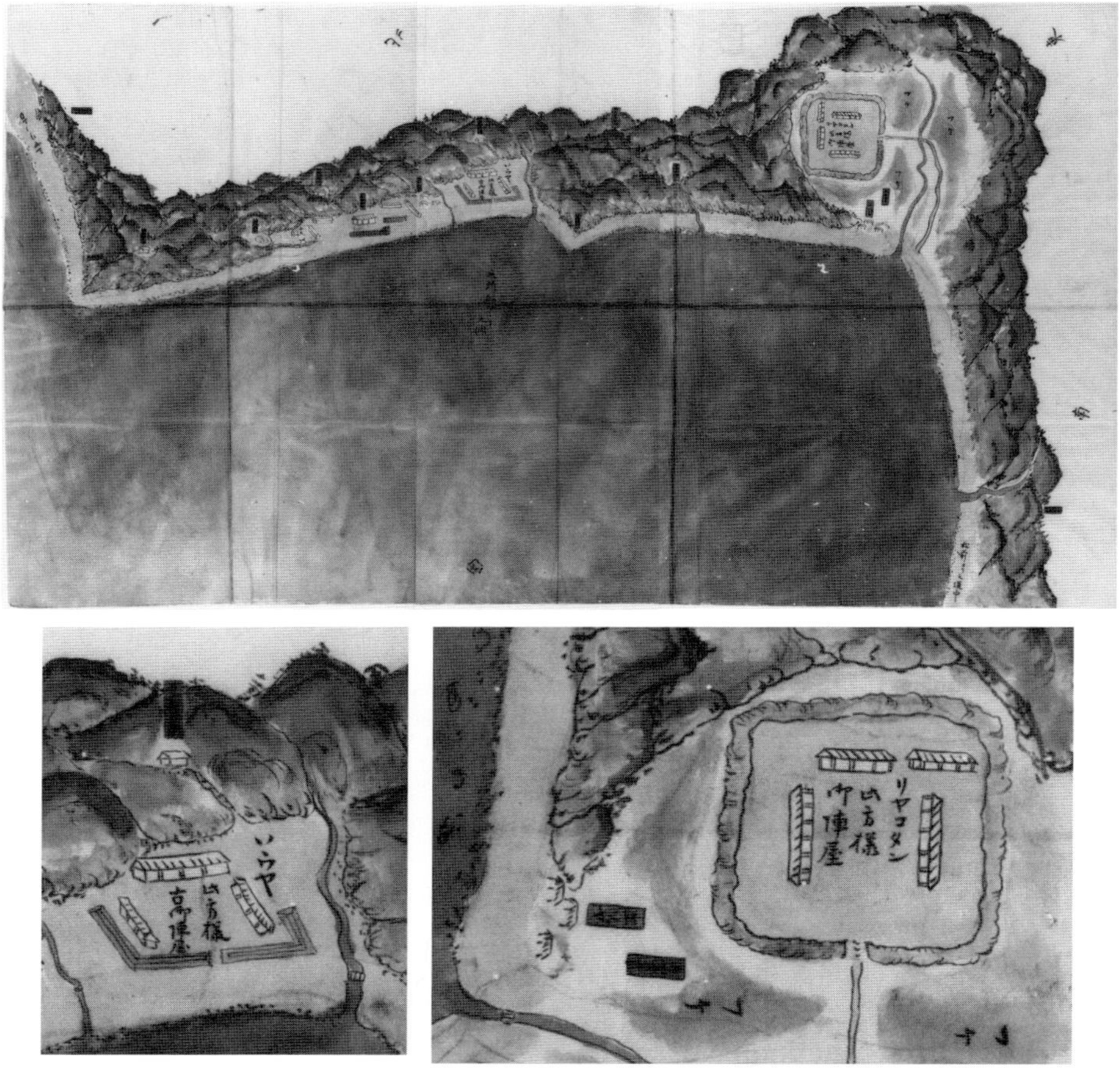

図 13–18 「蝦夷地ソウヤ地理并リヤコタン御陣屋ソウヤ古御陣屋之図」（国文学研究資料館所蔵）
上は全体．右下は「リヤコタン御陣屋」の部分（但し，見やすさを配慮して時計回りに 1/4 回転させた），左下は「ソウヤ古御陣屋」の部分．

作製時期・描画内容の整合性など、疑問点が多いらしい。[22]

1815（文化12）年に蝦夷地北部への派兵が中止されて以後、第二次幕領期の開始まで、かつてのソウヤ陣屋（「古御陣屋」）の北の海岸沿いには、松前藩の勤番所や従来からの施設などが運営され、リヤコタン陣屋の跡地にも焔硝蔵が設けられていたようである。[23]

明治維新後、出張陣屋の跡地が宗谷集落より少し隔たった小谷にあることや[24]、宗谷集落自体が道北の中心地としての地位を稚内へ譲ったこともあって[25]、出張陣屋の跡地は原野の状態で残っており（図13-19を参照）、２００２（平成14）年８月に簡易な測量図が作製されたものの、発掘調査は未だなされていない。図13-20は現代の地形図にみるソウヤ出張陣屋の跡地一帯を示した。

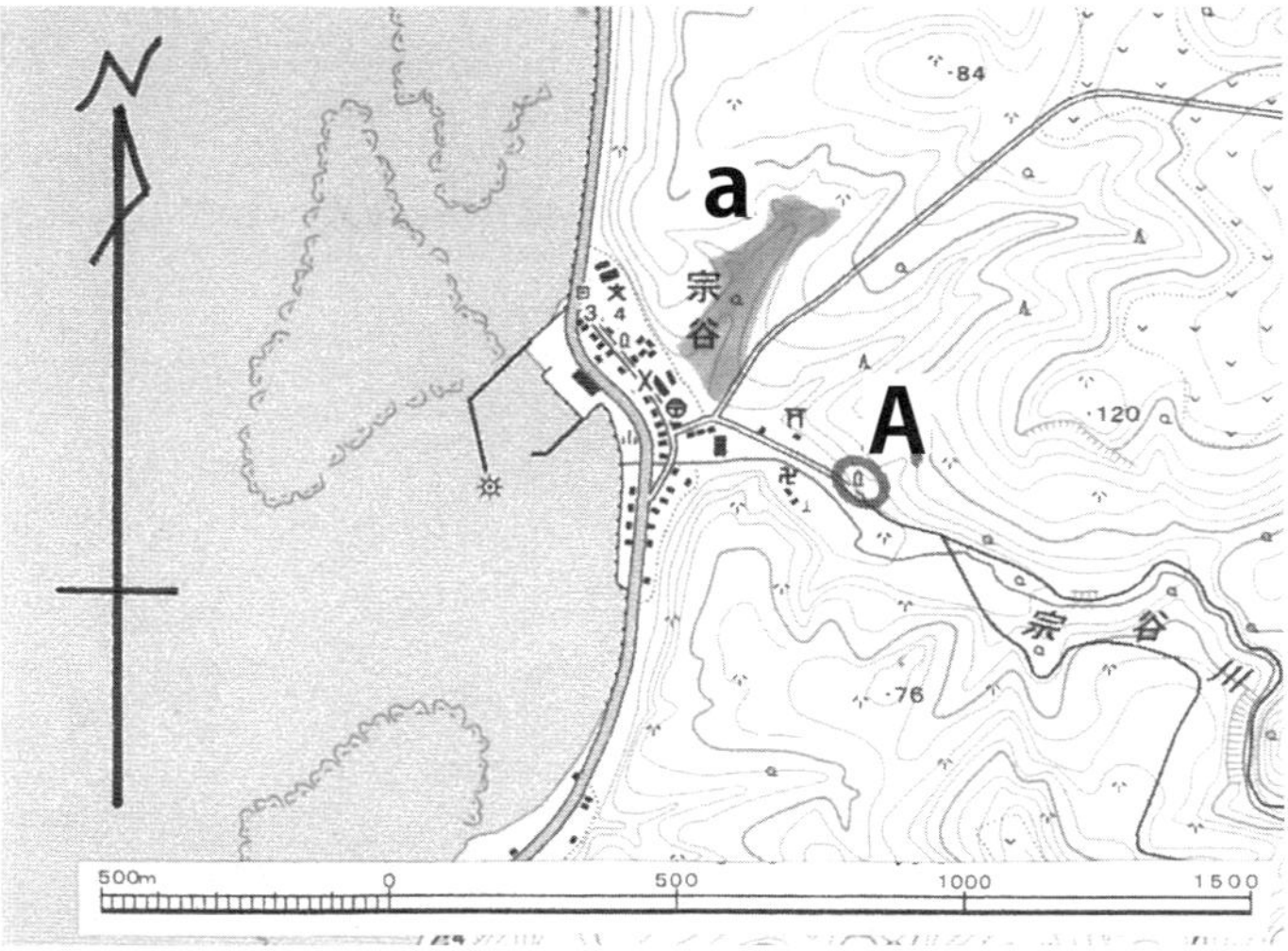

図 13-20　2 万 5 千分の 1 地形図「富磯」図幅（平成 18 年更新）にみる秋田藩ソウヤ出張陣屋の跡地一帯
a：稚内市宗谷の字バラキオナイ沢
A：宗谷護国寺の旧寺地跡．現寺地はその西方，宗谷川対岸の寺記号（卍）の位置．

会津藩の「陣屋」

第二次幕領期の１８５９（安政６）年、会津藩は鶴岡藩とともに蝦夷地警備を命じられ、根室海峡に面するニシベツ〈西別〉からオホーツク海沿

図 13-19　ソウヤ出張陣屋跡地の標柱（2011 年 7 月撮影）バラオキナイの沢は，右手の道の奥をさらに右後方へ曲がった一帯．

岸のモンベツ〈紋別〉までが担当となり、そのなかで幕領に指定されたアバシリ〈網走〉地区（アバシリ領）を除く範囲が会津藩領となった。そして根室海峡沿岸のシベツ〈標津〉に元陣屋が、知床半島の北側のつけ根に位置するシャリ〈斜里〉とモンベツに出張陣屋が設けられた（第９章を参照）。

このうち、元陣屋の地に指定されたシベツでは、１８６０（万延元）年に番屋などの多数の建物が会津藩に引き渡されており、当時の状況を描いた大型の屏風が新潟市の西厳寺に所蔵されている。[26] このシベツ元陣屋に関しては、陣屋建築を担当した会津藩士の鈴木平八による『蝦夷地御領分シベツ表ホニコイ御陣屋御造営日記』（標津町歴史民俗資料館所蔵）に当時の状況が詳しく記述されている。[27] それによれば、１８６２（文久２）年に箱館の西郊の戸切地にて陣屋建築用材を調達し、翌１８６３（文久３）年春から「…御領分シベツへ御本営御取建に付き、拾七棟に候処当年六棟御取建」したものの、同年末に鈴木平八は戸切地へ帰って当日記は終わっており、その後に予定通り建築が続けられたかは不明である。そして、１８６９（明治２）年の明治政府担当者の書類控[28]には、「ホニコイ陣屋」建物として蔵１棟と長屋７棟が当時あった旨、明記されている。

この元陣屋の位置は、現在の標津町ホニコイ地区の海成段丘面上に比定されていて、考古学的調査もなされた。[29] しかしその調査地には、元陣屋建設以前のチャシ跡が確認されたものの、幕末の元陣屋の存在を明瞭に示す遺物は確認されていない。他方で、そのチャシ跡の東方の海岸低地の一画に土塁跡などが検出されており、元陣屋の跡地についてはなお確たる結論に至っていないといえよう。

シャリ出張陣屋に関しては、会津藩の代官が責任者として赴任し、幕府の箱館奉行調役下役も警備指示に派遣されていた。しかし、その出張陣屋の建物規模や位置に関して記した当時の史料はないようで、目賀田守蔭『延叙歴検真図』中帙４「北海岸　従ソウヤ至シャリ」の「会津領シャリ」図幅にも「弁天堂」が河口右岸に描かれているが、「陣屋」らしき防備施設は見られない。

一方、第一次幕領期の弘前藩シャリ出張陣屋の状況に関しては、辛くも帰国した弘前藩士・斎藤勝利による『松前詰合日記』がある。それによれば、3軒の長屋と蔵1棟と剣術稽古所1ヶ所が、海岸に沿った東西に細長い敷地に設けられており、幕府の箱館奉行所派遣の担当者が詰める会所は小高い所にあったという。この日記の田中最勝訳（1973）に「斜里陣屋・会所・墓所の想像図」が収められており、その想像図によれば、オホーツク海岸の砂丘上に出張陣屋が営まれ、周囲は湿地で、斜里川河口右岸に位置していたとする。『斜里町史』（1955年）では、この日記の記載などをもとに、第一次幕領期の斜里については詳しい記述がなされている。[30]

現在、第一次幕領期の弘前藩シャリ出張陣屋の跡地は斜里町の史跡に指定されており、斜里町中心部の本町に「津軽藩シャリ陣屋跡」の碑と説明板が、オホーツク海岸の砂丘地にあたる斜里町の港町に「シャリ運上屋（会所）跡」の碑と説明板が、それぞれ建てられている。

モンベツ出張陣屋に関しても、シャリの場合と同様に、会津藩の代官が赴任し、幕府の役人も派遣されていたが、その建物規模や位置を具体的に記した史料は報告されていない。文久年間頃作製の「宗谷飼刺文別平地図面」（北海道大学附属図書館北方資料室所蔵）には、海岸沿いの「モンベツ番家泊所」「御詰所」が海側から描かれていて、その背後の海成段丘面上にも2区画の小規模な建物群が描かれている。[31]しかし、出張陣屋に関しては何の記載もない。また、1869（明治2）年の目賀田守蔭『北海道歴検図』の「北見州」下の「紋別」図幅を見ても、紋別市街地中心部の海成段丘崖下に「会所」とその南に柵建てされた門が描かれているにすぎない。[32]したがって、絵図から会津藩モンベツ出張陣屋の位置を確認することはできないが、現在の紋別市街地の海岸沿いの低位海成段丘面ないしその西の一段高い段丘面上に設けられたのではなかろうか。[33]なお、「史跡紋別場所又十番屋御用所跡」の標柱が、紋別市弁天町1丁目の北海道開発局開発建設部紋別港湾建設事務所の前に設けられている。

南樺太の「陣屋」

第二次幕領期になって、樺太（北蝦夷地）は、1854（安政元）年12月の日露和親条約で日露2国の雑居地となり、秋田藩がその警備担当を命じられて、2年後の1856（安政3）年からシラヌシ〈白主〉とクシュンコタン〈久春古丹〉の2ヶ所に夏季半年間、警備に着くことになった。[34]幕府の箱館奉行所の役人も、同年に北蝦夷地の在勤・越冬を命じられ、クシュンコタンとシラヌシに加えてトンナイ〈富内〉にも備蓄米が配置された。翌1857（安政4）年には、幕府老中の家臣や箱館奉行自らも樺太に渡航している。当時、秋田藩の出張陣屋（別名、北蝦夷地出張所）はクシュンコタンとシラヌシに置かれていたが、シラヌシの出張陣屋はトンナイに移すように幕府の箱館奉行に命じられたともいう。そして、蝦夷地の警備方針が変更になった翌年の1860（万延元）年9月に、北蝦夷地の警備担当が従来の秋田藩のみから、仙台・鶴岡・会津・秋田の4藩に増え、2藩ずつ隔年交代で警備を担当することとなった。しかし1862（文久2）年には、京都警備のために会津藩が北蝦夷地警備を免じられたことで、北蝦夷地の警備担当は仙台・鶴岡・秋田の3藩となり、さらに1867（慶応3）年には、秋田藩も北蝦夷地を含む蝦夷地全域での警備担当を免じられて、蝦夷地の領地も幕府に返還した。

以上が北蝦夷地での警備の概況であるが、広大な北蝦夷地のうちで、主たる警備はその南端部だったようである。すなわち、前述のように出張陣屋の置かれた位置を見てみると、シラヌシはソウヤから宗谷海峡を渡海する地点で、半島南端のノトロ岬の北西に位置し、トンナイはその北方で、同じく日本海北部に面していた。一方、クシュンコタンはアニワ〈亜庭〉湾奥の東岸に位置していた。そこで、2藩ずつ隔年交代になってからは、クシュンコタン以東の樺太東海岸部とトンナイ・シラヌシの西海岸部の2地区に分けて、担当2藩がそれぞれの地区を警備することになった。

現在、これらの「陣屋」の跡地を現地調査するのは無理なので、[35]第8章で紹介した第一次幕領期にも会津藩の

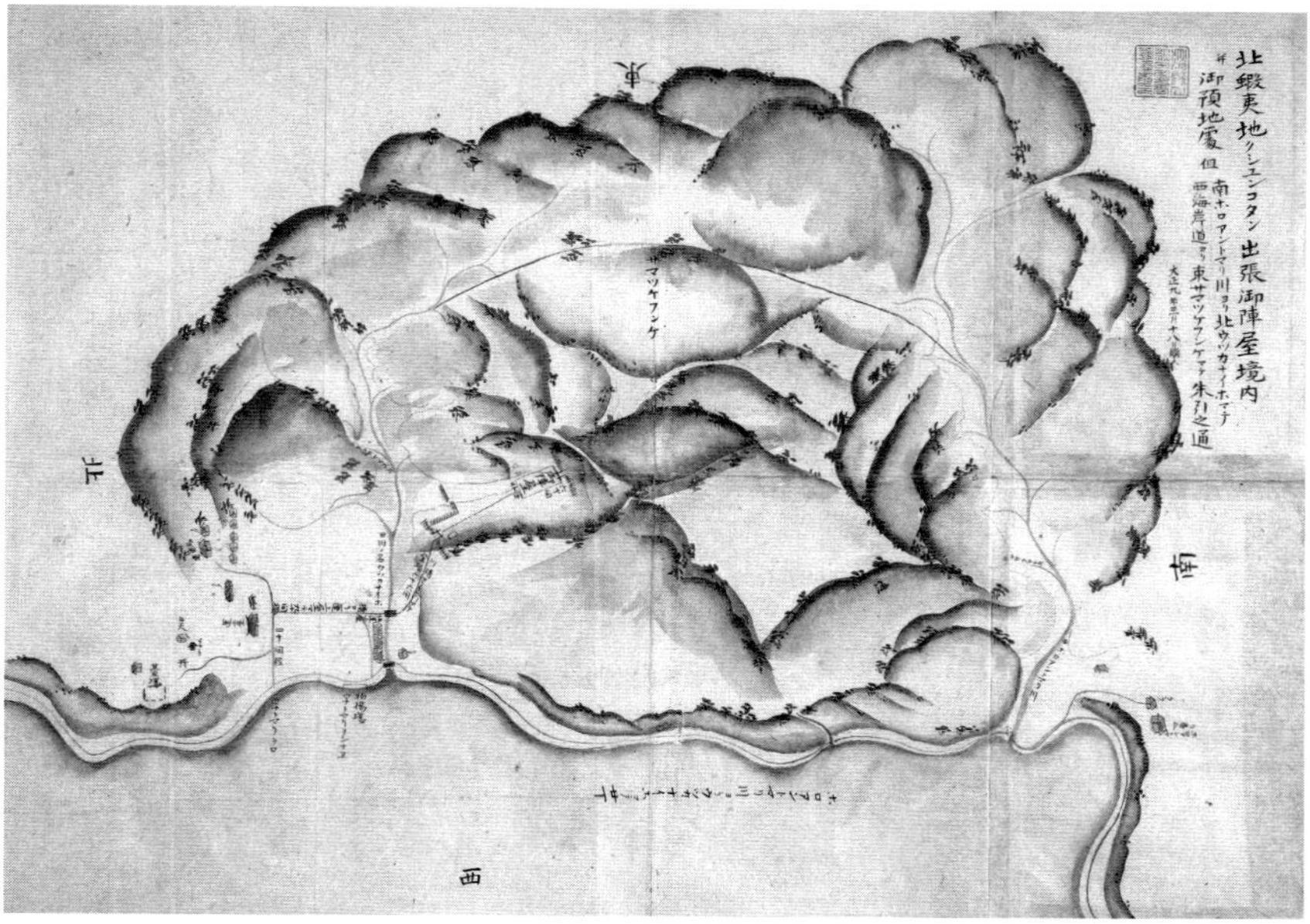

図13-21　**「北蝦夷地クシュンコタン出張御陣屋境内并御預地処絵図」**（秋田県公文書館所蔵）

陣屋が建設されたクシュンコタンに関して、秋田県公文書館所蔵の絵図２種を主に、第二次幕領期の出張陣屋の状況を見ておきたい。

秋田県公文書館所蔵の「北蝦夷地クシュンコタン出張御陣屋境内幷御預地処絵図」（図13-21）を見ると、アニワ湾の湾奥東側の「南ホロアントマリ川ヨリ北ウツカナイホ」までと、「西海岸通ヨリ東サマツケフンケ」までの朱引き線内が幕府からの「御預地処」で、アニワ湾に注ぐ小河川のウツカナイホ川の左岸の山裾に出張陣屋が設けられていた。この出張陣屋の表門から坂道を下った橋の袂に「クラ」と「仮運上屋」があり、その橋を渡って北に向かうと、正面に「運上屋」がある。さらにその東方の山裾には「勤番屋」と複数の「クラ」が、北西方には「イナリ」「弁天」の社と「台場」が設けられていた。

そして、図13-21と対をなす同館所蔵の「北蝦夷地クシュンコタン出張御陳屋絵図」（図13-22）を見ると、出張陣屋敷地は「字メンコツ沢」にあり、60間×30間の敷地に４棟の建物が配置され、「シバカキ

（柴垣）」を備えた敷地北西の「表門」の近くに「兵粮蔵」「火薬蔵」「鎮守堂」が、敷地南東の「裏門」の近くに「作事場」がある。そして周りの三方をトドマツ林の山裾が取り巻いていて、囲壁・周濠はない。同じ秋田藩の「陣屋」と建物の規模を比較すれば、マシケ元陣屋より小さく、ソウヤ出張陣屋とほぼ同じと言えよう。[36]

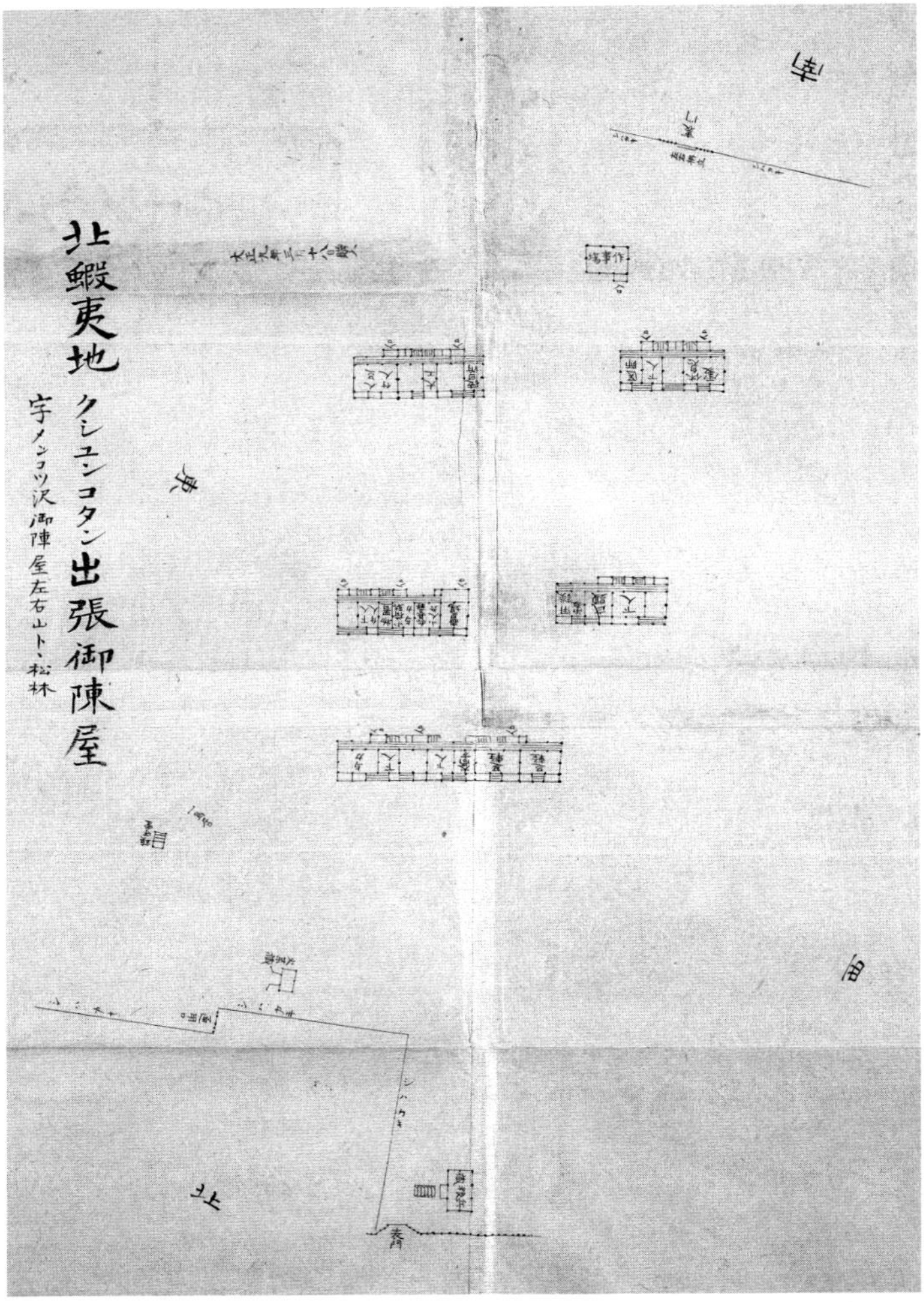

図 13-22 「北蝦夷地クシュンコタン出張御陣屋絵図」（秋田県公文書館所蔵）

幕末のクシュンコタンを描いた絵図としては、上述の秋田県公文書館所蔵の2図のほかに、目賀田守蔭『延叙歴検真図』の樺太を扱った4帙[37]の中にも「クシュンコタン」図幅があり、海岸の低地から南東方を描いた画面に「秋田陣屋」の建物群が描かれている。また、千秋文庫所蔵の「クシュンコタン」絵図は、図13-21に比べて周囲の地形の描写が簡略となっているが、同系統の絵図と思われる。[38] さらに、作製時期も作製者も不明ながら墨一色でクシュンコタン一帯を海上から鳥瞰図風に描いた「唐太クシュンコタン之図」（函館市中央図書館所蔵）では、防備施設の立地が図13-21に描かれている秋田藩出張陣屋とは全く異なり、[39] 第二次幕領期以前の状況を描いていると推測される。

なお、クシュンコタン以外の「陣屋」の位置を描いた絵図としては、前記の『延叙歴検真図』中に「シラヌシ」図幅があり、柵列に囲まれて冠木門2ヶ所をもつ建物が日本海の海岸の近くにあって、その背後には「弁天堂」も描かれている。その建物の名称は記されていないが、千秋文庫所蔵の「シラヌシ」絵図と内容が近似しており、[40] 当時の出張陣屋ないしその跡地であろう。同じく前記の『延叙歴検真図』中の「西富内　ヱンルコマフ」図幅には、海岸近くに「会所」、その奥に「稲荷社」、南に「弁天堂」が描かれ、図幅名の左下に「会所役宅倉庫秋田勤番所　夷家三十戸」と記されている。[41] したがって、クシュンコタン以外の第二次幕領期の「陣屋」の位置や施設・建物の状況に関しては、少なくとも絵図の面からは明確にしがたい。

[注]

（1）1916年度に現地調査を行った河野常吉（1924）の報告によれば、小学校運動会の観覧客のために土塁跡の中段を切り崩したという。図13-2もこの報告に付された図が基図となっている。なお、この陣屋跡地の住所は寿都町字開進町で、地番は複数度改正されている。

（２）１９７８年に緊急発掘調査がなされ、井戸跡や土塁の排水溝の跡が検出された（『寿都町文化財調査報告書Ⅱ』（１９８０年）の「Ⅳ　津軽陣屋跡」による）。また、ウィズコム館内には、この出張陣屋の立体復元模型なども展示されている。

（３）現在の浜益の地は古くからマシケと称し、漢字で益毛と表記されていた。しかし、現在の増毛の地がマシケ〈増毛〉と呼ばれるようになったため、旧来のマシケ〈益毛〉の呼称はハママシケ〈浜益毛〉と変わり、さらに１８６９（明治２）年にハママシ〈浜益〉と改名された。

（４）吉田寿人（１９７１）はこの元陣屋内の建物配置を描いた絵図２種を紹介し、北海道浜益村教育委員会（１９９２）の報告書にも絵図３種が紹介されている。また、鶴岡藩の関係史資料を伝える財団法人致道博物館にも、多種の絵図を巻物仕立てにした『蝦夷地見聞図巻』が所蔵されており、前記の吉田が筆写して紹介した絵図のうちの１枚の原図（タイトル記載なし）もその絵巻物に収載されている。さらに、鶴岡市立図書館所蔵の家分け文書『清川斎藤家』にも、半紙に簡略な配置図を描いた「浜マシケ庄内藩陣屋絵図」２枚が含まれている。なお、『庄内藩蝦夷地御場所絵図』（乾・坤２枚、函館市中央図書館所蔵）のうちの「ハマゝシケ場所境界絵図」を見ると、浜益川の河口左岸に「通行家」、河口右岸に「運上家」が描かれ、その奥に方形の柵列に囲まれた一画がある。これが、鶴岡藩の元陣屋の大手門入口付近の様子を表しているのかもしれない。

（５）以下の記述は、北海道浜益村教育委員会（１９９２）の報告書に拠る。

（６）史跡指定後に陣屋建物跡の標柱や案内板が設置され、著者による１９９８年の現地調査当時にはそれらは見られた（図13-9を参照）。しかし、著者を代表者とする科学研究費補助金に基づく共同研究グループが実施した２０１１年の現地調査の際には、標柱も見つからなかった。

（７）この脇陣屋に関しては、地元の地方史にそれぞれ記述がある。すなわち、『苫前町史』（１９８２年）にはトママイ陣屋ないしコタンベツ陣屋の名で説明があり、苫前尋常高等小学校編『郷土の調べ』掲載の略図が載せられているが、その原図については記されていない。同じ略図は、すでに『羽幌町史』（１９６８年）にも掲載されているが、原図については同様に記載がなく、古丹別川尻陣屋の名が付されている。『新留萌市史』（２００３年）では、ハママシケの「本陣屋」に対して「枝陣屋」という呼称が記されており、典拠となる当時の史料自体に異同があるのであろう。なお、本章の注（4）に紹介した『庄内藩蝦夷地御場所絵図』（乾・坤2枚）のうちの「ルルモツヘ　トマヽイ　テシホ　三場所境界絵図」を見ると、ルルモツヘ・トマヽイ・テシホの3ヶ所の海岸通路沿いにそれぞれ「運上家」が描かれているものの、「陣屋」らしき建物は見いだせない。

（8）財団法人致道博物館所蔵の『蝦夷地見聞図巻』（本章の注（4）を参照）の「トママイ之図」には、「陣屋」と明記された建物はない。しかし、同じ絵巻物のなかで、天塩川河口右岸の建物を詳細に描いた絵図（無題）には、河畔の運上屋の東に「金井又蔵住居」、その北に「御役宅」が見られる。この「金井又蔵」が蝦夷地副奉行としてテシホ詰であった金井右馬介を指すのなら、「御役宅」が当時の脇陣屋（枝陣屋）だったのではなかろうか。

（9）函館市中央図書館所蔵の『西蝦夷地場所絵図』（全25図、作製時期の記載なし）のなかの「石狩川漁場」図幅には、河口の左岸から石狩湾沿いに「本陣ヨリ壱リ」以下、1里ごとの里程標が描かれている。しかし、その起点となる「塚」の河口寄りの1軒には「張番所」の表示があるものの、「塚」付近の5軒の家のいずれにも陣屋の表示はない。また、同館所蔵の目賀田守蔭『延叙歴検真図』上帙「西海岸　従ヨイチ至ベツカイ」の「御領イシカリ」図幅にも、石狩川河口左岸に「本陣」「役宅」が描かれており、隣接して「渡船」場や見張台も見える。なお、目賀田守蔭と『延叙歴検真図』に関しては第12章の注（12）を参照。

（10）幕末のマシケについては、①『増毛町史』（1974年）や②増毛町文化財専門委員会編（1985）に、多くの関係史料を引用した詳しい記載があり、本章の記述でも参考にした。特に②には、本章で紹介したマシケ元陣屋の絵図2種のほかに、秋田藩主・佐竹家に伝わる幕末蝦夷地各地の「陣屋」の絵図（「千秋文庫」に所蔵）も多数掲載されている。また、③金森正也（1992）にも秋田藩のマシケ経営の特徴が述べられている。

（11）秋田県公文書館では、その所蔵する膨大な絵図の目録がデータベース化されているばかりでなく、各種の企画展や紀要類の刊行がなされている。例えば本章に関連しては、平成18年度の企画展「秋田藩の海防警備」や、紀要掲載の畑中康博（2007）などがあげられる。さらに2014年には、『秋田県公文書館所蔵　絵図目録』も刊行された。

（12）米家（山田）志乃布（2009）はこの絵図の作製者として、1856年に秋田藩箱館詰留守居となった長瀬直温をあて、前任者の渡邊泰治から引き継いだ絵図などを利用して、箱館赴任の同年８月18日以降の早い時期に編集し、翌年の７月８日までの箱館滞在期間中に活用したと推定している。増毛町文化財専門委員会編（１９８５）では本絵図の作製年を１８６０（万延元）年と推定しているが、その前年にマシケ地区は全て秋田藩領となっており、当該の推定は本絵図に示された朱引き境界自体と矛盾する。

（13）弘前藩のソウヤ〈宗谷〉、リシイリ〈利尻〉、樺太での警備では、極寒での越冬によって多数の死者・病人が出た。そのため、１８１０（文化７）年以降、それらの地の藩兵はすべて、マシケに設けられた「津軽勤番越年陣屋」で越冬した。しかし、その３年後に当該陣屋は焼失し、さらに翌１８１４（文化11）年に閉鎖されて撤兵に至った。当該の陣屋の位置は、図13‐10で「西ノ方物揚場」と記されているノツカ〈野塚〉とされている。その陣屋の形態や建物配置については、跡地の説明板の説明内容（図13‐13 B2を参照）やそれに基づいた増毛町総合交流促進施設「元陣屋」内のパノラマ模型によれば、四周を堀と土居に囲まれた四辺形の敷地（東側30間・南側50間・西側40間・北側56間）内に、鉤形の長屋を含む５棟があり、門は東中央にあった。また、建物群と幅９尺・高さ４尺余の土居で限られた敷地西端部は畑地となっていた。しかし、秋田県公文書館所蔵の「津軽屋舗」と題する簡単な屋敷平面図（見取図）がこの弘前藩の「津軽勤番越年陣屋」を描いたのであれば、跡地の説明板の説明内容と大きく異なる。また、瀧本壽史（１９９４Ａ）の紹介する弘前藩士・横岡元喜『忍ぶ草』の中の挿絵とも違いがある。

（14）秋田藩の文書によれば、１８５６年８月15日に、当時の秋田藩箱館詰留守居たる渡邊泰治が、管轄の蝦夷地「陣屋」３ヶ所―マシケ元陣屋・ソウヤ出張陣屋・クシュンコタン出張陣屋―すべてが完成した旨の報告書を、箱館奉行支配組頭に「陣屋構略絵図」を添えて提出したという。この文書をもとに、米家（２００９）は、この図13‐11もその「陣屋構略絵図」と同種の絵図であろうとみなしている。なお、増毛町総合交流促進施設「元陣屋」には「マシケ御陣屋絵図」と題する１８５６年５月３日付写本の写真版が保管されている。この絵図は図13‐11と内容が極めて近似しているが、建物に薄い朱色の着色がなされ、内題の横に記された数値（建坪１０７７坪半・縦63間余・横48間半程）も図13‐11と異なる。

（15）本章の注（10）に挙げた２種（①・②）の文献によれば、図13‐10や図13‐11に明示された囲郭を内郭と呼ぶのに対して、その外の建物群を外郭と称したという。玉虫左太夫『入北記』（稲葉一郎解読、１９９２）にもこれらの建物群が極めて粗略で、外郭といっても土塁も濠もないと記している。なお、玉虫左太夫とその著『入北記』に関しては、第12章の注（23）を参照。

(16) 米家（２００９）は、本章の注（12）で図13-10に関して記したと同じ趣旨・時期に、長瀬直温が作製したと推定している。

(17) この図13-15の右下の付記には、出張陣屋の「表御門」から山道を通って「御台場御門」まで、その距離１６９間とある。また、１８５０年代後半の松浦武四郎による２度の現地踏査記録をまとめた『西蝦夷日誌』でも、この図13-15に描かれた海岸沿いの諸施設と秋田藩出張陣屋との位置関係が矛盾なく記述されている。なお、松浦武四郎に関しては、第12章の注（21）を参照。

(18) この絵図は、ソウヤ出張陣屋に関する秋田藩の絵図として図13-15と対をなすもので、マシケ元陣屋に関して図13-11が図13-10と対をなすのと同じである。したがって、その作製時期も図13-11と同じであると推定される（本章の注（12）・（14）を参照）。なお、函館市中央図書館所蔵の「宗谷御陣屋バラキヲウナイ略図」は、図13-15と同系統の写しといえるものの、陣屋内の建物の間取りはより詳しく描かれているなど、図13-15と図13-16の描画・記載内容を一枚に総合した独自性も有する。

(19) 本章の注（10）の文献②にも千秋文庫所蔵の「ソウヤ略図」と「ソウヤ陣屋の図」が載せられているが、ともに図13-15や図13-16と比べると描画が簡略で、前者は海側から鳥瞰図的に描いている点で図13-15と異なり、後者も鳥瞰図的で図13-16と異なる。また、北海道大学附属図書館北方資料室所蔵の「宗谷飼剌文別平地図面」には、海側から見た「宗谷運上家」「御用所并役々住居」「秋田御陣家」「通行家二棟」「台場」が描かれている。なお、この図面は、幕末に宗谷・枝幸・紋別３場所を請負った藤野店がその請負った海岸全域を文久年間頃に絵師に描かせたものとされていて、同大学の「北方関係資料総合目録（北方資料データベース）」で閲覧できる。

(20) 但し、両絵図ともに著者は実物を見ておらず、国文学研究資料館の「収蔵歴史アーカイブズデータベース」画像に拠った。しかし、その提供される画像がモノクロであるため、特に原図が多色である図13-18の場合、短冊形の朱色の上に墨で記されている地名・建物名については、当資料館の藤村涼子氏のご教示を得た。記して謝意を表します。

(21) 図中で「此方様」と記されているのは弘前藩を指す。

(22) 著者はこの絵図の実物は見ていないが、瀧本壽史(１９９４Ｂ)によれば、この絵図の裏書に「天明年間画伯梅山、藤原壽信、唐太巡視ノ帰途宗谷ニ帰来シテ画キタルモノ」とあり、海岸沿いの「バラキナイ川」河口右岸に「秋田藩士陣屋」が、それと丘陵を隔てた東方には、柵に囲まれた「会津藩士陣屋」が描かれているものの、弘前藩の陣屋は描かれていない。一方、天明年間から約70年後の１８５６(安政３)年建立の「護国寺」が描かれていて、裏書と年代的に矛盾する。

(23) 松浦武四郎の『再航蝦夷地日誌』では、１８４６(弘化３)年のソウヤに松前藩勤番所・運上屋・弁天社・稲荷社・砲台があったことが記されている。また、本章の注(17)に挙げた松浦『西蝦夷日誌』に、「…リヤコタン小沢…受暖気故に、越年に引越来る処也。…焔硝蔵有。…」と記されていて、焔硝蔵が常時設置されていたのみならず、第二次幕領期にもこの地が越冬用の出張陣屋として活用されていたことをうかがわせる。

(24) バラキオナイの谷よりも規模の大きな宗谷川河谷には、その下流右岸に宗谷護国寺が１８５６年に建立された。その後に寺地は左岸へ移転したが(図13-20を参照)、幕末に警備に当たった弘前・会津・秋田３藩の藩兵の墓が当初の寺の跡地に建てられている。

(25) １８８８(明治21)年に、郡役所、警察署、郵便局などの官公署が宗谷より稚内に移転した。

(26) 屏風の右下に１８６４(元治元)年５月に写したとの記載があるものの、屏風にタイトルは明記されていない。『会津若松市史』７(２００３年)では「北海道標津陣屋図屏風」の名が与えられているが、描画内容から「蝦夷地シベツ番屋図屏風」とすべきであろう。

(27) 北海道標津町郷土研究会編(１９８５〜87)によって、原文の写真版、読み下し文と現代語訳が３分冊にして解説・資料・研究を付して刊行されている。そのなかで、第３冊目の「資料・研究」中の「シベツのあった会津藩の建物について」の章に関係の絵図・史料をも収載しつつ考察がなされており、以下このシベツ・ホニコイ元陣屋の項の記述にあたってそれを主たる参考資料とした。なお、目賀田守蔭『延叙歴検真図』の作製は１８５９年なので(第

12章の注（12）を参照)、会津藩による「陣屋」3ヶ所の建設直前の状況を描いているため、その中帙3の「シベツ」にも「陣屋」らしき防備施設は見られない。
(28) 元鶴岡藩士で開拓判官の松本十郎の『北国控』。北海道標津町郷土研究会編（1985～87）の第3分冊に、この『北国控』の関係部分が翻刻されている（本章の注（27）を参照)。
(29) 北海道標津町教育委員会（1983）『標津の竪穴Ⅳ―昭和57年度標津町内遺跡分布調査事業報告書』の「Ⅲ 会津藩陣屋跡の調査（ホニコイ地区)」。
(30) 第二次幕領期の斜里については、史料不足のために『斜里町史』でも記述は少ない。
(31) 他の史料から、海成段丘面上の区画は畑の可能性が高い。なお、この絵図面に関しては本章の注（19）を参照。
(32)『北海道歴検図』（北海道大学附属図書館北方資料室所蔵）のもとになった同じ作者（目賀田守蔭）による『延叙歴検真図』（函館市中央図書館所蔵）中帙4の「会津領モンベツ」図幅では、これと描写内容が大きく異なっている（本章の注（27）を参照)。
(33)『紋別市史』（1960年）では陣屋跡を紋別市弁天町1丁目とし、因幡勝雄（1971）も大正年間の伝聞として同じく同市弁天町1丁目を挙げているが、『新修紋別市史』（2007年）では陣屋跡について特に言及していない。
(34) 以下、樺太の警備に関しては、『増毛町史』の記述および『函館市史』年表編を主として参考にした。
(35) 20世紀末の南樺太（サハリン南部）における現地踏査・取材に基づいて、梅木孝昭（1997）は幕末の松浦武四郎の踏査ルートの現状を報告している。
(36) なお、玉虫左太夫『入北記』によれば、玉虫は1857年6月にクシュンコタンに滞在しており、到着後にまず向かった勤番所は図13-21に「勤番屋」の名で描かれているが、「勤番所ヨリ少シ西南ニ向ヒ越年家ト云フヲ建テラレタリ」と記された「越年家」は描かれていない。そのことは、これらの絵図セットの作製年を推定する資料となりうる。なお、玉蟲は1857年に箱館奉行に従ってこの北蝦夷地も廻っており（第12章の注（23）を参照)、本章では稲葉一郎解読（1992）に拠った。
(37)『延叙歴検真図』の樺太を描いた4帙は、正式には『北延叙歴検真図』と表紙に記されており、①「南海岸　従シラヌシ至シレトコ崎」、②「東海岸　従トンナヱチヤ至タラヱカ」、③「西海岸　従シラヌシ至ウソヨロ」、④「西海岸　従チセウンナイ至ノテト」からなる。「クシュンコタン」図幅は①に、「シラヌシ」図幅と「西富内　ヱンルコマフ」図幅は③に、それぞれ入っている。なお、「東富内」という図幅はない。

(38) 本章の注(10)の文献②に掲載されているが、著者は当該絵図の実物を未だ見ていない。

(39) 図中央の丘陵上の樹木に囲まれて「営中」と「山手番所」が、それらよりも西の海を見下ろす場所に「番所」と「大筒三挺」「大筒」が、それぞれ描かれているが、「陣屋」という建物表示は見られない。また、「山岡殿」居宅や柵建てされた「山岡殿居跡」の表示は、この図の成立時期推定の手掛かりとなろう。後考を待ちたい。

(40) 本章の注(38)を参照。

(41) 玉蟲左太夫『入北記』によれば、シラヌシについては、予想に反して「通行屋一軒」といたって寂寥としており、クシュンコタンに劣る、と記している。また『延叙歴検真図』中の「西富内　ヱンルコマフ」図幅のエンルコマフという地名の由来として、トンナイにかつて運上家があったが、後にエンルモコマフへ運上家を移したので、エンルモコマフを「西トンナイ」と称すようになったと記している(本章の注(36)を参照)。

[文献]

・河野常吉(1924)「寿都町津軽陣屋址」『北海道史蹟名勝天然記念物調査報告書』史蹟の部。
・吉田寿人(1971)「浜益の荘内藩陣屋跡」北海道の文化20〈特集「陣屋」〉。
・北海道浜益村教育委員会(1992)『史跡荘内藩ハママシケ陣屋跡―平成2・3年度保存管理計画策定事業報告書』。
・増毛町文化財専門委員会編(1985)『増毛地方の民俗資料と文化財(幕末の津軽・秋田藩関係)』。
・金森正也(1992)『秋田藩の政治社会』無明舎出版。
・米家(山田)志乃布(2009)「秋田県公文書館所蔵「マシケ御陣屋御任地面境内略図」の作製主体と作製年代について」平成17~20年度科学研究費補助金報告書(研究代表・戸祭由美夫)に所収。
・瀧本壽史(1994A)「『忍ぶ草』(弘前藩蝦夷地警備関係史料)」年報市史ひろさき3。

・瀧本壽史（１９９４Ｂ）「弘前藩宗谷陣屋をめぐって」年報市史ひろさき3。
・畑中康博（２００７）「幕末秋田藩海岸警備考」秋田県公文書館研究紀要13。
・稲葉一郎解読（１９９２）『蝦夷地・樺太巡検日誌　入北記』北海道出版企画センター。
・北海道標津町郷土研究会編（１９８５～87）『蝦夷地御領分シベツ表ホニコイ御陣屋御造営日記―東蝦夷地シベツと会津藩―』（3分冊）北海道標津町郷土研究会。
・田中最勝訳（１９７３）『松前詰合日記』津軽藩士殉難慰霊碑を守る会。
・因幡勝雄（１９７１）「紋別の会津藩出張陣屋」北海道の文化20〈特集「陣屋」〉。
・梅木孝昭（１９９７）『サハリン　松浦武四郎の道を歩く』（道新選書31）北海道新聞社。

第14章　第二次幕領期における松前城の建設

本章では、第二次幕領期に蝦夷地で唯一の城郭として幕府に建設を許可された松前城を取り上げ、従前の章の「陣屋」と同様の方法で簡潔に紹介したい。[1]

松前城前史（福山館）の時期

16世紀初めに松前氏は、津軽海峡の海岸から数百メートル離れた海成段丘上の大館《おおだて》の主となり、その居館としての名を徳山館に改めた。しかし、慶長年間になって、海岸により近い標高20〜30メートルほどの場所に新たな城館（福山館）を建設し、以後江戸時代を通じてその福山館に居して、蝦夷地を支配した。

この福山館の規模は、１７１７（享保２）年当時の記録[2]によれば、東西93間・南北１２６間で、本丸のほかに二ノ丸と北ノ丸や櫓１ヶ所・物見２ヶ所・門３ヶ所、さらにそれらの周囲に堀と板塀を取り廻らせた大規模な館であった。そして、松前在住の小玉貞良が宝暦年間（18世紀中頃）に描いた鳥瞰図風の「松前屛風」（松前町教育委員会所蔵、[3]図14-1）を見ると、海成段丘上の福山館の南側には石垣・囲壁と水濠が廻らされていた様子が読み取れる。

19世紀初め（文化年間）になると、松前を描いた絵図が数種、現在も残されている。[4]それらの絵図によれば、海成段丘を開析して南流する小河川によって、松前は標高30メートル前後の段丘面がいくつもの地区に区切られ

図14-1　「松前屏風」（松前町教育委員会所蔵）**の主要部**

ており、福山館の背後には寺社が集まり、その左右に小河谷を挟んで武家地が段丘面上を占めていて、町屋はその小河谷ないし海岸沿いに存在した。つまり松前は、なお「士庶混住」の状況を呈していた18世紀と異なり、19世紀初めには領主館・寺社・武家地は段丘上に、町屋は谷底・海岸低地に分かれて居住する「士庶分住」の陣屋町へと変わっていったと言えよう。松前の陣屋町全体としては、津軽海峡西端の海岸沿いに東西方向に長く延びており、[5] ここでは、秦檍丸《はたあわきまる》が１８０７（文化４）年11月に描いた「松前箱館江差奥地図」（函館市中央図書館所蔵）の松前の部分（「御城下」、図14-２）を示しておく。[6] なお、松前氏は無城待遇だったため、福山館は堀、石垣、囲郭などを備えていながらも、正式には城と称することはなかった。

松前城の建設

第二次幕領期に入る直前の１８４９（嘉永２）年、幕府は対外的な防備の必要から、蝦夷地・福山の松

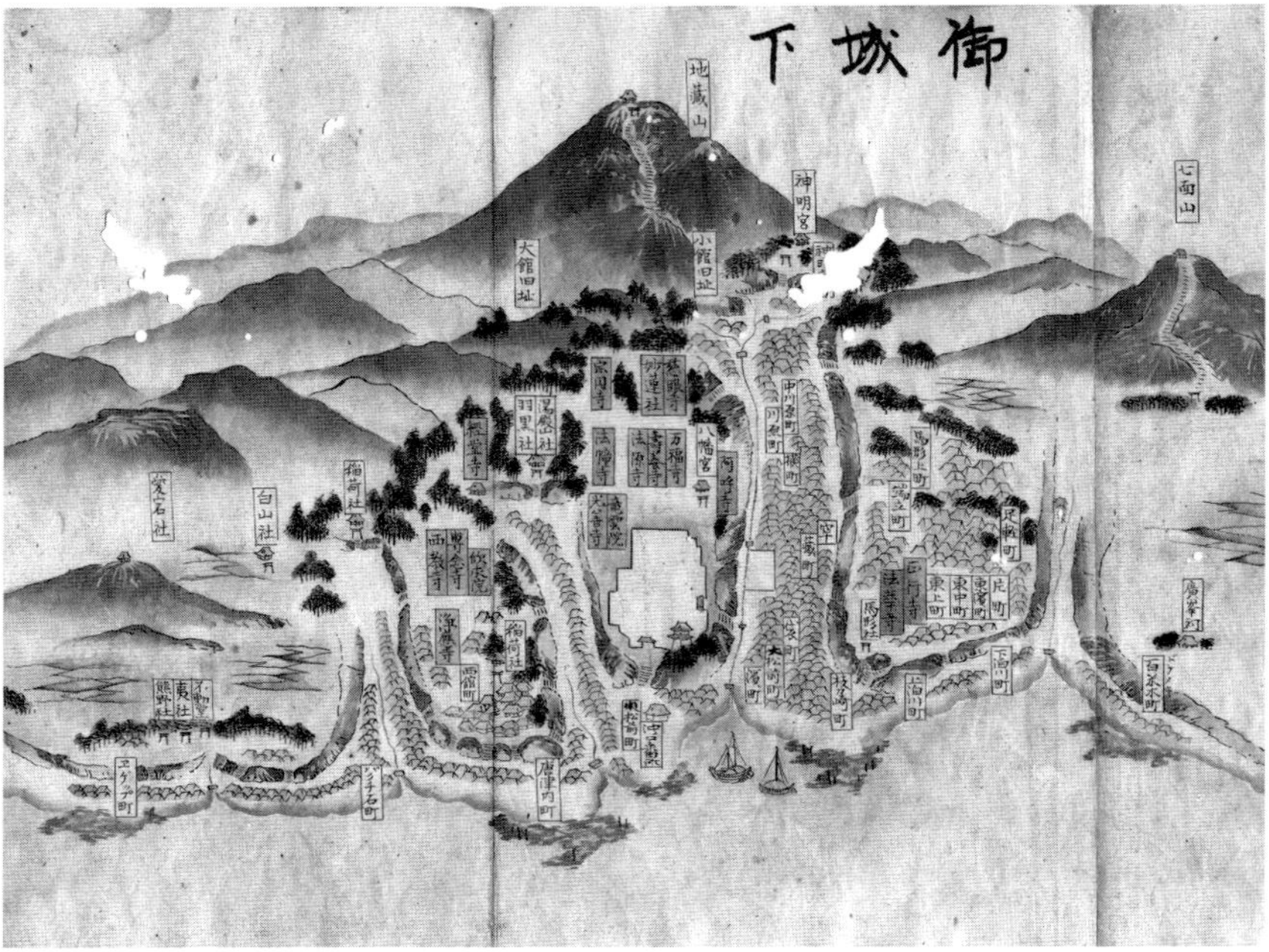

図 14-2　秦檍丸「松前箱館江差奥地図」（函館市中央図書館所蔵）**の「御城下」**（松前）**の主要部**

前氏と肥前国の五島列島・福江の五島氏を城主格に格上げして築城を命じた。

そこで藩主の松前崇広は、当時の著名な軍学者の一人である市川一学を招聘して、道南の候補地を選定させた。(7) 市川一学は函館平野を見下ろす丘陵地を候補地としたが（第10章の注（２）を参照）、松前藩内の反対に会った。そのため結局、既存の福山館の拡張に決まり、１８５０（嘉永３）年縄張りを開始して、１８５４（嘉永７）年9月末に完成した。その総面積は2万1千余坪で、本丸・二ノ丸・三ノ丸に分かれた城地を石垣・塀・柵からなる土居（総延長８４１間）と堀で複雑に取り巻いたもので、南北１５２間余・東西１２８間余に達した。その内側には、本丸御門から大土手までに表御座敷や大書院などの建物が立ち並び、三重櫓・二重櫓・太鼓櫓各１ヶ所と本丸御門ほかの門が計10ヶ所設けられた。(8) さらに、津軽海峡に面した三ノ丸の南端には、西から東へ数えて一番～七番の砲台7座も設けられた。

　その城郭図として、函館市中央図書館には2種の大型絵図（「松前城之図」と「松前福山城図」）が残されている。このうち前者は、市川一学筆とされる見取り図であるが、三の丸の崖上の囲郭に描かれた「新規台場」が6ヶ所しかない。それに対して後者には、本丸内の広大な建物など、城内に種々の建物も描かれており、三の丸の西から東にかけて「壱番御台場」から「七番御台場」まで7ヶ所の台場が示されている（図14-3を参照[9]）。したがって、前者は松前城設計者たる市川一学の計画図面で、後者が実際の建設を示す図面であろうと推定される。

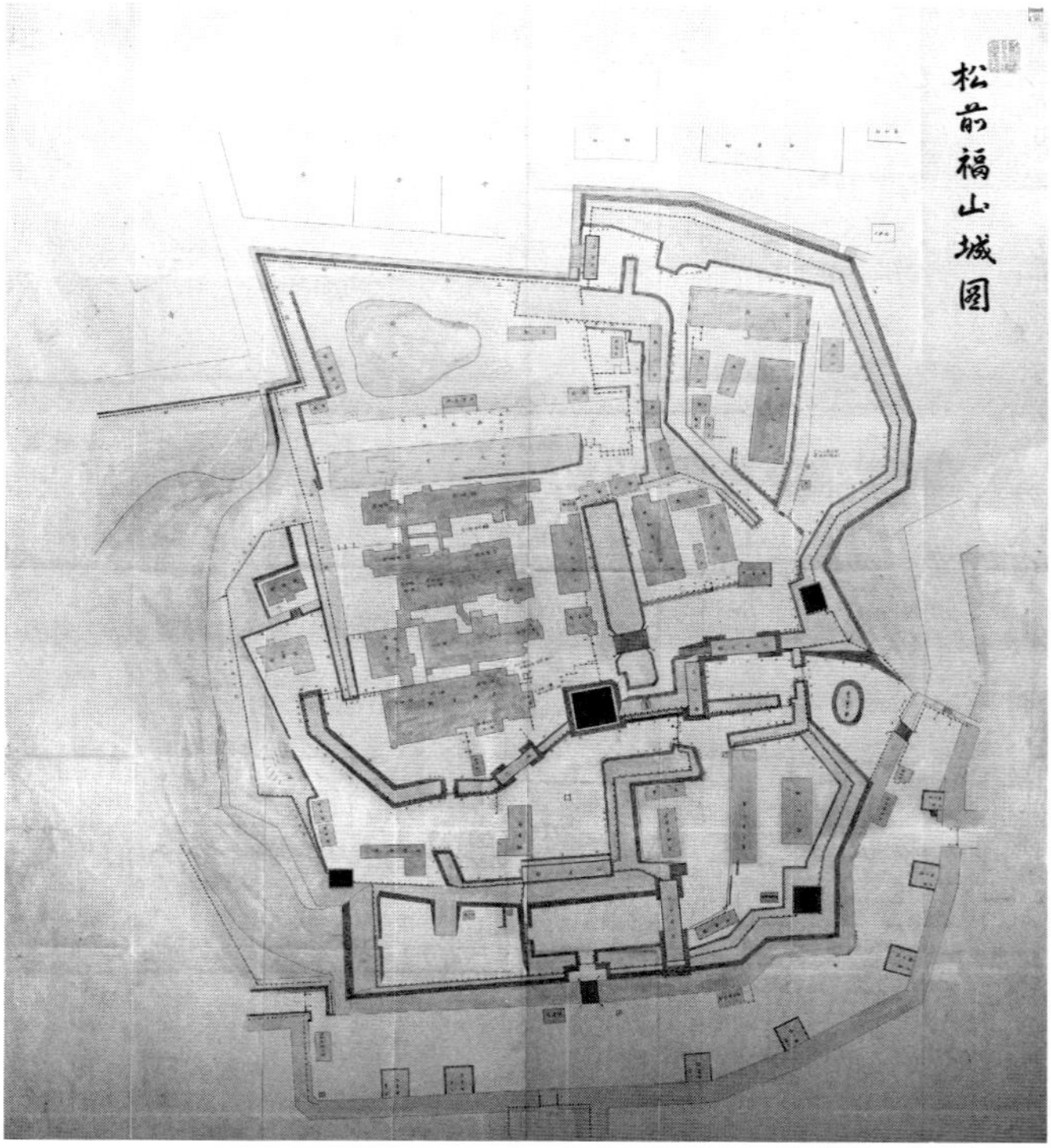

図14-3　「松前福山城図」（函館市中央図書館所蔵）

　また、この城郭が幕末の蝦夷地南西端における対外防備の拠点として特に設けられたという理由から、三ノ丸に上述のように台場7ヶ所が設けられたのをはじめ、城外の海成段丘上にも旧来の台場5ヶ所の備砲増強（城西西館、城東宮前、寅向、白神、吉岡の各砲台）と台場3ヶ所の新設（立石野、折戸、根森の各砲台）がなされ、さらに大松前筑島、生

図 14-4 「安政四巳年松前城下図式」（弘前市立博物館所蔵）

符、唐津内の３ヶ所にも台場が増設された。そしてこれらの台場用に藩内で大型砲も鋳造された。

幕末の松前城下町とその防備施設

このように、幕末に陣屋町から城下町となった松前の様子を、袋書きに「安政四巳年松前城下図式」と記された弘前市立博物館所蔵の絵図（図14-4）で見てみたい。この絵図の袋書きによると、城の完成から3年後（１８５７年）を描いていることになるが、寺社が朱色で示されている一方、他の宅地はすべて黄色で示されており、武家屋敷と町屋の区別は個々の武士名と町名で推定するほかはない。また段丘崖が薄い緑色で描かれているので、武家屋敷が段丘上にあるという地形的特徴もよくわかる。絵図中央の城は、薄い緑色で描かれた土居によって本丸・二の丸・三の丸に分かれており、朱色に塗られた門や二の丸南東隅の三重櫓と本丸南西隅の二重櫓も読み取れる。また、三の丸の南側出口の両側には家老の蠣崎と下国の屋敷が構えられている点も注目される。さらにこの絵図の大きな特徴は、海岸の地形が丁寧に描かれており、東から「泊川大澗」「泊川小澗」「万太郎澗」「大松前澗」「小松前澗」「唐津内澗」「(唐津）横澗」「生

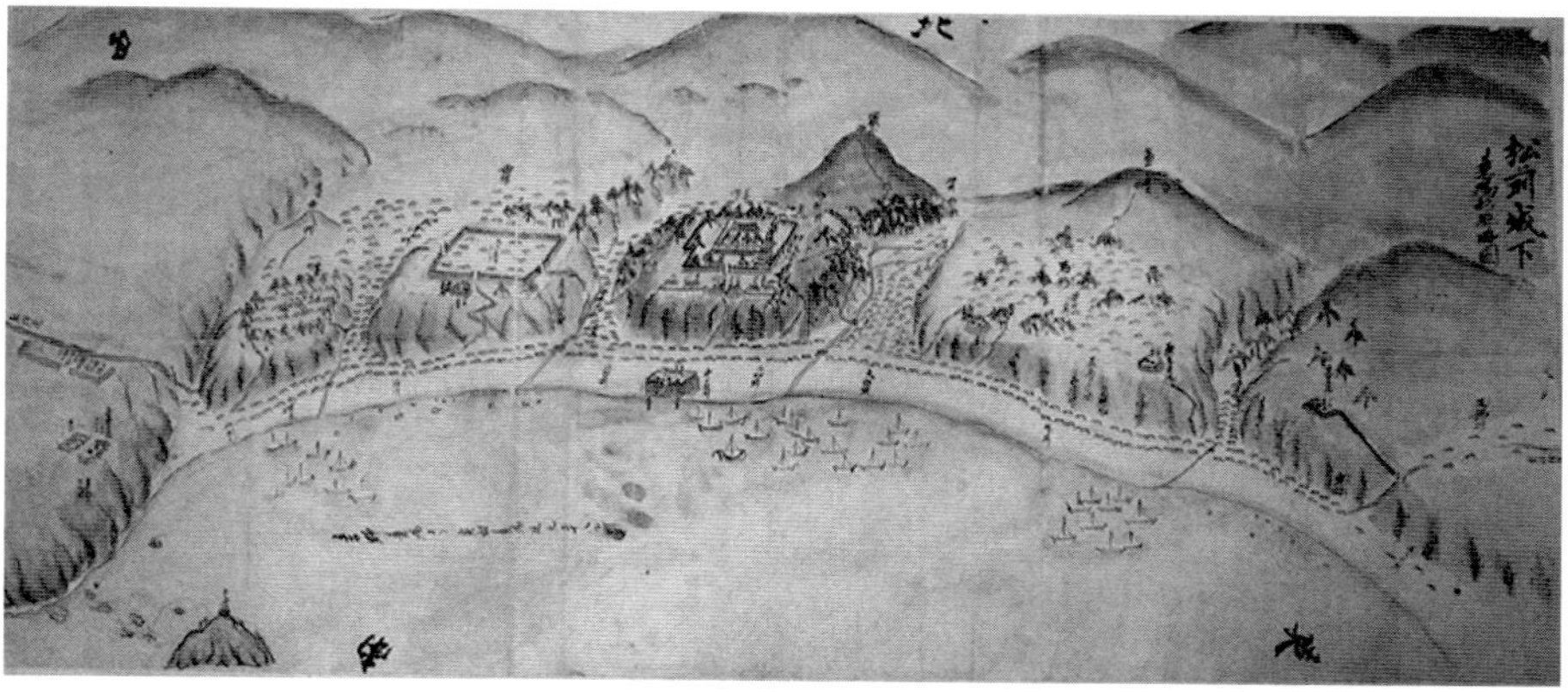

図14-5　「松前城下台場形勢略図」（新渡戸記念館所蔵）

府之澗」までの計8ヶ所の澗（入り江）について、接岸上の特徴と留意事項が詳しく記されていることである。他方で、防備用の台場については全く描かれていない点からも、この絵図作製の主目的が港湾事情の記載にあったと推測される。

そこで、作成年紀も不明ながら、松前城下の防備施設を詳しく描いた絵図として、新渡戸記念館所蔵の「松前城下台場形勢略図」（図14-5）を紹介したい[10]。この絵図を見てみると、図中央の松前城の三の丸に「三の丸台場」、その前面の海岸近くには「沖の口役所」がある。その東には「馬形西台場」「馬形東台場」「寅向台場」が続き、逆に西には「西館台場」「立石野台場」がある。そしてそれらの台場ごとに、備砲の位置（朱色の点）と能力が記されている。備砲の数は、馬出し口の左右に各2門を設ける「三の丸台場」が計4門である以外、他は各2門で、その能力は1貫2百目～3百目と多様である。さらに、「三の丸台場」と「沖の口役所」を除いて、台場の海岸からの高さも記されており、町屋を離れて江差方面に向かう道沿いには、「大筒稽古」用の区画も描かれている。この絵図は城と段丘地形のみ明瞭に記されているほか、武家屋敷も町屋も極めて簡略である点でも、図14-4と好対照をなす。この図14-5では、本丸、二の丸、三の丸（「凡二町四方」と記されている）のそれぞれが明瞭に描き分けられていることからも、福山館ではなく松前城の築城後に作製されたと推定され、第二次幕領期に盛岡藩から警備担当地見分のために1855（安政2）年に派遣された新渡戸十次郎が持ち帰ったのではなかろうか。しかし、図14-5に描かれた台場が、松前城建設前の台場とも、松前城建設に合わせて改造・新設された台場とも、数・名称・備砲すべての点で異なっており[11]、今後の検討に待ちたい。

図14-6　松前城跡の二ノ丸より見た国指定重要文化財の本丸御門（左）と再建された三層天守［松前城資料館］（1994年8月撮影）

明治維新後の松前城の変容

1868（明治元）年10月、渡島半島に上陸して旧箱館奉行所（亀田役所）を占領した旧幕府軍は、土方歳三を隊長としてこの松前城を攻撃し、砲撃戦・白兵戦の後に松前藩兵は敗れて城と町に火を放ち、同年9月から建設が開始された館城へ藩主を守って逃れた[12]。その翌1869（明治2）年4月に明治政府軍が松前城を旧幕府軍から奪回したが、その戦乱で松前城およびその城下町は荒廃した。

1873（明治6）年、北海道の開拓使の次官であった黒田清隆の発案で松前城は取り壊されることとなった。建物は道内の他施設へ転用ないし売却され、堀の埋立てと石垣の取り壊しによって、城内の建築物で残されたのは三重櫓（以下、三層天守の呼称を用いる）・本丸御門［追手門］・本丸表御殿と土塀の一部のみであった。その後、城跡は特に改変されずに残っていたため、1935（昭和10）年にその全域が国の史跡に指定された。城内に残った建築物のその後についてみると、三層天守・本丸御門・土塀は1941（昭和16）年に国宝に指定されたが、1949（昭和24）年6月に町役場の火災による飛び火で三層天守と土塀が焼失し、残った本丸御門のみが1950（昭和25）年に国の重要文化財に指定されて現在に至っている（図14-6を参照）。また本丸表御殿は、

１８７５（明治８）年に福山公立学校（翌年に松城学校と改称）の開設にあたって活用されたが、１９００（明治33）年にその後身の松城小学校新築の際に撤去されて、表御殿の玄関のみが同校の正面玄関として残り、北海道有形文化財に指定された。さらにその玄関も、１９８２（昭和57）年に別の場所に移されて、現代に至っている。

なお、三層天守は消失以前の場所に再建され、１９６１（昭和36）年から松前城資料館として公開されている。

前述のように国史跡に指定された城地も、城内の荒廃や公有・民有の建物増加に対処するため、１９７５（昭

A

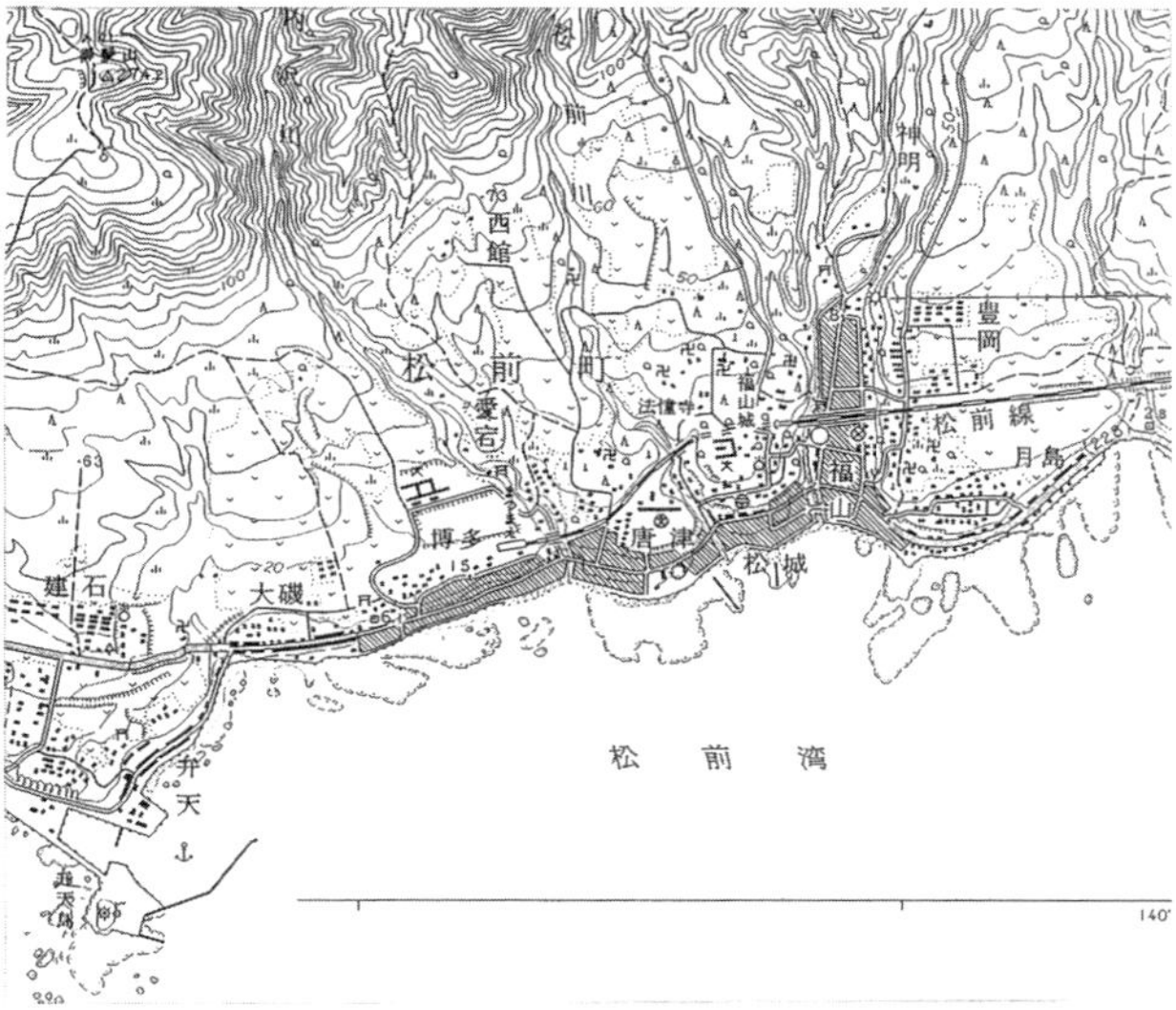

B

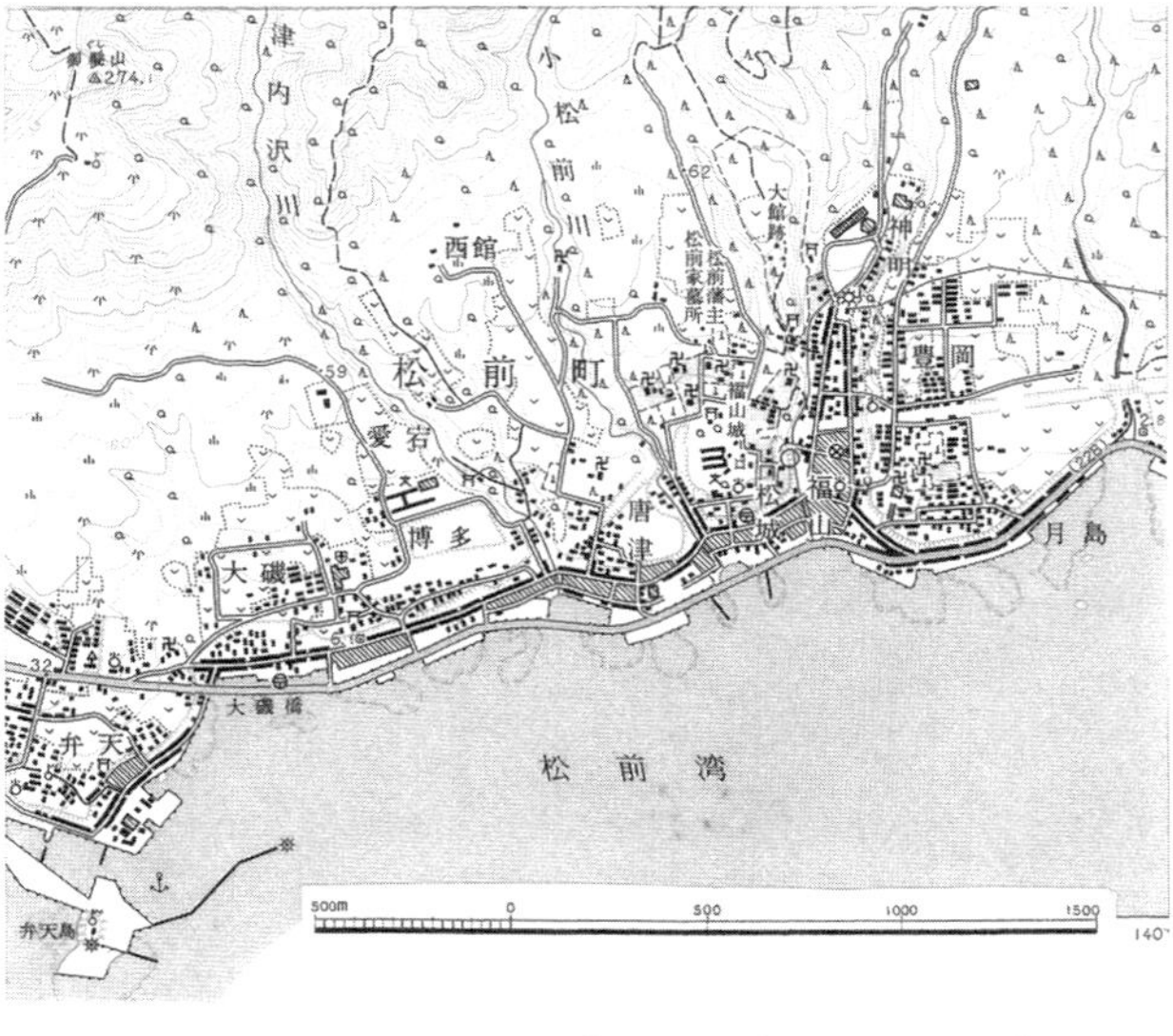

図 14-7　2 万 5 千分の 1 地形図「松前」図幅にみる松前城下町の一帯（A：昭和 48 年測量．B：昭和 55 年改測，昭和 62 年部分修正測量（鉄道））
なお，A，B の範囲・方位・縮尺は同じ．

図 14-8　1976 年 8 月撮影のカラー空中写真（C　HO-76-21　C19-4）にみる松前城下町の一帯（範囲は図 14-7 と同じ）

和50）年に史跡福山城保存管理計画が策定され、それに基づいて翌年から保存整備が進められた。[13] さらに1997（平成9）年度からは、第二次保存管理計画に基づいて一層の整備が進められている。そして、城跡一帯には多様な樹種の桜が植樹され、今や全国有数の観桜の名所ともなって多数の観光客を迎えている。なお、松前城の周辺には、長く松前藩の文化の中心地でもあったことから、上記のほかに、松前藩主松前家墓所・大館［徳山館］跡・龍雲院・法源寺山門の５ヶ所が国史跡に指定されている。[14]

道南の南西端に位置する松前の地は、福山館の陣屋町、次いで松前城の城下町であったのみならず、近世全般にわたって蝦夷地の経済活動の中心地として、さらに津軽半島を経由して本州との交通の要衝としても重要であった。そのため、近世末以降、北海道における政治・経済の中心地としての地位を箱館（函館）に、次いで札幌に譲る形となったものの、渡島半島南西の行政・経済・

文化の地方中心地として地位をなお保っており、函館から海岸沿いに江差に向かう国道２２８号線や国鉄松前線[15]は、交通・経済輸送の基幹をなした。とりわけ松前線は、松前城の東方と西方の海成段丘では段丘面を掘り下げて線路が通る一方、松前城のある海成段丘の地下をトンネルで貫通するという、他に例を見ない建設法が採られた。図14-7Aと図14-8は、松前線が残っていた時期の地形図とカラー空中写真で、松前城付近の特異な線路状況も読みとれる。しかし、北海道内での松前の相対的な地位低下に伴って、その松前線も１９８８（昭和63）年１月末で廃線となり、同年の２月以降は、バスに代替されている。[16]図14-7Bは廃線当時の状況を地形図で示しておいた。[17]

【注】

（１）この章では、『松前町史』全８冊の中で、特に通説編・第１巻上（１９８４年）、通説編・第１巻下（１９８８年）、通説編・第２巻（１９９３年）を適宜参考にした。

（２）幕府巡検使の編集した『松前蝦夷記』による。

（３）この屏風は、北海道指定有形文化財に指定されており、その複製が松前城資料館に展示されている。なお、同じ小玉貞良が模写したとされる同名の「松前屏風」が函館市中央図書館に所蔵され、その画像は公開されている。

（４）例えば、「松前市中地図」（国文学研究資料館所蔵〈①〉）や「松前分間絵図」（函館市中央図書館所蔵〈②〉）が該当する。このうち①には、図の右下に「文化三丙寅年十月　秦檍丸図」と、作成年月と絵図作製者が明記されている。同名の絵図は秋田県公文書館〈③〉や弘前市立弘前図書館〈④〉にも所蔵されている。それらの図中右下の凡例や年紀および付箋や貼紙の有無などの点を比較検討すると、③・④いずれも①を原本とする写しであるものの、原本〈①〉からの写しの系統は③と④で異なる可能性が高い。これらの絵図はいずれも大形で、①③④はともに左右が２メートルを超え、②も左右が１・５メートル近い。さらに出田和久（２００９）によれば、それらと近似の絵図が九州の長崎歴史文化博物館〈⑤〉や佐賀県立図書館〈⑥〉にも所蔵されていて、記載されている武士名から、出田は⑤・⑥の作製年を考証している。なお、①の作成者の秦檍丸は村上嶋之丞とも称し、18世紀末から19世紀初めにかけて幕府の命で蝦夷地を巡っており、彼の作製による蝦夷地関係絵図類を髙木崇世芝（１９９５）がリストアップしている。ちなみに、①は『松前町史』史料編・第1巻（１９７４年）の、②は同史料編・第2巻（１９７７）のそれぞれ巻末折込に掲載されているほか、戸祭由美夫（２００９）の巻末カラー図版中にも②③④を掲載した。

（5）「松前市中地図」の記載によれば、町屋は東端の下泊川町から西端のエケップ町まで23丁余とある。18世紀初めには東端の大泊川から西端の不動川まで19町とする『松前蝦夷記』の記載に比べると、少なくとも東西方向に延びたようである。

（6）この図は、前年作製の「松前市中地図」をもとに、東西方向を縮めて秦檍丸が自ら編集したものとされる（第1章の注（3）を参照）。

（7）市川一学（１７７８〜１８５８）は長沼流の軍学（兵法）者で、上野国・高崎藩士であったが、高齢を押して、子の十郎を伴って松前に赴いた。

（8）この数値は『御新城縄張調』の数値による。しかし、別の史料から三重櫓を三層天守と称し、二重櫓３ヶ所、城門16ヶ所とする説もある。

（9）『松前町史』通説編・第1巻下の巻頭に収載されている2種の松前城図（「福山城絵図」と『福山温故図解』所収の「福山城」図、いずれも個人蔵）にも7ヶ所の砲座が描かれている。

（10）『十和田市立新渡戸記念館だより』28号（２００２年）でこの絵図が紹介されており、それには作製時期を「江戸時代末」としているが、その根拠は記されていない。

（11）『松前町史』通説編・第1巻下の記述と比較すれば、台場名が同じ寅向台場の場合、１８４４（天保15）年には一貫目筒と五百目筒各1門で、１８５２（嘉永5）年には壱貫五百目1門なのに対して、図14-5では一貫目と三百目各1門であり、新規の立石野台場の場合（１８５２年）には四貫目長熕2門・一貫面1門・拾弐貫五百目長熕1門・拾参貫六百目長熕1門なのに対して、図14-5では一貫二百目と五百目各1門となっている。

(12) この館城は明治維新後の1868（明治元）年10月25日に完成とされており、旧幕府軍によって函館市街地の北方に建設された四稜郭（第10章を参照）ともども、本書の考察対象からは除いた。なお、松前藩が館藩と正式に名称が変更されるのはその翌1869（明治2）年6月で、それもわずか2年後の1871（明治4）年7月に廃藩置県によって館藩の名称も消滅した。

(13) 松前町教育委員会による福山城跡に関する発掘調査は、1980（昭和55）年度の「史跡福山城石垣遺構調査」にはじまり、1983（昭和58）年度以降現在までほぼ毎年度の「史跡福山城保存整備事業」ほかによって実施され、それらの発掘調査概要報告ないし発掘調査報告も逐次刊行されている。

(14) 松前町における最近の文化財に関しては、松前町教育委員会（2011）によった。

(15) 1922（大正11）年に施設計画が決まり、第二次世界大戦による建設中断の後に、1953（昭和28）年に松前駅まで開通し、それに伴って江差線との分岐点たる木古内から松前までの50キロメートル余りの路線が福山線から松前線に改称された。松前駅からさらに大島（浜口）まで24キロメートルも延長されることになったが、結局未成線のままで終わった。

(16) 廃線となった松前線に関しては、本久公洋（2011）に最近の状況が紹介されている。その線路跡は現在も最新の地形図（図14-7B）でたどることが可能で、松前城を貫通したトンネルの西側出口も現地で確認できる。一方、旧松前駅舎は撤去されて、その跡地は駐車場などとなっており、「北海道最南端の町　松前駅」の記念碑が残されているのみである。

(17) 図14-7Bで示した地形図は、1987（昭和62）年に鉄道についてのみ部分修正と記され、翌1988年4月に発行されている。しかし、松前駅での最終列車は1988年1月末に運行されたので、国土地理院担当者が松前線の廃線を予め想定して、鉄道敷地の線路撤去後の事態を図14-7Bに見るように図化したと推測される。

［文献］

・出田和久（2009）「九州諸藩における蝦夷地関連絵図の所蔵状況」平成17～20年度科学研究費補助金報告書（研究

代表・戸祭由美夫）に所収。
・高木崇世芝（１９９５）「秦檍丸作製の蝦夷地図」北海道の文化67。
・松前町教育委員会（２０１１）『松前の文化財』。
・木久公洋（２０１１）『北海道の鉄道廃線跡』北海道新聞社。

結び

本書では、五稜郭をはじめとする幕末の防備施設に関して、当時作製された絵図を主たる資料とし、それら防備施設の幕末における実態に迫るとともに、その跡地の近代以降の変容と現状にまで言及・紹介した。その際、著者が長年にわたって身に着けてきた歴史地理学的な手法により、20年余にわたる調査・研究の成果を基礎として、絵図調査を続ける中で共同研究メンバーから体得させてもらった絵図の見方も活用することができた。それらの手法や見方に基づいた長年の地道な研究成果たる本書は、従来の書籍にない独自性もつと自負している。

第一部では、幕末に箱館北郊に新設された幕府の箱館奉行所（亀田役所）が内郭と外郭の二重の囲郭をもち、いわゆる五稜郭がその内郭にあたることや、その西洋式築城法が西ヨーロッパのどのような囲郭をモデルにしたものか、さらには計画的に区画された役人用宅地を含む広大な外郭が他の遠国奉行所に類を見ないものであることを明らかにした。

また、亀田役所の近代以降の土地利用の変容については、函館市役所の都市計画や固定資産税関係の各部署をはじめ、関係諸機関のご厚意で提供いただいた貴重な各種の資料をもとに、著者作成の図を提示し、さらに古い地形図や空中写真も紙幅の許す限り紹介した。それらによって、従来学界で明らかにされてこなかった新たな諸事実も明らかにしえた。

第二部では、第一次幕領期および第二次幕領期の幕府による蝦夷地直轄統治の時代における、南千島・南樺太を含む蝦夷地全域の沿岸部において、東北6藩と松前藩によって建設・維持された城郭・陣屋・見張番所・台場などの防備施設に関して、極めて多種・大量の絵図を紹介することで、その全容の把握に努めた。

ところで、本書の最大の特色であるこれらの絵図は、蝦夷地に派兵した東北6藩の藩庁や関係者によって、あるいは派兵先の箱館などで所蔵され、その後も公的機関や個人によって保管されるのみならず、さらには一層の収集が計られてきたもので、多くは当時作製の貴重な原図といえる。そしく、特に断らない限り、本書では著者が直接実見ないし画像データを入手しえた絵図を紹介した。もちろん、幕政の中枢たる江戸（近代以降の東京）や近代の北海道の中心となった札幌にも、幕末の防備施設を描いた著者未見の絵図がなお多数残されているであろうが、幕末蝦夷地に関する絵図の全般的な特徴は押さえることができたのではないかと思う。

とはいえ、各章や各「陣屋」の記述では様々な理由から精粗が生じざるをえなかった。また、出版上の制約からカラーでの紹介は限らざるを得なかったし、モノクロでさえも示しえなかった絵図も多い。そこで、図版で紹介しえなかった関連の絵図については詳しい注記を施すように努めた。そのため、注記が煩雑に過ぎるとの印象を読者に与えたかもしれないが、さらなる興味を抱かれた読者には、本書の文献欄に挙げた著者ほかによる既往の文献を参照していただきたい。

なお、対外防備のために慣れない極寒の中で極めて多数の藩兵が病み死亡された。本書を執筆する中で、改めて誠に心が痛む。ただ、そのような犠牲者を偲んで、藩兵出身の自治体と現地の自治体・住民の方々が今も友誼を結んでおられることは、是非記しておきたい。

以下、本書の成果を踏まえて、次の3点の研究進展を期待したい。

その第1点は、本書で紹介した幕領下の蝦夷地の防備施設が、近世日本全体の中でどのような特徴をもっているかを検討することである。なかでも、蝦夷地に赴いた東北各藩が本領で築いた城郭・台場との比較や、幕府の命令で全国の諸藩がその所領の海岸に建設した台場などの対外防備施設との比較・検討が必要であろう。既に戸祭の科学研究費補助金報告書（２０１４）で、盛岡藩と仙台藩の本領に関しては土平 博が検討し、盛岡藩が下北半島で建設した台場と会津藩による江戸湾岸での対外防備施設に関しては著者も報告しているが、なお多くの事例研究の積み重ねが必要である。

第2点として、極東から蝦夷地への進出を目論んだ帝政ロシア側の資料をもとにした検討も必要である。これについては、歴史地理学から米家志乃布による一層の研究の進化を期待したい。

さらに第3点として、蝦夷地に住むアイヌの人々が、各藩による「陣屋」などの施設建設にあたってどのような対応行動をし、また各藩がそれに対してどう対処したのかに関しても、明らかにする必要があろう。松前藩とその監督下の場所請負業者よるアイヌの人々への虐待行為を知った幕府当局者が、「陣屋」などの建設にあたってアイヌの人々への対応に十分注意するよう、各藩に指示している。出兵側の史料に限られるとはいえ、「陣屋」建設にあたってのアイヌの人々との軋轢は報告されていないようであるが、さらなる史料の精査とアイヌの人々の側に立った史料の読み込みが求められよう。

最後に、読者の方々や広く日本社会に対して特に希望したいことは、本書が対象とした①防備施設の保存と②絵図資料の管理・公開の2点である。

①に関しては、防備施設の跡地に対する発掘調査の実施や、消滅の危機に瀕している跡地の保護・保存である。亀田奉行所の外郭土塁の跡地の保存はその緊急な例といえる。これには、当該跡地の管理者や、学芸員をはじめとする文化行政に携わる担当者各位の個別的な自覚と努力のみではなかなか困難であって、地元住民の方々の協

力・自覚のもとに、自治体・関係団体や国との連携が必要である。例えば、函館市内の他の歴史文化遺産と合わせた「日本遺産」登録や、道内各地の「陣屋」と箱館奉行所を一括したユネスコの世界文化遺産登録も一つの方向であろう。

②に関しては、函館市中央図書館をはじめ、各地の絵図所蔵機関では、不定形の絵図資料の保管に格別の工夫がなされている。さらに、その所蔵絵図の画像データベース化が進められて一般公開されていることは、調査・研究にとっても大変ありがたいことである。今後も経費や手間のかかる作業とはいえ、自治体・住民各位の理解を得て、絵図をはじめとする資料の画像データベース化がさらに着実に進められることを願ってやまない。

末尾ながら、本書の内容と密接に関わる、筆者を研究代表者とする2度にわたる科学研究費補助金による共同研究のメンバー各位（別掲リスト1）、現地調査や資料収集にご協力いただいた関係諸機関・団体・個人の方々（別掲リスト2）に対して、改めて心からお礼申し上げる次第である。また、本書に絵図掲載をご許可くださった所蔵機関（別掲リスト3）、および復原図・復元図の掲載をご快諾いただいた平井松午・増井正哉の2氏に対して、感謝申し上げます。

［リスト1］

①平成17～20年科学研究費補助金（基盤研究（B））による共同研究「北海道・東北各地所蔵の幕末蝦夷地陣屋・囲郭に関する絵地図の調査・研究」（研究課題番号：17320132、研究代表者：戸祭由美夫）の共同研究メンバー：

出田和久、平井松午、小野寺淳、米家（山田）志乃布、中西和子〈以上、研究分担者〉、村上由佳、中尾千明〈以

上、調査・研究補助者〉の各氏

②平成22～25年度科学研究費補助金（基盤研究（B））による共同研究「文化遺産としての幕末蝦夷地陣屋・囲郭の景観復原―GIS・3次元画像ソフトの活用」（研究課題番号：22320170、研究代表者：戸祭由美夫）の共同研究メンバー：

平川一臣、平井松午、増井正哉、土平博、木村圭司、澤柿教伸、小野寺淳、財城真寿美、村上由佳〈以上、研究分担者および連携研究者〉、宮崎良美〈研究協力者〉の各氏

［リスト2］

（1）資料収集にご協力いただいた関係諸機関・団体［地域の行政コード番号順に列記し、原則として関係諸機関・団体は当時の名称を記したが、名称変更後も再度ご協力いただいた場合には⇓で列記した。］

気象庁札幌管区気象台、北海道大学附属図書館北方資料室、北海道立文書館、法務省函館地方法務局、林野庁北海道森林管理局函館分局⇓同局函館事務所、北海道渡島支庁、函館市役所、函館市教育委員会、市立函館図書館⇓函館市中央図書館、市立函館博物館、室蘭市教育委員会、稚内市教育委員会、紋別市教育委員会、根室市博物館開設準備室⇓根室市歴史と自然の資料館、浜益村教育委員会、松前町役場、松前町教育委員会、上磯町教育委員会、森町教育委員会、長万部町教育委員会、寿都町役場、寿都町教育委員会、増毛町役場、増毛町教育委員会、増毛町総合交流促進施設・元陣屋、斜里町役場、斜里町立知床博物館、白老町教育委員会（仙台藩白老元陣屋資料館）、広尾町役場、広尾町教育委員会、厚岸町海事記念館、標津町教育委員会、弘前市立弘前図書館、弘前市立博物館、八戸市立図書館、十和田市立新渡戸記念館、岩手県立図書館、盛岡市中央公民館、もりおか歴史文化館、東北大学附属図書館、宮城県図書館、秋田県公文書館、(財)致道博物館、鶴岡市立図書館、

市立会津図書館、若松城天守閣郷土博物館、国立公文書館、国文学研究資料館、奈良女子大学付属図書館、奈良大学図書館。

（2）現地調査に同行あるいは絵図資料の解読ないし関係資料の供与など、格別のご協力をしてくださった方々［五十音順（当時および現在のご所属、敬称、ともに省略させていただきました）］

猪熊樹人、内山真澄、遠藤匡俊、小川昭一郎、奥野進、小田島洋、小野卓也、梶谷晶子、川上淳、木下寿之、車塚洋、齋藤譲一、佐々木涉、佐藤和利、椙田光明、杉村茂、髙木崇世芝、高橋清明、武永真、田原良信、新渡戸明、新渡戸常憲、平野敦史、前田正憲、松田宏介、村中晃史、山谷正幸　の各氏。

［リスト3］

掲載絵図の所蔵機関と本書掲載の図番号

（1）函館市中央図書館

「アナタヒラ松前陣家絵図面」…図10−2　『延叙歴検真図』…「仙台領アツケシ」図幅：図12−11

「官許 箱館全図」…図3−1A、図3−1B　「国後島泊之図」…図8−4

「五稜郭同心屋敷地幷ニ鍛冶村地図」…図3−4　「仙台藩蝦夷地白老御陣屋図」…図12−3

「仙台藩白老御陣屋詳細図」…図12−2

『仙台藩東蝦夷地経営図』…「クナシリノ内トマリ」図幅：図12−19、「シラヌイ」図幅：図12−1、「子モロ」図幅：図12−15

「箱館亀田／一円切絵図（天・地・人の全3舗）」…図3−2

「箱館亀田／一円切絵図」の「人」舗…図3−3、図5−1、図6−1、図10−19

「箱館弁天崎御台場図」…図2－1
『東蝦夷地与里国後へ陸地道中絵図』…「厚気志」図幅：図12－10、「久奈尻」図幅：図8－3、「根諸」図幅：図12－14
『文化五年会津藩唐太出陣絵巻』…「依山筑営」：図8－7B、「雲辺飛烽」：図8－7F、「営中戍衛」：図8－7C、「海岸放銃」：図8－7D、「沙汀縄営」：図8－7A、「山下閲兵」：図8－7E
「文化二年七月羅処和人収容中の択捉島沙那会所警備所」…図8－1
「松前寿都御家御陣屋図」…図13－1　「松前箱館」…図1－1
「松前箱館江差奥地図」…図14－2　「松前福山城図」…図14－3
(2) 市立函館博物館
「五稜郭之図　三分拾間」…図2－3　「箱館柳野御陣営之図」…図2－2
(3) 根室市歴史と自然の資料館
「子モロ陣屋地所図・台場位置入」…図12－16　「東蝦夷地子モロ仙台仮陣屋之図」…図12－17
(4) 松前町教育委員会
「松前屏風」…図14－1
(5) 仙台藩白老元陣屋資料館
「クナシリ仙台陣屋之図」…図8－6　「クナシリ島トマリ会所之図」…図8－5
(6) 弘前市立弘前図書館
「千代ヶ台御陣屋構之図」…図10－15　「千代台御陣屋杉植図」…図10－18
「千代ヶ台　台取建見込之図」…図10－14　「松前箱館御陣屋之図／弘前表ニ而御覧之図」…図10－16

「松前箱館千代ヶ台ニ御陣屋造営之図」…図10-17
（7）弘前市立博物館
「安政四巳年松前城下図式」…図14-4
（8）新渡戸記念館
「松前城下台場形勢略図」…図14-5
（9）もりおか歴史文化館
「砂原御陣屋分間図　但シ一間一分積」…図11-11　「箱館字水元曠野之内元陣屋地之図」…図10-7
「箱館表之図一」…図10-11　「箱館表水元御陣屋建図　縮図坤ノ一ノ二」…図10-10
「箱館御陣屋引請地所絵図面　但一間二分積」…図10-8
「箱館御屋敷御構図」…図10-6　「箱館水元御陣屋一間二分縮図」…図10-12
「箱館水元御陣屋縮図　坤ノ一」…図10-9　「東蝦夷地砂原絵図」…図11-10
「東蝦夷地砂原陣屋建家之図」…図11-12
「東蝦夷地ヱトモ　字ヲヱナヲス遠見所　字ワシヘツ警衛所　御番所之図」…図11-4
「東蝦夷地ヱトモ　ヱトモ崎　字ホロシレトル崎　御台場御番所之図」…図11-3
「東蝦夷地ヲシヤマンヘ陣屋建家之図」…図11-17　「ヱトモ御陣屋之図」…図11-2
「ヱトモ御台場図」…図11-5　「ヱトモ之図　御持場見分之砌此図ヲ以伺書ニ添差上」…図11-1
「ヲシヤマンベ絵図面」…図11-16　『東蝦夷地雑地図』のうち「ヲシヤマンヘ境界図」（仮）…図11-18
（10）宮城県図書館
「文化五年仙台藩蝦夷地警固絵図」…図8-2

（11）秋田県公文書館

「北蝦夷地クシュンコタン出張御陣屋絵図」…図13-22

「北蝦夷地クシュンコタン出張御陣屋境内并御預地処絵図」…図13-21

「ソウヤ出張御陳屋絵図」…図13-16　「ソウヤ出張御陣屋略絵図」…図13-15

「マシケ御陣屋御任地面境内略図」…図13-10　「マシケ元御陣屋地割絵図」…図13-11

（12）国文学研究資料館

「蝦夷地ソウヤ地理幷リヤコタン御陣屋ソウヤ古御陣屋之図」…図13-18

「ソウヤ御固所リヤコタン勤番居小屋図式」…図13-17

※本書における絵図のタイトルは、基本的に、内題があればそれを用い、内題が記してない場合は外題〈題簽、袋・箱のタイトルの順〉を用いている。そのため、所蔵機関による表示と異なることがある。また、所蔵機関によっては、複数の絵図を一括して所蔵番号を付して管理がなされている。その場合には、本書の絵図名が公開されていないので、読者各位はその点留意されたい。なお、このリストは、所蔵機関はその所在地の行政コード番号順とし、所蔵機関ごとの絵図の配列は基本的に五十音順とした。

復原図・復元図作成者と本書掲載の図番号

（1）平井松午

「亀田役所外郭の北東上空から箱館市街地方向を鳥瞰した3次元復原図」…図10-21

「千代ヶ台の弘前藩元陣屋の3次元復原図」…図10-20

「箱館水元の盛岡藩元陣屋の３次元復原図」…図10－13

（２）増井正哉ほか

「室蘭出張陣屋の３次元復元図」…南東上空より陣屋全景：図11－9A、南西土塁上部より陣屋の主要部：図11－9B

＊図のタイトルを原図から変更した場合もある。

あとがき

著者の初の単著で、しかも大好きな北海道に関する本書を、70歳という節目の年に、地理学専門図書出版の老舗である古今書院から刊行する運びとなった。小学校2年生の3学期に両親それぞれから小学校高学年用の地図帳を各1冊（発行所は講談社と大阪書籍）買い与えられた。著者の地理・地図への強い関心の端緒を開いてくれた両親も十年以上前に亡くなったが、本書の刊行を喜んでくれていると思う。

さて、本書の巻頭の「序　本書の意図」にも記したように、著者が五稜郭に関心を抱いて、それとの関連で、東北諸藩によって建設された幕末蝦夷地の陣屋・台場などの沿岸防備施設を調べるようになってから、早や二十年をこえた。その間、国立大学教員としての研究費や科学研究費補助金といった国費などによって、現地調査や資料収集を続けてきた。その成果は、学会で発表するとともに、学会誌や大学などの研究誌で公表してきた。特に著者を研究代表者とする2度の科学研究費補助金による共同研究の場合、日本地理学会や北海道地理学会でのシンポジウム形式による共同研究発表をも踏まえて、A4判の大部な報告書を刊行した。さらに、研究の一般への公開という現代的要請に沿って、ネットでの研究状況の公開や、盛岡市・函館市・白老町・室蘭市の地域住民を対象とした計4度の公開講演も、共同研究者のご協力のもとに実施することができた。また、絵図所蔵機関でのデジタル精密画像撮影も、それぞれの地元の業者に依頼して行い、その成果は所蔵機関へCD／DVD形で寄贈させてもらった。

そのような研究成果に興味を抱かれた古今書院編集部の鈴木憲子氏から、２０１４年夏に、幸いにも、同社の月刊誌『地理』に連載したい旨のお申し出をいただいた。連載のメインタイトル「五稜郭に魅せられて」も編集に熟知した同氏ならではのアイデアで、著者による「絵図にみる幕末の北辺防備」というサブタイトルを付して、当初は９回程度の連載予定であったが、結局13回にわたって掲載していただくことができた。さらにその連載後しばらくたってから、内容を単行本としてまとめるよう、同社の編集会議を経て同じく鈴木氏からお勧めがあった。そこで、『地理』連載の上でとりわけ紙幅の制約の強かった本書の第２部にあたる部分について、本文・図・注ともに大幅な加筆・修訂を加えた。そのために、原稿の作成のみならず、初校にも予想以上に時日を要したし、タイトルも『地理』連載時とは変更することになった次第である。

本書のこのような成立の経緯のなかで、勤務した奈良女子大学の地理学関係スタッフをはじめ、学部・本部事務関係者にもお世話になったし、「結び」の末尾でリストアップした機関・個人のお蔭なくしては、本書の内容は到底まとめえなかった。

振り返れば、京都大学文学部に入学して地理学を専攻するようになって以来、多くの先生方や諸先輩と友人諸氏、さらには他大学の地理学研究者の方々から、暖かいご指導とご助言をいただいた。卒論・修論で日本の古代歴史地理に関するテーマを取り上げて全国学会誌にもその成果を掲載していただいたが、その後、社会政治地理や地理学文献情報処理などのテーマにも取り組み、最終的に「囲郭都市の日欧比較地誌」というテーマにたどり着いた。本書もその成果の一部といえよう。この初めての著書で、京都大学地理学教室の伝統的な研究テーマたる歴史地理学と地図史に関わる内容を扱うことになったことに、その卒業・修了生の一人としてそれなりに感慨深い。大学入学以来ご指導とご助言をいただいた諸先生・諸先輩・友人諸氏に対して、改めて心から御礼と感謝を申し上げます。

あとがき

本書は、このように歴史地理学ないし地図史の専門書であるが、かえってそれゆえに、隣接する歴史学、なかんずく近世史ないし近現代史や北方史の分野に関心をおもちの方々、あるいは高校の地歴科・公民科の授業で北方領土問題や地域文化遺産を具体例に即して扱おうとされる教員の方々、さらには北海道や東北各地の郷土史に興味を抱いてお調べになっておられる方々に、是非ご覧いただき、ご一読いただければと願う次第である。

最後に、『地理』連載時から単行本の刊行に至るまで、終始お世話になった古今書院編集部、なかんずく鈴木憲子氏に心からなる謝意を表するとともに、長年の現地調査に私費で同行し、健康面でも支えてくれた妻の紀子に満腔の感謝を記して、結びと致します。

２０１７年10月

戸祭由美夫

［著者略歴］
戸祭 由美夫（とまつり ゆみお）
1947 年　京都府生まれ.
1973 年　京都大学大学院文学研究科博士課程中退.
1973-1978 年　鳥取大学教養部講師，助教授.
1978-2010 年　奈良女子大学文学部助教授，教授.
（同大学・大学院文学研究科，人間文化研究科兼任）
2010 年　奈良女子大学定年退職，同大学名誉教授.

［著書］
『航空写真地図 2　空から見た京都』（武久義彦と共著）日本交通公社，1979 年.

［編集（編集委員長ないし研究代表者として編集統括）］
『地理学文献目録　第 9 集』古今書院，1993 年.
『ユーラシアにおける都市囲郭の成立と系譜に関する比較地誌学的研究』（平成 6-9 年度科学研究費補助金〈基盤研究（A）（2）〉報告書）．1998 年.
『最近 13 年間の地理学研究文献を資料とした用語リストの作成と地理学シソーラスの構築』（平成 10-12 年度科学研究費補助金〈基盤研究（C）（2）〉報告書）．2001 年.
『中国文明のフロンティアゾーンにおける都市的集落の発生と変容－その比較地誌学的研究』（平成 13-16 年度科学研究費補助金〈基盤研究（A）（2）〉報告書）．2005 年.
『北海道・東北各地所蔵の幕末蝦夷地陣屋・囲郭に関する絵地図の調査研究』（平成 17-20 年度科学研究費補助金〈基盤研究（B）〉報告書）．2009 年.
『文化遺産としての幕末蝦夷地陣屋・囲郭の景観復原－ GIS・3 次元画像ソフトの活用』（平成 22-25 年度科学研究費補助金〈基盤研究（B）〉報告書）2014 年.

絵図にみる幕末の北辺防備
－五稜郭と城郭・陣屋・台場

平成 30（2018）年 6 月 15 日　初版第 1 刷発行
著　者　戸祭由美夫
発行者　株式会社古今書院　橋本寿資
印刷所　株式会社太平印刷社
発行所　株式会社古今書院
〒 101-0062　東京都千代田区神田駿河台 2-10
Tel 03-3291-2757
振替 00100-8-35340

ISBN978-4-7722-2024-8　C3021
〈検印省略〉　Printed in Japan